黑龙江历史文化研究工程项目（01YB1309）
黑龙江省哲学社会科学研究规划重大委托项目（09A-001）

流人学概论

邓天红◇著

图书在版编目(CIP)数据

流人学概论 / 邓天红著. -- 哈尔滨 ：黑龙江大学出版社，2014.12（2021.7重印）

（东北流人文库 / 李兴盛主编）

ISBN 978-7-81129-849-9

Ⅰ. ①流… Ⅱ. ①邓… Ⅲ. ①移民-历史-研究-中国 Ⅳ. ①D632.4

中国版本图书馆 CIP 数据核字(2014)第 285949 号

流人学概论
LIURENXUE GAILUN
邓天红　著

责任编辑　林召霞
出版发行　黑龙江大学出版社
地　　址　哈尔滨市南岗区学府三道街36号
印　　刷　三河市春园印刷有限公司
开　　本　720毫米×1000毫米　1/16
印　　张　30.75
字　　数　386
版　　次　2014年12月第1版
印　　次　2021年7月第2次印刷
书　　号　ISBN 978-7-81129-849-9
定　　价　65.00 元

本书如有印装错误请与本社联系更换。
版权所有　侵权必究

《东北流人文库》编委会

主　　任　张效廉

副 主 任　张　翔　艾书琴

成　　员（按姓氏笔画排序）

邓天红　任海天　李兴盛　张立民

庞玉红　赵军生　赵儒军

执行主编　李兴盛

李兴盛与流人学的研究

（《东北流人文库》代总序）

世有“显学”与“晦学”之分，“显学”为当世所重，群趋若鹜，如清之乾嘉考据学，今之红学、敦煌学等等，于是资料盈箧，成果丰硕，人才辈出，为举世所瞩目。“晦学”则不然，虽其学重要，然资料发掘艰难，前人成作较少，一时难见其功，学人多视为畏途，潜研者寥寥，若为世所遗忘者，今之流人学类此。

流人源出于流刑，多为蒙冤受屈，备受迫害与刑罚者。流人颇多具有文化素养，甚至学问淹博者也为数不少，世所谓“天下才子流人多”即指此而言。其人虽投诸四裔，犹不弃边远，播种文化，开发蒙昧，厥功至伟，是流人与流人文化问题固不得不有所研讨，而世之投身斯学者，固屈指可数也。

我之接触流人问题，始得益于安阳谢国桢（刚主）先生。我家与谢氏有通家之谊，少时曾借书于谢氏，得读刚主先生所著《清初流人开发东北史》，为前此未读之书。见其对清初发戍东北之流人所作专门性研究，既钦其治学视野之广阔，复感其研究有裨于清初开国史的探求。后此则未见有关流人新作。二十世纪五六十年代政治运动中辄有因种种新账老账一齐算而遭贬谪者，西部荒漠及北大荒等地均有其人,虽下放、锻炼名目各异,而其实与流人差近。投鼠忌器,颇为流人问题之研究增忌讳。七十年代初,我曾下放农村四年,耕余无聊,又谨言慎行,寡交游,遂就所携图籍中之流人著述,时加研读,随手札记心得,积久乃成《读流人书》一文。此举一则纾烦遣愁,借他人杯酒,浇自己块垒;再则见流人虽困处厄塞,而犹能寄托诗文,传播文化,颇受激励。深惟似此群体而淹塞不彰,研究者又甚鲜而深致感慨。八十年代初,海宇廓清,学术文化顿显新颜,有幸获识西北周轩、东北李兴盛二君,皆以流人问题研究自任,撰述探讨,卓有成就。其穷年累月从事"晦学"研究之精神,尤令人钦佩。

我识李君兴盛较晚,初仅书信往来,继又得读其惠我大作。我虽曾粗涉流人之学,而视李君所著之精深,则瞠乎其后矣!1989年,先后读其所著《边塞诗人吴兆骞》及《东北流人史》,见其"筚路蓝缕,以启山林"的精神及从个案研究走向通史研究的历程,窃喜流人学研究之得人!惟惜其尚局限于东北一隅,深冀其由一隅而扩及全面。孰意不及五年,而百余万言之《中国流人史》又问世,李君用功之勤,投入之深,求之当世,实不多见。我曾为此书做过鉴评说:《中国流人史》"'是对流人问题进行全方位、多层次、各区域的完整论述,开创了流人史研究的新体系'。我通读《中国流人史》的最深感受是,他不把知识分子流人的遭遇作为个案,而是加以群体的系统记述,使之成为记述中国知识分子坎坷经历、不幸命运、悲惨处境而仍能百折不挠,利国利民,奋发向上的感人史诗"。1998年冬,兴盛复以所主编之《何陋居集(外二十一种)》一书见惠,此书以清方拱乾之《何陋居集》为总名而含有宋、清、民国之流人文献共二十二种,为流人史之研究提供基本史料,厥功至伟。次年,兴盛不辞千里,亲临寒舍,一倾积愫,交流沟通,听其言,观其行,固恂恂然一君子也。我读书未遍,关于流人史的研究,除周、李二君的著述外,其他专著、论文所见尚鲜,此流人学之所以为"晦学"也。究其缘由,愚意以为治此学者必须具备三条件:

其一,研究者必须久居边远戍地,对流人生活背景、岁月煎熬,有亲临其地的切身感受,有一种为不幸者存史的激情冲动,乃以真挚的感情去探讨、研究,从而论述中国知识分子的忧患史。这是最重要的精神支柱。

其二,研究者必须具备发现挖掘史源、搜检考校史料和公允评论人物的学识底蕴与熟练技能。唯其如此,方能于人于事,持之有故,言之成理。方能由此及彼,由表及里,由个案至群体,由古代至近世,撰成诸种有关著述,使流人学之研究不数十年而蔚为大观。这是最重要的物质基础。

其三,研究者必须淡泊自甘,硁硁自守,不急功近利,不艳羡荣华。以悲天悯人之心,阐幽发微;不偏不倚,还人物以本来,终其生而无怨无悔。这是最重要的史德。

三者言易而行难,周、李二君得天独厚,幸逢其会,一羁居西陲,一谋食黑水,耳听故老逸闻,目见流人遗迹,抚今思昔,思潮汹涌,笔端激情,油然而生。二君皆好学深思之士,穷年累月,孜孜不倦,广搜博采,勤于著述,颇见称誉于学术界,而李君兴盛所著连年问世,凡个案研究、文献记录、史事纵论,皆所涉及,涵盖可谓深广。2000年,兴盛更将其流人文化研究延伸至流寓文化与旅游文化领域,主持《黑龙江流寓文化与旅游文化丛书》编写工作,其第一种《流寓文化中黑龙江山水名胜与轶闻遗事》一书,既出版问世,赋流人学以实践意义,研究对象由流人扩展至客寓人士,视野愈益开阔。2000年,复出示其另一种《中国流人史与流人文化论集》。兴盛倾历年之积存,更于《中国流人史》之基础上,总结升华,成此论集。捧读之余,欣悦不已。

兴盛之辑《中国流人史与流人文化论集》,虽为辑录其于流人问题研究中之理论观点,实则寓构筑流人学框架之深意。书分上下编,上编阐述有关流人与流人文化之理论问题,诸如流人的分类、流人史的分期及流人文化的界定与特性、流人历史作用的评价等等;

下编为文选，辑与撰者及其著作有关之资料，可备了解兴盛治学历程与所获成就之参考。从此，兴盛之于流人学之研究，有史、有论、有专门著述、有文献汇编，足称完整架构专学之规模。

目前，为了弘扬我国历代东北流人在逆境中建功立业、保卫与开发边疆的业绩及其艰苦奋斗的精神，为了促进由谢刚主先生开创的流人史、流人文化，乃至流人学这一新学科、新体系、新流派真正创建成功，兴盛君在黑龙江省委宣传部、黑龙江省新闻出版局及黑龙江大学出版社的大力支持下，以其三十余年研究成果为基础，正在编纂《东北流人文库》这部大型的历史文化丛书。《东北流人文库》拟分为"流人文献"与"流人研究"两大部分，堪称一部恢宏巨著。

相信我国前所未有的这部开拓型丛书的出版，对于黑龙江历史文化资源的抢救与黑龙江边疆文化大省的建设，对于东北，乃至全国历史文化，尤其是文学史、刑法史、民族交流史、人口迁徙史等学科的研究，对于繁荣我国出版事业，都会起到极大的促进作用。

流人学的建立是兴盛的一个梦，他自谦目前是"残编寻旧梦"，我看他已在日益走近"全编圆美梦"的佳境。他自勉是"攀登今未已，风雨正兼程"，我则以耄耋之年真诚地期待流人学不久将在社会科学的学科分类表上堂堂正正地占有一席之地。流人学之跫然足音，殆已日近一日。兴盛其勉旃！

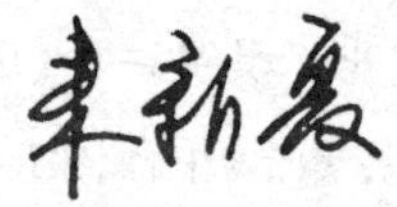

二〇一〇年元月

序

李兴盛

看见案上摆着的邓天红《流人学概论》书稿，浮想联翩。

从1980年以来，本人在我国著名学者谢国桢、罗继祖、钱仲联、来新夏四位先生指点、支持、奖掖、提携下，对我国历代流人这种特殊的社会群体与社会现象做了全方位、多层次、系统化、理论化的深入研究与完整论述，出版了《东北流人史》、《中国流人史》、《中国流人史与流人文化论集》等开拓性著作。近年来又在来先生大力支持下，为将流人史、流人文化之研究升华为流人学之研究而奋斗。来先生在为《中国流人史与流人文化论集》赐序时，认为该书“虽为辑录其于流人问题研究中之理论观点，实则寓构筑流人学框架之深意”。并指出“流人学之跫然足音，殆已日近一日”。来先生奖掖之言，是对我的鞭策与鼓励。可是在欣慰之余，又感到汗颜惭愧，这是因为我所构筑的这种框架过于简陋，所论远不足以成为流人学专著。因此时刻企盼着人世间能早一日有这类著述问世。今天能见到这样一份书稿，自然是喜出望外。

邓天红聪颖好学，近年来在执教之暇，浏览本人的著述日多，逐渐改变了世人常有的流人全部是罪犯之偏见。特别是在参加了2008年由黑龙江省文史研究馆在本人30年流人问题研究基础上举办的首届全国流人文化学术研讨会，深为我国历代流人在逆境中艰苦奋斗、艰难创业、关心国事的精神及其光辉业绩所感动，于是立下了为流人撰写一部史书的心愿。会后将此心愿告知本人。我给了肯定与支持，并多次解答了她所提出的一些疑难问题。不意时仅六年，竟然成书，今日将书稿送来，请我为序。我通览全书，感到这是一部独具匠心，有助于流人学研究向纵深发展的开创之作。本书分导论、通论、专论三编。导论编“流人学的视野”论述了流人学的学科定位、研究概况、与相邻学科的横向联系及其在社会科学中的地位。通论编“流人学基本知识”论述了中国历代的流放制度、流放地的选择、中国流人的来源及处境、流人的境遇与心态、流人群体的历史贡献。专论编“流人学的应用”论述了重要流人及流人文献保存、流人文化与特色地域文化资源的挖掘、流人文献与东北历史文化资源的挖掘。每编各有编后语，谈作者对流人学的认识、对流人研究中一些观点的认识、探求史学发展的新途径。全书思路清晰，结构严谨，布局周详，匠心独运。

流人是人类社会发展到原始社会后期部落联盟时代，伴随着战争的产生、人口的掠夺而出现的一种特殊的社会群体与社会现象。自秦代流刑产生后，流人的流放愈趋制度化。这种群体贯穿于我国古代社会的始终，不仅我国有，其他许多国家，如沙皇俄国、李氏朝鲜、古代法国等都有。不仅人数众多，而且名人辈出，即以我国而言，屈原、苏武、谢灵运、李白、杜甫、白居易、韩愈、柳宗元、刘禹锡、欧阳修、苏轼、黄庭坚、程颐、王守仁、杨慎、林则徐等举不胜举。我国流人中固然形形色色的犯罪分子为数甚多，但是为数更多的却是来自战争俘虏的没有刑法为依据的掠夺型流人，以及虽然被统治阶级以刑法为依据却诬以各种罪名的负屈衔冤者。他们大多被流放到荒寒僻远、野兽出没的地区，或大海环绕、烟波浩渺的孤岛，为奴当差，从事各种苦役。他们有的可能赦归，有的葬身异域。他们及其孑孙泪洒苍天，血沃塞土，为祖国边疆的开发与保卫、社会的进步、经济的繁荣、文化的发展、民族的融合与团结，做出了巨大贡献。他们的业绩及其艰苦奋斗、艰难创业、关心国事的爱国精神是值得后人追忆的。他们并非全部是犯罪者(犯罪者仅占少部分)，而且有功于祖国边疆社会的开发，因此，对流人群体研究采取非议和否定态度实不可取。本书作者肯定流人群体的功绩,又指出了流人的消极影响等负面作用,这是十分正确的。

总之,本书作为流人学研究中学科建设的开拓之作,尽管不足、疏漏,乃至错误之处在所难免,有待于以后之修订,但它的出版,对我国流人问题研究及流人学体系的创建会起到促进作用。

该书付梓在即,余喜其成,故抽暇写下此序。

2014 年 4 月 18 日

目　录

通论编　流人学基本知识

专论编　流人学的应用

自　序

流人学是一门年轻的社会科学。从整体上看，流人学研究已经走出了长时期无学无史之“晦学”的低谷。近年来，随着地域特色传统文化研究的升温，人们对中国流人、流刑的认识在不断加强，探求中国古代流刑之得失，流人之作用的兴趣也日益浓厚，特别是在当今建设边疆文化大省利好的形势之下，流人学已步入了新的发展历程，流人学的脚步已经到来。

作为一门新的学科，它的开创至少需要两方面的条件，一是该学科产生的可能性，二是该学科产生的必要性。目前，流人学作为一门新兴的历史分支学科显然已具备了这两大条件。

首先，从流人学创建的可能性来说，我国流刑的产生虽然晚于流人，但是，当它自秦代产生之后，一直成为整个封建社会统治阶级流放“犯人”的法律依据，可见它与流人关系之密不可分。一方面，统治者从巩固自身政治统治的需要出发，不断搜刮掠夺人民、劫掠财富，用征伐和惩罚的手段，将大批无辜之人或认为有罪之人强制迁徙到边远地区而采取实边、戍边的政策；另一方面，专制主义中央集权制晚期统治者内部集团斗争不断加剧，并且为最大限度地控制人民而实行了文字狱政策。这两方面都导致大批流人群体或因政治因素获罪，或因刑事因素获罪。这些惨遭贬谪、流放之人中名人众多，如战国末年楚国的屈原，唐代的李白、杜甫、白居易、刘禹锡、韩愈、柳宗元，宋代的苏轼、黄庭坚，明代的王守仁、杨慎，清代的纪昀、林则徐等人，还有大批鲜为人知的知识分子，从而为流人学提供了丰富的研究对象。这些人虽流放罪名不一，但绝大多数人仍秉承“处江湖之远则忧其君”的信条，即便贬谪于边疆仍心系于庙堂，并留下了大量的诗文作品和开发边疆的史证。大量的流人文献和宝贵的流人精神，都为流人学学科的建立提供了丰富、珍贵的资料与研究上的可能性。

其次，流人学作为历史学分支学科而建立又具有必要性。自1948年著名历史学家谢国桢先生著《清初流人开发东北史》肇流人学研究之端，以后在长达几十年的时间里流人学研究遭到冷遇，基本没有理论研究成果出现，甚至被冠以“晦学”之号。近年来随着经济的飞速发展，虽然一些关于民间的物质文化遗产得以保护，但流人学理论研究滞后，有关流人及流人文化宣传得不够，这些都在一定程度上导致了一部分由流人所创造的具有重要历史价值的物质文化遗产遭到严重破坏，一些精神文化遗产遭到流失。因此，流人学理论体系的建立、流人文化遗存的保护、流人精神的传承，这种现实内在的需求都使流人学的建立成为必然的结果。正是以顺应时代发展需要、传承民族精神为己任，以李兴盛为代表的流人学研究工作者以严谨的治学精神、坚毅的学术品格，创造出了大量有关流人学的理论研究成果。值得提出的是，李兴盛从界定流人、流人学等基本概念入手，构建起了流人学通史体系和流人学文化体系。这两大理论体系的提出为流人学成为一门独立的学科提供了重要的理论依托。

一门新兴学科的建立还需要以“资”、“史”、“论”三个重要的组成部分为支撑。“资”，就是对研究资料的搜集与整理；“史”，就是这一研究内容的历史发展脉络；“论”，则是一门学科的核心部分，也就是在理论上对所研究的问题做整体的阐释与概括。前两者是基础，后者则是理论的升华。有关流人问题的“资”与“史”方面，在以李兴盛为代表的流人学研究工作者的努力下，在流人学的通史体系当中已经有了清晰的梳理与整理。因此，完善有关流人学理论建设的部分也就成了流人学研究工作者的重中之重。最终在 1997 年 4 月 19 日香港珠海书院（即现在的香港珠海学院）的学术研讨会上，李兴盛受台湾“中央研究院”史语所朱鸿林教授的启发，在题为《流人文化及我国近世流人在思想文化领域内的贡献》的学术报告中，首次提出了流人文化这一新的名称、概念与命题，并做了初步理论探讨。他提出，所谓流人文化就是“流人这一社会群体在与自然、社会相互作用中所创造与传播的一切知识的总和，是以中原文化为主体的多民族文化的综合体，它既不完全等同于中原文化或是边疆文化，却又与中原文化或边疆文化有着千丝万缕的血肉关系”。流人文化的实质就是“以汉民族中原文化为主体的多民族文化综合体”。流人文化概念的提出及以后流人文化与流寓文化和旅游文化三者的有机结合，使流人学文化体系在建立的同时也将流人学研究由研究实践上升到理论探讨阶段。流人史与流人文化已作为一种新体系、新学科呈现于世人面前。李兴盛先生的《中国流人史与流人文化论集》一书，上编阐述中国流人史与流人文化理论，下编辑录有关的文选资料。显然，这就让流人学这门具有了“资”、“史”、“论”的历史学分支学科的建立成为可能。

中国流人史的研究经历了从无到有，从小到大，从无人问津的“晦学”到科学规范的流人学学科体系的建立与完善的历程。流人学学科体系的建立，一方面有助于流人、流刑问题的梳理与研究，有助于我们多角度研究中国历史和边疆历史，另一方面有助于拓宽研究视野，从另一个角度研究历史学、考古学、地理学、人口学、旅游学、文学、戏剧学等相邻学科，并且在社会科学研究领域中占有重要的地位。在学术研究领域，没有什么比一个学科的草创更困难，但也没有什么比它更具挑战性。当前，流人学理论研究成果无论在数量上还是在质量上都取得了巨大的进步，已经有越来越多的史学研究者开始关注流人学、研究流人学，越来越多的历史学工作者把流人学研究作为自己的研究课题与学术努力的方向。然而，在流人学的学科建构方面，依然任重道远。除了对流人学内部不同层面的研究还不够均衡外，还有相当多新的研究领域值得去努力开拓。这些问题都将会伴随着流人学学术研究的深入和流人学学科框架体系的逐渐完善而逐步得到一定程度上的克服和解决。凝聚现有的研究力量，组建和培养新的研究队伍，通过集体的努力，尽可能弥补学术研究之不足，使这一学科的研究更具系统性、完善性，并且在史、论和资料建设这三个学科核心的研究方向上有更高、更新的突破，借此明显提升学科研究水平，都将成为未来流人学学科建设和发展中首选的目标。

这部《流人学概论》正是在以上目标的激励下完成的。《流人学概论》是我参加李兴盛先生主持的黑龙江省哲学社会科学研究规划重大委托项目与黑龙江历史文化研究工程项目《东北流人文库》子课题的项目成果。全书共分三编：导论编——流人学的视野，通论编——流人学基本知识，专论编——流人学的应用。本书通过对流人学的学科定位、流人学研究概况及流人学与相邻学科的横向联系的概述，阐释流人学领域在社会科学中的地位，以求读者对作为学科的“流人学”的正确认识与深化了解；通过对古代流放制度、流放地的选择、流人的来源与处境、流人的历史作用等流人学基本内容概述，使读者掌握流人学通史基础知识，了解通史体系整体构架；通过对重要流人及资料来源的介绍，对主要流人文献的整理，对流人学特色地域文化资源的挖掘、保护与利用的概述和阐释，使读者充分认识流人学研究的应用性、价值与意义，探求史学发展的新方法、新途径。

值此《流人学概论》出版之际，我要向李兴盛老师表达我内心的感谢！正是李老师多年来悉心的学术指导和谆谆的鼓励，才有了本书今天的付梓！此外，还要感谢李尚英、萧文立、张玉兴、赵杏根、田忠侠等教授。因为他们为首届全国流人文化学术研讨会提交的论文都涉及流人学的研究理论与学科框架构筑问题，为拙著的撰写提供了许多有益的启示及可资参考的借鉴。特别是来新夏教授，多年来一直大力支持李兴盛先生的流人问题研究，并于2000年在为李先生《中国流人史与流人文化论集》撰写之序言《流人学的脚步》一文中，大声疾呼开展流人学的研究，还预言："流人学之跫然足音，殆已日近一日。兴盛其勉旃！"近年来，李先生将其流人史、流人文化的研究升华为流人学之研究，正是来先生鼓励与支持的结果。从某种意义上说，没有来先生的支持，就没有李先生流人学的研究，也就没有本书的出版。基于此，对来先生的感谢难以言喻，对来先生今年3月31日仙逝所产生的沉痛悼念之情也是难以言喻！

最后，限于笔者水平，书中错误与疏漏之处在所难免，诚望读者批评指正。

2014年4月2日

导论编
流人学的视野

流人学作为历史学分支学科，其建立经历了从无学无史、无人问津的“晦学”到具有“资”、“史”、“论”科学规范的流人学学科体系建立与完善、学科的学术地位得到普遍承认的艰难发展历程。流人学学科体系的建立，一方面有助于流人、流刑问题的梳理与深入研究，有助于我们多角度研究中国历史和边疆历史，另一方面又为现代学科的综合研究发展提供了新的途径。

本书概论中国流人学，有必要对流人学及其学科建立预做说明介绍，目的是使读者了解流人学的学科定位、流人学研究概况、流人学学科体系的建立过程、流人学在社会科学中的地位等全书的核心概念，认识流人学的综合性质、实用价值及理论意义，掌握流人学与历史学、考古学、地理学、人口学、旅游学、文学、戏剧学等相邻学科的横向联系与涉及范围，从而开阔对流人学的学习研究视野，把握正确的学术研究方向。是为导论编。

第一章　流人学的学科定位

对流人学学科体系的建立与定位来说，第一要义就是要准确、科学、合理地追溯流人这一概念的历史演变过程，只有准确梳理了流人这一概念的历史发展过程，才能明确对流人群体的界定，明确流人学的研究对象和内容。这些都是流人学学科体系建立的基本要素与概念。

第一节　流人名称的起源

“流人”一词最早出现于先秦时期。这一时期的流人概念，有着广义和狭义之分。狭义的流人专指流放贬逐之人。《庄子·杂篇·徐无鬼》中有这样的记载：“子不闻夫越之流人乎？去国数日，见其所知而喜。”陆德明《经典释文》谓流人即“有罪见流徙者也”。而广义的流人还包括了流亡于乡里以外之人的意思。桓宽在《盐铁论》中就有“赋敛省而农不失时，则百姓足而流人归其田里”①的记载。这里的流人一词即属于广义的范畴。这种两义并存的现象，在史籍中常有发生。由于先秦时期古代语言发展的缓慢，词语运用的相对贫乏，流人这一概念两义并用的混乱局面也持续了较长时间。

这种使用混乱的局面直至两汉时期，随着“流民”一词的出

① 桓宽：《盐铁论·执务》。

现，才得以彻底解决。此后流人基本就专指“流放贬逐之人”，而流民则专指流亡于乡里以外之人，二者的意义界限渐趋明显。像《魏书》中就记载有北朝“流人初至远镇，衣食无资，多有死者”①。到了唐代，流人一词的专属性得到了诗人的普遍认可，唐诗中就有“流人何处去？万里向江州。孤驿瘴烟重，行人巴草秋”(于鹄《送迁客》)、“见说长沙去，无亲亦共愁。阴云鬼门夜，寒雨瘴江秋”（王建《送流人》）的记载。

明清时期，流人已基本上成为称呼流放贬逐之人的专有名词。在文献中这一概念的使用也更加具体、规范。陈维崧《喜汉槎入关和健庵先生原韵》中有：“廿年苦语三更尽，万里流人一夕（一作‘二月’)还。”尤侗《吴汉槎自塞外归喜赠二首》诗中写道：“天上金鸡初解严，流人万里望江南。”以上诗中提到的流人均指流贬之人。张缙彦在为流放宁古塔的方育盛之《其旋草》诗集作序时提到：“写流人之幽怨，发万古之悲凉。”可见，多数情况下，流人即为流放贬逐者的含义已达成共识。

流人这一概念在不同的历史时期内被赋予不同的解释，这种概念上由宽泛到具体的转变恰恰体现出流人这一主体在历史发展过程中地位的逐渐提高和作用的逐渐加强。值得注意的是，在我国古代文献中，流人还有许多不同的称呼，如逐客、迁客、羁人、迁人、戍客、放臣、逐臣、谪者等②。

第二节　流人群体的界定

对流人这一概念的界定是流人学这一学科建立的基础。流人作为一种特殊的社会群体，是人类社会发展到一定的阶段，伴随

---

① 魏收：《魏书》卷十九，任城王元澄传，中华书局 1974 年版。

② 李兴盛：《中国流人史与流人文化论集》第 17 页，黑龙江人民出版社 2000 年版。

着战争和人口的掳掠而产生和不断壮大起来的。流人作为客籍群体中的一类，其独特性主要体现在以下三方面：

首先，迁徙流人行为的强制性。在迁徙方式上，流人与其他流寓者有着明显的区别。流民是因受自然条件或社会压力等因素的影响，采取主动的方式，进行自发性迁徙的人。移民是由政府或社会团体组织的有计划的大规模迁徙。而流人则是因触犯统治者利益而被强制迁徙的。这也是流人区别于流民及移民的根本标志。他们通常被发配到边远地区，环境恶劣，生活极其艰苦。迁徙的强制性是界定流人的第一要素。

其次，发遣流人的惩罚与掠夺性。流人被流放的原因大多为惩罚、掠夺财富、戍边、实边。流放制度是统治者在确立及维护其统治的过程中，采取征伐和惩罚的一种手段。在建立政权的过程中，统治者不断地掠夺土地、财富，将战俘迁徙到自己的领土加以管制。政权稳定后，将统治者认为有罪之人强制迁徙到边远地区，起到了惩罚、实边、戍边的作用。可见，对流人的发遣，满足了统治者巩固统治、惩罚政敌、掠夺财富和实边的需要。因此，政治上的惩罚性和经济上的掠夺性都是界定流人的基本要素。

最后，流人罪人身份的特殊性。流人主要是流放制度下的社会群体，其中有政治斗争中的失势者，也有触犯刑律的刑事案犯，还有在战争中俘获的战俘。这些人，无论因何而被徙或是否真正犯罪，均是触犯统治者的阶级利益并被统治者认定的"有罪之人"。因此，罪人身份的特殊性也就成了界定流人的特殊要素。

另外除了以上三要素，从地域关系上看，流人是客籍居民的一部分。尽管迁徙的目的、方式及身份有所不同，但我们不能否认流人的客籍身份。由此，李兴盛为流人下了一个较为全面的定义："流人就是由于以惩罚、实边戍边或掳掠财富为指导思想的统治者认为有罪而被强制迁徙（流放或贬逐）边远之地，采取一定的管制措施的一种客籍居民。简言之，流人就是统治阶级认为有罪而被强制迁徙（流放或贬逐）之人……在这里，我们用'统治阶级认为有罪'这种表述，即谓实际上流人并非全部有罪，是否有罪，应具体人作具体分析。"①

第三节　流人学的研究对象和内容

明确学科的研究对象和研究内容，做到有的放矢，这是流人学学科建立的重要基础。李兴盛先生在对流人史、流人文化研究的过程中，不断修订与充实流人学的相关理论，搜集整理有关流人学的文献。通过对流人学历史、文化体系的把握，形成了一个以文献、流人个案研究、流人群体研究、"流人史"研究、理论研究为基本框架的流人学研究的新体系。

流人学是研究流人的社会科学，即研究流人这一社会群体的产生、发展规律及其历史作用的学科。流人学的研究对象，是我国历代的各种流人及流人这种复杂的社会群体所衍生的社会现象。它由流人学理论、流人学体系、流人学文献三部分构成。

流人学理论的研究内容包括三方面：一是运用历史唯物主义的方法对流人、流人史、流人文化、中国流人在历史上的贡献和作用等问题加以诠释，揭示流人学在史学研究领域中的重要地位和作用；二是将流人史与流人文化研究扩展成流寓史与流寓文化，并进行理论探讨，从而拓展了流人学研究的深度与广度；三是将流人文化、流寓文化与旅游文化相结合，增加旅游文化，特别是边疆旅游文化的历史底蕴与新内涵，探求史学研究的新途径。

流人学体系包含两大类：流人学的通史体系和流人学的文化体系。这两大体系，囊括了流人学研究的各个方面。流人学的通史体系主要研究流刑的演变，我国流人群体的产生与发展历程，

① 李兴盛：《大荒集》第12页，黑龙江教育出版社2009年版。

中国流人的处境、斗争、作用；而流人学的文化体系，则旨在对流人文化的界定、实质、性质、特点、意义，以及其与流寓文化、旅游文化的关系进行阐释与说明。这两大体系研究相互结合，密不可分，共同构成了流人学研究新体系这一有机整体。

所谓流人学文献则是指：历史类文献、地理类文献、政治法律类文献、文学类文献、今人著述类文献等，通过对流人文献的整理研究，加强对流人文化遗产的保护和利用研究，拓展流人文献的应用范围。

第二章　流人学研究概况

一门学科的建立不仅需要明确这一学科研究的基本概念、研究对象与内容，更重要的是要有一系列的学术研究成果、丰富的理论研究体系作为这一学科的理论依托。中国流人学研究经历了从讳忌认识、孤立研究、认同研究到群体研究的过程，在几代学者的艰辛努力下，不仅流人学学术研究方向不断向前发展，研究内容无论在数量上还是质量上都取得了丰硕的成果，而且以李兴盛为代表的流人学者建立发展起了流人学的通史体系和流人学的文化体系。这两大理论体系也成为流人学学科发展的两大支柱。

第一节　中国流人学的纵向发展

一、流人学研究的起步

中国流人的研究开始于20世纪20年代，相对其他学科研究起步较晚，而且相关研究论著也并不多见。这一时期的研究大多从文人传记角度出发，在评述流人传记和作品的同时，对其流放生涯有所提及或做简单的评述，而对于流人的综合研究论著很少。这一时期的代表作主要有范希曾的《屈子生卒年月及流地考》（《国学丛刊》1923年），虽然作者的动机是研究文人传记，但对于屈原流放地的考证，却在客观上揭开了中国流人研究的序幕。百川的《清末军流徒刑执行方法之变迁及吾人应有之认识》（《法学丛刊》1925年）也是第一次将刑法中的流刑做了单独的剖析与评述。日本学者有高岩的《清代满洲流人考》（《三宅博士古稀祝贺纪念论文集》1929年）是流人综合整体研究的第一篇论著。文中涉及了清代流放制度、清初及清中叶以后的流徙概况、流人保卫边疆和促进边疆文化开发与产业开发的历史作用、吴兆骞评传等相关内容。

20世纪30年代以后，学者的相关论述主要体现两方面内容：一是对流人的事迹做间接或部分的提及。例如，王在民《南明诗僧函可事考》（《广东建设研究》第二卷第二期1947年7月）、谢国桢《陈则震事辑》（《明清笔记谈丛》中华书局，1960年）、裴占荣《虞仲翔先生年谱》（原载1933年出版的《国立北平图书馆馆刊》第七卷第一号）、孟森《心史丛刊》论科场案、曾问吾《中国经营西域史》等。二是对流人的流放生涯做直接的论述或评价。例如，陈寅恪的《李德裕贬死年月及归葬传说辨证》（《国立中央研究院历史语言研究所集刊》1935年2期）对李德裕贬死的具体情况进行了探究及评价。任维焜的《边塞诗人吴汉槎评传》（《新晨报》副刊1930年3月19—24日），对吴兆骞的生平，特别是出塞后的事迹与诗歌做了相关评述。陈垣的《记吕晚村子孙》（《文献特刊》1935年10月）与《记徐松遣戍事》（《国学季刊》1936年9月）主要记述了吕留良的两支后裔自宁古塔再次遣戍齐齐哈尔及徐松遣戍新疆的原因，均有新意。此外，如曹经沅的《在龙场驿丞任内的王阳明》（《越风》1937年1期）、陶元珍的《林则徐的治水和对于开发新疆的努力》（《国论》1939年11期）、树侯的《关于屈原放逐》（《山西大学校刊》1946年7期）等均涉及对流人流放生涯的评述。日本学者园田龟一的《宋徽宗皇帝的满洲配流》（《满族图书馆刊》1937年）及周君达的《徽钦北徙录》（国民书店，1941年）均是本时期以传记形式提及这些人的流放生活并予以评价的。

1949年新中国成立前，中国流人史的研究有了明显进展，其主要标志就是谢国桢先生的《清初流人开发东北史》（开明书店，1948年），这是一部粗具规模的流人专题史著作，该书记述了清代流刑的种类、东北戍所与流放的原因、吴梅村与营救流人之关系、浙东通海案遣戍诸人、桐城方氏迁徙及《南山集》狱、流人的历史作用等内容。它由此开启了流人史、流人文化这种新体系、新学科的研究。① 中国流人史的整体研究进入新阶段。

二、流人学研究的正式创建

由于多种复杂原因，流人学的研究一直受到学术界的冷遇，直到20世纪70年代，这种情况才有了较大的改变。20世纪80年代起，越来越多的关于流人的研究课题逐渐进入史学工作者的视野，开始了对流人学多角度、全方位的研究，最终为流人学体系的正式创建及完善奠定了坚实基础。

（一）中国古代流放制度专项研究

这一阶段中有关流放制度的研究论著较为丰富，主要有：张铁纲的《清代流放制度初探》（《历史档案》1989年3期）和《漫评清代的流放制度》（《晋阳学刊》1992年1期），其对清代流放制度的基本情况，如刑罚种类的设置、犯人的定罪、流遣地方的指定、犯人解配、到配后的安置等内容，将犯人押解到荒僻或远离乡土的地方以惩治犯人和维护封建统治的功能，以及社会成员在流放制度中的不同待遇等进行了分别阐述，反映出清代的阶级统

① 李兴盛：《流人史流人文化与旅游文化》第116页，黑龙江人民出版社2008年版。

治和不平等的社会现象。叶志如的《从罪奴遣犯在新疆的管束形式看清代的刑法制度》(《新疆大学学报》1989 年 4 期）及《清代罪奴的发遣形式及其出路》(《故宫博物院院刊》1992 年 1 期)，从清代遣犯管束与发遣形式这一角度阐述了清代的刑法制度，并且通过对遣流囚徒中产生罪奴的政治制度史的研究，进一步分析了封建制度的实质，从而有利于直接考察清代社会的内在结构。薄晓霞的《浅析中国古代流放制度》(山东大学硕士论文，2012 年 3 月）一文以流放制度的变迁及其原因为研究角度，通过对这一刑罚制度的研究，在细微变化之处找出异同点，然后与当时社会相照应，找出社会的变化对于当时社会法律制度的影响。通过历史的经验和成果，以期促进当代社会发展。张茵茵的《唐代流刑制度研究》(河北师范大学硕士论文，2008 年 4 月）一文对唐代流刑进行了初步探讨，主要阐述了唐律对唐代流刑的规定及其具体的执行情况，并在此基础上，总结了唐代流刑的主要特点，分析了其执行与规定不相符的状况及产生的原因。王云红的《清代流放刑罚概说》(《刑法论丛》2008 年 2 期）一文从清代典制和档案资料出发，对清代流放刑罚进行梳理，力求重新认识清代的流放制度。张永江的《试论清代的流人社会》(《中国社会科学院研究生院学报》2002 年 6 期）一文通过对清代流人社会这一领域的研究，为清代移民、边疆开发及清代社会制度等研究领域提供新的认识。马新的《论中国历史上的流放》(《山东社会科学》1992 年 1 期）追溯了中国古代流放制度的发展脉络，从宏观上把握了中国历史上各个朝代的流放制度。另有郭东旭的《宋朝法律史论》(河北大学出版社 2001 年版),《宋代刺配法述论》(《宋史研究论文集》河北教育出版社 1989 年版)，对中国古代刑法中的新刑种——刺配法的刑名、立法、适用和行刑进行了研究。

（二）中国流人传记的个案研究

此时期流人传记的个案研究，以中国历史上著名流人流放史事为切入点，研究内容和范围不断扩大，特别是在研究成果上，无论是研究论文还是学术著作，都在质与量的方面较前期有很大的发展。

1．此时期研究特点是，有关流人研究的论文大量涌现，研究人物集中而内容丰富

首先，论文论述的流人研究对象较集中。

涉及吴兆骞事迹的论文代表作有：台湾学者钟涯萍的《吴兆骞丰才薄命》（《畅流》1966 年 12 月），大陆学者李兴盛为纪念吴氏逝世三百周年而撰的《一代奇才千秋恨》（《学习与探索》1984 年 4 期），傅朗云的《抗俄爱国诗人吴兆骞》（《光明日报》1981 年 6 月 15 日）与《吴兆骞的一生》（《牡丹江师范学院学报》1981 年 4 期），黄超云的《才华盖世坎坷一生——清诗人吴兆骞评传》（《漳州职业大学学报》2000 年 1 期），高亢的《爱国诗人吴兆骞》（《承德师专学报》1991 年 4 期），陈曼平等的《论吴兆骞的流徙及创作》（《齐齐哈尔师范学院学报》1984 年 4 期），何宗美的《“吴兆骞现象”及其经典意义——兼论清初东北流人文学的历史内涵》（《求是学刊》2009 年 5 期）等，这些文章阐述了吴兆骞传奇的人生经历，对清朝流人制度研究有极大的帮助。特别是文章对吴兆骞在宁古塔期间开馆授徒、传播知识、培养人才等事迹及吴兆骞在宁古塔期间对中朝两国之间的文化交流做出的重要贡献的真实性做了论证。

涉及林则徐的论文主要有：陈胜粦的《林则徐履勘南疆垦地的实录——林氏〈乙巳日记〉评介》（《中山大学学报》1984 年 1 期），该文论证了林则徐不辞劳苦、履勘南疆的史迹。周新国等的《林则徐与新疆史地研究》（《中国边疆史地研究》2004 年 1 期），着重探讨了林则徐在谪戍新疆时期，通过日记、信札、诗词、奏折与杂录等形式开展新疆史地研究的情况，内容涉及新疆的历史、道里、形胜、古迹、地名、环境、物产、驻防、屯田和新疆人民生活等。其研究独树一帜，体现了林则徐注重文本与实地结合，经世致用和深刻的思想性、预见性等多方面特点。王劲、刘继华的《龚自珍、林则徐开发西北的思想》(《兰州大学学报》2003年5期)，把龚、林两位爱国者相联系，主要讨论他们开发西北的思想，以期对当前的西部大开发有所裨益。吴福环、何景雷的《林则徐与中国边疆》(《西域研究》2000年2期)，论述了林则徐晚年在新疆、云南等中国边疆地区的主要活动，特别是在人才培养、经济开发、边防建设、民族团结等方面做出的重要贡献。陈发扬、文强的《林则徐处理少数民族事务的启示》(《兰台世界》2012年3期)，认为林则徐关心维吾尔族人民生活、妥善解决其困难、谨慎处理其官民争端并赢得他们的尊重和爱戴，表明要处理好民族关系、增强民族团结，必须关注少数民族的生计等。殷晴的《林则徐与新疆》(《新疆社会科学》1984年1期)，阐述了林则徐遭受清王朝投降派的沉重打击，谪戍新疆，身处逆境，仍不顾衰病残年，不计荣辱得失，以拳拳之心，寻求报国之道，冒寒暑，迎风沙，奔走于天山南北，致力勘垦、兴修水利，做出许多至今仍造福人民的贡献。常青的《林则徐对提高新疆历史地位的作用》(《新疆社会科学》1985年2期)，认为林则徐早就洞察到沙俄的侵华野心并且积极进行了预防沙俄侵略的斗争，成为近代史上塞防论的先驱和中国人民反对沙俄侵略斗争的先行者，这对于提高新疆的历史地位，做出了不可磨灭的历史贡献。徐光仁、陈进忠的《林则徐对新疆建设和边防的贡献》(《四川大学学报》1988年1期)一文介绍林则徐被谗谪戍新疆，身处“罪臣”逆境时，却在那里成为了边境生产建设的开发者和塞防思想的创导者。他的“苟利国家生死以，岂因祸福避趋之”的忘我精神，树立了中国近代史上光辉的爱国主义典型。他在新疆三年时间里对生产建设和边境防卫的思想影响深远，直至于今。另有张海声的《林则徐在西北》(《西北师大学报》1988年10期)、黄保万的《论林则徐的

〈衙斋杂录〉与筹边思想》（《林则徐在新疆》1988 年）等。此外，还有周轩所撰有关林则徐传记的多篇论述发表在《新疆社会科学》、《新疆大学学报》、《光明日报》等报刊中。如《关于林则徐在新疆思想和实践的评价》（《新疆大学学报》2006 年 6 期）一文从身处逆境心怀报国志不移、远见卓识关心新疆边防、伊犁开垦与南疆勘地、文学创作的深化与完善四个方面，充分肯定林则徐在新疆的历史功绩。同时指出，在古往今来的评价上，存在着一些或高或低、不够恰如其分的地方，认为应尊重史实，恰如其分，这丝毫无损于林则徐的伟大，更能显示历史科学的严肃与公正。这些论文阐述了林则徐被发配三年时间里在新疆生产建设和开发等方面产生的深远影响，对学者研究清朝西北流人在开发西北边疆以及提高西北历史地位方面所做出重要贡献有重大意义。

涉及评价屈原、李德裕的论述，主要有郭沫若的《李德裕在海南岛上》（《光明日报》1962 年 3 月 16 日）、黎兴汤的《多港峒黎村与李德裕贬所研究》（《民族研究》1989 年 3 期）、禾子的《李德裕谪崖州》（《文汇报》1962 年 6 月 30 日）、孙作云的《屈原在楚怀王时被放逐的年代》（《光明日报》1953 年 10 月 3 日）与《屈原的放逐问题》（《开封师院学报》1961 年 11 期），后两篇文章论述了屈原的放逐问题与屈原的政治思想、爱国主义精神与伟大人格之间的关系问题。此外还有潘啸龙的《关于屈原放逐问题的商榷》（《安徽师大学报》1980 年 3 期）、张元勋的《关于屈原放逐的辨正》（《齐鲁学刊》1984 年 6 期）、周建忠的《屈原“放逐”问题证辩》（《南都学坛》2002 年 4 期）、卢业时的《李德裕在海南贬地考》（《海南大学学报》1985 年 1 期）、益甫的《李德裕贬崖州》（《岭南文史》1983 年 2 期）、刘丽的《唐代贬官与海南文化》（《咸阳师范学院学报》2010 年 5 期）等。其中刘丽之文通过梳理以王义方、李德裕为代表的唐代贬谪海南文人的一些重要文化活动，说明唐代贬谪文人在海南教育文化发展中的先驱作用。

涉及柳宗元、韩愈的有：日本学者清水茂等的《柳宗元的生活体验及其山水记》(《文史哲》1957 年 4 期)、日本学者户崎哲彦的《惊恐的喻象——从韩愈、柳宗元笔下的岭南山水看其贬谪心态》(《东方丛刊》2007 年 4 期)、王凤玲的《柳宗元被贬永州期间书信探析》(《南京师范大学文学院学报》2012 年 3 期)、戴义开的《柳宗元在柳州修孔庙是件大事》(《学术论坛》1982 年 6 期）与《柳宗元柳州事迹考》(与谢汉强合作，《中国哲学史研究》1983 年 3 期）等。其中戴文论述了柳宗元作为杰出思想家、政治革新派在柳州修孔庙一事在政治思想上加强了中央集权，促进了柳州这样一个社会生活比较落后的少数民族聚居地的进步，增强了封建社会的政治向心力。徐亦亭的《柳宗元开拓了岭南西部民族教育》(《民族教育研究》1999 年 1 期）一文阐述了柳宗元被贬到柳州后，继续奉行其政治革新主张，身体力行在当地少数民族地区倡导文化教育，主张统合儒、释以启迪当地的越人教育，推动了岭南西部的民族进步和社会发展。该文对我们深入研究历史文化名人对少数民族教育的开拓及推进作用有启发意义。方思远《韩愈在潮州事略辨析》(《华南师范大学学报》1986 年 4 期)、黄桂的《韩愈与潮州若干史实辨析》(《汕头大学学报》1999 年 3 期）二文力图就韩愈治潮时潮州的自然环境、人文社会环境、经济环境，以及众所周知的韩愈捐俸兴学、解放奴隶、移风易俗等相关问题做出新的解释，从而得出新的见解。李春才的《韩愈与潮州生产力发展》(《韩山师范学院学报》1999 年 3 期）一文阐述了韩愈对于潮州来说，不仅在哲学、文学、文化教育方面，而且在民俗风情等方面也有十分重要的影响，并且韩愈对潮州最根本、最重要的影响在于对潮州生产发展最具决定性意义。

其次，有关清代流人的研究成果数量较大。

这时期，对中国流人的研究中，除少部分涉及其他朝代的流人外，流人的传记研究多集中于清代，除吴兆骞外，涉及其他流人的研究有李兴盛的《"万里冰霜绝塞行"——杨越、杨宾父子传略》(《学习与探索》1981年6期)、张玉兴的《关于陈梦雷第二次被流放的问题》(《清史研究通讯》1984年2期)与《孙赤崖与赤崖和尚考》(《东北地方史研究》1987年4期)、董玉瑛的《杨安城事略》(《史学集刊》1982年4期)等。至于薛虹的《函可和冰天诗社》(《史学集刊》1984年1期),反映了清入关后这一时期的时代特点,和当时的重大事件相联系,真实地叙述函可的生平事迹,旁及其家族亲友的抗清斗争,为理解清入关后发生的社会骤变提供一个生动具体的事例,并借以说明评价历史人物必须放在其时代的社会主要矛盾中加以研究。此外,桐城方拱乾祖孙四代曾两次遣戍黑龙江,麻守中的《清初桐城方氏两次遣戍东北考》(《史学集刊》1984年4期)、李兴盛的《〈南山集〉文字狱案及桐城方氏向东北的遣戍》(《北方文物》1988年2期),阐述了方氏一族被遣戍到东北后,在艰苦的环境下著书立说,吟诗作赋,为东北历史地理的研究,留下了许多嘉惠后学的珍贵文献。此外,李兴盛还有关于杨瑄、杨锡履、杨锡恒、张缙彦、张贲、陈梦雷、李棠、刘凤诰、金圣叹家属、英和、张光藻等东北流人评价的论述。这些文章通过对东北流人的事迹的阐述以及对东北流人的评价,更深层地论证了东北流人对中华文化的传承、对东北地域文化的开发所发挥的重要作用。东北地域文化以其浓郁的民族性、鲜活丰富的多彩性,在中华文化中占据极重要的地位,而有清以来的东北流人文化作为东北地域文化形成过程中的一道亮丽的风景线,不仅开拓了北疆文化新风,而且在东北地域文化的传承与发展过程中发挥了重要影响。这些流人不仅是清前期东北地区文化领域中一批十分活跃的人物,而且其所传播的文明种子,在东北地域文化开发中发挥了重要的作用。除此之外,流人在东北地区与中原文化交流中也扮演了主要角色,这些流人成为中原文化和东北地域文化进行交流的桥梁与纽带,这种交流必然极大地促进东北地域文化的发展。总之，在东北地域文化开发过程中，流人作为一支中坚力量，在振兴东北地方文风、改善东北文化面貌、推进东北文化发展中做出了重要贡献。

最后，其他朝代流人研究概况。

关于汉代流人研究，有何凤桐的《张光徒边丛考》（《贵州师范大学学报》1990 年 4 期）等。关于唐代流人研究，有昭民的《宋之问“赐死”钦州考》（《学术论坛》1982 年 6 期）、李云逸的《沈佺期“配流岭表”考辨》（《学术论坛》1983 年 4 期）、若思的《杨炎的贬所》（《文史》第二辑 1963 年）、唐澍和玉叟的《白居易被贬的真正原因及思想矛盾》（《西安教育学院学报》1999 年 1 期）。关于宋代流人研究，有李金荣的《黄庭坚谪居戎州行迹生活考述》（《宜宾学院学报》2009 年 2 期），在对黄庭坚谪居戎州期间的具体行迹、生活等进行较为详尽的考述后，补充和纠正了此前年谱、方志及论著中相关论述的一些疏漏和讹误。景刚的《欧阳修与滁州》（《滁州学院学报》2010 年 1 期）一文认为欧阳修被贬滁州是宋仁宗平衡朝廷各种力量折中处理的结果，欧阳修深知自己的处境和仁宗的用心。滁州的山水民风抚慰着欧阳修因被诬陷而受伤的心灵，也为他的诗文创作提供了丰厚的土壤。作为一名有责任感的官员，他以不求声誉、宽简而不扰的执政风格将滁州治理得和谐安定。杜勍妹的《论苏轼被贬时期的功绩》（《语文学刊》2010 年 6 期）一文认为，在苏轼的仕途变化中，贬谪在这三州期间是他政治上最为失败、生活上遭受苦难最多的时期，却也是他文学创作的高峰时期，更是他人生精神升华到极致、对人生意义哲思体会最为深刻的时期。黄州是他思想发生巨变之地，从此，他借助于佛老思想作为其精神支柱，最终集儒、道、释三家思想于一身，形成了他身处逆境而能旷达乐观、随遇而安的人生态度。而这种思想境界，使他面对更险恶的被贬之地惠州、儋州，却能与民同甘共苦。这才是他独特的人格魅力所在，是他留给后人精神上的最宝贵财富。关于明代流人研究，有刘思义的《在放逐中潜心治学——杨升庵二三事》(《历史知识》1980年1期)、顾峰的《杨慎对西南民族史研究的贡献》(《中国民族》1964年4期)等。

另外，本时期有关清代西北流人传记的论文数量大大增加。主要代表有高言弘的《刚正不阿的谢济世》(《学术论坛》1981年2期)、丘良任的《卢见曾及其〈出塞图〉》(《故宫博物院院刊》1983年2期)、周轩的《清代西域史地学家祁韵士》(《紫禁城》1993年4期)及《载澜在新疆》(《紫禁城》1989年2期)、赵俪生的《西北学的拓荒者之一——徐松》(《西北史地》1985年1期)等。特别是周轩的《纪晓岚在新疆》(《紫禁城》1989年4期)，乾隆三十三年，纪昀因漏言泄密被革职遣戍新疆。文章阐述了纪昀在两年多的流放生涯中，悉心体察当地风俗民情，并详细地记录下来，为后人研究当时的新疆及他的事迹留下了一份宝贵的资料。马中文的《张荫桓流放新疆前后事迹考述》(《新疆大学学报》1996年4期)一文考述了清代著名维新官员张荫桓于戊戌政变后被捕下狱，因英日等国公使营救，得以免死流放新疆，英人莫理循等密谋途中将其劫持保护，但为张拒绝。张途经保定与旧属吴永相见，将一批书札相赠，成为后人研究近代历史的珍贵资料。周轩的《裴景福流放新疆案》(《紫禁城》1994年2期)，对职位较低的广东海南知县裴景福独特的获罪缘由及经历做了研究。

2. 有关流人传记研究论著大量增加，研究特点呈现出对流人研究的精而细化趋势

此时期对流人传记的研究主要也是集中在个案研究中，主要流人传记专著有：李兴盛的《边塞诗人吴兆骞》(黑龙江人民出版社，1986年)与《诗人吴兆骞系列》(传记、年谱、资料汇编各一册，黑龙江人民出版社，2000年)、戴义开的《柳宗元·柳州》(广西教育出版社，1989年)、朱玉书的《海外奇踪》(湖南人民出版社，1985年）与《苏东坡在海南岛》（广东人民出版社，1993年）、孙昌武的《柳宗元评传》（南京大学出版社，1998年）、王文才的《杨慎学谱》（上海古籍出版社，1988年）、《柳侯祠石刻注释》（广西人民出版社，1993年）、《柳宗元研究文集》（广西人民出版社，2005年）等。其中周轩的《清宫流放人物》（紫禁城出版社，1993年）与《清代新疆流放名人》（与高力合著，新疆人民出版社，1994年）属于这一时期典型的合传传记。此外，《秦少游研究论丛》（广西人民出版社，1989年）、傅璇琮的《李德裕年谱》（河北教育出版社，2001年）、关义秀与黎兴汤的《李德裕在崖州》（南海出版公司，1993年）、刘长明与周轩编著的《林则徐在新疆》（新疆大学出版社，2006年）等书也与流人研究有关。

3．中国流人文献整理与研究的开启，为流人学学科的建立奠定坚实的研究基础

关于流人作品的整理与研究，主要分为对流人作品的评述与考辨及对流人作品的点校与笺注两个方面：

首先，对流人作品的评述与考辨。这时期有大批国内学者（如刘泽、张海滨、钟平、范能船、周先慎、饶学刚、苏寰中等）及日本学者清水茂都曾对柳宗元、苏轼流放作品的思想内容与艺术特点进行过评述。宋德金、李兴盛、王孟白、李熏风等对吴兆骞塞外作品做过相关评述，例如宋德金的《吴兆骞和他的边塞诗》（《社会科学辑刊》1980年6期）、朱孝文的《且将浊酒浇胸臆，莫为悲笳废啸歌——读吴兆骞〈悲笳集〉》（《彭城大学学报》1994年1—2期）、赵鸣岐的《吴兆骞和他的边塞诗〈秋笳集〉》（《史学集刊》1990年4期）等。周轩、王有德、焦静宜等人曾撰文对林则徐流放诗文加以评述。还有孙克宽的《寒笳远戍慨文人——吴汉槎与其诗》（《东方杂志》1974年2期）、朴人的《吴汉槎塞外家书》（《自由谈》1975年12期）。另外，涉及其他流人者还有李兴盛的《张坦公及其〈宁古塔山水记〉、〈域外集〉》（《求是学刊》

1984年5期)，贾敬颜的《张缙彦和他的〈宁古塔山水记〉》(《学习与探索》1984年5期)、李兴盛的《清初诗人方拱乾及其诗作》(《北方论丛》1992年2期)、王全兴的《洪皓与〈松漠纪闻〉》(《黑龙江文物丛刊》1982年1期)、马千希的《洪亮吉的〈天山歌〉》(《新疆日报》1980年3月23日)、刘瑞明的《〈乌鲁木齐杂诗〉诗意和评注辨析》(《西域研究》1993年1期)等也属于此类论述。

其次，对流人作品的点校与笺注。这方面最大的研究成果主要有张玉兴的《清代东北流人诗选注》(辽沈书社，1988年)，该书共收录了54人的600余首诗，对清代前期东北流人的诗歌创作进行了总结和归纳，是一部流人诗歌注释的开拓之作。周轩的《林则徐诗选注》(新疆大学出版社，1996年)、王文才《杨慎诗选》(四川人民出版社，1981年)、郝浚的《乌鲁木齐杂诗注》(新疆人民出版社，1991年)、范会俊与朱逸辉等的《苏轼海南诗文选注》(北京师范大学出版社，1990年)、黄海鹏的《烟雨任平生——苏轼黄州词注评》(武汉大学出版社，1989年)等也是这方面的代表。此外，在一些省份出版的历代诗歌选集中，也添加了关于流人诗集等相关内容，如《历代西域诗选注》、《贵州历代诗选》、《黑龙江历代诗词选》等。值得提出的是，由钱仲联先生主编的《清诗纪事》(江苏古籍出版社，1989年)是一部大型清代诗歌纪事文献，其写作特点是以诗研史，以辑录反映清代政治历史和社会生活的诗篇为全书主干，特别是把许多被文学史所淡忘的或被丢失的一个时代的作品还原给今人。《清诗纪事》中还提供了大量清代流人诗作及线索。毫无疑问，这部汇录清代历朝诗歌纪事文献的巨著，对流人史、流人文化的研究有重要的文献价值，对流人学学科的建立产生了重大影响。

此外，在流人文献的整理方面，台湾"中央研究院"文哲所的严志雄先生尤应值得评价，主要由他点校的《千山诗集》("中央研究院”文哲所《古籍整理丛刊17》)，点校精审，书前所冠由其所撰导论《忠义、流放、诗歌——函可禅师新探》一文，立论新意迭出，颇具创见。

第二节 流人学的整体研究与流人学通史体系的创建

随着流人学研究成果的不断丰富与发展，学术界对流人问题的研究日趋综合化、整体化，从更加宏观的角度探寻流人历史发展脉络的研究思想愈加清晰。这种对流人问题研究由微观专题化研究向宏观整体化研究发展的必然趋向，最终促成了李兴盛的《东北流人史》、《中国流人史》等著作的出现。李兴盛对流人学全方位、多层次、各区域的完整论述，逐渐形成了流人学研究的新体系，即流人学通史体系。流人学通史体系的建成，也成为支撑流人学这一学科的重要理论依托。

一、流人学的整体研究

在对流人的综合整体研究上，新中国成立前期的论著不多，日本学者川久保悌郎的《清代配流边疆的罪徒》(弘前大学《人文社会》1958年15号)，通过对清代流放制度、流放政策与相关的流放地点的年代分布及发配频度的变迁的探讨，论述了在流放地的流犯的种种现象与状况以及边疆社会形成的问题等。随后，杨合义的《清代东三省开发的先驱者——流人》(日本《东洋史研究》，1973年)一文，分期论述流人的服役内容，并对他们在东三省开发中的作用加以评述。杨合义的《清代活跃于东北的汉族商人》(台湾《食货月刊》，1975年)专门探讨了流人商贾经商的各种方式及其作用。

20世纪末到21世纪初，流人的综合整体研究得到迅速发展。以区域流人为研究对象的论著大量涌现，并且多集中在东北流人、西北流人。

关于东北地区流人的论著主要有：李兴盛的《清初流人及其对黑龙江地区开发的贡献》(《学习与探索》1980年5期)，介绍了清初统治者一度采取过实边的政策，曾经把许多反抗其统治或触犯刑律的人流放到东北，阐述了今黑龙江地区的流人对当地经济的发展、文化的进步、风俗的改变、民族的团结与边疆的保卫所做出的贡献。其《艰难创业话流人——〈中国流人史〉自序》(《龙江社会科学》1994年4期)与《清代东北被遣戍的起义农民》(《学习与探索》1985年5期)，试图解决与探讨清朝的遣戍制度与起义农民（包括受牵累的亲属等）遣戍的具体情况、遣戍者的社会地位与生活状况，及他们对开发与保卫东北边疆又起了哪些作用。其《流人及其对东北开发的作用》(《学术交流》1992年3期)，指出移植甚早而又人数众多的汉族人民对东北的开发起着举足轻重的作用。东北开发史是东北各族人民的共同开发史，东北的各族人民，不论土著或是客籍，在不同的历史时期，都对东北的开发起过大小不等、程度各异的促进作用。作为客籍居民重要组成部分的东北流人，对东北的开发与保卫所起的作用自然也是不容忽视与低估的。梁志忠的《清初发往黑龙江的遣犯——读〈清实录〉札记》(《黑龙江文物丛刊》1984年2期）一文重点叙述清朝前期，即顺、康、雍、乾、嘉时期发往黑龙江的遣犯，以流人（即遣犯）为主，自动潜入的流民不在其内。梁志忠的《清前期发遣吉林地区的流人》(《史学集刊》1985年4期）指出，为巩固大清王朝在中原的统治地位，清政府将内地的各种罪犯发配边远省区，以及烟瘴之地。该文就清前期一般流人发遣吉林的情况以及他们对边疆开发所起的历史作用略加叙述。杨旸的《明代南方少数民族谪寓辽东情况》(《中央民族学院学报》1987年3期)

以及《明代流人在东北》（与孙与常等合作，《历史研究》1985年4期），阐述了有明一代谪戍东北的流人渡湍水，越穹岭，远离乡土，跋涉冰雪，来到了黑水白山中间。他们在重冰积雪、绝塞异乡的北国大地，与当地的兄弟民族披荆斩棘辛勤劳动，携手前进，对祖国东北的经济发展、边疆建设、文化交流、民族融合等方面都做出了贡献。另有王岫石的《试论清初流人对东北开发的贡献》（《史学简报》1984年9期）、罗继祖先生的《东北有流人始于前汉》（《墐户录》，黑龙江人民出版社，1989年）、张玉兴的《巴海、萨布素与东北流人文士》（《黑河学刊》1984年1期）。此外，近年研究成果，如张林、孔翠薇、杨柏春的《论清初流人及对东北经济、文化的历史贡献》（《吉林师范大学学报》2003年5期）介绍了清入关前清太宗皇太极和入关初的顺、康、雍三代通过战争掠夺人口、招抚明朝降军、强迫迁民、投充、充军、发遣等手段，把大量汉人迁流到东北来以充填这荒寒而富庶的地区。正是这群庞大的流迁群体开发了荒凉的东北，输入了先进的中原文化，使东北变成"说礼敦诗"之地。还有金悦的《清代东北地区的"流人"》（《满族研究》2008年4期），该文通过寻找史料中的点滴线索，探究清代流人如何转化为东北土著，这对于东北民族史研究具有十分积极的作用。

涉及西北地区流人的论著主要有：王希隆的《清前期新疆的安插户》（《西北史地》1988年1期）、《清代西北屯田研究》（兰州大学出版社，1990年）。齐清顺的《清代新疆遣员研究》（《新疆社会科学研究》1986年1期）、《清代新疆遣犯研究》（《中国史研究》1988年2期）、《清代遣员在新疆的贡献》（《喀什师范学院学报》1987年4期）等，阐述了部分清代遣员利用各种机会和自身才能对新疆的发展做出的重要贡献。周轩的《清代新疆流放人物述略》（《西域研究》1993年1期）一文主要对清代新疆遣员的获罪缘由及发配日期略作论述。吴元丰的《清乾隆年间伊犁遣屯》（《西域研究》1991 年 3 期)，主要依据清代满文档案史料，并结合有关汉文文献，仅就乾隆年间伊犁遣屯试作论述。

另外，研究成果还有杨银权的《试论清代遣犯和流人群体对新疆开发的贡献》(《青海民族大学学报》2010 年 4 期)，该文论述了清王朝在统一新疆后，为了加强对当地的有效治理，巩固其统治，将大批的遣犯和流人发往新疆各地。在长期的劳动和生活中，这些特殊群体不仅在新疆社会经济发展方面做出了重要贡献，而且在当地教育、社会习俗等文化方面亦发挥了重要作用。

其他地区流人整体研究成果问世不多，古永继《明代云南的谪流之人》(《思想战线》1992 年 1 期）一文探讨了明代云南流人的类型及其对该地政治、经济、文化发展的重要贡献。

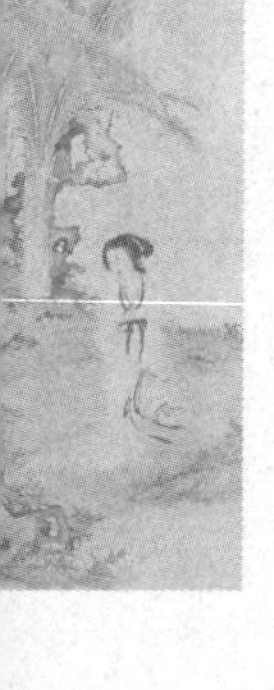

此外，台湾学者温德顺、廖中庸等也发表过这方面的论文，如温德顺的《清代乾嘉时期关内汉人流移东北之研究》(台湾政治大学民研所硕士论文，1993 年）一文中涉及流人的专章及专节有清代遣戍制度与清初的罪犯发遣、清廷遣戍政策的修订、一般性案犯的发遣、洋盗案犯的发遣、秘密社会案犯的发遣、流人的生活及其管理。廖中庸的《清朝官民发遣新疆之研究》(台湾东海大学历史所硕士论文，1988 年）是专门论述新疆遣犯之作。吴佳玲的《清代乾嘉时期遣犯发配新疆之研究》(台湾政治大学民研所硕士论文，1992 年）一文探讨了清朝发遣新疆制度的形成、执行及对新疆的影响。近年来，台湾学术界对流人的研究领域愈趋开拓。“中央研究院”严志雄有《流放帝国与他者——方拱乾、方孝标父子诗中的高丽》(《中国文哲研究通讯》20 卷 2 期)，另有《清初东北流人函可、方拱乾诗之比较研究》等文。暨南国际大学王学玲连续刊发了几篇有关东北流人之论文，也基本是流人整体研究之作，如《一个流放地的考察——论清初东北宁古塔的建构》、《是地即成土——清初流放东北文士之“绝域”纪游》(《文与哲》11 期及《汉学研究》24 卷 2 期)。这些论文视角独特，观察细微，独辟蹊径，不同凡响。

二、流人学通史体系的建立

在流人学的整体研究基础上，这一时期最突出的成果就是李兴盛经过二十多年的研究，对我国历代流人群体与流放现象做了全方位、多层次、系统化的深入研究与完整论述，出版了区域史专著《东北流人史》和流人通史《中国流人史》。它们的出现分别开创了东北流人通史和全国流人通史的研究，更标志着流人学新的体系（即流人学通史体系）开始建立。这两部专著的出现上承谢国桢先生的《清初流人开发东北史》，将谢国桢先生开创的流人研究发展成为新学科、新学派，开辟了我国学术研究的新领域。《东北流人史》（黑龙江人民出版社，1990 年版，2008 年增订版）是我国第一部流人区域史。作者把对清代流人的研究扩大到流人通史的研究，上起西汉下溯清末，进行分别论述，构成了东北流人通史的完整体系。《中国流人史》（黑龙江人民出版社，1995 年版，2012 年增订版）是我国第一部全国性流人通史巨著。来新夏先生曾评价其“对流人问题进行全方位、多层次、各区域的完整论述，开创了流人史研究的新体系”。张博泉先生也曾评价其“突出案例，综合分类，与一般写史法不同”。这两部论著的出版表明了我国流人综合整体研究已得到迅速发展，为流人学通史体系的建立奠定了基础。李兴盛所开创的流人史研究新体系的一个重要发展，即由中国流人的地域通史向中国流人的全国性的通史发展。这一发展及流人学通史体系的建立也为流人学成为历史学的一个分支学科提供了坚实的理论基础。

第三节 流人文化概念的提出与流人学文化体系的建立

随着流人学研究纵向的不断深入，以李兴盛为代表的流人学研究同人们将研究视野及研究领域不断延伸、扩展。流人学研究向着有史、有论、有专门著述、有文献汇编的方向发展，流人学研究已由研究实践上升到理论探讨阶段，并且基于以往的理论研究建立了流人学文化体系。流人史与流人文化已作为一种新体系、新学科呈现于世人面前。

一、流人文化概念的提出

1997年4月19日，在香港珠海书院（即现在的香港珠海学院）的学术研讨会上，李兴盛受台湾“中央研究院”史语所朱鸿林教授的启发，在《流人文化及我国近世流人在思想文化领域内的贡献》（该校《亚洲研究》23期）的学术报告中，首次提出了流人文化这一新的名称、概念与命题，并做了初步理论探讨。他提出，所谓流人文化就是“流人这一社会群体在与自然、社会相互作用中所创造与传播的一切知识的总和，是以中原文化为主体的多民族文化的综合体，它既不完全等同于中原文化或是边疆文化，却又与中原文化或边疆文化有着千丝万缕的血肉关系”。流人文化的实质就是“以汉民族中原文化为主体的多民族文化综合体”，这是学术界第一次对流人学文化实质的阐释。随后，李兴盛撰写了《中国流人史与流人文化概论》，对中国历代流人群体与流人现象进行了全方位的研究和理论化的探讨，并将其收入到《中国流人史与流人文化论集》一书中。流人文化这一概念的提出对流人问题研究与流人学的建立产生了重要的影响，有重要的学术价值和

意义。

二、研究视野的拓宽，文化体系的建立

李兴盛在对流人群体、流人文化研究的基础上，将研究领域从流人扩展为包括全体客籍人士在内的流寓者，进而将流人文化扩展成流寓文化，并进行了理论探讨。特别是将流人文化、流寓文化与发展边疆的旅游文化相结合，在研究过程中通过对流放者、流寓文化的研究，发现从各地迁徙而来的客籍人士在边疆生活的过程中创造并传播了独具特色的流寓文化，客观上促进了边疆少数民族文化的发展，同时也丰富了边疆地区旅游文化的内涵。① 他于2000年编纂了《黑龙江流寓文化与旅游文化丛书》，提出应把开发流寓文化、流人文化作为展现黑龙江省旅游文化历史底蕴与新内涵、以历史人物尤其是历史名人为主的人文景观带动自然景观、提高旅游文化品位的重要内容。至此，由流人文化、流寓文化和旅游文化三位一体构成了流人学文化体系。流人学文化体系也就与流人学通史体系并列成为流人学作为历史学分支学科的两大理论基础。

值得注意的是，随着流人学学科框架的不断完善，这一时期，学术界的论著、文献汇编都大量增加，文化内涵的研究意义逐渐凸显。李兴盛于2000年撰成《诗人吴兆骞系列》三部书稿（黑龙江人民出版社，2000年11月），包括吴氏传记、年谱与资料汇编，近80万字，集吴氏研究之大成，随后还出版了《中国流人史与流人文化论集》（黑龙江人民出版社，2000年）、《流人史流人文化与旅游文化》（黑龙江人民出版社，2008年）。此外，其他学者也相

① 李兴盛：《流人史流人文化与旅游文化》第6页，黑龙江人民出版社2008年版。

继发表大量的流人文化学术论文，特别是近年来流人文化研究呈现了“百花齐放”的佳境。主要代表有：孟颖《清初的东北流人及对东北文化发展的贡献》(《北华大学学报》2000年3期)、潘建华的《东北流人在戍地的经济活动》(《吉林日报》2010年9月9日)、郝素娟的《清代东北流人生存状态探析》(《北方文物》2011年4期)、李德新的《清代东北流人问题研究评析》(《东北师大学报》2013年5期)，这些论文就流人文化对东北政治文化、经济文化的作用及影响做了有益的探究。黄松筠《论清代东北封禁与流人文化》(《中国边疆史地研究》2002年4期)，从清入关后东北的文化状况、封禁政策的提出及实施、流人文化的形成及内涵三个方面对东北的流人文化进行探讨，认为清的入关使东北文化发展处于停滞状态，但封禁政策的制定和实施却为流人文化的形成创造了条件，流人文化成为封禁时期东北文化的主要内容。张永江的《试论清代的流人社会》（《中国社会科学院研究生院学报》2002年6期）提出，清代流人社会是在主流社会之外、由严格的流放制度而强制形成的一种畸形的另类社会。因此，它既具有一般社会所共有的文化特征，也具有自身的文化特质。李淑清的《吕留良后裔在北疆的活动及贡献》（《浙江社会科学》2004年6期）一文在缅怀明末清初思想家吕留良的同时，着重介绍吕留良文字狱案发生后，其后裔在雍正年间被发配到黑龙江，在极其艰苦的困境中，不忘先祖遗训，勤奋读书，并将江浙地区先进的商品观念和文化知识传播到边疆，和当地人民一道发扬中华民族勤奋勇敢、自强不息的精神，在参与开发边疆、建设边疆的历程中，为黑龙江经济、文化的发展做出了重要贡献。黄德烈的《宁古塔流人诗社成因及影响》（《文史知识》2007年7期）就当时在宁古塔由几位著名流人建立的“七子诗社”进行了分析探讨。廖晓晴的《试析清代东北流人文化的内涵》（《满族研究》2010年3期）认为清代东北流人文化的内涵就是：传播中原先进的传统文化知

识，弘扬一种身处逆境而能忍辱负重、百折不挠和自强不息的流人特有精神。郝素娟《试论清代流人与东北社会变迁》（《吉林师范大学学报》2011 年 5 期）辩证分析流人在经济、文化和社会风尚等方面给东北带来的深远影响。郑彦春的《流人文化对黑龙江文化的影响》（《理论观察》2009 年 4 期）一文探讨了清以来的流人文化的问题，认为流人文化作为黑龙江地域文化形成过程中的特殊文化，不仅开拓了北疆文化新风，而且在东北地域文化的传承与发展过程中发挥了无可替代的作用。周轩的《清代新疆流人与民族关系》（《新疆大学学报》2003 年 4 期）一文主要依据流放官员的诗文，从吟咏新疆各民族风情、赞同各民族友好交往、重视加强与协调民族关系这三方面论述清代新疆流人与民族的关系，意在阐发新疆自古以来就是我国领土的一部分，是多民族与多宗教并存的地区，是各民族共同开发建设的。特别是清统一更促进了民族友好交往，使新疆获得了经济发展与社会进步。廖晓晴的《清代辽宁流人与流人文化述论》（《辽宁大学学报》2008 年 6 期），对清代辽宁流人在文化上所做出的历史性贡献及流人文化精神进行了阐述。

总之，这些流人文献资料的整理、学术论著的出版、流人学的通史体系和流人学的文化体系的形成，共同构筑成了流人学的学科框架体系。

第四节　今人重要的流人学著作介绍

一、谢国桢《清初流人开发东北史》

作者：谢国桢（1901—1982），字刚主，河南省安阳人，中国著名史学家，对清代学术史研究贡献卓著。

民国十五年（1926），考取了清华学校研究院（国学门），主要随梁启超学习和研究，次年毕业。后曾于国立北平图书馆、国立中央大学、云南大学任职和执教，新中国成立后相继在南开大学和中国科学院哲学社会科学学部（后改为中国社会科学院）历史研究所任教和从事研究工作。

《清初流人开发东北史》于1948年由上海开明书店出版，全书六万余字。后又经修订改名《清初东北流人考》，收入1982年由人民出版社出版的《明末清初的学风》论文集中。《清初流人开发东北史》分十节，依次为引论（述清代流刑种类、东北戍所与流放原因等）；僧函可谪戍沈阳（述僧函可其人其事，如何谪戍沈阳等）；顺治丁酉（1657）科场狱案与吴兆骞、孙旸等之流徙（述科场狱案的前因、经过、影响，吴兆骞、孙旸其人其事等）；吴梅村与营救流人之关系（述吴梅村其人其事、吴梅村所作诗篇、吴梅村对被谪戍士子的同情之举）；浙中通海案遣戍诸人（述浙中通海案的前因、经过、结果）；龙眠方氏举家迁徙及《南山集》狱（述方氏因受科场狱案的牵连举家迁徙宁古塔，后又遭《南山集》狱，全家被流徙至黑龙江）；三藩之变与陈梦雷两次流徙（述陈梦雷其人其事，由于三藩之乱受牵连被遣戍）；其他遣戍诸人（述顺治至雍正年间因言事而犯罪被谪戍东北的流人）；结论（述清初迁民分为三期，流人之历史作用）；余记（补遗）。

谢先生在《清初流人开发东北史》中记述的流人史实始于清初，终于雍正年间。此书是谢先生在战火纷飞的艰苦岁月里写成的，受条件的限制，资料搜集之不易，是可想而知的。该书首次较全面地评价了流人在政治、经济、文化等方面的历史作用，给后来学者以启迪，可以说，这是一部断代的东北流人的简史，就体例而言，该书可称是一部粗具规模的流人专题史，开创了流人史、流人文化这种新体系、新学科的研究。此书是谢先生设身处地，经过东北，亲眼看见当时的情况，俯今思昔，摭拾旧闻，纂辑而成。书中强调了清初得罪朝廷遭文字狱充军谪戍到东北去的文人学者、知识分子对于促进东北学术文化事业所起的作用。范文澜先生对此书做出过评价：“这本小册子，能说明清初统治者所施行统治人民思想的政策，大兴文字狱的一个侧面。”

二、李兴盛流人学著作成果介绍

李兴盛，原籍山东费县，1937 年 11 月生于哈尔滨市。黑龙江省社会科学院历史研究所研究员，黑龙江省文史研究馆馆员。1958 年考入哈尔滨师范学院中文系，对南明史研究表现出浓厚的兴趣。1961 年与谢国桢先生始书信往还。1963 年考入黑龙江大学中文系，研究南明史与中国农民战争史。1968 年毕业并供职于哈尔滨市第 90 中学，进行文史知识的学习、积累与研究，这为他后来成为历史学者奠定了基础。1978 年调入黑龙江省社会科学院历史研究所，受谢国桢影响而转向东北史研究。从 1980 年开始，在谢国桢先生的启发、指点与支持下，专攻流人史之研究。此后又相继得到罗继祖、钱仲联、来新夏三位教授的奖掖与提携，对我国流人问题做了全方位、多层次、系统化、理论化的深入研究与完整论述，出版有《东北流人史》、《中国流人史》、《中国流人史与流人文化论集》等专著，从而结束了我国流人问题研究没有通史专著、没有理论支撑及没有形成体系的局面。近年来，在来先生支持下，又为将流人史、流人文化的研究升华为流人学的研究而奋斗。来先生为《中国流人史与流人文化论集》撰序，谓此书“虽为辑录其于流人问题研究中之理论观点，实则寓构筑流人学框架之深意”，从此，兴盛之于流人学之研究，“有史、有论、有著述、有文献，足称专学之规模”。来先生之奖掖正鞭策着李兴盛在学术研究的山路上攀登。现将其相关著作成果介绍如下。

1.《东北流人史》

《东北流人史》于1990年由黑龙江人民出版社出版。全书三十一万字，内分三编，三编之前有罗继祖先生的序言、作者前言；三编之后另有结束语和附录六种。第一编：明代与明代之前的东北流人，八章十六节。第二编：有清一代的东北流人，九章三十六节。第三编：东北流人的处境、抗争及历史作用，两章五节。该书上限始于有文献可征的西汉时代，下限止于清末。该书将东北流人史按其发展脉络划分为西汉、三国、北魏、辽、金、元、明、清等历史时期或阶段，然后在每个时期或阶段中，首先阐述与流人有关的全国及当时的东北历史背景，其次论述该时期或阶段流人史的概况，并介绍一些重要流人与案例，最后阐述了东北流人的处境、斗争及其历史作用。书中东北流人特指从关内各地遣戍东北之人，至于东北境内诸省之间互相遣戍的流人及东北境内向关内各地遣戍的流人，暂不涉及。与东北流人密切相关的探视者、省亲者、奔丧者与伴行者，虽然不是流人，但是他们曾亲身到过东北，其事迹是东北流人史的有机组成部分，因此该书也摘其要者而述之。另外，该书的纪年方式均采用农历。该书在撰写过程中，由于文献过于缺失、流人史的早期史实过少、没有或缺乏前人成果作为借鉴，因此难度很大。为撰著此书，作者奔走于南北各大图书馆，查阅了近千种古籍，在正史、杂史、载记、方志、笔记、别集、总集、诗话、词话，甚至书目、丛书、档案中，挖掘出为数远逾前人所掌握的流人史料。又重点考察了东北流人的故乡吴江等地和戍所宁古塔新旧二城及吉林乌喇等地，将文献资料与调查资料结合起来，做了深入的研究。作者就是这样的勤于耕耘，潜心治学，积累十余年时间，终于写出这部自成体系的开拓性学术著作。

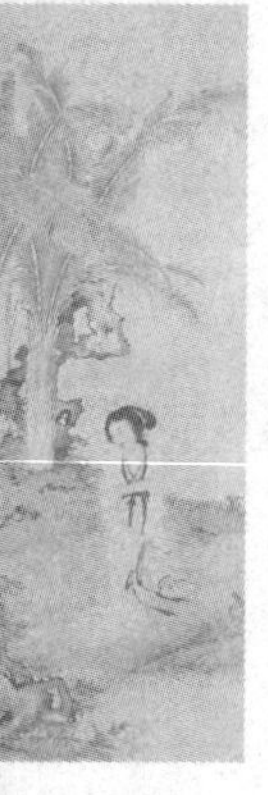

作者在《结束语》中对东北历代流人所具有的奋斗精神、创业精神和爱国精神给予很高的评价："来自全国各地以汉族为主体

的数百万东北流人与广大流民，以及当地各族人民，披荆斩棘，战天斗地，经过上千年的辛勤劳动与惨淡经营，才渐渐把荒凉闭塞的东北，变成繁华昌盛之地。”作者在第三编第二章《东北流人的贡献与历史作用》中还指出：东北历代流人“对促进东北社会经济、文化教育的开发、民族的融合，以及祖国边疆的保卫，都起到了很大的积极作用”。

《东北流人史》堪称我国第一部通史性区域流人史专著，它的出版填补了我国流人史研究方面的空白，拓宽了流人史研究道路。我国流人历史早在传说时代就已开始，流人的流放地除东北外，还有东南、西南、西北地区。历史上发遣到东北地区的流人来自全国各地，包括许多民族的各阶层“人犯”，他们给当地人民的科技、文化、生产、生活各个方面都带来了诸多影响，与当地各民族人民相处、融合，共同开发建设和保卫了祖国的东北边疆。这些，《东北流人史》中都有较详的阐述。因此说，《东北流人史》对于我国特别是我国东北地区的人口史、边疆经济文化开发史、民族关系史等方面的研究都具有重要参考价值。《东北流人史》的出版，标志着作者在谢国桢先生研究的基础上开创了一个新体系，即流人史研究的新体系。

《增订东北流人史》于2008年由黑龙江人民出版社出版。全书四十七万字，仍然分三编。第一编：明代与明代之前的东北流人，十一章三十六节。第二编：清代的东北流人，九章三十九节。第三编：东北流人的处境、斗争及其历史作用，三章九节。

2.《中国流人史》

《中国流人史》于1995年由黑龙江人民出版社出版，1997年2月第二次印刷。《中国流人史》全书一百余万字，分五编，三十二章，二百零七节，另有附录三种，图片一百幅，系统地阐述了近四千年来历代流人的概况及其开发边疆、传播中原文明的业绩和作用，是一部颇具特色的史学创新之作。《中国流人史》的撰写体例基本仿照《东北流人史》，即将整个中国流人史划分为先秦时代、秦至两晋十六国时代、南北朝至明代和清代四个时期，其中有的时期又分成若干阶段。鉴于自秦统一中国后，逐渐形成西北、西南、东南和东北四大流放区域，隋唐以后又出现海岛流人，本书的论述以这四大流放区为主，辅以海岛流人。也就是说，本书在具体叙述时，在每个时期或阶段中，都是先阐述当时的历史背景，其次论述该时期或阶段流人史概况、重要案例与流人，最后则综述各时期中国流人的悲惨处境、反抗斗争与历史作用。附录部分包括中国流人大事记、中国历代重要流人著述简表及主要引用书目等。本书叙事始于夏末，止于清末，上下贯通几千年。著录的流人，已辟为专节重点介绍者有六七百人，在每章的“流人概况”中点到姓名者有六七百人，附录中又涉及近千人，全书点到的流人姓名近三千人。

作者在《中国流人史》一书中盛赞了中国历代流人所具有的奋斗精神、创业精神和爱国精神，并指出：中国广大流人在各种“艰苦逆境与悲惨命运中，泪洒苍天，血沃塞土，为祖国边疆的开发与保卫，为中原文明的传播，民族的融合与团结，作出了巨大的贡献”。

《中国流人史》一书可以说从理论上和实践上为中国流人史这一研究体系的创建奠定了基础。正如钱仲联先生在该书的《序》中所说的那样：“此书出，中国流人之历史作用，得以大显于世，学术界一种新体系与学派之创建，亦得以奠基于是，此书诚为有功学苑、传世无疑之巨著也。”来新夏先生亦谓《中国流人史》“是对流人问题进行全方位、多层次、各区域的完整论述，开创了流人史研究的新体系”。《中国流人史》的研究具有可供借鉴的现实意义。知识分子在流人中所占比重达一半以上，该书“不把知识分子流人的遭遇作为个案，而是加以系统记述，使之成为记述中国知识分子坎坷经历，不幸命运，悲惨处境，而仍能百折不挠，利国利民，奋发向上的感人史诗”。这不仅具有学术意义，亦充满着浓郁的现实意义。另外，该书还树立了准确评价历史贡献的现实意义。《中国流人史》以大量篇幅、详尽的史料记述了自先秦至清代中国流人的状况，并立专章系统论述了中国流人在军事、经济、文化、教育等方面对中国社会发展所做出的贡献与历史作用。

为了深化流人学的研究，作者对相关文献的搜索，十分勤奋，曾多次南下，先后访问了许多图书馆，查阅了大量文献。尤善于从诗文集等文献中，选取大量诗词，采取以诗为证、以诗补史、诗史互证之法，评介流人之行实与功过。这种方法，也构成了其流人文献的一个突出特色。作者30余年的流人研究，不仅有了理论支撑，又形成了较完备的体系，还建立了丰富厚重的文献基础。这种研究，作为流人学的创建，开拓了我国学术研究的新领域；对流人流放的边疆来说，也开拓了我国边疆历史与文化研究的新领域。

《中国流人史》于2012年11月由黑龙江人民出版社再版。由李学勤、来新夏、李尚英三位先生撰序。该书流人理论论述更为周详、深入，对流人定义进行了修订与诠释，增加了三四十位流人的传记。作者在前书的基础上增订一编“中国流人历史文献资料辑录”，此编分为两章，记录了60余位重要流人的传记资料和200余位流人诗文资料。此外还增补了许多流人的画像与手迹等。《中国流人史》的再版使之成为二百二十余万字的辉煌巨著，其流人学理论、流人学体系、流人学文献三者，在该书中有更深刻、生动、鲜明而全面的体现。与其以前撰写的《中国流人史》相比，规模更为庞大，内容更为充实，布局更为严谨，气势更为恢宏，影响更为深远。

3.《中国流人史与流人文化论集》

《中国流人史与流人文化论集》于2000年12月由黑龙江人民出版社出版。由来新夏先生作序。全书分为上下编。上编“中国流人史与流人文化概论”，作者将散见于过去论著中的有关流人史与流人文化的理论探讨性文字全部摘录出来，加以编写和增补，形成八章，即流寓者、流寓史与流寓文化，流人与流人史，流人文化，中国流人的悲惨处境，中国流人的反抗斗争，中国流人的贡献与历史作用，怎样看待流人的犯罪和结束语。八章内容既相互关联又独立成篇，既有对历史背景的深刻挖掘，又有对个体对象的详细阐述，使人一看便能对流人学有全面系统的把握，体现了作者清晰的思路和独具的匠心。下编“中国流人史与流人文化文选”，辑录了与作者及其著作有关的流人研究论文、序跋、书评等资料。此外，书后还有附录多种，冠以“相关文选”、“传记资料”、“评语撷芳”、“书评揽秀”、“雪鸿诗草”和“论著要目”之名，读来可以洞见作者的才情及其在流人学领域奋斗的艰辛和成就。

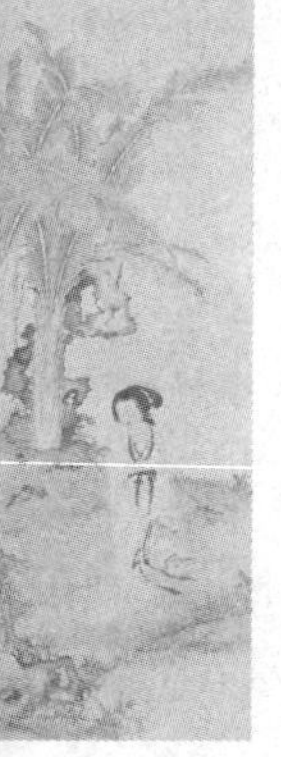

该书中前面三章，解决了学术研究中的许多重要理论问题，例如流寓者及其分类、流寓文化、中国流人的分类、中国流人史的性质、流人文化的特点、研究流人文化的意义、战俘究竟是不是流人等等。这些理论对今后学术界的流人研究，其指导意义是非常明显的。

这本《论集》的出版，结束了我国流人史与流人研究从来没有理论支撑的局面。其中就流人文化的界定及其性质、特点、意义等诸种理论问题进行了分析与论证，还介绍了大量与流人文化有关的史实，从而标志着流人文化这种新体系已经创建成功。此外，来新夏先生在序言《流人学的脚步》中指出，该书“实则寓构筑流人学框架之深意”。可见该书之出版，也为流人学新体系的创建奠定了坚实基础。

4.《流人史流人文化与旅游文化》

《流人史流人文化与旅游文化》于 2008 年 1 月由黑龙江人民出版社出版。本书共四十七万字，分为四部分。第一编实则为作者前书上编“中国流人史与流人文化概论”稍事修订之作。第二编“流人文史与旅游文化文选”，共四十二篇，主要收录了一些关于黑龙江流人和有关黑龙江旅游的文章。第三编“其他文选”，共十七篇。主要是将作者近些年来发表在各个报刊上的文章进行汇总。第四部分为附录“序评揽秀”，共三十九篇，并序一篇。主要收录了一些专家学者所写的序言、书评、评语等，表达了作者对这些专家学者的感激与敬意。

该书文章收录之标准：一是与黑龙江流人、名人、旅游三种文化有关者，尤其侧重包括流人的客籍人士（少数附录除外）文化；二是在新观点、新论据或新史料方面尽可能有创新与突破，也就是说尽可能言人所未言，尽可能多地反映自己的研究成果或心得。

作者的研究成就，对发展有关地区旅游产业，有重要的促进作用。根据该书所考证的资料，东北可以开发不少旅游景点或者相关的旅游产品，包括许多土特产和文化产品。该书大量关于利用流人文化发展旅游业的论述和向政府所提的许多建议，对地方文化、经济的发展，有直接的作用。

5.《黑龙江历代旅游诗选与客籍名人》

《黑龙江历代旅游诗选与客籍名人》于 2008 年 1 月由黑龙江人民出版社出版。全书分为三编：第一编为“旅游诗歌选注”，对包括张贲、吴兆骞、纳兰性德、英廉等清代名人在内的自唐代渤海国至民国年间 92 位诗人的 238 首诗作做了注释。其中以客籍人士（包括流人）之作为多。在编排上，以作者出生时间为序，生卒年不详者，按其行实、交游、科第等时间约略推之。其中杨泰师至周昂六人之诗，主要为许子荣之研究成果，清代个别诗篇之注释借鉴了张玉兴之研究成果。第二编为“旅游诗文选录”，收录了吴兆骞、方观承、英和等 67 位名人的诗文 395 首。第三编为“客籍名人传略”，是作者为宋代徽、钦二帝及方拱乾、吴兆骞等流人和客籍名人做的28篇传记，突出地彰显了历史名人，尤其是流人和客籍名人对于黑龙江旅游文化所做的贡献。收录原则是作者本人最早发掘或研究，并尽量能写出新意的人物，而非求全责备，毫无创新。此外，又将杨铭、李树泉同志之《边地札记》等文章附录于后。

作者在谈及编辑该书的目的时说：黑龙江自然景观十分优美，“或大荒风雪，塞月冰天；或奇山秀水，茂草丰林；或平原辽阔，沃土凝香；或珍禽翱翔，异兽出没。风光之秀异，山川之壮丽，令人悠然神往。但是这种壮美的自然景观，还需要与作为旅游业灵魂的历史文化，尤其是历史名人等人文景观的‘联姻’，以收珠联璧合、相得益彰之效。基于此，编选注释一部黑龙江历代旅游诗歌专著，就成了我的宿愿”。

黑龙江的文献极端缺乏，相关资料又颇为分散、零碎。为了搜寻有关资料，作者从1978年起曾多次奔走于全国许多图书馆，查阅了大量文献。经过30年的努力，终于编纂与出版了《黑龙江历代诗词选》(此书署名为龙吟诗社，实则为李兴盛主编)、《黑龙江历代流寓人士山水胜迹诗选》二书。近年又组织他人继续选录了一些与黑龙江旅游有关之诗文，并在此基础上，编纂了该书。

该书作为黑龙江历代旅游诗歌选注之作，是前所未有的开创之作，具有理论与现实意义，该书的出版对黑龙江，乃至全国的旅游文化的研究及旅游业的发展，有积极的促进和推动作用。

6.《边塞诗人吴兆骞》

《边塞诗人吴兆骞》于1986年8月由黑龙江人民出版社出版。作为专著，该书是吴兆骞研究中的拓荒之作，是作者在著名史学家谢国桢先生的鼓励指点下，搜集史料，历经几年时间而撰写成的一部传记类专著。作者为搜集史料，走访了许多地方，从吴兆骞的故乡吴江县，到流放地宁古塔，顺着他当年走过的足迹，做出了许多实地的考察。《吴氏族谱》的查获，解开了吴兆骞家世之谜；尤其是《秋笳馀韵》（稿本）的发现，再加上吴兆骞佚诗之辑录，为其生平行实及交游情况之考证，提供了许多信实的史料。此外，在正史、杂史、方志、笔记、文集中也搜集了许多新史料。在继承前人有关研究成果基础上，作者利用这些史料，对东北史进行了深入的研究，对吴兆骞的历史作用给予了实事求是的评价。

7.《诗人吴兆骞系列》

《诗人吴兆骞系列》主要有《江南才子塞北名人吴兆骞传》、《江南才子塞北名人吴兆骞年谱》、《江南才子塞北名人吴兆骞资料汇编》三册，八十万字。2000 年 11 月由黑龙江人民出版社出版。

《江南才子塞北名人吴兆骞传》，是作者在《边塞诗人吴兆骞》基础上重新撰写的，此书比前者内容更为丰满完备，信实可征。全书分为八章及结束语。第一章：家世与少年时代（1631—1645）；第二章：匿迹读书及其兴亡之感（1645—1648）；第三章：社集十年（1648—1657）；第四章：被诬入狱（1657—1659）；第五章：出塞（1659 闰三月—七月）；第六章：塞外（1659—1681）；第七章：归后三年（1681—1684）；第八章：吴兆骞其诗与其人；结束语：秋笳馀韵。此书作者以简练而富有才华的文笔，描述了江南才子吴兆骞五十四年的生命史中之二十三年的“极人世之苦”的流放血泪生活，记述其绝代才华及创作成就。

《江南才子塞北名人吴兆骞年谱》，主要分两大部分：吴兆骞年谱和吴兆骞交游考。交游考中主要收录与吴兆骞关系密切的五十人考察内容。具体按吴兆骞生平分少年、社集、狱中、塞外、归后五个时期，将每个时期内重要交游者做分别考察。作者通过吴兆骞交游活动与社会关系之考察，使读者更全面更深入地了解吴兆骞生平事迹、思想心态，乃至其诗歌创作的动机。

《江南才子塞北名人吴兆骞资料汇编》，该书所有资料分为散文部分和韵文部分两大类，韵文部分是辑录以诗、词、赋等韵文所写的资料，而以诗、词、赋等韵文之外的文字所写的资料，均为散文部分。散文与韵文两大类资料，又各自分若干小类。散文部分资料按体裁之不同，分为传记资料、序跋题记、著述考略(现存、已佚、伪作)、诗文辑佚、诗话诗评、友札辑存、论著知见七小类。韵文部分则按吴兆骞生平事迹先后之差异，先分为十年社集诸什、入狱出塞诸什、塞外流离诸什、喜还伤逝诸什四个小类，而不能列入上述四个时期之诗作，则为第五小类——其他诸什。本书辑录内容和编纂方法独特，即打破了同类著述体裁类别之按作者时代先后顺序的编法，主要采取分类方式为主、其他方式为辅的编法，这样使读者更加清晰了解吴兆骞及其突出的文学成就。

这三部系列之作是作者多年南北奔走，惨淡经营及潜心研究的产物。其所搜集到的吴兆骞各种的史料，包括许多珍稀善本，乃至几种失传的孤本书。这部根据数百种史料编就的吴兆骞年谱、吴兆骞传记，凝聚了作者 30 余年对吴氏研究的大量心血。国务院“古籍整理出版情况简报”曾在《学者评书》栏，以“流人文化的拓荒研究——读《诗人吴兆骞系列》”为题，高度评介李兴盛研究成果及学术贡献。

8.《塞月边风录》

《塞月边风录》于 2008 年由黑龙江人民出版社出版。该书分为五编，第一编为“山水名胜”，第二编为“物产风俗”，第三编为“轶闻遗事”，介绍了包括黑龙江省在内的东北地区名胜古迹、物产风俗、历史人物的轶闻遗事等丰富内容，第四编为“其他文选”，是作者对一些历史文献的解析并附有作者的自传《在治学的漫长征途上大步前进》，第五编为“雪鸿诗草”，为作者所作旧体诗之选集，并阐述自己学诗的历程。

《塞月边风录》既是作为边塞的黑龙江自然风光的形象反映，又是由此引申出的边塞物产、风俗，乃至历史人物、事件、遗存等历史文化的忠实记录。该书的编辑与出版，既是作者 30 年科研工作的总结，更是作者弘扬黑龙江历史文化的记录。作者在自传中充满感情地叙说了自己数十年来漫长的治学之路，及其所取得的成绩。他在文章最后写道："在治学的过程中，没有平坦的捷径。治学之路是漫长的，也是坎坷不平而又迂回曲折的，只有勇于攀登与探索的人，才可以达到光辉的顶峰。"这既是作者治学的成功之道，也是史学工作者应秉承和坚守的治学之道。作者以其严谨的治学态度、几十年如一日的勤勉学术历程和丰硕的科研成果，为史学工作者树立了榜样。

作者从30年新旧论著中挑选百数十篇与黑龙江历史文化有关的文章辑录成该书，作者以熔史笔与诗情于一炉的文采描绘了大荒的奇异与神秘，引导读者回到古代令人悠然神往、魂牵梦绕的那片黑土地。该书的出版，使大批的读者对东北这片黑土地的名胜古迹、物产风俗、历史人物的逸闻轶事产生浓厚的兴趣。黑龙江省乃至整个东北地区历史文化开始更多地展现在人们面前，这对推动黑龙江及东北地区旅游文化的研究及旅游业的发展有积极的作用。

9.《大荒集》

《大荒集》于2009年4月由黑龙江教育出版社出版。该书是作者30年来所撰写的论文的自选集。其中除从未发表过的6篇新作外，其余36篇均为旧作，此外另附有5篇其他学者所写的评介文章。由于作者研究的重点始终是以流寓文化，尤其是流人文化为主，而且这方面研究成果多，影响面广，因此所选录者也以这方面论文占绝大比重。

在该书的命名上，开始作者为之命名为《李兴盛历史文化论文选集》，取其简明扼要。后来鉴于作者的边塞情结，而且该书所述所论，由于多与边塞的历史文化有关，因此又为它命名《大荒集》。

10.《黑龙江历代流寓人士山水胜迹诗选》

《黑龙江历代流寓人士山水胜迹诗选》于2002年1月由黑龙

江人民出版社出版。

该书选注了宋金至民国1931年“九一八”事变前后80位客籍诗人之诗作140题203首。这些诗作，主要以黑龙江山水与名人胜迹为吟咏对象，但少数诗篇之所咏，却为风云月露、草木花卉、飞禽走兽等自然景观及民风土俗等人文景观。并以生活与活动在黑龙江的客籍诗人吟咏黑龙江之作为主。个别作者虽未到过黑龙江，但其吟咏黑龙江山水、胜迹之作，也酌情收录。在编排上，以作者出生时间先后为序。生卒年不详者，按其行实、交游、科第等时间约略推知。凡入选之诗歌，分为小传、原文、注释三部分。

黑龙江各地少数民族，在历史的长河中，也创造了灿烂的精神文化，其中包括咏山水、咏史之诗。但是由于游牧文化民族的尚武轻文及其他种种原因，决定了这些诗歌的数量远远少于同时期的中原各地。不过这种状况随着后来从内地及边疆他处移殖过来的客籍居民的陆续增多而改观。他们来到塞外，或登山临水，或凭吊古迹，留下了许多诗歌之作，从而为黑龙江旅游文化留下一笔宝贵遗产。然而，在黑龙江旅游事业中，包括流人文化在内的流寓文化的开发却远远没有引起应有的重视，尤其是流寓文化中的山水诗、咏史诗的开发，更是无人问津，这不能不说是黑龙江旅游文化研究中的一种遗憾与损失。而编纂该书，其目的正是为了加强流寓文化研究，并开发其中的山水诗、咏史诗这项资源，以增加历史底蕴与提高文化品位。另外，该书还可以与《流寓文化中黑龙江山水名胜与轶闻遗事》互相发明、印证，有珠联璧合、相得益彰之效。

11.《流人学的脚步》

《流人学的脚步》于2009年4月由黑龙江教育出版社出版。《流人学的脚步》一书，是黑龙江省文史研究馆于2008年5月26日至28日为编者李兴盛所举办的首届全国流人文化学术研讨会与会学者的论文集，并附有多家媒体的相关报道。该书的出版，将许多研究流人及流人学的优秀学者的著作统一在一起，便于广大读者阅读、理解近年来有关流人及流人学的最新发展动态。该书分为七个部分。第一部分，综合评述。主要收录了八篇综合评价李兴盛所研究的流人及流人学的文章，包括来新夏的《李兴盛与流人学研究》、李尚英的《学海扬帆，独辟蹊径，宏著圆美梦》、萧文立的《李兴盛学案》、赵杏根的《李兴盛先生流人研究成就管窥》、朱则杰的《李兴盛先生著述对我的启发》、梁玉多的《筚路蓝缕以启山林》、李随安的《李兴盛先生的学术贡献》、杨铭的《老去心犹壮，沥血成编正兼程》。第二部分，具体评述。主要收录了七篇关于李兴盛著做的文章，即对李兴盛的《中国流人史》、《东北流人史》、《黑龙江流寓文化与旅游文化丛书》等书做出之评述。第三部分，专题研究。收录了五篇文章，即《清代新疆流人与西域史地学》、《明代谪寓东北流人与流人的历史作用》、《清初宁古塔流人对渤海上京城遗址的调查与著录》、《清代东北文化流人对东北地域开发的贡献》、《浅谈清代宁古塔流人与流民》。第四部分，个案研究。收录六篇论文，基本是对林则徐、吴兆骞、吕留良后裔、张缙彦等流人事迹与历史作用的评介之作。第五部分，开发研究。收录一篇文章，《关于宁古塔流人文化资源开发与利用问题的思考》。第六部分，比较研究。收录两篇文章，《中俄流人文化的比较研究》和《中俄两国流放史之比较》。第七部分，其他论述。主要收录了三篇文章，《李兴盛先生的学术贡献及流人文化研究之展望》、《黑龙江历史文化的断层与流人传统文化的填补》、《外籍流人问题应予重视》等。此外，该书还附有三个附录，主要收录了有关流人学术研讨会的一些文章等。

李兴盛另有主编或与他人合作之《黑龙江汉族文化》、《黑龙江名人》、《宁古塔历史文化》等书，也多流人文化之内涵，限于篇幅，从略。

三、李兴盛流人文献整理之《东北流人文库》

李兴盛非常注重流人文献之整理，以前曾点校整理过一些黑龙江流人文献收入其主编的《黑水丛书》之中。近年来又在主持《东北流人文库》之编纂工作。本丛书以东北流人文献之整理为主。目前已出版五册十九种文献，现介绍如下。

1.《何陋居集·甦庵集》

于2010年4月由黑龙江大学出版社出版。

作者方拱乾（1596—1666），字肃之，号坦庵，晚号甦庵。安徽桐城人，善诗文，工书法。崇祯元年（1628）进士，官庶常。崇祯十三年（1640）任翰林院编修，后迁詹事府少詹事，充东宫讲官。明亡后，徙居金陵（南京）。清顺治十一年（1654）由江南江西总督马国柱等人荐举，任清朝内翰林秘书院侍讲，后升任詹事府右少詹事。顺治十五年（1658），受顺治十四年丁酉南闱科场案牵连入狱，于同年被判流徙宁古塔。顺治十八年（1661）赦归，先寄寓淮阴，后客居扬州，以卖字为生。康熙五年（1666）病逝，门人私谥“和宪先生”。其诗清新朴质，别成一家。著有《何陋居集》、《甦庵集》、《宁古塔志》等。

《何陋居集》所收之诗，始于顺治十六年（1659）闰三月十五日出关，止于十八年十月十八日生还。作者自言：“凡一千日，得诗九百五十一首，名曰《何陋居诗集》，盖取阳明子（即明末理学家王守仁）居龙场之义而颜其所居屋也。”王守仁因反对宦官刘瑾擅权而被贬为贵州龙场驿丞时，曾将其居室前之亭，以孔子“君子居之，何陋之有”一语，命名为何陋轩。方氏认为自己遣戍宁古塔与王氏之遭遇与心境相同，因此也仿王氏，以“何陋”命名室名及诗集名。作者自谓得诗九百五十一首，其实为九百三十四首。《甦庵集》所收之诗，均为赦归及归后之作。作者自谓得诗四百九十二首，其实为四百八十一首。作者之所以命名为《甦庵》，乃是以此庆贺其被赦“更生”之故。

方氏的《何陋居集》，就其全部诗作基本写于宁古塔地区来讲，可称是黑龙江现存的第一部诗集。仅此一点，已足以说明方氏诗歌史料价值之高。方氏之作，不仅有史料价值，而且具有文学价值。当然，我们在肯定方氏诗歌史料价值和文学价值的同时，也不能不看到，由于时代与阶级的局限，方氏的诗作也有宣扬封建道德、佛教唯心主义、乐天安命、反对农民起义等消极因素。另外，对吴三桂、马士英、阮大铖等人的颂扬，也是错误的。不过，这并不是主要的。从版本上看，方氏的诗集也是极为珍贵的。第一种是复旦大学图书馆所藏之康熙年间刻本。该本六册，称《何陋居集》(己亥年至辛丑年十月止)，每面十行，行十九字。原为吴兴刘氏嘉业堂藏书。第二种是上海图书馆所藏的《方詹事诗》。此本二册，为康熙初年写样本，即仿刊印式样的手写本，亦即供付刻之用的誊清稿本。原为独山莫氏藏书。上册仅存《何陋居集》(己亥年)，下册为《甦庵集》(辛丑年十月起)。

从史料价值、文学价值，或从版本上来看，方氏所幸传的这两部诗集，不论是誊清稿本或是康熙刻本，都是非常珍贵的传世孤本。它为研究我国清初的文学与历史，清初东北的文学与历史，尤其是流人史与流人文化，提供了许多宝贵的素材。

2.《秋笳集·归来草堂尺牍·耕烟草堂诗钞》

于 2010 年 8 月由黑龙江大学出版社出版。

作者：吴兆骞、戴梓。吴兆骞（1631—1684），吴江人，清初著名诗人，也是中国古代文学史上创作抗俄斗争诗歌最多的诗人。他“天才横逸”，诗文兼善，吴伟业誉之为“江左三凤凰”之一。因受顺治十四年（1657）丁酉南闱科场案牵累，负屈流放宁古塔。康熙二十年（1681）被赦归，三年后卒于纳兰性德府邸。在流放宁古塔的二十余年中，传播了以中原文化为主体的流人文化，将中原文明的种子播撒在崇尚武功、注重游牧经济的东北大地。他创作了大量诗文，这些诗文具有很高的文学价值和学术价值。戴梓（1649—1726），字文开，号耕烟先生，浙江仁和（今杭州）人。自幼才思敏捷，擅长诗文书画，对自然科学颇有研究。曾创制连珠火炮，制作的木偶人能捧茶献客。康熙三十年（1691），因事得罪西洋传教士南怀仁等，受到诬陷而被流放辽东；雍正四年（1726）卒于戍所。著有《耕烟草堂诗钞》。

吴兆骞著述颇富，但多失传，今传《秋笳集》与《归来草堂尺牍》，而《天东小纪》与《词赋协音》等则已佚。在吴兆骞流戍期间，其友徐乾学于康熙十八年（1679）将吴兆骞之作在南边（昆山或苏州）付梓成集，即《秋笳集》，不分卷。吴兆骞之子吴桭臣将徐刻析为四卷，又增《秋笳前集》、《拟古后杂体诗》、《秋笳后集》、杂著各一卷，并附补遗诗九首，于雍正四年（1726）刻为八卷之《秋笳集》，此即吴江吴氏衎厚堂本。后来陆续出现之知止草堂本、衷白堂本、粤雅堂丛书、风雨楼丛书、丛书集成等本，多渊源于雍正本。此外还有几种清抄本，详见《归来草堂尺牍》之附录二《著述考略》。《归来草堂尺牍》，又名《归来草堂录》，收吴氏系狱及戍宁古塔时之家书 15 封，寄友书 20 封。此为黑龙江现存第一部书信集。有清末民初章钰算鹤量鲸室抄本、海丰吴重熹石莲庵抄本、民国二十六年燕大蓝晒图本、合众图书馆丛书本。其中章氏本最佳。

吴兆骞写了大量苍凉悲壮，独具艺术特色，并反映东北边塞自然景观、社会生活以及广大流人生活与心态，尤其是以抗俄斗争为题材的诗篇。这些诗篇具有很大的文学价值与学术价值，对于清代东北文史的研究，清代诗史的研究，乃至流人史、流人文化、流人学的研究，都有着不可低估的价值。

《耕烟草堂诗钞》：戴梓著，共四卷。戴梓在戍所写有大量诗歌，其《耕烟草堂诗钞》基本上全部写于戍所，尤以写景与题画诗为佳。本集为其子戴亨所辑，约刊于雍乾之际，道光二十四年有重刻本，常见者为《辽海丛书》本。

3.**《浮云集·拙政园诗馀·拙政园诗集》**

于2010年10月由黑龙江大学出版社出版。

作者：陈之遴、徐灿。陈之遴（1605—1666），字彦升，号素庵，浙江海宁人。出身士族，曾参与东林、复社活动。明崇祯十年（1637）进士，授编修，迁中允。后因故罢官。清顺治二年（1645）降清，官至礼部尚书、户部尚书、弘文院大学士。顺治十三年（1656）因结党罪，“以原官发辽阳居住”，不久赦回。顺治十五年（1658）“以贿结内监吴良辅”革职，籍没家产，举家流徙盛京。康熙五年（1666）卒于戍所。著有《浮云集》十二卷。徐灿，字湘蘋，又字明霞、明深（一作“深明”），江苏苏州人。出身望族，乃陈之遴继妻。顺治十五年（1658）与陈之遴一起流徙盛京，康熙十年（1761）扶夫榇还乡。工诗善画，尤长于词，是清初“蕉园诗社”的成员之一。其词“辞格清醇，丰神靓淑”，被誉为南宋以来闺阁第一人。著有《拙政园诗馀》、《拙政园诗集》。

《浮云集》十二卷，卷一为赋，卷十二为词，其余为诗，前有自序。康熙间旋吉堂刻本，有抄本传世。另有乾隆十年（1745）周星兆修补本，民国二十二年（1933）有张乃熊莛圃翻印本，初印本无词一卷，系据周氏重印本增入。陈之遴“诗词意捷语新，稍嫌才累，词格颇似吴伟业”（邓之诚语）。袁行云亦谓其《白头宫女行》诸诗“华实相副，酷似吴伟业”。其两次迁徙之作，可以考见塞外之风光与物产，以及流人生活与心态，尤可考见其与吴兆骞之友谊。

顺治七年（1650）冬，陈之遴辑徐灿词百首，为《拙政园诗馀初集》。顺治十年冬，其子坚永、容永、奋永、堪永复辑录其词并付梓，不久板毁。乾隆五十九年（1794），吴骞列入《海昌丽则》，并收入《拜经楼丛书》。光绪年间，徐乃昌又收入《小檀栾室汇刻闺秀词钞》中，但无坚永等之跋。《拙政园诗集》初无刊本，至嘉庆八年（1803）为吴骞收入《拜经楼丛书》之中，据柯愈春先生言，同治间曾再次刻印。

徐灿诗词集之所以命名为“拙政园”，乃是因陈之遴曾一度为苏州著名园林拙政园主人之故（顺治十五年被籍没入官）。该书所据各底本的词，多个同名词牌并列时，底本除第一首标明词牌外，其余或标“前调”，或标“其二”、“其三”，编者在编辑时均恢复为原词牌名。另，该书诗词文题下双行小注，均用楷体，而序文则用仿宋，以示区别。

4.《千山诗集·不二歌集》

于2011年5月由黑龙江大学出版社出版。

作者：释函可、张春。释函可（1612—1660），本名韩宗騋，字祖心，广东博罗人。明礼部尚书韩日缵之长子，生而聪颖，广交游，崇祯十二年（1639）祝法，自号剩人。顺治二年（1645）以请藏经赴金陵，亲眼见到明臣死事，撰为私史《再变纪》，事发被捕，于顺治五年（1648）被流放沈阳，后圆寂于千山。在戍所不仅弘扬佛法，而且与许多被流放的文人结为法交，互相唱和，写有大量诗文。是东北地区第一个诗社——冰天诗社的倡建人，也是佛教曹洞宗在东北的开宗立派之人。著有《剩人和尚语录》、《千山诗集》等。张春（1565—1641）字景和，号泰宇，又号见一、明夷子，陕西同州人。为人励操行，善谈兵。万历二十八年（1600）举于乡，官至太仆少卿。崇祯四年（1631）大凌河战役兵败被俘，坚守臣节，屡次拒绝清人招降。后来为了促成明清议和，决定“姑不死以待时”，在古寺度过了十年的监禁生涯。其间“追念故国，常衣旧日衣巾”，一直保持坚贞不屈的民族气节。后来形势变化，议和已无希望，于崇祯十三年十二月十三日（1641年1月23日）绝食而死。死后人们在其衣领中发现了《不二歌》手稿，后人辑其轶文为《不二歌集》。

《千山诗集》：二十卷，主要收录了作者流放东北后的诗歌。该书初刻于康熙四十二年（1703），乾隆年间被禁毁。由于乾隆四十年（1775）受到文字狱的冲击，关于他的碑刻、字迹均被销毁，《盛京通志》中所载的其事迹也被一并删除，其著述全部列为禁书，因此《千山诗集》等传世甚鲜。

《不二歌集》：二卷，收录了作者创作的诗文及他人撰写的有关作者生平事迹等文章。该书最早辑录于道光年间，刊入《关中两朝文钞》。民国二十五年（1936）收入陕西通志馆编的《关中丛书》。

作为清代东北第一批流人中的第一人，张春的诗文虽然传世无多，但可以考见明清（后金）战争中某些流人的民族气节与心态，也可考见双方斗争的特点。

5.《雪堂集（外八种）》

于2011年12月由黑龙江大学出版社出版。

作者：傅作楫、王鼎、洪皓、洪汝奎、蔡絛、张缙彦。傅作楫：字圣泉，号济庵，四川奉节人。生活于清顺康年间，工诗，因事谪奉天，著有《雪堂集》等。王鼎：字虚中，辽代涿州人。因事流放镇州，著有《焚椒录》等。洪皓（1088—1155），字光弼，饶州鄱阳人。南宋知名文人，使金被流递冷山，著有《鄱阳集》、《松漠纪闻》等。洪汝奎：字琴西，安徽泾县人。清代学者，著有《洪忠宣公年谱》等。蔡絛：北宋蔡京之子，宋徽宗时招为驸马。北宋亡后，随徽钦二帝北狩，著有《北狩行录》等。张缙彦（1599—1670），字坦公，河南新乡人。清代知名文人，喜山水，工诗文，因事流徙宁古塔，著有《宁古塔山水记》、《域外集》等。

该书收录《雪堂集》、《焚椒录》、《鄱阳集》、《松漠纪闻》、《洪忠宣公年谱》、《北狩行录》、《呻吟语》、《宁古塔山水记》、《域外集》等相关流人文献，计九种，分别介绍如下。

《雪堂集》：傅作楫著。内含《燕山》、《西征》、《辽海》、《南行》四集，集各一卷。康熙年间刻于武林，后又有乾隆刻本，民国九年守墨斋复出刊本。此外还有康熙年间傅氏在夔州的家刻本（《雪堂诗赋》）。后人谓其诗“高健雄浑”，“近体高朗谐和，尤擅胜场”，实非过誉。尤其《辽海》与《西征》诸作，状边塞风貌，历历如绘，与唐人边塞名诗相比，毫无逊色。

《焚椒录》：王鼎著。该书是记载北院枢密使耶律乙辛专权擅政构陷道宗宣懿皇后始末之杂史类著述。由于是辽人记辽事，记载翔实，颇富史料价值，为人所称。《焚椒录》有《宝颜堂秘笈》、《津逮秘书》、《说郛》、《无一是斋丛钞》、《香艳丛书》等版本。

《鄱阳集》：洪皓著，共四卷，《宋史》艺文志作十卷，作者洪皓之子洪适曾于洪皓卒后刻于新安郡。但原书久佚，直到乾隆年间始为清人从《永乐大典》中录出，编为四卷，收入《四库全书》。同治年间，洪汝奎将该书并拾遗一卷，收入《洪氏晦木斋丛书》。这次整理是以《四库全书》本为底本，并据《洪氏晦木斋丛书》本进行校补，此外又据《彊村丛书》本《鄱阳词》增补一词，即《江梅引》之四，使之愈臻完善。此集原四卷，卷一为奉使与流递冷山之诗，卷二约为迁燕、南归、南徙之诗，卷三为年月无考之诗，另附词十一题，卷四为各种体裁之文，而拾遗之诗文多数为使金期间之作。该书对于研究洪氏行实及宋金关系颇具史料价值。

《松漠纪闻》：是洪皓自金返宋后，追忆在金十五年的见闻所编撰的一部杂史。对于东北山川、风俗、物产、辽金礼仪制度及军政大事的著录，在辽金宋史、东北史的研究中，具有不可低估的作用。此书系洪皓卒后由其长子洪适刻于歙越（今安徽歙县），分正续两卷，上卷 31 事，下卷 27 事，由于其流递的冷山，在唐松漠都督府以北，故名。后来其次子洪遵补增补遗 11 事，重刻于建业（今南京市）。这样全书已达 69 事。后来在流传中，又产生了近二十种的不同版本，如《顾氏文房小说》、《辽海丛书》、《四库全书》、《学津讨原》、《说郛》、《洪氏晦木斋丛书》、《豫章丛书》、《丛书集成》等。其中以《洪氏晦木斋丛书》，尤其是《豫章丛书》本校订最为精审。

《洪忠宣公年谱》：洪汝奎著，共一卷。嘉庆年间，彭泽洪庥等人有“忠宣公（洪皓）年谱”之辑录，但“疏略特甚，讹舛亦多”，基于此，洪汝奎又广搜资料，纂为此书。此书“搜采繁富，考核精审”，对于研究洪氏行实与宋金关系，颇具史料价值。本书初成，并未问世。直至宣统年间由其子付梓刊印，收入《洪氏晦木斋丛书》之中。

《北狩行录》：蔡鞗著，共一卷。该书是作者在北狩期间所记录的与宋徽宗相关的一些逸闻轶事。该书由于是以当事人记述亲历之事的第一手史料，对于研究宋徽宗北狩后之行实，具有很高的史料价值。此书最早见载于《三朝北盟会编》，一作内侍王若冲撰，但清人曹溶将该书收入其《学海类编》时，署名蔡鞗，而卢文弨与徐釚家的抄本亦作蔡鞗，因此署名姑仍其旧。

《呻吟语》：宋佚名撰，共一卷。该书编者姓名与行实均已无考，但编者在书后留下了一篇《跋》，对于后人了解该书价值极大。据《跋》可知，该书作者是“北狩”流人，其所记是“亲见确闻”之事，去世后，其子又做了一些增订。总之，这是一部已佚名的宋代流人父子二人之作。该书记事起靖康二年三月二十九日徽宗北迁，迄绍兴十二年梓宫南返，较全面地记述了宋二帝及宫室、宗族北迁与北迁后的遭遇，记载翔实，大多不见于相关正史，而且又是作者“亲见确闻”，可见其史料价值之高。该书于孝宗隆兴二年（1164），被一位叫确庵之人将它与另外四种相关杂史（即《南征录汇》、《宋俘记》、《开封府状》、《青宫译语》）汇编成《同愤录》下帙。至度宗咸淳三年（1267），又被另一位名耐庵之人补以《宣和奉使录》、《瓮中人语》，并更名为《靖康稗史》，以后仅以抄本流传，未见刊刻，并流传至高丽。至清光绪十八年(1892)，由我国学人自朝鲜抄回，又录副本送给著名藏书家丁丙。民国二十八年（1939），王大隆据丁秉衡自丁丙藏本抄录之本刊印于《己卯丛编》中。由于此本系辗转抄录，未能细校，致脱漏甚多。有鉴于此，近年崔文印先生广搜资料，以丁丙藏抄本为底本，校以《己卯丛编》本，重新予以校勘，成《靖康稗史笺证》一书。

《宁古塔山水记》：张缙彦著，共一卷。该书虽然是古代与韵文相对的一种散文，其实也是地理历史学著述。张缙彦出塞后，鉴于塞外山水，“询之土人，皆不能名”，于是在登山临水之际，“探奇搜奥”，做了细心考察，并以文记之。或记其源流、胜迹，或载其特点、物产，而山水之无名者，“姑以其地，以其里，以其所居之人姓氏名之”。如当地的泼雪泉、白石崖，就是他命名的。该书凡二十二篇，记当地主要山川名胜、物产风俗等。该书作为黑龙江乃至东北地区第一部现存的山水志书，不仅具有开创之功，而且也具有很高的史料价值。

《域外集》：张缙彦著，共一卷。作者在宁古塔期间还写了其他散文二十二篇，或为吴兆骞等友人所撰书序，或为寄友人之书信，其内容或记述宁古塔之风俗与物产，或反映流人之生活与心态等，临卒前汇编成集。该书为黑龙江现存的现代意义上的第一部散文集，史料价值不言而喻。同时，“其文雄深雅健”，文采斐然，又具有文学价值。

《东北流人文库》原拟规模甚大，后因经费问题，已大为减小，但今年仍可续出几册，其中有《梅东草堂诗集·柳边纪略·塞外草》、《述本堂诗集·宁古塔纪略》（附《龙沙纪略》）、《吴兆骞杨瑄研究资料汇编》（附《秋笳馀韵》）等，另有新编的《历代东北流人诗词选注》等。

此外，李兴盛还主编了《清实录东北流人史料摘抄》与《历代东北流人传记资料辑录》，近日已由黑龙江人民出版社出版。

四、李兴盛主要论文

1.《清初流人及其对黑龙江地区开发的贡献》学习与探索，1980年5期。

2.《“万里冰霜绝塞行”——杨越、杨宾父子传略》学习与探索，1981年6期。

3.《一代奇才千秋恨——纪念边塞诗人吴兆骞逝世三百周年》学习与探索，1984年4期。

4.《张坦公及其〈宁古塔山水记〉、〈域外集〉——两部湮没三百余年的黑龙江历史文献》求是学刊，1984年5期。

5.《〈南山集〉文字狱案及桐城方氏向东北的遣戍》北方文物，1988年2期。

6.《冷雾寒烟冰雪地　艰难创业话流人——〈东北流人史〉自序》黑河学刊，1990年4期。

7.《清初诗人方拱乾及其诗作》北方论丛，1992年2期。

8.《流人及其对东北开发的作用》学术交流，1992年3期。

9.《艰难创业话流人——〈中国流人史〉自序》龙江社会科学，1994年4期。

10.《流人文化及我国近世流人在思想文化领域内的贡献》香港珠海学院《亚洲研究》，1997年23期。

11.《本世纪流人史、流人文化研究综述及展望》中国史研究动态，1999年5期。

12.《关于流寓文化研究与旅游资源开发的思考》学习与探索，2000年4期。

13.《黑龙江流域文明与流人文化》学习与探索，2006年2期。

14.《地方文献在流人史与流人文化研究中的应用》国家图书

馆于2007年10月举办之“第二届地方文献国际学术研讨会”发言稿。

15.《清代黑龙江地域文化中的流人诗词》北方文学，2011年5期。

16.《大荒风雪写边声——明清两代东北流人文学创作概述》台湾“中央研究院”文哲所于2011年12月举办之“行旅、离乱、贬谪与明清文学国际学术研讨会”发言稿。

第三章　流人学与相邻学科的横向联系及在社会科学中的地位

第一节　流人学与相邻学科的横向联系

一门学科的建立绝不是简单的、孤立的，它的建立必然与相邻学科有着千丝万缕的联系，并且在整体的科学当中占有重要的地位。一个学科的建立必然有助于相邻学科及整个科学理论体系的向前发展。流人学作为历史学分支的一个新兴学科既不能孤立地存在，也不能孤立地发展。流人学必须打破传统界限，进行多学科的综合研究。流人学作为历史学分支的一个新兴学科，它的出现即与历史学、考古学、地理学、旅游学、民族学、人口学，乃至文学、戏剧学产生横向的联系，并且流人学作为新兴的学科在社会科学的体系当中占有重要的地位。

一、流人学与历史学、考古学

流人学与历史学、考古学联系紧密，它们虽然有各自的研究对象、研究手段，但又有着同一的指导思想，即辩证唯物主义和历史唯物主义；其完成的基本任务也是相同的，即复原历史。可见，研究流人学就要涉及历史学和考古学，反之，研究一个地区的历史与考古，也要提及流人学。下面以黑龙江为例，说明这一问题。

黑龙江地区的流人及流人之后裔留下了许多有关历史学、考古学方面的文献资料。

在历史学方面，杨宾著有《柳边纪略》五卷。“其书网罗巨细，足以订史书之谬，而补版图之阙。”① 《柳边纪略》是我们研究东北史的重要文献，具有很高的史料价值。首先，它补充了其他史书的不足之处。地处塞外的白山黑水，虽然传闻较多，但相关记载却甚少，即便有所记载，著者也未必亲自去过。杨宾以亲身在东北的考察、见闻等生活经历，著成《柳边纪略》。该书史料记载翔实、丰富，大大地超过了同类著作。其次，《柳边纪略》校正了其他史书的错误。关于黄龙府位置问题，《清一统志》记载其中有一说法认为黄龙府在开原县，经《柳边纪略》考定这一说法为误载。吴桭臣撰有《宁古塔纪略》，《四库全书总目》评价此书：“白山黑水之间，古来舆记，大抵得诸传闻。即近时修志乘者，秉笔之人亦未必亲至其地。”② 该书有关沙俄侵略黑龙江和满语词汇的记录，对于研究东北历史颇具有史料价值。张缙彦的《苍头街移镇记》，记录了中俄关系，揭露了沙俄对我国黑龙江的侵略，还反映了清政府为反击沙俄侵略所做的备战情景。方式济著有《龙沙纪略》，内含方隅、山川、经制、时令、风俗、饮食、贡赋、物产、屋宇九篇。方隅记载了清初黑龙江的行政区划、地理沿革、边境情况和康熙帝部署攻打雅克萨史实；山川记载了以黑龙江为主体及其他众多水系的源头、流向等；经制主要记载官制、兵制、人口、赋税、贸易等；时令记载了黑龙江的季节气候；风俗记载了黑龙江的祭祀、婚丧嫁娶、节日娱乐等习俗；饮食记载了当地的饮食结构、农作物的种类、耕作状况等；贡赋介绍了当地向政

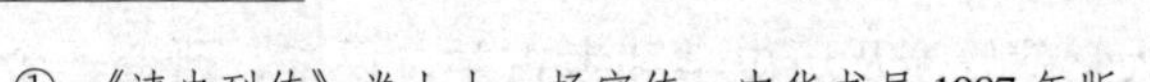

① 《清史列传》卷七十，杨宾传，中华书局 1987 年版。

② 《四库全书总目》卷七十，史部地理类三，中华书局 1956 年版。

府交纳赋税的情况；物产记载了当地野生动植物的种类、生长和分布；屋宇记载了当地居民的房屋建筑及建筑方法等。流人著述中内容记载之全、史料之丰，对于研究黑龙江的政治、经济、文化有重要意义，对于研究东北地方史有重要的参考价值。

在考古学方面，主要集中在清初几位著名流人对渤海国上京遗迹的考察、著录与初步研究。方拱乾与吴兆骞于顺治十七年（1660）对今宁安沙兰东十余里的一座被称为“东京”的石垒古城（实即渤海国上京遗址）进行了考察。方拱乾留下了长诗《游东京旧址》，其前部分即咏所见：

> 荒烟平断七十里，郁葱楼阁云中起。心知村落无此观，云是前王故宫址。马近万象渐虚无，触眼颓墙长荆杞。冲城车轨滑于脂，崩桥留垛横流水。天街荡漾接龙楼，右垣左个分明里。明堂居然南面存，阶墀陛墄纷堪指。寝殿回廊领六宫，瓦破鸳鸯疑堕珥。平台柱础布棋明，野杏花残新结子。金刹忽开南市陌，毗卢百尺嶙峋碧。莲花刀削太华峰，想像庄严如满月。石塔玲珑八面虚，金茎孤峙天山雪。万井周遭车马痕，青苔细蚀琉璃屑。钟鼓依稀昼漏闻，狐狸睡处鹓鸾列。宏模不让涧瀍雄，匪同草昧蜗牛穴。惟余阊阖缺炎方，似避当阳守臣节。不然事事等帝王，方隅割据那能测。步步披寻步步真，遍地榛芜无字碣……

这首长诗对上京城内车轨、天街、城垣、明堂、寝殿回廊以及寺中的古佛与石塔都有描绘。方氏另有《东京叹》、《古城行》，都是咏东京城之作。他于康熙元年（1662）写成了《宁古塔志》对该上京遗迹进行了详细记载：

有东京者，在沙岭北十五里，相传为前代建都地。远睇之，蓊郁葱菁若城郭，鸡犬可历历数，马头渐近，则荒榛（一作城）蒙茸矣。有桥，垛存而板灭；有城闉，轨存而阈灭；有宫殿，基础存而栋宇灭；有街衢，址存而市灭；有寺，石佛存而刹灭。讹曰贺龙城，讹慕容耶？而北燕非此地。所掘钱多正隆，正隆乃金亮年号。俗言祀神者，动言乌禄，岂乌禄旧封耶？黄瓦累累，无字可寻，唯一瓦有字，曰保高丽作，字多不完，岂高丽耶？环东京皆腴地，流水残山，颇似江南荒野，四百余里外，皆有大树林，曰大阿稽、曰小阿稽。

顺治十八年（1661）闰七月，吴兆骞同另一流人吴调御又去重游，他作有《天东小纪》，记录了东京城之所见。吴氏在他的《上京》一诗的诗序也记录了大殿、石碑、莲花石塔、石佛等上京遗迹。序云：

城临马耳河，在宁古塔镇城西南七十里，三殿基址皆在，殿前有大石台，国学碑犹存数十字，有天会年号，禁城外有莲花石塔，微向东欹，石佛高二丈许，在塔之北。

张缙彦在考察过东京城后撰写了《东京》一文，收录在《宁古塔山水记》中，此文更是详细记载了此东京城的周围环境、城址的土墉高度、宫殿规模、古佛受侵蚀程度、石塔形态等。他另有《西来庵新建观音阁记》、《重安佛顶缘起疏》和《宁古塔风俗论》均涉及东京。张贲也有《东京记》一文，他在张氏《东京》的基础上增加了国学碑以及碑文残句的记载，为后人研究渤海国上京遗迹提供了一定的论据。此文收录在李兴盛《清代流寓者有关渤海国“东京城”的诗文资料辑录》一文中。①

流人学不能孤立地存在与发展，我们研究流人学时，借助历史学、考古学的文献资料可以为流人学的研究提供更为广阔的空间。在研究历史学和考古学时，相关的流人学的文献资料可以为我们提供更多的视角和佐证。在现代科学技术飞速发展的今天，应该充分认识到不同学科间相互渗透发展、相互交叉衔接的重要特点，流人学研究也应该像历史学和考古学的研究那样主动站在时代潮流前面，采纳学科研究的新方法，这样才是流人学作为学科存在的价值与地位所在。

二、流人学与地理学、旅游学

地理环境是人类社会存在和发展的必要物质前提。人类在地球表面的一定区域居住和生活，社会资料的生产也是在一定的自然条件、地理环境下进行的。地理环境又是人类活动的舞台，人类社会的各项活动都不能脱离一定的地域。流人的流放都具有地域聚集的特点，所以流人的著作必然与流放地点有关系。他们的著作也呈现出地域性特点，这就决定了流人学的研究具有地域性特征。从而与地理学、旅游学的地域性特征相吻合，产生内在的联系。下面仍以黑龙江为例，说明这一问题。

黑龙江是清朝政府流放流人的主要地域，因此这一地域的流人或流人之后裔的著作有很多是关于这一地域的山川河流、风景名胜、民风习俗等内容的记录。这些都为地理学、旅游学的研究提供了文献资料。相关著作主要有张缙彦的《宁古塔山水记》，这是黑龙江乃至东北的第一部山水志与第一部地名学专著，也可称

① 李兴盛:《清代流寓者有关渤海国“东京城”的诗文资料辑录》,《学习与探索》1983 年第 3 期。

黑龙江现存的第一部游记。共二十二篇，除杂记一篇系泛载宁古塔地区物产、风俗外，其他二十一篇内容全面记载了宁古塔的自然风貌。作为给宁古塔山水命名、作传并使之传世的第一人，张缙彦的调查研究与著录，开拓了黑龙江山水志、地名学与旅游史的新领域，功不可没。张贲著有《宁古台新城记》，其中对兴凯湖进行了描绘：

土人言东北千里外有巨泽，如彭蠡、洞庭，周环七八百里，波平如镜，中有五色石，日星照耀，光彩莹射，淘河野凫，上下翔集，山树交翠，波光映人，过者徘徊，常不忍去。余不得至其处，辄神往焉。

杨锡恒撰有长诗《纪异》，是咏雍正初年瑷珲地区地震的情景。诗云：

地乃天之配，其道宜安贞。胡然此一方，震动无时停？欻若飓风过，殷若雷声鸣。耳目尽骇眩，魂魄为之惊。初疑九轨道，毂击声喧轰。又如万斛舟，掀簸巨浪迎。一椽木如寄，敢仄劳支撑。上栋与下宇，岌岌忧摧崩。不已势将压，性命毫毛轻。闻诸古史册，其变在五行。迂儒守章句，白黑聚讼争。方今圣明世，灾祲何由生？此理不可晓，闲居细推评。每当地震后，厥占应元冥。阴气盘地轴，欲奋难遽腾。小震则小澍，大震则盆倾。屡试不可爽，历久信有征。艾河地庳下，溪谷流纵横。积潦成巨浸，势欲排丘陵。二麦既黄萎，稗穄类寸莛。惟菽稍有实，又恐秋霜零。谋生艰一饱，敢望仓箱盈。典衣入市尘，无处易斗升。来日信大难，寸心忧屏营。皇天本仁爱，视听非懵懵。万方悉在宥，岂独遗边氓？愿夺箕毕好，长放羲娥晴。庶使职载者，亦得安坤宁。

在诗中不仅描绘了地震发生时雷鸣、风撼、浪涌的景象，而且还推究了地震的成因，指出了地震带来的灾害。方拱乾于顺治十七年三月十六日（1660年4月25日）写有《三月十六，月上仅半轮，久而知其食》一诗，记载了关于月食发生的情况。张光藻著有一首咏黑龙江的诗作："乌江浴水势弯环，源溯西南昆特山。黄黑分流终混一，滔滔归入海中间。"① 黑龙江至瑷珲城北九十里受精奇里江之水，精奇里江之水色黄，黑龙江之水色黑，"黄黑并流"，东南流过一段里程后才合而为一，然后入海。本诗后两句语义本此。祁班孙写有《渡混同江》，诗："烟雨朝昏变，风尘终古扬。渊深沙照白，泛滥日沉黄。折橹奔回溜，飘帆挂石梁。三春波欲涨，一苇势愁杭……"描绘了松花江鱼游鸟翔、渊深日黄、橹折帆飘的景象。张贲也有咏松花江的诗，即《渡松花江》："朔漠莽无极，山势似奔乱。云涌至兀喇，江流忽中断。巉岩肖猛兽，狰狞踞两岸。长白迅发源，倾泻动紫澜。沙屿搅洄溜，怒涛益勇悍。喷瀑渐水潮，湍激小江汉……"描绘了松花江瀑布喷涌、水流湍急的奇观。方式济写有《渡脑温江》，描绘了嫩江水流湍急、波光日昏的景象，这也是有文献可考的第一首咏嫩江的诗。吴兆骞有《海边独眺》一诗，该诗作"海色莽无际，凭高望泬寥。九霄迷积气，万象变灵潮"②。此诗咏出了镜泊湖苍莽无际、烟波浩渺的景观。至今镜泊湖仍是引人入胜的旅游胜地，盛夏游人络绎不绝。冰灯是当下黑龙江著名的旅游项目，流人也有关于冰灯的记载。嘉庆十四年因事流放齐齐哈尔的前礼部侍郎刘凤诰，在

① 张光藻：《北戍草》，光绪刻本。
② 吴兆骞：《秋笳集》卷二，雍正四年刻本。

《龙江杂诗》中有“冰镂春灯彻四围”之句。同时的流人魏耘圃之《龙江杂咏》也有“朗彻冰灯座”之句，这是咏黑龙江冰灯最早的诗句。至于最早通篇咏冰灯之诗则为朱履中之作。在他的组诗《龙江百五钞》内有一首咏该地寿星冰灯。诗云：“元夜观灯走不停，村车辐辐也来经。蛮童姹女哗声脆，争看玻璃老寿星。”张光藻也有一首咏冰灯的绝句，诗云：“元宵佳节兴堪乘，吹到江风冷不胜。明月渐高人未散，街前争看寿星灯。”

流人学研究的深入，也带动了黑龙江地理学和旅游学研究的深入。流人关于这一区域山川、地震、地名命名的著述，为研究区域地理、水文地理和地名学提供了可贵的资料。流人对于这一区域的山川、风景名胜的赞咏极大地丰富了这一区域旅游文化的内涵。流人文化与著名流人的影响力更是促进了这一区域旅游资源的开发。流人学的研究可以增加这一区域的历史底蕴，从而更好地开发这一区域的人文旅游资源，使自然景观与人文景观相协调。地理学和旅游学的发展又为流人学的研究注入了新的活力，尤其是旅游产业的兴盛，拓展了流人学研究的空间。流人学的研究要与地理学、旅游学整合，互相协调配合，把学术的研究成果应用于社会生活，进而开拓更广阔的学术道路。

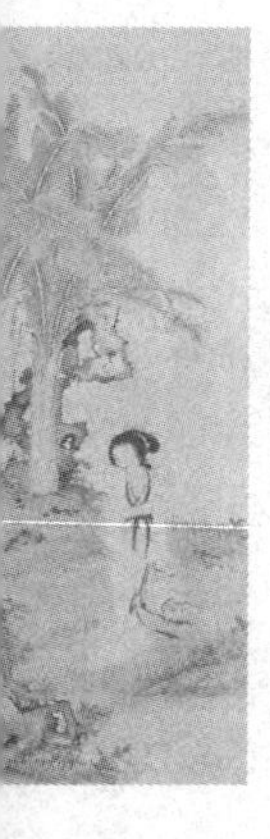

三、流人学与文学、戏剧学

流人学和文学、戏剧学是社会意识形态中不同的门类，无论在内容上或是形式上都具有各自不同的特点及认识方法。但流人学与文学、戏剧学之间又是相互渗透密不可分的。流人学从文学、戏剧学中不但可以获得丰富的资料，而且可以吸取多样化的表现方式、语言艺术。同样，文学、戏剧学从流人学中也可以找到丰富的素材。清朝时，被发配到东北地区的流人或流人之后裔用诗歌、散文等文学形式记录他们的所见、所闻和内心情感，向我们展示了这一地区的社会生活与自然风光。这些文学著作也成为了我们研究流人的重要文献资料。研究清代文学又必然要与流人学相关联，东北地区流人的诗歌、散文在清代文学史上占有一席之地，借助流人学对流人的研究可以更清晰地分析他们的创作意境、内心情感和创作风格。

东北流人的文学作品主要有方拱乾的《何陋居集》，这篇诗集是他在塞外赋诗九百余首编辑而成的，就其诗歌基本全部写于宁古塔来讲，可称是“黑龙江现存第一部诗集”①。这部诗集多咏塞外景色、民俗以及流人心境，语言质朴，意味隽永，具有很高的文学价值。此外在他自宁古塔南返途中又写诗五百九十余首，后辑为《甦庵集》。张缙彦的《域外集》，一卷，共收散文二十二篇，包括序三篇，记六篇，论六篇，书二篇，传二篇，疏二篇，说一篇，这是黑龙江现存的第一部散文集，文笔优美流畅、辞藻雅致，具有较高的文学价值，为东北文学史的研究填补了一项空白。吴兆骞的《秋笳集》约七百首诗，其中五百余首即创作于遣戍地。吴兆骞出塞后的诗风真率清雅，善于将荒寒萧瑟的环境与苍凉悲壮的感情紧密结合，反映社会生活，较之出塞前的诗作更具有社会意义和美学价值。此外，他在塞外还有许多书信，其四世孙吴育曾收集了这些书信并辑录成集，命名为《归来草堂尺牍》，这是黑龙江现存的第一部书信集。张贲著有《白云集》，内收录了很多他在塞外所作的诗。他的诗清丽流畅富有辞采，写景出于凡俗，引人入胜。方登峄塞外诗集有《垢砚吟》、《葆素斋集》、《葆素斋古乐府》、《如是斋集》。他的塞外诗笔力雄健，咏塞外风光历历如绘。杨锡恒有《生还草》、《冰天草》、《听雨轩诗文集》，刘凤诰有《集杜诗》三卷，多咏塞外风光、民俗、物产。另有《存悔斋集》

---

① 李兴盛：《流寓文化中黑龙江山水名胜与轶闻遗事》第221—224页，黑龙江人民出版社2000年版。

等。朱履中著有《龙江百五钞》，共收其所作绝句一百零五首，其诗平白如话，音韵和谐，具有民歌的味道。方式济著有《陆塘初稿》、《出关诗》、《易说未定稿》等。张光藻将塞外所作诗辑为《北戍草》，他的诗典故运用较少，是以平易的语言写真实的感受和遭遇，诗文自然流畅，情景交融。

流人的笔下还有很多咏动物、植物的诗词。海东青产于黑龙江下游、库页岛，是东北地区著名的贡品。康熙初年，诗人吴兆骞在宁古塔曾写有《咏鹰》一诗："玉爪凝残雪，金眸映落晖。可怜沙塞翮，欲傍翠华飞。"通过玉爪、金眸的描绘，表现了雄鹰欲随皇帝狩猎的英姿与壮志。同治年间，因事流放齐齐哈尔的胡汉臣也有记载贡鹰之诗："登鹰献雉岁为经，不似雕鹊但进翎。记否年时冬十月，专车飞贡海东青。"黑龙江是鹤的故乡之一，备受人们喜爱。流人也有咏鹤之诗流传于世。顺治十六年（1659）十一月，流放到宁古塔旧城的诗人方拱乾听到了遥天鹤鸣之声，写下《夜闻鹤》一诗，内有"圆吭天所留，明月助高清"之句，描绘了鹤鸣的圆吭与嘹亮。与方氏同时流放到宁古塔旧城的诗人吴兆骞，一次夜间经沙林道中，也曾闻鹤鸣而吟出"影落霜岑远，声传月溆清"。张光藻也有几首咏鹤之诗。其一道："本是蓬瀛豢养来，偶然铩羽落尘埃。清标旧与鸾凤友，远志偏遭燕雀猜。为市吴门成往事，乘轩卫国笑庸材。海天空阔今飞去，肯恋鸡群首重回？"此诗讴歌了一只来自蓬瀛仙岛并具有清标、远志，因偶然铩羽误落尘埃的鹤，遭遇了燕雀之猜忌，一旦羽毛恢复，飞向天空，就再也不留恋与群鸡为伍的生涯。这是借喻对铩羽之鹤的怜惜，以抒诗人自伤身世之情。其二道："玉羽霜毛出海滨，神仙丁令是前身。好寻处士孤山去，莫再乘轩恋俗尘。"表达了诗人远离尘俗的高远志向。最早咏宁古塔松子之诗为顺治十七年（1660）十一月方拱乾所写的《八咏》，其六咏松子："松高子不落，剥子乃戕松。悔不孤根老，长栖积雪峰。时危憎附赘，俗狡贱龙钟。几日层冈

上，愀然匠石容。”除了上述汉族流人外，也有满族流人所写之诗文著作。讷尔朴著有《画沙集》。方登峄曾为作序道：“拙庵十三年居穷发之地，吟咏弗辍，暇则以蹇卫曳短车出郭，荷锄移野卉数十种莳阶下，非襟怀浩荡，乌能如此?”可见其为人喜吟咏，性豪爽。贵庆写有《闾山纪游诗》、《镜心堂七言律诗选》等。英和有《卜魁城赋》及《卜魁集》之作。他的诗重视性灵，质朴无华。

在戏剧学方面，随着汉族流人的遣入，内地的戏剧也传入黑龙江。有些地主阶级出身的流人把戏班子也带到了黑龙江，在内地戏剧的传播中，产生了黑龙江第一部戏剧剧本，这就是程煐撰写的《龙沙剑传奇》。《龙沙剑传奇》是嘉庆三年（1798）十月十五日作者初到成所，构思并写作的，仅用十天就完成了这部四五万字、三十出的戏剧剧本。作者将仙人许真君与湘媪除妖两个传说及唐代李鹬赴刺史之任途中遇妖被劫，后被道士叶静能挽救的故事糅合在一起，撰写了这部神魔交战，神仙战胜妖魔，正义战胜邪恶的戏剧，从而抒发了郁积在心头的愤懑不平。表明作者想要化为龙沙剑救世安民，实现自己的宏伟抱负，从而反映了作者对现实不平的抗争。

在研究清代黑龙江文学、戏剧学的过程中，流人学可以为其提供新的研究途径。将流人学的研究成果应用于这一区域的文学研究上，可以丰富流人的写作背景和个人阅历，从而多角度地分析他们的文学作品和思想情感。通过流人的文学作品可以为流人学的研究提供条件，在研究中体会流人的生活方式、社会联系、待人接物，从而对流人会有更加深入的认识和了解，缩短与他们之间的历史距离。流人学与文学、戏剧学联系密切、相互交叉、融会贯通，彼此之间相互借鉴、探讨学习，会使彼此的研究得到长足的发展。

四、流人学与民族学、人口学

流人学与民族学、人口学虽然分属不同的学科，但流人学在研究对象、内容、研究方法上与民族学、人口学的研究有着必然的联系及交融贯通的特点。民族学、人口学调查具有明显的生活性、平民性。民族学、人口学研究的文化主要是平民的文化，即平民的生活。这种调查研究主要是关于平民的生老病死、衣食住行、喜怒哀乐、风土民情和价值观念等行为模式。大批社会特殊人群流人的发配也是当时民族交融、人口迁徙现象的反映。而流人学研究的中心内容正是关注某一流放地的地域文化，探究流人人口迁徙、流人和土著居民的生活状态、流人迁徙地的风俗文化，以及流人迁徙对迁徙地民族的发展、人口数量及人口质量变化所产生的深远影响。

清朝是中国封建社会最后一个多民族统一的朝代，清代民族构成对后世有着直接重要的影响。研究清代黑龙江地区的民族、人口就要研究这一区域的生产方式。生产方式对民族发展、人口素质起决定的作用。而清代流人迁入东北地区，使这一区域的生产方式产生了很大变化。流人的迁入，促进了这一区域农业生产方式的发展。流人迁入东北地区，开垦了大面积的土地，从而为农业发展奠定了基础。东北除齐齐哈尔一带是沙碛之地外，奉天“土地肥美”①。宁古塔地区也是土地肥沃，“虽山蔬野蔌，无不佳者”②。但是东北地区的耕作技术落后，产量也低。开发较早的宁古塔地区也是较原始的“火田法”：“一岁锄之犹荒也，再岁则熟，三四岁则腴，六七岁则弃之而别锄矣。”③ 收获量约每垧一二石。

① 王一元：《辽左见闻录》，清抄本。
② 吴桭臣：《宁古塔纪略》，《知服斋丛书》本。
③ 方拱乾：《绝域纪略·土地》，《说铃》本。

齐齐哈尔附近的蒙古地区，耕作技术更为落后。“蒙古耕种，岁易其地，待雨而播，不雨则终不破土，故饥岁恒多。雨后相水坎处，携妇子、牛羊以往，毡庐孤立，布种辄去，不复顾。逮秋复来，草莠杂获，计一亩所得，不及民田之半。”① 流人迁入后把内地先进的耕作技术带到这里，内地的操作：“分休闲、轮作二法。若沙碱地则用休闲法，每年耕作一分，休闲一分；至轮作法最为普遍，即高粱、谷子、黄豆之类，每三年轮作一次。又名翻茬。”② 这样粮食产量提高了，一大垧可以收获四五石粮食，多者七八石。在粮食的品种、产量增加的同时，瓜果蔬菜等农作物的品种也增加了。流人出塞时往往都携带瓜子、菜籽，张缙彦出塞时也这样做。他说：“（宁古塔）近日迁人，比屋而居，黍稷菽麦以及瓜蓏、蔬菜，皆以中土之法治之，其获且倍。”③ 如“瓜往时绝少”，而李棠就曾在戍所“学种，各色俱有”④。吴兆骞一家院中也种菜而且家家如此。这样土著居民也学会了种植瓜菜，从而增加了蔬菜等作物的品种，以至于芹、芥、韭、菠菜、生菜、葱、蒜、王瓜等应有尽有。正因为流人在农业上起到了这样积极的作用，所以康熙时有人挽张缙彦的诗赋道：“投荒万里天涯外，宁古方知尽务农。”又说：“域外群尊五谷神，春秋祭享寄来真。”充分体现了流人在改变东北农业生产方式方面所起的积极作用。由于流人的迁入使东北地区农业生产方式改变，农作物收获量增加，蔬菜、瓜果品种增多，提高了这一区域人们的生活水平。以食物为主的生活资料的质量得到了提高，人口的身体素质也会提高，同时也会促进人口的增长。

---

① 方式济：《龙沙纪略·饮食》，乾隆《述本堂诗集》家刻本。

② 民国修《黑龙江志稿》卷十六《物产》。

③ 张缙彦：《域外集·宁古物产论》，黑龙江大学出版社2011年《东北流人文库》本。

④ 杨宾：《柳边纪略》卷五，民国《辽海丛书》本。

教育、文化是提高人口文化素质和思想道德素质的重要条件。清代东北地区文化教育水平相对落后于中原，流人的迁入为该地区的文化教育增添了新的资源。“流人通文墨，类以教书自给”①，“贫而不通满语则为人师”②，这种现象是清代东北流人的显著特点。流人以教学授徒为生者，可谓是数不胜数。最典型者，在辽东有郝浴与陈梦雷。郝浴到铁岭后，“筑室于银冈之簏，讲学授徒，说礼乐，敦诗书，文化渐开，士知向学。召还后，留其室为书院，名曰银冈”③。陈梦雷在沈阳，“诸公卿子弟执经问字者接踵”④。在宁古塔教书者还有李召林、吴英人、王建侯等。此外，陈敬尹、吴兆骞均曾以授徒为生，甚至宁古塔将军巴海的两个儿子也曾随二人学习过。在齐齐哈尔教书“最著名者，江西王雨亭霖，教授八旗义学”，此外还有齐传绕、李慎吉、龚光瓒、章汝楠，甚至安南流人范如松也以教书为业。还有些流人被当地官员聘为书院讲师，如朱履中曾于吉林乌喇主讲“白山书院”、王性存于齐齐哈尔主讲“经义书屋”等。流人为东北地区的文化教育发展做出了诸多贡献，促进东北地区文化教育的发展进步，提高了这一区域的人口文化素质和思想道德素质。

流人迁入东北地区也促进了民族融合和民族团结。清初流人来到东北后与当地少数民族共同生活劳动，逐渐建立了友谊。流人与当地少数民族进行了经济、文化的交流，传播了汉族先进文化、经济技术与经营方式，这样不仅改变了当地的落后面貌和居民的生活条件，而且也促进了民族的融合与团结。对开发宁古塔颇有贡献的杨越，就曾得到当地人民的敬重，称之为“杨马法”，还经常“争相邀（杨越之妻范氏）过其庐，扶居南炕中，割鸡豚

① 西清：《黑龙江外记》卷七，《渐西村舍汇刊》本。

② 杨宾：《柳边纪略》卷三，民国《辽海丛书》本。

③ 民国修《铁岭县志》卷五。

④ 民国修《闽侯县志》卷七十一。

举酒为寿，有邀而不得者，则以为耻”①，关系十分融洽。此外，流人与当地人通婚也促进了民族关系的发展。虽然当时政府下令禁止通婚，但仍“颇多私相聘娶者”。在这种友谊与联姻的民族关系中，双方互相影响。清代嘉庆时期，索伦语中皆杂汉语，满洲多能汉语。流人也受到了当地民族习俗的影响，如同吴兆骞自云：“久沉异域，语言习俗，渐染边风。”这种互相影响又促进了民族融合和团结。此外，流人许多著作也咏及了当地的少数民族的习俗。方拱乾《冰河行》描写了满洲女子正月十六日拔河戏的风俗。方式济次子方观承《卜魁竹枝词二十四首》之十八，描绘了当地索伦人禳病祈神之俗，他的《卜魁竹枝词二十四首》之二十二，描绘了一位英姿飒爽、英勇善射的鄂伦春妇女形象。陈之遴《出猎歌》、戴梓《黄山秋猎》等即是描写满洲八旗将士出猎场景之作，方登峄《将军猎》也写出了八旗将士冬季出猎的全过程。

流人学与民族学、人口学联系密切，研究某一区域的流人学可以为这一区域的民族学、人口学提供借鉴。而这一区域的民族学、人口学的研究也会促进该区域流人学研究的新发展。在学术上，流人学与民族学、人口学的相互运用、综合研究，会使彼此的学科研究范围更广、研究资源更丰富，也会获得更多、更新的研究成果。

第二节　流人学在社会科学中的地位

在流人学体系尚未建立之时，关于流人群体的诸多问题散见于其他分支学科中，并未受到学者的重视。而这一社会群体的特殊性及其所具有的历史作用，使得流人学体系的创建，填补了历史学科研究领域的空白，并具有开拓性的意义。更为现代学科的

① 杨宾：《大瓢先生杂文残稿》范孺人传，《吴中文献小丛书》本。

综合研究发展提供了新的途径。学术研究的存在与发展取决于新领域、新途径、新方法的不断探索与开辟。流人学的研究，恰恰适应了这种创新与开拓的需要。

一、流人学的综合性质与学术价值

流人学作为综合性的学科，它具有为现代学科综合研究发展开拓新途径的学术价值，还具有实用价值与理论意义。

第一，流人史的研究为法制史的研究提供了丰富的素材。

我国古代的流放制度，自秦朝开始，首次出现在刑法之中。到南北朝时期正式确立。后经唐、宋、元、明数代不断发展完善，至清代形成了一套较为完备的流放体系。而流人在流放制度产生后，成为流放制度的遣戍对象，并伴随着这一制度的深化孕育而发展。这些因为触犯统治阶级利益或刑法的人，主要被强制迁徙到边远地区予以管制、服役。在对流人群体的研究过程中，对具体发遣人员的数量的核实、流放里程的确定、流放区域和具体管理等相关文献的研究，都是流放制度中的重要内容，也是法制史的重要内涵。因此，流人史的研究为法制史的研究提供了丰富的素材。

第二，流人史的研究有助于拓宽边疆开发史的研究视角。

“一个地区的开发史是该地土著民族与客籍民族人士的共同开发史。”① 可见，任何一个地区的开发都离不开土著与客籍人士的惨淡经营。不可否认，这些被发遣的流人来到自然条件恶劣的地区，面对恶劣的地理环境和悲惨的命运，他们在逆境中，并没有自暴自弃，客观上却为边疆的开发和发展做出了重大的贡献。他

① 李兴盛：《流人史流人文化与旅游文化》第5页，黑龙江人民出版社2008年版。

们不仅成为了开发边疆的先驱者，同时也是中原先进文明的传播者，更是流人文化的创造者。他们在使先进的生产技术和经验得以传播的同时，起到了保卫边疆巩固边防的作用。可见对流人群体的深入研究，有助于拓宽地方开发史，特别是拓展边疆开发史的研究角度，更全面地梳理边疆的发展历程。因此，流人史的研究有助于拓宽边疆开发史的研究角度。

第三，流人史的研究是民族关系史研究的重要组成部分。

由于各种原因，被强制迁移到边疆地区的流人，虽然以汉族为主体，但也包括其他民族成分，在与当地土著民族长期的生产生活中，相互交流，不断融合，甚至以联姻的方式形成了更为复杂的民族关系，从而促进了民族的融合与团结。这种多元的民族融合，是民族关系史中的一个重要组成部分。因此，流人史是民族关系史的重要组成部分。

第四，流人文化的研究有利于扩充中国古代文化史的框架。

流人中的许多文人、学者，都有着较高的文化素养，他们来到边疆通过授业、撰写诗文，将中原的先进文化传播，使中原文明扩散到广大边疆地区。在与少数民族长期生活的过程中，中原文化与边疆的少数民族文化相互碰撞、融合，衍生出独具特色的流人文化，也为文学史、文化史，提供了宝贵的文献。流人文化产生的独特性，使之兼容并包了中原文化的先进和少数民族文化的粗犷。这种二元身份，也是流人文化所独有的。对于流人文化的研究，有助于梳理民族融合与文化的联系，进而扩充文化史的理论框架。

综上所述，流人学与其他学科，有着密切的联系。它不仅与边疆地方史、民族关系史、人口史、法制史、文化史等历史学中的其他分支学科有着密切的联系，其研究内容也涉及地理学、旅游学、文学、戏剧学等多个学科领域。这就决定了流人学的综合性质，即它是通过流人群体的研究，通过跨学科、多领域的交流、融合，构建起系统、全面的流人学的通史体系和文化体系。因此，流人学在社会科学中的重要地位是毋庸置疑的。

二、中国流人学的实用价值与理论意义

对于中国流人学的研究，对流人文化遗产的挖掘、利用、保护工作，不仅是学术领域的开拓，还有着深刻的理论意义和丰富的实用价值。

第一，研究中国流人学，为进一步弘扬民族文化提供理论依据。

流人作为客籍者之一与当地的土著民族，共同缔造了当地的区域文明。他们既传播了中原文化，又创造了新的文化。而各个区域的文化，也因人口的流动，社会的变迁，互相碰撞、交流、融合，趋于统一而又各具特色。对流人文化、流寓文化的研究，可以有力地印证中华民族多元化一体的文明态势。多种文明在历史发展的长河中，相互吸收、借鉴，汲取各自的精华，最终融汇到中华民族文化中，使之涵盖了多种特性，又秉承着传统文化的底蕴。

边疆少数民族文化正是在这种趋势下，被包括流寓文化在内的外来文化冲击，经历着交流、融合的过程。对于流人学的深入研究，对流人文化乃至流寓文化的理论把握，有助于梳理边疆少数民族文化的发展历程，为进一步弘扬我国多元的民族文化提供了理论依据。

第二，加强流人学研究的实用性，带动地方旅游经济的发展。

大力开展对流人学全方位、深层次、系统化的研究与探讨，必然会促进边疆历史与文化的发展。边疆地区在利用流人文化这一独特的文化资源，加强本省的文化建设的同时，还可将这种文化资源转化成为具有实用性的旅游资源，进而将流人文化转化为

旅游文化的应用性研究。

在对流人文化、流寓文化资源挖掘、抢救的过程中，对相关的历史名人、重要事件、重要遗物进行有效的开发、利用，以提高流人所在地在海内外的知名度。将流人文化、流寓文化、旅游文化扩展到旅游资源的开发上，可以有效地整合资源。将当地的自然景观与人文景观有机地结合起来，在宣传地域特色文化的同时，打造文化旅游的特色品牌。从而使其成为边疆各地的旅游新资源，以此促进旅游事业、旅游文化的发展。

第三，开展流人学研究，提升民族精神的教育功能。

民族精神是在长期的历史进程和积淀中形成的民族意识、民族性格、民族价值观念和价值追求等共同特质。中华民族精神是中华民族在漫长的社会历史发展过程中逐步形成的，它是中华各族人民社会生活的反映，也是中华文化最本质、最集中的体现，还是各族生活方式、理想信仰、价值观念的文化浓缩。流人作为中国古代社会一个特殊群体，其自身有着双重性质：他们既是流放制度下的犯人，同时又是开发边疆的先驱者。不可否认，后者是研究流人学的社会积极价值所在，流人精神弘扬的意义所在。历代流人在开发边疆时展现的流人精神所折射出的底蕴和更深一层的内涵就是中华民族精神，即植根于流人中的那种不甘耻辱、不屈不挠、历经磨难而自强不息的奋发图强的精神、创业精神和爱国精神。

因此，在研究这一特定历史时期的特殊群体时，注意流人文化积极内容的挖掘、研究与利用是极为重要的。中国历史上的流人在险恶荒寒的环境中，饱受着凌辱和奴役，却顽强地生存着，用自己的双手开发着荒原；中国流人虽处逆境，却在戍所撰写了大量诗文、著述，开垦了边疆文化的绿洲；中国流人虽遭流遣，却也心系国家，担当起保卫边疆的重任。这种在逆境中的奋斗精神、开拓精神和强烈的民族忧患意识，是中华民族精神的具体体现，这些都可为我们今天进行的艰苦奋斗教育、逆境挫折教育提供宝贵的历史借鉴。

开展流人学研究，积极挖掘流人文化的教育资源，对提升当下民族精神的教育功能有着重要的现实意义和理论研究意义。

编后语：谈对作为学科的“流人学”的认识

来新夏先生谓：“世有‘显学’与‘晦学’之分，‘显学’为世所重……‘晦学’……一时难见其功。”① 流人、流刑虽古今中外史不绝书，但对于流刑之得失，流人之作用，受困于一段时间内资料之缺乏，研究者寥寥，因此，在很长时期内流人学研究领域可谓无学无史，流人学恰属“晦学”范围之列。然而，自谢国桢先生的《清初流人开发东北史》肇流人学研究之开端起，至当代以李兴盛为代表的流人学研究工作者不仅梳理有关流人问题的史料，而且撰写了《中国流人史》、《东北流人史》两部大著，并且以此为核心构建起流人学通史体系。李兴盛在此基础之上深入于流人学理论体系的探讨之中，提出“流人文化”这一概念。并将流人文化与流寓文化、旅游文化三者相结合构建起流人学文化体系。这种以人文历史精神带动自然环境开发的思想，不仅有助于历史文化研究领域的进一步深入发展，而且还带动了边疆旅游文化的发展，更促进了边疆旅游经济的腾飞。以李兴盛为代表的流人学研究工作者开史学领域之新体系，创史学研究的新流派。如今的流人学研究已经由昔日之“晦学”变为如今有“资”、有“史”、有“论”的历史学研究领域的新分支学科。

流人学作为一门新兴的历史分支学科具备了这两大条件。一方面是中国历史上存在大量因战俘获罪，或因政治获罪，或因刑

① 李兴盛：《流人学的脚步》第1页，黑龙江教育出版社2009年版。

事获罪的流人群体，他们惨遭贬谪、流放的悲惨经历为流人学的创建提供了丰富的研究对象。特别是大批鲜为人知的知识分子群体在贬谪地留下了大量的诗文作品和开发边疆的历史足迹。这些丰富的历史资料为流人学的建立提供了有“资”、有“史”的研究可能性。另一方面，随着近年来地方经济的飞速发展，地域特色文化的凸显，一些关于民间的物质文化遗产得以保护，但由于流人学理论研究的滞后，有关流人及流人文化遗产的宣传不够，出现部分由流人所创造的具有重要历史价值的物质文化遗产遭到严重破坏的现象。因此，流人学理论体系的建立、流人文化遗存的保护、流人精神的传承，这些内在的需要都给流人学的建立带来了必然的要求。

学科称谓的提出是一门学科建立的基础。学科称谓的来源以及分类法千差万别，就某个大学科内的分支而言，分类最常见的方法大致是两种。一是研究对象区分，如历史学有中国历史和世界历史之分，中国历史有古代历史、近代历史、当代历史之分，它们分别研究中国历史范畴内不同时段的内容。二是研究方法和特色区分，如经济学领域的宏观经济学、微观经济学和计量经济学等等，它们所研究的对象可以基本一致，但由于方法与学术取向上的差异，就明显地形成多个分支。流人学作为一个分支学科得以存在，它的分类学依据显然属于以研究对象加以划分。毋庸赘言，流人学是归属在历史学门类下的一个分支，与民族史、国际关系史等学科研究相并立，也可以与中国古代政治制度史、中国古代文化史等学科相交叉，并且与历史学领域其他的专门研究方向相区别。从这个角度考虑，流人学的学科定位，在理论上是非常清晰的。

然而，具有一个科学合理的学科称谓仅仅是流人学这样一个“新兴”学科建立的第一步。一门新学科的建立是一个自然发展的过程，一个新学科是否能够最终形成并不能以是否已经有人正式提出这个学科称谓为衡量的标准。即使这门学科的倡议者、建立者为这门学科做出了准确的学科内涵与外延的界定，最终也并不能完全认定这就是这门学科成立所需的充分条件。流人学作为一门学科成立的真正要素在于它必须得到历史学界自然的承认。因此，流人学作为一门新兴的学科何时成熟，流人学作为历史学这样一个宏大学科内的分支学科何时从它所属的学科中相对独立出来，并非仅仅一个概念设定就可以做到。更为重要的是流人学想要作为一门独立的学科真正存在，需要有相当数量为学界公认的重要研究成果以及可以持续开展的研究项目与课题为支撑，逐渐形成一个以这一学科为主要研究方向的学术群体。正是基于此需要，以李兴盛为代表的流人学研究工作者以严谨的治学精神和坚毅的学术品格创造出了大量有关流人学的理论研究成果。其中李兴盛编写并出版了我国第一部流人区域史专著《东北流人史》和我国第一部流人通史《中国流人史》。这两部巨著的出版，分别开创了东北流人通史和全国流人通史的体系建设，它们的出现更标志着流人学新的体系即流人学通史体系的建立。此外，众多流人学研究工作者从流人不同的角度出发，或梳理有关流人学的史料，或从多个角度发表有关流人的论著。有的从研究流放制度的角度出发，有的从编写流人的传记这一角度出发，其中特别是有关清代流人的论述更是相对集中。这些研究成果分而成篇，合而成册。一方面通过各类学术团体以组织、整合流人学研究，另一方面通过政府最重要的学术研究机构组织推动流人学这一学科的核心课题的深入研究，这些都成为组成流人学通史研究体系不可分割的重要组成部分与主要途径。

2008 年 5 月在黑龙江省哈尔滨市举办了首届全国流人文化学术研讨会。国内外知名学者如来新夏教授及林则徐第六世后裔林岷女士等 30 余位学者莅临大会。这次大会是全国流人学研究者的大聚会，这次会议的特殊性不仅在于为流人学的理论研究者提供了一个学术理论探讨的平台，更深层次上，此次大会的召开成为中国流人研究历程的一座里程碑，为我国流人学这一新学科新体系真正创建成功奠定了坚实的基础。如今，流人学成为一门独立学科的脚步已经走近。流人学作为历史学分支学科的建立不仅有助于流人学自身的发展，更在一定程度上对历史学、考古学、地理学、旅游学、文学、戏剧学等相邻学科研究领域视野上的拓宽有着重要的价值。并且流人学作为历史学分支学科的建立对弘扬民族文化、繁荣社会经济、进行民族精神教育等方面起到重要的作用。因此可以说流人学的建立在社会科学中占有重要的地位。

流人学学科开创者李兴盛曾以“残编寻旧梦”① 来形容他对流人学建立的期许。时至今日，流人学已经由过去之“残编”、“晦学”变为今日历史学的一个分支学科。大量流人学论文、书籍的出版，大量有关流人学研究课题的出现，更多的年轻人加入到流人学的学术研究队伍之中，这些都为流人学理论体系的建立提供了坚实的理论基础和保障。特别是以李兴盛为代表的流人学研究工作者完成了流人学通史体系和流人学文化体系的两大理论体系建设，使其成为流人学学科框架的两大依托。有“资”、有“史”、有“论”的流人学已经具备了成为一门学科的条件。正如史学名家来新夏所讲，“流人学不久将在社会科学的学科分类表上堂堂正正地占有一席之地。流人学之跫然足音，殆已日近一日”②。的确，流人学脚步的到来给所有流人学研究者带来希望、信心和勇气。

---

① 李兴盛：《流人学的脚步》第 4 页，黑龙江教育出版社 2009 年版。

② 李兴盛：《流人学的脚步》第 4 页，黑龙江教育出版社 2009 年版。

通论编

流人学基本知识

流人学的学科定位、研究概况、与相邻学科的横向联系及其在社会科学中的地位既已明确，那么其基本知识又是如何呢？这就是我国古代流放制度的概况、流放地的选择、流人来源及其处境与流人群体的历史贡献。

我国的流放制度虽屡经变革、演进，但其发展代代相因，不绝如缕，有着十分清晰的沿革脉络和内在的联系。本编以李兴盛《中国流人史》为蓝本，将中国流放制度萌芽、产生、确立、完备、顶峰直至废止的全过程及相关基础知识作一概论，使读者掌握流人学主要内容，了解中国流放制度下的特殊群体——流人文人群体的生存历史，感悟丰富的历史文化内涵，以期从中获得相关知识和有益的启示。

本编还通过流放地的选择、流人来源及其处境、流人群体的历史贡献等史实概论，就一些重要的理论，如流人的获罪身份、流人与战俘关系、流人的辩证评价等问题进行必要的梳理和探讨，摈弃长久以来人们对流人、流人学研究非议和否定的观点，将流人学研究对象看作是中原文化与边疆文化密切联系并融会其中的一种文化产物，着力探求深藏于流人之中的文化属性。它不计较少数流人身份及个别的显现隐逝，而是对所有流人群体命运属性进行整体的理论把握，梳理民族融合与文化的联系，这是一种希冀，也是本编追求的目标。

第一章　中国古代的流放制度

我国的流人虽然产生于先秦时代，而且没有刑法为依据，但是，自秦代流刑产生之后，流刑一直成为整个封建社会统治阶级流放“犯人”的法律依据，而且伴随着它的发展愈趋制度化。可见，它在我国流人学的研究中占据着举足轻重的地位。因此，要了解流人学的基本知识，应该从流放制度谈起。

流放，作为一种特殊的刑罚在世界许多国家都曾出现过。例如，古希腊、古印度、古朝鲜、沙皇俄国都有过流放制度的历史。而在中国，流放制度历时之长久、过程之完整、特点之鲜明、涉及范围之广泛，世界少见。可以说，中国的流放制度是世界流放制度的典型代表。

流刑，是把犯人遣送到边远地方服劳役的刑罚。我国古代流刑历史悠久，在《尚书·舜典》中就已有“流宥五刑”的记载。虽然我国先秦时期已有流人存在，但作为一种反映在法律上的流放制度没有出现，当时客观存在的流放只不过是刑法的辅助手段和措施。秦代首次明文将与“流”的含义近似的“谪”、“迁”、“徙”和“遣戍”等刑，正式写于《秦律》之中，这是流放制度的首次出现与初步形成。

此后，它经历了一个逐步深化的过程，“流”在刑法上逐渐升级，到了北朝的北魏与北周时，正式列为笞、杖、徒、流、死新五刑之一，流刑上升为法定刑。

隋唐时期，隋之《开皇律》、唐之《唐律》有关流放制度的规定更趋完备，从而标志着流放制度的正式确立与完全形成。此后很长的历史阶段内，历代统治者又不断地对它进行了修订、调整与充实。其中宋明时期虽调整幅度不大，但使流放制度更趋完备，直至清代流放制度走向顶峰。宣统二年（1910）清政府公布了《大清新刑律》，从法律上废除了流刑，中国历史上千余年的流放制度彻底终止。

第一节　流放制度的萌芽

先秦时代，是指大约公元前26世纪至公元前221年为止的一段历史时期。也就是说始于传说中的黄帝时代，止于秦统一中国。这一历史时期，从血缘性的氏族部落到地域性的部落联盟的形成，经过了激烈而频繁的战争。正因为先秦时代战争频繁，大量流人主要是来自于战争中的战俘，即掠夺型流人（少数是驱逐型流人），都是没有流刑为依据的流人，因此，这一时期可称是流放制度没有产生的时期。在此要强调的是，流人并非始于流刑出现之后，而是在流放的刑法出现之前就已成为一种客观存在，本时期的流人史就是有力的历史见证。

大约在公元前26世纪至前22世纪，即传说中的黄帝时代，经尧舜到夏代之前，这数百年间经过了激烈而频繁的残酷战争。在战争中，战胜一方征服了对方，除了财富之外，还将对方的人口掳掠过来作为奴役的工具，或强制放逐（实质是驱逐）到边远之地，这样，随着战争的产生与人口的掳掠，掠夺型的流人就应运而生，从而形成了我国早期的流人。但是，由于文献无征，目前我们所能考知的这一时期的流人，不过是为后人所记述的传说中的流人。在这些传说的早期流人中，最为典型的是共工、驩兜与三苗。他们是尧时的三个部落的首领，由于不服从尧的统治，与另一个部族的首领鲧被称为“四凶”。到了舜时，舜加以罪名

“流共工于幽州，放驩兜于崇山，窜三苗于三危，殛鲧于羽山，四罪而天下咸服”①。以上是传说中的早期流人及其代表。但是，这些人物毕竟是传说中的流人，因此还不能说是我国流人之始。据我们的考察，就现有文献而言，中国流人有名姓可考者当始于夏桀。

大约公元前21世纪初，夏朝建立，夏朝的建立标志着我国原始氏族社会的结束与中国“家天下”王朝的开始。此后，随着国家政权的正式建立，揭开了我国流人史的序幕。夏朝到了末代国王夏桀时，统治者“残贼海内，赋敛无度，万民甚苦”，就在夏政权摇摇欲坠之际，由商汤领导的部落开始强大起来，后双方战于鸣条，夏桀被俘，商王将夏桀与其妻妹喜放逐到南巢（今安徽巢湖市西南）②。这是中国流人史有文献可考的第一个流人。

公元前1600年，商王朝建立，商王太甲在位时“不明，暴虐，不遵汤法，乱德”③，因此在即位三年后，伊尹将他放逐到汤的葬地桐宫（今河南虞城东北），伊尹自行摄政，以朝诸侯。商代的流人，除了太甲外，还有后来的周文王。周文王，姬姓，名昌，周族的领袖。商末代君主纣时为西伯，亦称伯昌。当时纣暴虐无道，而与此相反，西伯却“修德行善”，礼贤下士，“士以此多归之”④。后受崇侯虎诬告，纣将西伯囚禁于羑里（今河南汤阴北）。

公元前1046年，西周建立，随着西周奴隶制经济的高度发展，需要大批的奴隶，而奴隶的一个主要来源是战争。西周统治者多次征伐四方，攻灭许多方国部落，掠夺了一批又一批的俘虏。这种作为战俘的奴隶全部来自于周王朝周边的各方国部落，因此他们实质上是被强制迁徙，并从事苦役的流人。这种情况，决定

---

① 《尚书》舜典。

② 《尚书》仲虺之诰。

③ 司马迁：《史记》殷本纪，中华书局1982年版。

④ 司马迁：《史记》周本纪，中华书局1982年版。

了西周流人的特点：流人众多，而又主要来自于战俘。这众多的流人，由于文献无征，其事迹，乃至姓名均已无考，但也有例外者，这就是蔡叔。蔡叔，名度。周文王第五子，武王之弟。武王死后，子成王即位。成王年少，周公摄政，三叔（蔡叔以及文王另外两个儿子管叔和霍叔）对此不满，且联合东夷部落举兵反周。周公率军东征，三年后平定了叛乱，将蔡叔放逐到郭邻，郭邻即指周王朝与其他方国部落交界的边陲之地而言。总之，蔡叔是以叛乱者的形象出现在历史舞台上的西周流人。

公元前 770 年至前 476 年为春秋时代。春秋时代后期是周王室衰微与大国争霸的时期。这期间，为了掠夺土地、人口及财物以扩大自己的势力范围，各国展开了长期而频繁的激烈战争。伴随着军事行动，各国统治者又采取了一系列辅助的政治手段，如远交近攻及交聘等手段。基于上述特点，决定了本时期的流人主要分成两类：一类是来自于战争的各类俘虏。其中著名者如公元前 645 年被秦军击败俘获的晋惠公、为楚成王所执的宋襄公、为晋献公所执的虞大夫百里奚，又如前 627 年因兵败被晋所俘的秦将孟明视、西乞术与白乙丙，前 607 年对郑作战失利被俘的宋大夫华元等，都可称为典型。另外，还有更为著名的息妫等人。另一类是各国交聘中的人质。当时的人质可分为三类："国强欲待弱之来相事，故遣子及贵臣为质"；"国弱惧其侵伐，令子及贵臣往为质"；"又二国敌，亦为交质"。其中第二种，小国、弱国、战败国向大国、强国、战胜国提供的人质，实质就是流人。春秋时期，这类流人以越王勾践夫妇、越大夫范蠡最为典型。此外，楚庄王十七年（前 597）楚郑战争中，战败国郑伯献出的人质子良（郑伯之弟），秦穆公十五年（前 645）秦晋战争中，被俘的晋君夷吾及晋国派出的人质公子子圉等，均是这类流人。春秋时期的流人以及他们的流人生涯与轶事，为中国流人史增添了丰富的内容。

春秋之后，兼并战争继续发展。各诸侯国之间连年战争，中

国进入了战国时代，这一时期的流人，从来源上看，主要有下列数种：首先是战争中的各种战俘（包括官兵与百姓）。各国统治者攻城略地的同时，还要掠夺财物及人口。这些被掠之人，从故乡被强制迁往异地，去服各种无尽无休的劳役，自然是一种流人。此外，战争失败一方向对方提供的人质及被对方扣留的使臣，也可视为此类流人，如被扣留于楚怀王三十年（前299）并死于秦的楚怀王，曾质于齐的秦泾阳君、质于燕的秦昭襄王、质于齐的赵长安君与质于秦的燕太子丹等。又如著名的韩非，自韩使秦，即被扣留，后为李斯等陷害，也是这类流人。另如卓氏为被强制迁徙的富豪，也可视为战争产物的流人。其次是统治阶级内部斗争的失势者。战国时代，不仅各国之间展开了频繁的战争，而且各国内部也充满了改革与保守、爱国与卖国以及争权夺势等各种激烈的斗争，斗争失势一方多被放逐。如秦国商鞅变法后期被商鞅“迁之于边城”的“乱化”之民，实质就是秦国统治阶级内部斗争产物的流人。这类流人还有很多，其中以屈原最为著名。屈原的流放是不幸的，但不幸的遭遇却使得屈原赢得了千古人民的同情与热爱。屈原为我国流人史谱写了光辉的一页！此外，如嫪毐与吕不韦谋叛一案所迁徙蜀地的党徒也是甚多的。至于秦名将武安君白起之被免为士伍，“迁之阴密”，并死于杜邮，也是统治阶级内部斗争之产物。以上是战国的历史背景与流人种类的概况。战国时期的流人的具体数字虽然不详，但必不在少数。以秦国为例，秦始皇九年（前238）平定嫪毐之乱，“轻者为鬼薪，及夺爵迁蜀四千余家”①。秦始皇十一年，吕不韦死，其门客数千人及家僮万余人，多受牵连，迁于房陵。一国如此，倘若加上其他六国之流人，数量之多，更是可观。

综上所述，我国流人在先秦时代就已产生，而且是没有流刑

① 司马迁：《史记》秦始皇本纪，中华书局1982年版。

为依据的流人，但是，本时期的流人史却是中国古代流人史的重要组成部分，作为刑法辅助手段和措施的客观上的流放也为中国古代的流放制度的形成奠定了坚实基础。

第二节　流放制度发展与演变

流放制度贯穿于中国封建社会始终，在我国古代法律体系中占有重要的地位。从流放制度的出现到废除，经历了一个漫长的逐渐完备的过程，充分反映出我国古代专制法律制度在此过程中的渐变与完善。

一、流放制度的形成与产生时期

先秦时期客观存在的流放只不过是刑法的辅助手段或措施。《尚书·舜典》中的“流宥五刑”的记载，是指在执行常“刑”时，对于那些可以从轻发落的、适用于“五刑”的犯人，可以宽大处理，用流放的惩罚来代替。这表明，当时的“五刑”是刑法的重要组成部分，“流”只不过是这五种主刑的辅助手段或措施。这一时期，频繁、激烈、长期而残酷的战争贯穿始终。原始社会有氏族部落之间、部落联盟之间的战争。奴隶社会有夏、商、周王朝与各方国之间及各方国之间的战争。还有春秋时的大国争霸、战国时的七国混战等。基于此，大量掠夺型流人开始出现。这些流人出现在我国流刑产生之前。这时的“流”可以解释为不是刑法的组成部分。舜统治时期是如此，而从禹至战国时期，各个朝代的五刑内容虽然稍有变化，但都不包括“流”，可见这一阶段的“流”并没有法律化。

我国古代流放制度的正式出现，即首次将流刑写于刑法之中开始于秦朝，并使流刑制度化，从而标志着我国流放制度的产生与初步形成。此后，它在理论与实践上经历了一个逐步深化的过程，至北朝时期，流刑正式列入了五刑之中，而且愈趋完备与成熟，从而标志着流放制度的完全形成与正式确立。

（一）秦朝时期——流放制度的初步形成

到了秦朝，首次明文将与“流”的含义近似的“谪”、“迁”、“徙”与“遣戍”等刑，正式写于《秦律》之中，可见流放制度的首次出现与初步形成是在秦朝。秦朝在前代流、放刑的基础上制定了迁徙刑，并将其定入刑法，使之制度化，但此时流（迁徙）刑的地位与后世五刑中的流刑不同。秦代因罪而处以“迁”刑者甚多，上自太后、君侯，下至一般吏民，均有被“迁”之例。《史记·秦本纪》：秦昭襄王“五十年十月（前257），武安君白起有罪，为士伍，迁阴密”。贵为名将，亦因罪而夺其爵，降为士卒，并迁至边地受罚。《云梦秦简·法律问答》规定：“五人盗，赃一钱以上，斩左止（通‘趾’），又黥以为城旦；不盈五人，盗过六百六十钱，黥劓以为城旦；不盈六百六十到二百廿钱，黥为城旦；不盈二百廿以下到一钱，迁之。”可见，秦朝的“迁刑”，是轻于劳役刑“城旦”的。然而迁至边远之地，在荒芜之地过着茹毛饮血的生活，其惩罚力度也是很大的。《史记·吕不韦传》记载，秦始皇九年九月“迁太后于雍”。秦始皇十二年（前235），吕不韦死，其门客数千人及家仆万余人，多受牵连，迁于房陵。秦始皇二十七年（前220）设置驰道，以巡行天下，此为天子所行之道，一般人不得行之，若行之则受迁刑。《龙岗秦简》第179简谓“敢行驰道中者，皆迁之”。此外，秦律中还有各种各样有关“迁刑”的不同规定，如《秦律杂抄》云：“百姓不当老，至老时不用请，敢为酢（通‘诈’）伪者，赀二甲；典、老弗告，赀各一甲；伍人，户一盾，皆迁之。”《史记·商君列传》载，商鞅将“乱化之民”“尽迁之于边城”，这种“迁”就是戍边。根据出土的秦简材料可知，秦时有“谪罪”，凡判定为谪罪者，均要“冗边”即戍边。秦始皇三十三年（前214），秦王朝曾“发诸尝逋亡人、赘婿、贾人略取陆梁地，为桂林、象郡、南海，以適遣戍”，汉人晁错称此为“谪戍”之制。这种制度不仅将罪人，而且将一些并无罪行或过失的“赘婿”、“贾人”都纳入谪戍之列。“迁”刑和“谪戍”之刑在秦代都大量适用，都为流放之刑，“迁”是将罪人迁往边地，远离故土而至贫瘠边地开垦荒地，以充裕国家财源。“迁”刑具有惩罪和实边的意义；而谪戍者则充往边地，参与征战，戍守边疆，补充兵源，更具有军事上的意义。

“迁”刑适用于法律规定所必须流放的罪人或政治性、军事性的流放者，而“谪戍”者除罪犯外，尚有为“隶妾”赎身而自愿前去者，以及服戍边兵役而征调者，其身份较因罪而“迁”更为复杂。将罪犯迁流至边地，本具刑罚之意，一般“终身毋得去迁所”而没有刑期，且因罪随时流放，或一人，或一家人，或同一案情数千人；迁刑不得以钱赎免或易科执行。谪戍本身并非单纯刑罚，多因统治者为某项军事行动而集中谪发，规模较大，并直接由领兵将领统帅，而于军事、劳务之后可以返回原籍，因而可以说，谪戍乃是一种带有刑罚色彩的边防制度。以谪罪戍边是秦代正式律法，史籍中屡见记载，如《史记·秦始皇本纪》载，始皇三十四年（前213）“適（谪）治狱吏不直者，筑长城及南越地”。又《史记·匈奴列传》载：“始皇使蒙恬将十万之众北击胡，悉收河南地，因河为塞，筑四十四县城临河，徙適（谪）戍以充之。”又《史记·陈涉世家》载：“二世元年七月，发闾左適戍渔阳，九百人屯大泽乡。”以谪戍者守边，可补秦兵力之不足。谪戍者主要任务，或为征战，攻城略地，或从事军务劳役，或为守边，其所承担之工作，不但艰苦繁重，而且危险。而谪戍役期比其他戍卒役期长，长者达十余年。所以《汉书·晁错传》载，晁错曾上书汉文帝说：“臣闻，秦时北攻胡貉，筑塞河上；南攻杨粤，置戍卒焉……秦之戍卒，不能其水土，戍者死于边，输者偾于道。秦民见行，如往弃市，因以谪发之，名曰谪戍。”

综上所述，秦时的流刑已初步成为相对独立的刑罚种类，它已不单纯是一种手段或措施，秦代流刑在秦律之中普遍适用，或迁，或谪。秦代的迁徙刑罚不仅将罪犯迁至边地蛮荒之境，而且强令罪者戍守边城，徭役之重，甚于内地，若未经赦免，终无返乡之期，由此可见流刑在秦朝已经初步形成，并且为后世流刑的发展及演变奠定了基础。秦朝存在的时间虽然很短，但是在中国流人史上却是一个具有重要意义的阶段。

（二）两汉时期——流放制度的发展与演变

西汉至新，继承了秦朝的流放制度。这表现在：一方面继续将大量犯人处以流放的刑罚，另一方面也曾将流放制度写于刑法之中。如新朝时期，王莽推行复古的井田制，为了镇压人民的反抗，曾下令：“敢有非井田圣制，无法惑众者，投诸四裔，以御魑魅。”这里的“投诸四裔”就是流徙边疆。在这种酷刑下，“自诸侯卿大夫至于庶民，抵罪者不可胜数”①，可见当时被流放人数之多。

西汉时期对秦朝的流放制度，不仅有了继承，而且还有了较大的发展与改变。首先，是流放制度在刑法上的升级，“减死罪一等”的流放占有很大比重，促使流放在向死刑之下过渡。这种减死罪一等改为流刑的做法主要用于上层官吏死罪者。例如，陈汤犯大不敬罪，应判死刑，可是由于他“前有讨（匈奴）郅支单于功”②，因此被免为庶人，徙敦煌。然而此时期死罪改为流刑的做法，只适用于上层官吏或犯罪官员家属，反映了这一时期在法律

---

① 班固：《汉书》卷九十九，王莽传，中华书局1962年版。

② 班固：《汉书》卷七十，陈汤传，中华书局1962年版。

地位上的等级色彩。其次，流放也有了一定的量刑标准。西汉时期的流放主要分为三类。一类是诸王犯有谋反罪，全部迁徙到房州（今湖北房县）或上庸（今湖北竹山西南），个别迁徙到严道（今四川荥经）。另一类是大逆不道等犯，主犯处死，从犯及家属凡减死罪一等者全部徙往南方边郡。再一类是不道、大不敬者，凡减死罪一等者皆徙往西北边郡。同时，对流放者的管理也逐渐形成了一些制度。一方面，流放者到达指定戍所后，就可以“占著边县”，即在边县“附名籍”，享受该地百姓的待遇。如哀帝时期，鲍宣以罪“徙之上党，以为其地宜田牧，又少豪俊，易长雄，遂家于长子”①。成帝时，王章以罪死，其“妻子皆徙合浦”，在该地“采珠致产数百万”。② 这都反映了流放者的身份与地位，也说明了流放虽然在向死刑之下升级，但这仅仅是一种过渡的阶段，还未真正、完全升至死刑之下。另一方面，流放者到达戍所后，虽然享有百姓待遇，但是却受到法律的约束，不准随便离开戍所。如哀帝时以罪徙敦煌的薛况，后来“私从敦煌归长安”，从侧面反映了被流放者行动自由受限制的情况。

东汉时期的流放制度大体上与西汉相同，但也略有不同。首先，作为“减死罪一等”的流放在东汉时期已经占据主导地位，说明东汉时期的流放已经上升至死刑之下。也就是说，流放制度在刑法上的升级，东汉比西汉更高。这主要表现在：减死罪一等不仅仅局限于上层官吏、犯罪官吏的家属，而且也同样适用于对死刑犯的特赦减罪。关于这一点，东汉统治者曾三令五申，用诏令的形式公布于众。据统计，仅《后汉书》帝纪中就有 15 次之多，可见东汉时期被流放人口增多，并且适用的范围也较前有了扩大。其次，东汉在流放者的管理措施上，也较西汉更趋于完备

---

① 班固：《汉书》卷七十二，鲍宣传，中华书局 1962 年版。

② 班固：《汉书》卷七十六，王章传，中华书局 1962 年版。

与严密。如流放者一般要派遣官员押送。同时流人到了戍所后，不仅行动受约束，而且还必须服役，如汉安二年（143）十月辛丑的诏令："令郡、国、中都官系囚殊死以下出缣赎，各有差；其不能入赎者，遣诣临羌县居作二岁。"① "居作"就是指犯人在狱或在戍所服役所言。通过上述，可以看出，东汉的流人是由官吏押送，在戍所享受百姓待遇，但又必须服役，且行动受到约束的一种人犯。另外，对流犯亲属也做了区别对待，规定减死罪一等流放者，"妻子自随，父母同产欲求从者，恣听之。女子嫁为人妻，勿与俱"②。这种较为完备的管理措施，也表明东汉的流放制度与西汉相比有了不同与发展。

总之，西汉时代，流放正在向死刑之下升级，但这种升级，仍是一种过渡，还没有完全上升至死刑之下，因此还没有成为主刑，也没有普遍采用。而流放的种类、量刑标准、管理措施等虽已经产生，但还没有明确、系统的规定。而东汉的流放制度与西汉相比略有不同发展，但是，尽管东汉的流放制度已经上升到死刑之下，而且对流放者还有了较为严密的管理措施及规定，但是东汉时期仍然没有将其列入主刑，而且管理措施等也缺乏系统化和明确化。

（三）三国两晋十六国时期——流放制度趋向低谷

两汉时期，流人数量众多，流人的种类也有了增加，从而形成了我国流人历史的高潮。但是到了东汉末年，军阀混战，国家分裂，社会动荡，在这种情况下，流放制度的进展受到严重的冲击。有关三国的文献资料，几乎没有一种涉及该时期的流放制度。即使一些流人传记，也很少涉及。不仅减死罪一等改为流徙的记

---

① 范晔：《后汉书》卷六，顺帝纪，中华书局1998年版。
② 范晔：《后汉书》卷二，明帝纪，中华书局1998年版。

载不见了，而且有关流放者的管理措施也基本不见了。也就是说，就流放制度而言，不论升级的记载还是一般的记载，都消失了。只有《三国志补注》卷六引《顾谭别传》则偶有涉及，“初，吴以罪徙者，皆收家财入官”①。这一点表明，吴国流放者不仅要流放到边远之地为民或服劳役，要予以管制，而且还要籍没犯者家产入官。这一则记载虽然对两汉的流放制度有所补充，但就其流放制度的记载而言，数量明显减少。就其流人数量而言，三国时期出现虞翻等少数人外，重要流人显得过少。而就流人类型而言，这一时期主要是来源于战争的掠夺型流人。三国时期流放初步萎缩即向低谷过渡，至晋达到极点。

两晋十六国时期，各国内部及各国之间充满了激烈的斗争，战乱不息的分裂与混乱形势，使这一时期因罪被徙的流人大为减少，从而导致了流放的萎缩及流人史进一步趋向低谷。但战争的掠夺型流人数量还是较多的。且流人数量两晋多，十六国少，而十六国中，前秦为多，其他国为少。这两个流人史的特点主要与国家的政治局势有关。

综上所述，公元前221年秦统一中国至公元420年刘裕代晋建宋，这640余年的中国流人史，是流放制度由首次提出、初步形成到正式确立、完全形成的时期。

二、流放制度的确立与完备时期

我国古代流放制度经过前期秦朝至两晋时期的产生与初步形成而继续向前发展，至北朝时，流放已正式列入新五刑之中，为仅次于死刑的一种刑罚。后来历朝又对这种制度在承袭的基础上进行了调整与充实，使之继续发展，直至达到清朝时期流放制度

① 杭世骏：《三国志补注》卷六，商务印书馆1937年版。

的顶峰。该段时期为我国古代流放制度的确立与完备时期。

（一）南北朝时期——流放制度的完全形成与正式确立

到了南朝时期，流放制度没有大的变化，仍然继承了两汉的减死罪一等为流及缘坐家属的办法。如谢灵运就是“降死徙广州”。而北朝则不然，北朝中北魏与北周的统治者对流放制度十分重视。在这种重视的基础上，流放制度有了重大的发展，并得以完全形成与正式确立。

流放制度的重大发展与完全形成，首先表现在流放已经正式列入五刑之中。《魏书·崔亮传》引《魏律》说：“临军征讨，而故留不赴者死。”还说：“军罢先还，尚有流坐。”这是将流置于死刑之下。同时《魏律·刑罚志》所引《贼律》记载：“谋杀人而发觉者流，从者五岁刑；已伤及杀而还苏者死，从者流；已杀者斩，从而加功者死，不加功者流。”五岁刑是北魏徒刑的最高一等，上述记载说明了魏是将流置于死刑之下、徒刑之上。此外，《魏书·高闾传》中说：“自鞭杖以上至于死罪，皆谓之刑。”① 这样，鞭、杖加上死、流、徒，都称之为刑，也就是五刑。因此，可以断言，北魏的五刑依次为死、流、徒、鞭、杖。至于北齐、北周的五刑，也基本与北魏相同。可见，北朝时期，流第一次列入五刑之中，正式成为五刑之一。

流放制度的重大发展与完全形成，还表现在对流放的执行、安置与管理等措施愈加完备与严密，即逐渐趋向制度化。在安置方面，前代判刑时一般只言及将流徙者迁至某处，而不涉及迁徙后的安置。但北朝流人却于判刑时往往明确规定该人到达迁徙地后要么为兵，要么为民，并且对流人到达指定流放地后的具体安置措施都有具体的规定。此外，在管制程度上，北朝的管制较前

① 魏收：《魏书》卷五十四，高闾传，中华书局1974年版。

代更为严酷。按规定，有的要犯白天服役，夜间则居于地牢。如祖珽徙光州后就因住地牢而双目失明。魏统军高聪徙平州，“宣武初，聪复窃还京师”①。“窃还”也从侧面说明了流人被管制的严厉。由上可见，在流放的执行、管理等方面，南北朝时期比前代更趋完备。

南北朝时期的流人史走出两晋十六国时期的低谷，并向另一个新的高峰升级。总之，从流放已正式列入五刑之一及对流放的执行、管理等措施的愈趋完备两个方面来看，南北朝时期的流放制度已经有了重大发展，并得以完全形成与正式确立。

（二）隋朝时期——流放制度的愈趋完备

流放制度的正式确立与完全形成是在北魏，“流”正式成为五刑之一，但却“未有道里之差”，“悉远流”。② 北周时才有了“道里之差”，流放分成五等，从而使流放制度正式确立与完全形成。

589年隋统一中国，结束了近三百年的分裂、动荡局势，统治者首次正式大规模地向西域流徙犯人，流人史迈出低谷。隋文帝于开皇元年（581），更新律法，即《开皇新律》。新律刑名分五种，即笞、杖、徒、流、死。将流刑定为一千里、一千五百里、二千里三等，称为三流。开皇六年（586）又废除“孥戮相坐之法”，不行株连。开皇十三年（593），“改徒及流并为配防”。此外，流放者被判决后，不仅要按等杖决，还规定要“枷锁传送”。这样，就使流放制度更趋平允、完备而严密，但又更为严酷。为了保护统治阶级与贵族官僚的利益，《开皇律》又继承了前代的“八议”与赎罪制度。其有关流刑的赎罪制度规定：“应赎者，皆以铜代绢。”“流一千里，赎铜八十斤，每等则加铜十斤，二千里

---

① 李延寿：《北史》卷四十，高聪传，中华书局1982年版。

② 魏徵等：《隋书》卷二十五，刑法志，中华书局1973年版。

则百斤矣。”隋炀帝时，敕修律令，其中有关流刑之赎罪的制度规定：“流无异等，赎二百四十斤。”这种赎罪制度，只能有利于统治阶级与地主贵族，一般平民是没有能力支付如此之多的铜来赎罪的。这也体现了隋朝时期流放制度的残酷。

总之，隋朝时期的流放制度愈趋完备，为流人史新的高峰的到来提供了有利条件。

（三）唐朝时期——流放制度的更臻完备

北魏、北周与隋时，流放制度得以完全形成，但却没有达到完备的地步。唐代，尤其是唐代前期，国家空前统一，社会经济迅速发展，政治安定，国力强盛，这就为流人的大量产生奠定了基础，到唐朝时制订的我国现存最早、最完整的一部法典《唐律疏议》，流放制度更臻完备，且为以后历代王朝所采用。

唐朝的流刑也分为三等，但在隋朝流刑的基础上各加千里，即依次为二千里、二千五百里、三千里，称为三流。三流均改为居作一年。太宗时对较重的罪犯设加役流，即“流三千里，居作二年”。三流与加役流，一直延续到唐末，并为后代所效法。还增损隋律，“降大辟为流者九十二”，增加了流放的条例，扩大了流放的范围。此外，规定的流放期限也做了修改，一般性的流放“六载满日放归”，“特流者，三岁纵之”。重罪流天德者，多以十年为限，唯“反逆缘坐”而流者，多为长流，非遇特赦不得返回，可称无期。至于流人的押送、管束、居役、生产、生活等也都作了较详细的明文规定①。

总之，流放制度的进一步完备，尤其是流放条例与流放范围的扩大，也促进了流人数量的大量增加。隋代流人史从低谷向高峰的升级，到唐代得以完成，且达到我国流人史上的一个高峰。

---

① 欧阳修等：《新唐书》卷五十六，刑法志，中华书局 1975 年版。

（四）五代十国时期——流放制度的再入低谷

唐朝灭亡以后，我国进入了混战割据与大动荡、大分裂的五代十国时期，这种分裂割据的局面导致了我国流人史又进入了一个低谷时期。这一时期，战乱不息而又十分激烈，朝代短暂而又更迭频繁，政治极不稳定，各国疆域过于狭小，同时也导致了流刑的萎缩。当时的流刑虽然也因袭隋、唐，刑名律仍然分为笞、杖、徒、流、死五种。但由于战乱，“法书亡失”，官吏执法失去依据；而且许多酷吏，“不守通规，肆率情性”，滥施酷刑①。这样，在无法可依或有法不遵，只重肉体刑罚乃至凌迟等酷刑的情况下，流刑的执行便受到了影响，从而导致了流刑的萎缩，而流刑的萎缩又致使流人数量的减少。

总之，在上述诸方面因素的影响下，五代十国流人史又进入新的低谷。

（五）两宋时期——流放制度的再次完善

宋朝结束了五代十国分裂的局面，成为我国唐以后一个新的统一王朝，统一的局面，加上民族斗争与统治阶级内部斗争的激烈，促进我国流人史走向新的高峰。

宋朝的流放制度分流与配两种。流刑大致同于隋唐，是五刑中的一种。建隆四年（963）创“折杖法”，定流刑为四种：加役流、流三千里、二千五百里、二千里，后三者分别折脊杖二十、十八、十七。配刑亦称刺配、流配、决配，即用杖责打犯人背部，刺面，然后发配到指定地点服苦役。犯人断配后要隶属于军籍，称“配军”，罪重者刺面，轻者不刺面。此外，从对流放犯人的管理方式来看，按照管制程度的由轻到严，可依次分为四种类型：

① 薛居正：《旧五代史》卷一百四十七，刑法志，中华书局1976年版。

居住，即官员犯罪被贬谪，到指定地区居住；安置，官员被贬谪，到指定地区居住，但行动受一定限制；编管，官员被贬谪或其他人触犯皇帝，送指定地区予以管制；羁管，是对被贬谪到指定地区之人，进行更为严格的一种管制刑罚。除了上述四种管制方式外，还有一种，即配流，这是一种对发配之人采用“囚禁”等更为严厉的管制方式，并且需要长期服役，甚至“永不放还”① 的一种刑罚。此外，就流人中官员而言，有些官犯可能会遇到恩赦，被允许迁到距京师较近之处居住，这叫量移。

总之，两宋时期的流放制度进入了再次完善时期，“折杖法”和“减死配流”的出现，改变了隋唐以来流刑的性质，是唐宋之际社会激烈变迁在法律上的表现，是一项重大的刑罚改革。

（六）辽金元时期——流放制度的继续发展时期

辽太祖阿保机建国后，为了掠夺财物与奴隶，扩大疆域，随即向周围各族展开更大规模的侵掠。辽军每攻陷一城，除了抢掠财物，还采取徙民实边的政策，在内地，即契丹故地，采取投下州县制，建制州县，进行统治，借以实边。这样，就使东北境内的掠夺型流人大量增加。

辽代“以用武立国”，刑法简陋而又严酷，整个辽代，只有景宗、圣宗时，刑法能“审权宜”，参礼制，稍得其平。辽代的刑法有四种，即杖、徒、流、死。其中，流刑是“量罪轻重，置之边城部族之地，远则投诸境外，又远则罚使绝域”②。这里只有四种刑罚，而无笞刑，这与隋唐的五刑略有不同。而就流刑有关流放远近没有具体里数的规定来说，也略异于隋唐之流刑。但是就其流刑居于死刑之下、徒刑之上，是仅次于死刑的一种刑罚，流刑

① 脱脱等:《宋史》卷二百一，刑法三，中华书局 1977 年版。

② 脱脱等:《辽史》卷六十一，刑法志上，中华书局 1974 年版。

也是按罪情轻重而决定犯人流放之远近，这与隋唐之刑法，并无本质区别，可以说是基本相同。

金代的流放制度与辽代大体相同，流人主要来源于战争中对中原汉人之掳掠，掳掠之人主要被强迫迁徙东北，流人数量众多，戍地广泛，统治阶级遣戍流人的目的都是为了惩罚与实边。

元朝在统一全国的战争中，积极经营边疆地区，加速了全国的进一步统一与社会经济的恢复发展，这些措施，促进了元朝大批流人的产生与流放制度的进一步发展。元朝时的流刑与辽金相比主要是在流放地点上有所不同，明确提出“流，则南之迁者之北，北之迁者之南”① 的规定。元朝初年，官员审理狱案是沿用《金律》，“颇伤严刻”②，后来则有改变。元朝的五刑因袭隋朝的《开皇律》，仍分为笞、杖、徒、流、死五种，但其流刑在流放地点上却有了更为明确的规定。成宗大德八年（1304）十一月诏书规定：“内郡、江南人凡为盗黥三次者，谪戍辽阳；诸色人及高丽三次免黥，谪戍湖广。”③ 这里的辽阳与湖广是指辽阳行省与湖广行省而言，因此，辽阳实质是指代整个东北地区，湖广是指代今湖北、湖南、广西、广东大部分地区及海南岛。这种“流，则南之迁者之北，北之迁者之南”的明文规定，在我国古代社会刑法史上是前所未有的，这是元代流人史上的一个显著特点。它的提出与确立，经历了一个逐步深化的过程。

总之，辽金元时期的流放制度没有因为动荡的政治局势而萎缩，而是在隋唐流放制度的基础上取得了进一步的发展。

（七）明朝时期——流放制度向高峰的过渡

明朝统治者在统一全国之后，为适应政治经济军事形势的需

---

① 陶宗仪：《辍耕录》卷二，五刑，中华书局 1985 年版。

② 宋濂等：《元史》卷一百二，刑法一，中华书局 1976 年版。

③ 宋濂等：《元史》卷二十一，成宗本纪四，中华书局 1976 年版。

要，在全国设置了相应的军、政机构，并向周边之地派遣大量驻军，从而为大量流人的产生奠定了基础。

洪武六年（1373）《大明律》编成，篇目一准于唐。其五刑仍是笞、杖、徒、流、死。其中流刑有安置、迁徙、口外为民。初制，流分三等，即二千里、二千五百里、三千里。但“三流常设而不用”①，而常用者乃是流罪之重者——充军。即把罪犯发配边远地区驻军服劳役，始于宋，盛于明。这是明代一种常用的刑罚。充军又有终身、永远之别。终身是刑罚只及于犯人本身，永远则是刑罚不仅仅及于本身，而且还要罚及其子孙。明代的充军，也与元代相同，基本是北人流南，南人流北，而且将这一点明文写在刑法上。《明律集解·名例律》载：江南发定辽都指挥使司，浙江布政司分发定辽指挥使司。值得一提的是，随着充军制度逐步普遍适用，流刑的使用逐渐弱化。《大明律》460条中，充军条目只有46条，而至万历再修《问刑条例》，充军条例已经占到198条，表明充军制度也得到较多方面的适用，到弘治《问刑条例》编定时，充军从为军官军人特设的惩治方式到普遍实施的重刑的过渡基本完成。

基于上面的论述，从北朝到明朝是我国流放制度由正式确立、完全形成到向高峰发展的时期。

三、流放制度的顶峰并走向低落与废止时期

流放制度正式确立与完全形成后，在各朝继承与调整的情况下，得以继续发展，至清初已发展到顶峰。清代的流人史有许多特点，这就是：清廷制定了一套较完备的遣戍制度；流人数量众多；流人遣戍原因很多；流人类型很多；流人历史作用也较明显。当时，在五刑等正刑之外还设有闰刑，其中与流放有关者是迁徙、

① 张廷玉等：《明史》卷九十三，刑法志一，中华书局1974年版。

充军、发遣，且流放措施愈趋制度化。这些特点都标志着我国古代流放制度的顶峰的到来。但至清末，由于内外交困的影响以及资本主义刑法的传入，严重冲击着清廷的流放制度，因此我国的流放制度开始由顶峰跌落低谷，并伴随着清王朝的灭亡而告结束。

清代的刑罚体系由正刑和闰刑组成，正刑是指传统的笞、杖、徒、流、死五种刑罚，其中，流分为二千里、二千五百里、三千里三个等级，“三流并杖一百，到配折责，惟缘坐问流者不杖”①。正刑之外还有附属于五刑的各种刑罚，统称为闰刑。在整个刑罚体系中，以流刑体系变化最为频繁，调整力度最大。清代流刑体系主要由流刑、迁徙、充军、发遣四种刑罚构成。

清代的迁徙比流刑轻，是将流犯由本地起强制安置于千里之外。而充军又比流刑重：“凡五等，曰附近，发二千里；曰边卫，发二千五百里；曰边远，发三千里；曰烟瘴，曰极边烟瘴，发四千里。”这就是“五军”。“五军并杖一百，到戍所折责。”② 充军之犯，在京师由兵部定地，在外地则由巡抚定地。雍正三年(1725)的《大清律集解》，约略编定充军定地。至乾隆三十七年(1772)兵部仿照《三流道里表》，编制出《五军道里表》。至此，充军之人的定地有了明确标准。值得一提的是，明代充军与清代充军的关系，即二者既有区别又有联系。清代沿用了明代充军之名，而且明清两代充军者都要谪发到边疆服劳役，这体现了二者之间的联系。但是，二者又是有区别的。区别在于：首先，明代的充军不以惩罚为主，而以戍边为主，也就是把大量的犯人谪戍边疆，主要为了驻守边疆。而清代却以惩罚为主（个别时期、阶段例外），戍边为辅。其次，明代的充军具有强烈的军事色彩，充军者要发到边疆卫所的驻军中去服劳役，承担保卫边疆的任务。

① 《大清会典事例》卷七百二十三，名例律。

② 《大清会典事例》卷七百二十三，名例律。

而清代的充军却缺乏或没有这种军事色彩，即使有，也只是保留在形式上。清代的充军与流刑、充军者与流犯之间，并没有本质的区别。再次，明代的充军有终身（指至犯人身死为止），有永远（指犯人死后，还要世代勾及其本籍子孙）。清朝的充军，则仅及犯人之本身，而且只要情节稍轻，还有赦还的可能。

另外，清政府创立了发遣刑罚。发遣主要是将那些被统治者认为罪不至死，而充军又不足以尽其罪的犯人发往东北或新疆地区分别当差（包括种地）、为奴的刑罚。其特征有三：其一，是仅次于死刑的重刑；其二，发遣地点相对固定，由东三省和新疆两大地区组成；其三，对遣犯役使的内容主要有当差、为奴两项。早在顺治朝的司法实践中就出现过发遣为奴的案例，而康熙十九年（1680）颁布的《刑部现行则例》，则第一次从立法上对发遣加以规定，标志着发遣在法律上的正式确立。从康熙二十年到乾隆二十三年（1758），有关发遣的事例和案例渐多，乾隆五年（1740）的《大清律例》最终确立了发遣在刑罚中为降死一等的重刑地位。《清史稿·刑法二》载："初第发尚阳堡、宁古塔或乌喇地方安插，后并发齐齐哈尔、黑龙江、三姓、喀尔喀、科布多，或各省驻防为奴。"可以看出，发遣的地点主要是黑龙江、宁古塔，而漠北的一些地方因军事形势的需要也一度成为发遣地。乾隆年间，清政府平定了天山北路准噶尔部的叛乱，天山南路结束了征讨大小和卓的战事，新疆纳入清政府的版图，另又有"发往伊犁、乌鲁木齐、巴里坤各回城分别为奴种地者"。从乾隆二十三年到咸丰朝，这一时期发遣的规模大、人数多，不仅制定了众多的发遣条例，而且确立了黑龙江和新疆两大发遣地，两者与极边烟瘴充军彼此调剂，共同组成了清代的边疆罪犯流放体系。同治时期新疆战乱，遣犯停发新疆，改发黑龙江和内地，并在同治九年（1870）修例时根据实际变化修改了条例。新疆收复后，又将助垦人犯发往该地种地，同时减少黑龙江的遣犯。在清末变法修律时，曾在《大清现行刑律》中将发遣作为正式的法定刑，提高了其地位，但随着《大清新刑律》的颁布，发遣制度最终被废止。

由此可见，清代的流人与遣戍有关之刑罚共有四种，即迁徙、流、充军、发遣。这四种刑罚，构成了清代完整的流刑体系。其中发遣最重，充军次之，流又次之，而迁徙最轻。特别是发遣的创制有效解决了清代充军和流刑惩治力度不足的问题，弥补了死刑和流刑之间的较大差距。总之，清代流放制度的严密性较之前代的流放制度更为完备。可以说，清代的流人史是我国流人史上的高峰与典型，因此，在整个中国流人史上占有重要的地位。

流刑从家族乡土观念出发，在具体适用上勾勒出一个与之对应的刑罚体系。它起源于原始社会，直至南北朝时期成为我国古代社会五刑制的主刑。流刑在中国存在的几千年时间里，从非五刑刑罚发展为五刑刑罚，从非主刑到主刑，又从频繁使用到逐渐减少，直至终结，经历了一系列变革。流刑制度在展示不同时代具有代表性刑罚的同时，揭示了中国古代法律深厚的宗法家族文化底蕴，也体现了中国古代法律的不断进步。

第三节　流放制度变化的原因及影响

一、流放制度产生及变化的原因

（一）流放制度产生的原因

1. 宗法制度的政治作用和儒家观念的精神影响

西周建国之初，以土地王有为基础，在全国范围内实行“授民授疆土”，大封同姓子弟和异姓功臣，并将宗法关系同国家政权相结合，形成亲贵合一、家国相通的宗法等级制度。宗法等级制度使政权和族权合而为一，血缘上的亲疏远近也就是政治上的尊卑贵贱，行政上的上下级关系也就是大宗与小宗的关系。通过血缘的纽带来加强政治上的联系，有利于用族权来巩固政权，也有利于用政权来加强族权。除此之外，西周时期统治者为了维护宗法制度还制定了《周礼》。《周礼》的一条基本原则即“亲亲”、“尊尊”。“亲亲”要求“父慈、子孝、兄友、弟恭”，即必须亲爱自己的亲属，特别是以父权为中心的尊亲属，在用人上必须使亲者贵，疏者贱。“尊尊”不仅要求在家庭内部执行，贵族之间、贵族与平民之间、君臣之间都要讲尊卑关系，讲秩序和等级。下级必须尊敬和服从上级，特别是周王，严格遵守上下级等级秩序，不得犯上作乱。《周礼》具有“经国家、定社稷、序民人、利后嗣”的作用，被认为“安上治民，莫善于礼”。① 随着社会的发展与进步，统治者为了进一步维护统治，便将家族、家庭的法条纳入到国家的法典中。日后随着封建制度的不断发展，家族主义也渗透到封建立法中。在先秦时期的法律中家族主义仅有族刑这一种表现形式。族刑，即一人犯罪，对罪犯的家属也施以刑罚，如夏朝的孥戮，即把罪犯的妻子、子女罚为奴隶。商朝的劓殄，是将罪犯的家人全部杀绝。到秦汉时期家族主义却已经成为国家法律的基本原则，这一基本原则是封建制五刑形成的理论基础。如秦朝时的刑罚：迁刑，即强令罪犯全家搬至指定地方居住的刑罚；株连刑，秦律规定的株连刑有夷三族、连坐和收孥。以上这些刑罚无疑体现了国家法律的制定已经有了家族主义的成分。

家族主义是一种非常重视家族利益的儒家伦理观念，它的起源是以血缘为纽带的原始氏族制度，后来随着生产力的发展，家族主义形成了以血缘和财产为基础的社会单位，并且成为中国古代最基本的社会组织，家族主义凭借它强盛的生命力渗入到中国

① 胡平生等译注：《礼记·孝经》，中华书局2007年版。

古代社会的各个方面，影响极为深远。中国古代政权是由强盛的家族演变而来的，并且国与家一直相互共存，“家国合一”的政权组织形式实质上就是中国古代等级社会的国家体制①，中国的国与家有着密切的联系，从而导致国与家的统治方式具有一致性。家族中适用的规范也就有可能成为国家法律，最终体现为中国历代封建社会都在国家法典当中融入家族礼法中所衍生出的各种道德思想。

儒家文化孕育了我国传统文化中的政治理想和道德准则，商周时期的儒家文化提出了将国家统治与家族伦常相结合，儒家的代表孔子将家族伦常与国家统治结合在一起，并总结为“君君、臣臣、父父、子子”；汉代“罢黜百家，独尊儒术”使儒学成为历代统治者推崇的正统思想，逐渐成为两千多年来中国传统文化的主流。儒家文化不仅被适应农耕经济的被统治者所接受，且为统治阶级作为统治工具所使用。它在法制方面主张“礼法并用”，“德主刑辅”，认为明王治天下应德刑并举，儒家文化成为封建法制的指导思想，并且为历代统治者所使用。如《汉律》的“礼法结合”即引礼入法。受儒家三纲五常、亲亲尊尊、天人感应、仁政恤刑、父子相隐等理论的影响，创设了新的罪名和制度。南北朝时期，在立法和司法实践中，儒学思想仍占主导地位，并进一步实用化、法典化，法律儒家化进程加快。到了唐朝时期，儒家的精神原则已经完全融合到法律之中，两者水乳交融，合而为一。其主要表现有：1.《唐律》中不少制度原则从儒家经典中直接照搬或演绎而来。如《唐律》中的“准五服以治罪”原则就是由儒家经典中的五服制度和亲亲、尊尊思想相融合，经演绎而来。2.《唐律》的修订一准乎礼。如将缘坐也改处流刑。此例足以说明《唐律》的修订是以儒家精神为指导。3.《唐律疏议》都以儒

① 赵玉环：《家族主义法浅析》，《科技信息》2008年30期。

家理论为标准。如对“大不敬”的注疏，“礼者，敬之本；敬者，礼之舆”①。《唐律》中的罪名和量刑也深受儒家精神的影响。宋朝的立法指导思想仍然是汉唐以来的儒家理论。北宋时期，新的理论形态——理学出现，儒家理论因此更为系统，更为精致。在政治和法律方面，理学完全继承了儒家的德主刑辅、礼法并用的原则。流放制度在中国古代社会中产生，并在其后的法律制度中全面发展和成熟，正是因为有了家族主义这样的儒家伦理观念在封建法制中作指导，流放制度才得以确立和发展，并使刑罚体现了它的惩罚性和威慑性，且对被流放者心理产生了强烈的震撼作用。综上所述，流放制度的产生深受宗法制度的政治制约和儒家观念的精神影响。

2. 自给自足的农耕经济和安土重迁传统思想的影响

中国古代封建社会的经济形式一直是以自给自足的农耕经济为主导，而中国古代几千年的封建社会中工商业和手工业始终只是作为辅助农业的角色存在。农耕经济的一大特点就是不需要大量的商品和货币的流通，独立的经济单位在这样的大环境下也就不需要刻意扩大，传统氏族社会遗留下来的家庭或家族足以扮演好一个独立的经济单位。与此同时，这些独立的经济单位在生活上可以自给自足，这就更加抑制了工商业和手工业的发展。经济基础决定上层建筑，中国古代长期的农耕经济决定了法律以及制度等社会上层建筑必然会受到这种经济形式的束缚。首先，从预防犯罪的角度考虑，制定流放制度可以提高法律预防犯罪的作用。小农经济使得中国人对于家庭观念和故乡观念十分重视，被判处流刑的犯人，被迫背井离乡，离开祖祖辈辈生活的土地，到一个非常陌生的地方生活居住。在农业经济时代，土地对于人们来说是极其重要的生产资料，是人们生存下去必备的要素，土地成了

---

① 长孙无忌等：《唐律疏议》，中华书局1985年版。

人们生命里最重要的依恋，很多人从生到死都不曾离开家乡，安土重迁便成为中国古代封建社会人们重要的思想特征。况且人是社会性的动物，远离家乡，远离了熟悉的生活环境，面临的是全然陌生的世界，人们心里自然而然会产生一种被全世界被社会抛弃的感觉，这样的精神方面的痛苦对人们心理的危害也是极其巨大的。安土重迁观念对中国人影响深重，而流放制度的制定则会使犯法的人们远离故土，这无疑对人们的心理产生强烈的冲击，使封建刑罚具有很强大的威慑性和惩罚性。人们为了避免背井离乡必然要遵守封建法律的规定和实施，因此，流放制度的制定可以起到预防犯罪的作用。其次，从保留生产力的角度考虑，自给自足的农耕经济一直是中国古代封建社会的主要经济形式，人口数量往往决定了农耕经济生产力的发展，而死刑、肉刑等惩罚方式必然会导致生产力的大量流失，因此，封建统治者为了进一步维护封建制度，促进封建社会生产力的平稳和发展，制定出保护生产力的流刑来代替死刑和肉刑便成为了必要。

3．中央集权制的加强和法律体系自身完善的需要

中国古代是高度集权的封建主义社会，封建统治者掌握着国家的绝对权力，为了维护国家的稳定以及自己的统治，加强中央集权便成为了必要，为此，各朝各代的封建统治者都采取相应的措施来加强中央集权。例如，为了完善政治制度而进行有利于封建统治的改革措施，创建强有力的军队，加强思想统治，制定有利于社会发展的各项经济措施，以及制定适应社会发展的法制政策等，基于此，流放制度作为封建社会法律体系的一部分便随着中央集权制的加强而出现并且发展。反过来，流放制度的产生又为中国古代中央集权制的加强创造了条件。流放制度对人们心理产生了强烈震撼作用，起到了预防和惩治犯罪的效果，打击了危害封建统治的行为，促进了封建社会的稳定，维护了封建统治者的统治地位，进而又起到了加强中央集权的效果。并且，作为古代五刑之一的流刑随着封建法律体系自身完善的需要也应运而生。先秦时期，为了惩罚政治犯，流放作为“五刑”（墨、劓、刵、宫、大辟）的宽宥而存在。秦代的迁刑接近后世的流刑，迁刑的等级在隶臣妾之下，与司寇相当，属于轻刑，迁刑适用的另一种情形是作为宽宥五刑的代刑，自然只适用于轻罪。对于缘坐者或正犯家属，有时也将其流放到边远地方。《史记·秦始皇本纪》记载，“十二年，文信侯不韦死，窃葬。其舍人临者，晋人也逐出之；秦人六百石以上夺爵，迁；五百石以下不临，迁，勿夺爵。自今以来，操国事不道如嫪毐、不韦者籍其门，视此。秋，复嫪毐舍人迁蜀者”。吕不韦、嫪毐的门客就是作为缘坐犯被流放到四川。在“慎刑”的原则下，汉文帝时期废除肉刑这一残酷的刑罚制度，且减少死刑犯的数量，将死刑犯“赦死从流”，徙流边疆地区。《后汉书·郭躬列传》：“圣恩所以减死罪使戍边者，重人命也。今死罪亡命无虑万人，又自赦以来，捕得甚众，而诏令不及，皆当重论。伏惟天恩莫不荡宥，死罪已下并蒙更生，而亡命捕得独不沾泽。臣以为赦前犯死罪而系在赦后者，可皆勿笞诣金城，以全人命，有益于边。”可见当时的流刑“减死罪一等”的适用原则。此时期的做法初步改革了奴隶制时代以来野蛮残酷的刑罚手段，在惩罚罪犯的同时，也保存了劳动力，适应了封建社会经济发展的需要。此外，以较文明的徒刑、笞刑取代肉刑，也为封建五刑制度的形成奠定了基础，其影响极其深远。这种做法是中国古代刑罚发展史上一个重大进步，但是，此时期流刑仍然没有制度化。且这次废除肉刑的改革也具有很大的弊端，这是因为肉刑的废除使死刑和徒刑之间的刑罚跨度变大，为了适应中国古代社会法律体系自身完善的需要，流刑适时产生。直至北朝时期，流刑制度化。北魏将流刑定为死刑减等之刑，即“赦死从流”，即以距离京城的远近分为蕃服、镇服、荒服、要服、卫服五等，使流刑制度化。流刑上升为法定刑，这一具体措施为封建制五刑的确立以及刑罚体系的完善奠定了基础。三国两晋南北朝刑制的改革，使刑种渐趋统一，如北朝均确定主刑为五种，形成以死、流、徒、鞭、杖五刑为主的刑罚制度，成为后来隋《开皇律》确立封建制五刑的蓝本。三国两晋南北朝时期的刑制改革，对奴隶社会和封建社会早期刑罚残酷状况的改造有着重要意义。隋唐以前，流刑并未列入法律所规定的正刑之中；而北朝确立五刑制度将流刑置于死刑和徒刑之间，这一具体的刑法措施解决了死刑过重而徒刑过轻的问题。其次，由于中国人乡土观念浓厚，流刑对人们具有极大的震慑力，因此流放制度的制定实现了法律效果的最大化。

（二）流放制度变化的原因

在中国几千年封建社会的发展与演变中，不同朝代具有不同时代的社会因素，而各个朝代也具有强弱之分，经济基础决定上层建筑，为了适应时代的发展，历朝统治者相继制定不同的社会制度用以适应经济发展和社会变迁的需要，从而达到稳定封建统治的作用。而法律是一种根据社会现状和经济形势构建起来的上层建筑，因此，流放制度作为封建法律体系的重要组成部分，同样也受到生产力以及生产关系等社会因素的影响而不断发展变化。影响流刑变化的原因很多，有经济因素、政策因素、文化因素、刑制本身的因素以及疆土范围变化等因素，下面通过几个流刑发展过程中的重要转折点，分析流放制度的变迁。

1．政治因素的影响

先秦时期的法律体系非常简单，刑罚种类不齐全，流放制度没有产生，但流人已经出现，这一时期的流人即统治阶级将罪犯驱逐出一定的范围或者是从一个地区流放到其他地区之人。先秦时期，小国林立，各国的疆土范围比较狭小，流放罪犯的距离也并不远，但由于这一时期人口资源稀少，流人被流放的地区仍然是人迹罕至。《庄子·徐无鬼》中说："子不闻夫越之流人乎？去国数日，见其所知而喜；去国旬月，见所尝见于国中者喜；及期年也，见似人者而喜矣；不亦去人滋久，思人滋深乎？”① 直至秦朝统一六国后，这种局面才得以改变。

秦汉时期的流刑，在很大程度上具有移民的性质，因而迁徙地往往是选择国家最需要开发的地区，如四川。这是由于当时南北经济差距极大，社会发展不平衡，北方黄河流域比南方长江流域更适宜农业生产和人民生活。这一时期的北方气候温和，雨量充沛，黄土高原和黄河冲积平原土质肥沃，因此，黄河中下游地区很早便成为我国经济发达和人口密集的地区。而南方地区气候炎热，传染病较易流行，雨量过大，原始植被多，且土质过黏土地不易开垦，基于上述原因，很少有人自发地向南方迁徙。但是，从国家宏观政策来讲，开发南方疆土促进南方的经济发展势在必行，于是封建统治阶级便采取行政手段强制迁徙人们开发南方，并大规模使用流刑解决了这一重要问题。秦朝两汉时期，由于社会的发展和法律体系的完善，流放对象的范围逐渐扩大，且秦朝实行保甲法，流放都是以家族为单位，因此，迁徙到南方的人们给南方的疆土开发与社会发展带来了巨大的生产力以及先进的生产技术。其次，秦代被流放的罪犯中有一部分是贵族、朝廷官员、士族门客、富商大贾等。这些人在当时属于社会精英阶层，文化知识储备量比较高。而秦代实行愚民的统治政策，文化知识都掌握在当时的社会上层人士手中。这些人流放至南方、边疆等待开发地区，自然对当地的经济、政治、文化都产生了巨大的影响。例如秦始皇所迁卓氏、程氏入蜀，迁孔氏入南阳，这些人既善于经营冶铁、煮盐，又善于从事商业活动，给当地带去了先进的生产技术和耕作技术。在北方地区已经广泛应用的铁犁、牛耕等先进的生产工具也随之传播到南方等地。因此，大量流人被流放到

① 郭庆藩：《庄子集释（下）》，中华书局2004年版。

南方以及边远地区，大大促进了这些地区经济的开发以及政治、文化的发展。

三国两晋南北朝时期，是中国封建社会由前期向中期发展的历史时期，也是中国古代社会自秦统一以后第一次大分裂和第一次民族大融合时期。由此而形成的政治、经济、文化环境，使中国古代各项法律制度不断充实和发展，取得长足进步。这一时期法律思想活跃，立法活动频繁，无论是立法技术，还是法典体例、法律形式、法制内容方面，都有重要变化和创新，是在中国法制史上处于上承秦汉、下启隋唐的重要发展阶段。作为法制内容的重要组成部分的流刑便在此时期制度化，且逐渐完备与发展，后为历朝历代统治者所承袭和完善。两晋南北朝时期是社会大变动时期，社会动荡，政局不稳，国家的疆土范围以及政治统治处在不断变化之中，而流放制度的执行又与国土距离有着密切的联系，因此，这一时期前一阶段的流放制度处在不断萎缩之中。直至北魏统一北方，鲜卑族本身就有将部落的罪犯流放至边远地区的习惯，恰逢乱世，北魏统治者为了不断补充劳动力和兵源以适应战争的需要，将犯死罪的人通过判处流刑的方式充实边防，这样既可以将危及统治的人迁到远方，对内维护国家的统治秩序，又可补充边防兵力，保护国家安全。流放制度满足了国家政治上的需要，流刑正式纳入封建刑罚体系成为必然。从流放制度的发展以及演变中我们可以看出，流刑从最早的普通形式到后来逐渐出现很多附加形式，如加役流、折杖法的运用和“减死配流”的出现和普遍化，流刑制度的这一系列发展与改变都是为了适应社会结构的巨大变革，并且与社会大变革所引起的社会矛盾有着直接的关系，统治者在不同的时期针对大量出现的犯罪者所实行的法律和政策，又从侧面反映了各朝各代的社会的变迁。

2. 经济因素的影响

唐朝前期，统治者吸收隋朝亡国的教训，采取了一系列有利于封建统治的政策，促进了国家的繁荣发展，实现了大一统的盛世局面，中国古代文明在这一时期达到了繁荣的顶峰，即所说的“汉唐盛世”。社会的繁荣、发达的经济水平又反过来影响统治政策的实行，因为唐代总体上经济和社会发展相对稳定，因此国家颁布的法律也趋向温和，封建法制也日趋完备。隋朝在法制上就颇有创新，唐初的统治者更重视法制建设，作为五刑之一的流刑也愈发轻缓，唐朝统治者在修改《隋律》的基础上，使《唐律》集前代法制之大成，成为完备而典型的封建法典。作为封建法制五刑之一的流刑也逐渐发展完善。从此有了不限里数而把罪犯流放至边塞地区，除此之外，唐朝还缩小了族刑连坐的处死范围，如废“兄弟分居，连坐俱死”之法，即以配官为奴或者流配的形式取代了以往族刑连坐“兄弟俱死”之法。唐初仍保留斩右趾刑，作为贷死之刑，太宗悯斩右趾之酷，将斩右趾改为加役流即流三千里，劳役加至三年。综上所述，唐朝的刑罚在封建社会是最为宽平的，后人曾赞美它“得古今之平”①。唐律中缩小族刑连坐的处死范围，将残酷的肉刑改为流刑，这一系列唐律的改革与完善措施使社会上有更多的劳动力来补充农耕和军队，从而维护了唐朝边疆的稳定和社会的发展。

宋朝的社会经济关系较前代有很大的变化，在政治、司法制度发面也有重大改革，程朱理学成为官方的意识形态。因此，宋朝法制在行政体制、民事经济立法及诉讼审判制度方面都有较大的发展，显示出其时代特色。流刑在此时期也做出相应的改变，用以适应社会不断变化发展的需要。北宋建立初期，十国中的吴越、南唐、北汉、南汉、后蜀、荆南等政权仍然存在，直至979年北宋灭亡北汉，才结束了五代十国的分裂动荡局面。宋朝统一中国后，社会矛盾逐渐激化，农民起义增加，且后期与辽、西夏、

① 薛允升：《唐明律合编》，中国书店2010年版。

金政权相互对峙，政治局势日趋紧张，为了维护宋王朝的长治久安，宋王朝统治者实施一系列统治政策加强中央集权，其中就包括完善法律制度，稳定国家统治，将流刑中的罪犯由服劳役改判为服军役。除此之外，宋朝统治者为了进一步巩固统治，遂采取更为强硬的法律手段打击犯罪，如在流刑中加刺配刑，即用杖责打犯人背部，刺面，然后发配到指定地点服劳役或军役。宋朝建立后国家的统一局面以及宋朝统一后采取这些严厉的法律措施用以制止犯罪，这些做法在一定程度上为宋朝的经济社会发展创造了条件，宋朝农业、手工业发展迅速，在一定程度上也带动了宋朝商品经济的发展。宋朝这些经济方面所具有的时代特征，推动了宋朝社会关系、阶级关系的演变，致使贫富差距拉大，阶级矛盾尖锐，民族起义不断。为了惩罚反抗封建统治的犯罪行为，统治者加大了法律法规的惩治力度，流刑作为北宋法律的一部分，在这样的环境下也不断地增加附加刑以提高刑罚的严厉程度。如复辟肉刑，在流刑中增加刺配刑，这一举措无疑增加了流刑的残酷程度，长年的对外战争又促使统治者将流刑中派遣服劳役的罪犯改为服兵役。

3．统治者主观意识的影响

元朝是蒙古族建立的地域空前辽阔的统一的专制国家。元朝的法制，既吸取了唐宋法制的内容，又保留了本民族的习惯，表现出很浓郁的民族特色。元代的统治者是北方少数民族，在入主中原后，统治者将本民族原有的习惯、风俗与汉族刑罚制度相结合，形成了颇具特色的刑罚制度。其中出军就是典型的代表。在北方少数民族的习惯法中，原本就有放逐族人以表示惩罚的情形。蒙古汗国建立的初期，放逐已经是常用的惩罚手段。成吉思汗曾经规定，宿卫“如应当值班而脱班，将该值班而脱班的〔人〕，责打三下〔柳〕条子。这个护卫如再脱第二班，责打七条子。若是这人身体无病，又无该班长官的许可，三次脱了应值的班，责打三十七条子。〔他〕既然不愿意在我们这里行走，就流放〔他〕到遥远的地方去吧！”① 在蒙古的习惯法中，流放与出军二者是密不可分的，蒙古民族世代在草原生活，草原上的游牧生活方式决定了蒙古人崇尚军事武力的传统，一旦有罪被流放，就只能到军前效力，所以蒙古习惯法中的出军与流放本质上就是一回事。武宗至大二年（1309）十一月，“诸王孛兰奚以私怨杀人，当死，大宗正也可扎鲁忽赤议，孛兰奚贵为国族，乞杖之，流北鄙从军，从之”②。志费尼在《世界征服者史》中说：“按蒙古人的风俗，一个该当死刑的犯人，如果遇赦活命，那就送他去打仗，理由是：若他注定该死，他会死于战场。否则他们派他出使不那么肯定会送他回来的外国。再不然，他们把他送往气候恶劣的热带地方。”③ 蒙古法中的出军，最初的时期只适用于蒙古人，后来随着蒙古统治区域的不断扩大，出军的对象也逐渐扩展到其统治下的其他各民族，汉人出军的现象也越来越普遍。在蒙古统治者的主导以及主观意识的引导下，流远、出军皆依照蒙古族的“旧例”，出军的对象也从蒙古人、色目人逐渐扩大到南人、汉人，并最终发展成为新的流刑。

明清时期，我国封建社会已经步入衰亡的阶段，社会矛盾极为尖锐，专制主义中央集权统治极端强化，统一的多民族国家进一步巩固，在封建社会的母体内出现了资本主义经济因素的萌芽。这些政治经济的特点对明清立法建制产生了深刻的影响。因此，明朝法制虽然源于《唐律》，却具有封建社会后期法制的时代特色。“清承明制”，清代法制在法典体例和基本精神

① 札奇斯钦：《蒙古秘史新译并注释》卷九，第338页，（台北）联经出版事业公司1979年版。

② 宋濂等：《元史》卷二三，武宗纪二，中华书局1976年版。

③ ［伊朗］志费尼著，何高济译：《世界征服者史》（上册），第59页，内蒙古人民出版社1980年版。

方面都因袭明代法制，但由于所处的具体历史环境和民族传统差异，而有着鲜明的时代特色和民族特色。明代法制指导思想的变化与明太祖朱元璋的个人经历和他对当时的社会形势的认识密切相关。朱元璋出身卑微，亲身经历过元末民族大起义，目睹了元朝因法制废弛、宽纵官吏而导致灭亡的历史过程，因而十分重视法制建设，强调用法律手段来维护和保障以君主为核心的封建专制主义中央集权统治。通过一系列强化中央集权的措施，明朝的专制皇权发展到顶峰，统治者在统一全国之后，为适应政治、经济、军事形势的需要，在全国设置了相应的军政机构，实行卫所制度，并向周边之地派遣大量驻军，明代军户的户籍属于世袭制度，卫所则是管理军户的机构。为了维护统治的稳定以及卫所制度的顺利执行，明代继承并发展了元朝的充军制度。所谓充军就是将重罪囚犯发往边地军事机构进行屯种或充任兵役的刑罚。充军制度涉及面极其广泛，从军人扩大到官吏和普通国民。充军的创立既惩罚了犯罪，又解决了国家的兵源问题，从而大大增强了明朝的军事实力。清代与流放制度有关的刑罚主要有迁徙、充军与发遣。清朝虽然继承了明朝的充军制度，但由于清朝为少数民族，军事上实行八旗制度，并不把流放的罪犯作为主要兵源，清朝的充军制度渐渐有名无实，而发遣制度却得以创立并发展，清朝统治者认为罪不至死，而充军又不足以尽其罪，因此创立了发遣刑罚，即将罪犯全部发往边疆地区（主要是吉林、黑龙江，后来才改为乌鲁木齐、伊犁等地）充当苦差，或作为奴隶。发遣制度保卫了边疆的安全，又促进了边疆地区的开发，使流放制度达到了维护清朝政治稳定和经济发展的目的。

二、流放制度发展变化的特点

（一）流刑内容变化的特点

流放制度正式确立与完全形成后，在很长的历史阶段内，历代统治者又对它进行了修订、调整与充实。虽然唐以后各朝都在沿用《唐律》，但又有许多突出变化特点，主要表现为：

1. 流刑内容增多且刑罚日益残酷

唐代的流刑罪犯只是做苦役，将罪犯押送到边远地区，并强制其戴枷或束钳服苦役。唐代的流刑分三等：流二千里、二千五百里与三千里，服役均为一年。而宋明清等代则规定，罪犯除了要服苦役外还要充军。宋代将流罪中的重者刺配充军，即将罪犯先处脊杖，然后刺面，再发配到某地服劳役或军役。刺配刑在宋朝使用最多，南宋时成为常用刑。刺面本是奴隶制五刑之一，汉文帝时从法律上予以废止，此后历代时兴时废。宋刺配之刑使刺面刑罚得以再次恢复，并广泛适用。宋朝刑罚变化的总趋势是开始走向严酷。明清则采用把死罪减等为流的充军。所谓充军就是将重罪囚犯发往边地军事机构进行屯种或充任兵役的刑罚。除此之外，明朝还在实践中广泛适用法外酷刑，如宦官刘瑾创设的“立枷”和“加项发遣刑”。立枷是令罪犯戴重枷站立，加项发遣是令罪犯戴重枷发配到某地。由于枷重达一百五十斤，甚至有的重达三百多斤，罪囚过不了数日必死无疑。这反映了封建社会晚期刑罚越来越残酷的趋势。

2. 流刑与其他刑罚一起执行

宋代的刺配就是如此。这是一种以流刑为主，又附加杖和墨的刑罚。宋太宗时规定，凡窃盗赃物在五贯以上的，都要刺配。宋朝刺配用作重罪贷死之刑，但“既杖其脊，又配其人，且刺其面，是一人之身，一事之犯，而兼受三刑”。有时还附带罚铜罚金，追毁出身以来文字，勒停除名籍没等附加刑。

3．对违法押送者的用刑更为严厉

如明代规定，凡罪犯因半路逃跑而未能按时到达目的地的，迟一天押送者要被笞五十，三日加一等，加至杖一百以后，押送者就要自己去顶逃犯服役。明显重于唐代。

（二）流刑执行方法变化的特点

纵观我国古代流刑的执行，有以下四个主要特点：

1．流刑适用于较重大的犯罪，仅次于死罪

汉文帝时期废除肉刑这一残酷的刑罚制度，且减少死刑犯的数量，将死刑犯“赦死从流”，徙流边疆地区。当时的流刑采用的是“减死罪一等”的适用原则。直至北朝时期，流刑制度化。北魏正式将流刑定为死刑减等之刑，即“赦死从流”。隋唐以前，流刑并未列入法律所规定的正刑之中，而北朝将流刑置于死刑和徒刑之间，这一具体的刑法措施解决了死刑过重的问题，但也表明流刑只是死刑下一等的刑罚，仍然体现了流刑对较重大犯罪的打击作用。

2．流刑一般也可用其他刑罚来替代

唐宋明清等代都规定，在一般情况下，可用赎、杖等刑罚来代替流刑。如宋朝时期，在《宋刑统》中规定了“折杖法”，即将原有笞、杖、徒、流刑折合为臀、脊、杖处罚，从而使“流罪得免远徙，徒罪得免役年，笞杖得减决数”①。

3．流刑也有附加刑

北周时规定要附加鞭、笞。“（北周）流刑五：流卫服，去皇畿二千五百里者，鞭一百，笞六十；流要服，去皇畿三千里者，

① 窦仪等：《宋刑统》，中华书局1984年版。

鞭一百，笞七十；流荒服，去皇畿三千五百里者，鞭一百，笞八十；流镇服，去皇畿四千里者，鞭一百，笞九十；流蕃服，去皇畿四千五百里者，鞭一百，笞一百。"① 北周流刑的各种分类方法体现了北周时流刑也有附加刑，附加鞭刑和笞刑。宋代时，作为降死一等的流刑调整最为频繁。传统流刑基本没有得到行用，各朝代根据当时的需要和本朝的特征创建出新的惩治手段。宋代的刺配要附加杖和墨等等，不同种类的刑罚叠加使用。

4．对违法押送者的处罚更严

明显严于对违法徒刑执行者的处罚。如唐代规定应徒而不徒的，徒刑执行者过三日笞三十；但应流而不流的，过一天要笞三十。

总之，流放制度变化无论在内容上还是在执行方法上都越来越细化，反映中国封建社会法律制度的不断完善。

三、流放制度确立的作用及意义

历经千年的流放制度，是中国古代法律制度的一个重要内容，流放制度的确立，对中国古代社会来说，无论从法律制度本身发展方面，还是从法律制度执行的角度看，都有着重要的作用和意义。

（一）流刑确立的作用

1．流刑的确立，导致徒刑趋于稳定

自战国以来，徒刑逐渐取代了肉刑成为主要的刑罚，然而死刑过重、徒刑过轻的难题，始终无法解决，刑罚被认为失去了威慑作用。为了解决此一难题，汉晋以来，屡屡有要求恢复肉刑的

---

① 魏徵等:《隋书》卷二十五，刑法志，中华书局 1973 年版。

议论。朝廷为了维持刑罚的威慑作用，只好加重徒刑的刑期，因此，《晋律》中徒刑的法定刑期原规定为五年，律外的徒刑有长至十二年的，称作“长徒”，甚至有所谓“终身之徒”。刑徒队伍愈来愈庞大，朝廷不得不常赦以为缓解，结果，“刑不制罪，法不胜奸”。流刑的确立正反映出历经漫长的岁月，终于在死刑和徒刑之间找到了一种轻重较为适中的刑罚。流刑的成立，导致徒刑趋于稳定。北齐的“长徒”也只是六年，和南朝相比刑期大为缩减，惩罚力度也随之减轻。到隋唐时期，徒刑的法定刑期再度修改，刑期进一步缩短至三年。不仅刑期缩短，更重要的是此后律外加重徒刑刑期的情况不再出现。徒刑自隋唐以后，逐渐成为中国法律制度中稳定的刑种。

2．流刑的确立，改变以前“轻罪重罚”的情况

流刑的确立，直接导致死刑执行的减少，甚至一度废除死刑。究其原因，一方面是由于以前对严惩力度不够的徒刑犯罪，采取判处死刑的做法。而流刑的确立，以其代替了先前死刑的惩处，从而减少死刑执行数量。另一方面，流刑具有“流宥五刑”的寓意，原先就具有替代死刑的作用，所以，法司虽然对罪犯判处死刑，可是，唐代皇帝经常颁降恩诏，减死从流，这样对于判处死刑者不予执行，反映唐代适用刑罚以从轻为度的法律思想。开元二十年（732）间，“号称治平，衣食富足，人罕犯法，是岁刑部所断，天下死罪五十八人。往时大理狱，相传鸟雀不栖，至是有鹊巢其庭树，群臣称贺，以为几致刑错”①。玄宗自夸“未尝行极刑”，虽然略有溢美之意，但死刑犯的执行确实逐渐减少，甚至，在玄宗天宝六年（747）更有废除死刑的创举，这在刑罚制度史上具有深远意义。死刑的废除固然缘于玄宗“慕好生之名”，但若没有流刑的确立，死刑也就不具备废除的条件了。因此，唐律被认

① 欧阳修等：《新唐书》卷五十六，中华书局 1975 年版。

为是我国古代社会“得古今之平”的刑罚中的典范。

3. 流刑自隋唐确立后，成为五刑中最不稳定的刑种

在封建社会五刑中，死、流、徒乃是较为严厉的刑罚，唐代以来，徒刑刑期是一年至三年，死刑是或绞或斩，但律外的处罚，并不多见。而法定的流刑虽是二千里至三千里三等，但朝廷在流放犯人时，往往没有执行或遵守律令的规定，流放里程与规定相差甚远，流人有时甚至遭流放万里之遥。而且在流放以前，先行决杖一顿者，也是常情。不仅唐代的流刑不稳定，以后的宋代亦是如此。除了律令中的流刑以外，具有流放性质的刑罚，尚有安置、编管、刺配、充军等多种。流刑的种类繁杂以及流刑处罚方式混乱的情况，显示出流刑的不稳定，这也是中国刑罚制度的一大特点。

（二）流刑确立的意义

1. 预防和惩治犯罪，巩固政权统治

儒家思想是千百年来整个封建社会的思想意识和最高准则，同时也成为各个朝代立法的根本，统治阶级一方面要维护自身利益和统治地位，另一方面又要顺应民意，因此必须要制定完善的司法制度和提倡仁政慎刑。《旧唐书·刑法志》记载，唐太宗与臣下言：“朕以死者不可再生，思有矜愍，故简死罚五十条，从断右趾。朕复念其受痛，极所不忍。”明代儒家学者丘濬在《慎刑宪》中也曾评说：统治者只有养成“好生之德”，“不嗜杀人”，才能赢得民心、巩固政权，否则断狱“不谨”则会导致社会失和、政权垮台。死罪可以免除，但是犯罪行为也必须制止，押解流放便成了首选的方法，在古代交通、通信不便的时代，流放达到了惩戒、孤立的目的，既稳固了政权，又体现了仁政和慎刑。儒家思想文化对于中国的影响深刻而广泛，对中国法律发展也有着不可忽视的作用，流放制度就是这种影响下的产物之一。人是社会性动物，而且中国古代的人们深受儒家传统文化影响，对家族主义观念非常看重，安土重迁是中国古代人重要的思想特征。故土情节、家族观念在中国人心里根深蒂固，然而，流放制度所规定的内容和措施，使犯罪的人远离故土，被流放到陌生的地方。这种做法无疑对中国古代人的心理起到了强烈的震撼作用，为了避免远走他乡，人们严格遵守封建法制，尽量避免做出危害社会的犯罪活动。作为一种刑罚制度，流放制度打击了犯罪，在一定程度上保证了社会的安定，体现了封建国家“明德慎罚”的思想。因此，从预防和惩治犯罪这一方面来讲，流放制度起了非常大的作用。

2．促进边疆开发，维护国家安全与稳定

中国古代的边疆地区由于受自然环境以及社会因素的影响，开发都较缓慢，然而，从国家宏观政策的长远方向出发，开发边疆地区对整个国家的发展都具有重要的意义。而五刑之一的流刑，置于死刑之下，徒刑之上，弥补了肉刑废除后死刑和徒刑之间的空白，又避免了死刑与肉刑这两种刑罚之下劳动力的流失，所以说流刑相对保存了中国古代的劳动力，促进了生产力的发展。这是因为流刑制度中所规定的将罪犯流放到国家的边远地区，如清朝的发遣刑罚，这一政策的规定，为边疆地区带来了大量的生产劳动力，而大量劳动力迁徙边疆又为边疆地区带来了中原地区先进的生产技术。同时流放制度中被流放的罪犯有一大部分是贵族、官僚以及文人学者，这一部分人都拥有一定的文化水平，他们的到来又促进了边疆地区文明的开化与进步。因此，流放制度下迁徙到边疆地区的流人为当地的社会发展和进步注入了新鲜的血液。

(1) 促进边疆地区经济的开发。由于流放地区地处边远，交通非常闭塞，其经济发展速度与中原地区比较相对缓慢。而且聚居于此的人口较少，原始的生产方式、生活方式普遍存在。本就不发达的地区萧条、荒凉，然而随着大批流人的迁入，流放地区的人口逐渐稠密起来。流放文人作为流人中的一员，对于该流放地区的发展，起着非常大的促进作用。他们在引入中原先进的生产技术的同时，也改变着当地民族落后的生活习惯，使当地人民的生活条件得到了较大的改善。首先，农业生产技术的改良。流放地多位于中国并未开放地区，流人的到来将中原先进的耕作方法引入该地区，根据土地类型的不同，采用轮作法、休闲法等耕种方法开垦土地，而且交替种植高粱、谷、黄豆等农作物。又如林则徐花甲之年流放到新疆伊犁，亲自到南疆库车、阿克苏、叶尔羌等地勘察，共行走了两万多里，所到之处组织当地人民兴修水利、开荒屯田、推广纺车，他亲自设计修建的坎儿井（后人称林公渠、林公井），至今还起到造福地方百姓的作用。海南从古代荒蛮之地到今天的开放发展，除了特定的地理因素外，与其广纳百川的包容性和历史文化、经济发展的多元化有着非常重要的关系，而这一切的联系都离不开历代流放者对海南所做出的贡献。其次，表现在商业贸易的繁荣上。例如，清朝时期的东北地区商业极不发达，特别是宁古塔一带，百姓过着自给自足的生活，虽然物产丰富，但当地人却不善于经营商业。而流放文人受江南地区发达的商品贸易的影响，有着较强的商品意识。其中一些人为谋求生路，将携带来的物品进行贩卖，以布帛来交换当地人们的鱼皮。有些“流人辟圃种菜……四月后上市鬻之”，以种菜贩卖劳动产品为生。康熙年间，流人从商者非常多，宁古塔地区“凡东、西关之贾者皆汉人”①。以至于整个东北地区，凡是流人戍所都相继出现了集市，城镇逐渐增多而且因此变得越来越繁荣。除此之外，流人对流放地生活方式的改变也起到了促进作用。随着粮食种类的增加、商业的繁荣、生活物资的逐渐丰富，流放文人不仅为东北地区带来了先进的技术，其生活方式也逐渐影响着当地少数民族。如流人将江南、中原的建筑风格，与流放地的传统建筑

① 杨宾：《柳边纪略》，民国《辽海丛书》本。

特色相融合，呈现出新的建筑样式。

（2）促进流放地历史文化的发展。古代流放者对于流放地的贡献非常巨大，最大的贡献莫过于对历史文化发展的促进。中国古代历史上早期的流放地，都是一些偏远荒蛮、交通闭塞、条件艰苦、经济落后的苦寒之地、烟瘴之区，大批流放者被迫远离乡土到达那里的同时，也把当时鼎盛时期的中原文化、艺术技能、哲学思想等带到流放地，将这一系列的文化内容与当地的本土文化、地域风情相结合，从而促进了流放地的独特的历史文化发展，如关东文化、巴蜀文化、荆楚文化以及黑龙江宁古塔流放文化和湖北房陵流放文化等。其中，最为典型的就是岭南文化。唐宋时期流放到海南岛的失势政客、官宦及各类名人非常多，著名的有如李德裕、苏轼。这一时期流放到海南岛的流人为岭南文化书写了光辉灿烂的一笔，直到今天岭南文化已经成为悠久灿烂的中华文化的重要有机组成部分，是祖国文化百花园中的一枝奇葩。

（3）流人戍守边疆，促进边疆地区社会的稳定以及国家的和平。例如清代流放到东北地区的流人为保卫祖国抵御沙俄的入侵做出过重要的贡献。自从明代崇祯十四年（1641）开始，沙皇俄国就不断派兵侵略我国东北边境，抢劫财物，杀戮百姓。顺治九年（1652）以后，清政府开始派兵对沙俄军队进行征剿。为了抵御边患，防止哥萨克人与俄罗斯人对东北边境的侵略，在当时边境兵源不足的情况下，康熙三年（1664），宁古塔将军巴海奏请征调流人中的身强体壮或精通水性之人为兵，这其中也包括一些流放文人，如祁班孙、杨越等。流放到东北地区的这些人当面对外来侵略的时候，其民族热情被激发出来，积极参与到抗击沙俄侵略的战斗行列中。因此，可以说流放地的流人维护了边疆的稳定与和平，一方面保证了边境人民正常生活的安定，同时也为东北地区后期的开发创造了有利而又和平的良好环境。

3．适应时代的刑罚制度改革，成为立法思想的历史镜鉴

流放制度从产生到发展都相继受到经济因素以及国家统治者政策的影响，统治者制定与修改流放制度的目的就是不断适应社会环境的变迁，以实现其立法的初衷及保存它的生命力。刑罚制度的最根本目的不仅仅是惩罚罪犯，更重要的是防止犯罪的发生。根据政治局势的不同，各个朝代的统治者都相继制定和修改流刑，以实现封建统治的稳定和长治久安，如唐朝的量移制度、宋朝的刺配法、明朝的充军法、清朝的发遣刑罚等都无疑体现了法律法规的制定必须要与时代的政治形势和社会环境相适应，流放制度的改革和实施都是在探索一种能够真正做到防微杜渐的刑罚制度。流放制度就是中国古代立法者寻找到的一种防止犯罪重于惩罚犯罪的刑罚制度，虽然流放制度已经不适合当代的法律体系，但它的立法初衷还是具有一定历史镜鉴作用的。

自古至今，“刑”、“德”被视为治国安邦的两套良策，以刑法和刑罚为中心的古代法律制度也就必然成为中国历史文化的重要组成部分。社会的进步、文明的演变，使得刑法也从原始简单的习惯，逐渐向着结构严谨、富于哲理的模式过渡。中国历史上法律的变革，实质上代表及反映了历代统治者对社会、家庭以及人与人关系的根本性问题所做的思考，集中、突出反映了中国古代社会的基本价值观念。所以，流刑作为古代法律制度的重要组成部分，其发展与变化，实质上也是整个中国社会发展与进步的缩影。刑罚体系发展与变化的原因是多层次的，不同的时代有不同的特点，同时代不同的当权者亦有不同的举措。但是总的发展趋势是从原始的野蛮、落后、残暴向着文明、慎刑方向发展。

第二章　中国古代流放地的选择

流放作为中国历史上一种独特的政治现象，一直被统治者视为“仁慈”的刑罚。历代统治者为使流放刑罚起到降死一等的重刑作用，劳费心机地选择了流放地点，创造了多样的流放形式。无论是西北绝域、西南烟瘴，还是东北寒地以及东南琼崖等，都先后成为中国历史上主要的流放选择地，并形成了历代不同的流放标准与特点，造就了诸多流放名人的聚居处。这些地方也正是因为有了流放名人的居住与开发而呈现出无限的生机和活力。

第一节　流放地的选择

上古时期的流放地，主要选择在偏远地区。中国古代舜帝时期，有四个偏远的地方被认为是当时天下的“四极”。古史中记载：“流共工于幽陵，以变北狄；放驩兜于崇山，以变南蛮；迁三苗于三危，以变西戎；殛鲧于羽山，以变东夷，四罪而天下咸服。”① 其中“幽陵”或作“幽州”，在今北京地区及辽宁部分地区；崇山，在今天的湘西；三危，在今天的甘肃敦煌；羽山，在今苏鲁交界之处。《左传》记载这件事时也说是将共工等“投诸四裔，以御魑魅”。很显然，舜帝是把这四极边远地方作为罪犯的流放地。随着历史的演进，各朝代因时而异，流放地点也有所变化，

① 司马迁：《史记》五帝本纪。

但大都是在统治者势力范围之内的偏远地区。

一、秦汉流放地的选择

秦汉时期，流放之刑并没有完全制度化，流放地点的选择，也大致以偏荒之地或统治政权新征服的地方为主。总体来说，主要有以下三大区域：

一是今湖北西北的房陵（今房县）、上庸（今竹山）地区。秦灭赵国之后就把赵王流放到房陵；两汉时期仍把这里作为囚禁有罪废黜的诸侯王的地点。这里地处崇山峻岭之间，交通闭塞，与世隔绝，距离都城却又不太远，将废黜的诸侯王安置在这里，既便于严密监视又可防止他们东山再起。

二是岭南地区，主要集中在合浦（今广西合浦县北）、日南（今越南中部清化附近）。

三是西北边疆地区，主要包括河西走廊、河套平原地区。秦始皇三十三年（前 214），蒙恬“自榆中并河以东，属之阴山，以为四十四县，城河上为塞。又使蒙恬渡河取高阙、阳山、北假中，筑亭障以逐戎人。徙谪，实之初县”①。这里的“榆中”大致相当于现在的鄂尔多斯高原；“阳山”，即今大青山；“高阙、阳山”，均在今阴山山脉西段；“北假中”，大致相当于今河套平原。两汉时期谪戍流放的地点逐步扩大到河西五郡（金城、武威、张掖、酒泉、敦煌），很多大臣获罪后其本人与家属都被流徙河西。阴山、河套地区在汉代属朔方刺史部，河西五郡属凉州，所以我们在文献中看到很多流徙朔方、凉州的记载。

其中一、二两个地区都在南方古人所谓的“烟瘴之地”，开发比较晚，最早被用来作为惩罚犯人的场所。而西北的苦寒绝域，

① 司马迁：《史记》秦始皇本纪，中华书局 1982 年版。

自从纳入版图以后随即成为历代统治者理想的流放场所。

二、南北朝至元明代流放地的选择

南北朝时期，流放制度完全形成。首先表现在流放被正式列入五刑之一，还表现在对流放的执行、安置与管理措施等形成制度，对于流放地点的选择也逐渐开始制度化。

隋唐乃至宋元时期，流放地点的选择多考虑到经济、政治、军事等方面的因素，流放地分南、北两地。大多数的政治犯多流于南方边荒之地。这一地区虽然多蛮荒而没有开发，但毕竟在中央政权的控制之下。而北方地区，自秦汉以来一直在游牧少数民族的控制之下，因此这一地区的流放多与少数民族的战争形势相关，中央王朝往往将罪犯流于北方边地以实行戍边。唐朝流放地主要集中于岭南、黔中与巴蜀一带，另外又在西北的天德军一带收容较重的流人。宋代流放地点明文规定："重者沙门岛砦，其次岭表，其次三千里至邻州。"① 元时，对于流放地点更有详尽的规定，对于各省不同犯流者都规定有明确方位。元成宗大德八年（1304）十一月诏书规定："内郡、江南人凡为盗黥三次者，谪戍辽阳；诸色人及高丽三次免黥，谪戍湖广。"② 英宗时（1321—1323）的《大元通志》重申并进一步明确规定："流则南人迁于辽阳迤北之地，北人迁于南方湖广之乡。"③

东北酷寒之地，南人视为畏途，继元朝之后，明朝继续将东北地区作为贬谪官吏和罪犯充军的重要地区。明代军制施行卫所制度，其军队重要兵源之一，是因犯罪而被罚充军役的官吏和军民，即谪发军。"谪发"是因罪充军的。明代的充军例很严，开始

① 脱脱等：《宋史》刑法志，中华书局1977年版。

② 宋濂等：《元史》成宗本纪四，中华书局1976年版。

③ 宋濂等：《元史》刑法志，中华书局1976年版。

是把罪犯发往边卫屯种，后来定制，分极边、烟瘴，以四千里外为率。充军又有终身、永远之别。终身是刑罚只及于犯人本身，永远则是刑罚不仅仅及于本身，而且还要罚及其子孙。明代充军例也极繁多。《大明律》定有46条，《诸司职掌》有22条，而这22条又是《大明律》所不载者。至嘉靖时，《明律集解附例》已增至213条。在被判处流刑的罪囚中，流罪有改为充军的，还有真犯死罪和杂犯死罪减死充军的。明代按照路途远近及地域，把罪至充军者强迫安置到各地卫所充当军户。因此，在明初的辽东军丁当中，被谪发的流人占很大比例。“初，太祖沿边设卫，惟土著兵及有罪谪戍者。”① “辽东军士，多以罪谪戍。”② 从充军的律例款目繁多的情况看，有明一代军伍中因罪充军的不在少数。

三、清时期流放地的选择

清代流放制度承袭明代，充军、流、发遣均为异地安置。清朝初年，对于各县上交的犯人，巡抚只是依据流放里程数的不同，将其发配至荒芜之地，而对于流放的具体地点，并没有做出明确的规定。“流犯照依本省地方计所犯应流道里，定发各处荒芜及濒海州县安置。”③ 这样各省就不免出现量刑“分拨不均”、“趋避拣择”的弊端。乾隆八年（1743），刑部制定《三流道里表》，“将某省某府属流犯，应流二千里者发何省何府属安置，应流二千五百里者发何省何府属安置，应流三千里者发何省何府属安置，按计程途，限定地址，逐省逐府，分别开载”④。后又经过乾隆四十九

① 张廷玉等：《明史》卷九十一，兵三，中华书局1974年版。

② 《明宣宗实录》卷一百七。

③ 《大清律》卷五《例律下》。

④ 赵尔巽等：《清史稿》卷一百四十三，刑法二，中华书局1976—1977年版。

年（1784）和嘉庆六年（1801）的两次修订，不断完善流放地点的详细规定，最终使清代的流放地点与流放等级有效地衔接在一起。

后来清政府规定，顺天府、直隶省所属的州县因为与清政府的都城（今北京）相邻，不宜作为流放地；满洲的奉天、锦州二府因为是清朝的根本重地，也不宜流放；湖北、湖南、四川、贵州各省和苗疆接近的府州县以及甘肃、新疆方面增设的府州也因为周围的态势，不允许作为流放地。此外，江苏的崇明县、浙江的玉环厅、定海县，同样因其孤悬海外，又是产盐之地等特殊原因，均不作为流放地。除了这些地域外，还有根据罪犯的罪行对其流放地做特殊考虑者。如私挖人参应流黑龙江等处，若是满洲人、蒙古人就发往江宁等处的满洲兵驻防地，若是汉人就流放到广西、云南等烟瘴地。

清代沿袭明代，仍设充军之刑。“充军”也称为“军流”。其名虽由明代称呼而来，但其性质、服役时间却有很大不同。明代处以充军的流犯，实边目的较强，用以补充兵源，“凡官吏人等犯枉法赃者，不分南北，俱发北方边卫充军”①，因而具有浓厚的军事色彩。而清代的充军，其目的更倾向于惩治，由于卫所的裁撤，对于充军之犯的实际操练也极少。明代的充军有终身刑和永远刑两种，而到了清代则免去了世代受刑，自身甚至还有赦还的可能。同“三流”相似，清朝对充军地点、里程均做了详细的规定。雍正三年（1725），开始划定充军的具体地点。乾隆三十七年（1772），正式颁布《五军道里表》，自此清代充军之地有表可依。五军共分五等，“曰附近，发二千里；曰边卫，发二千五百里；曰边远，发三千里；曰烟瘴，曰极边烟瘴，发四千里”②。

---

① 张廷玉等：《明史》卷九十三，刑法一，中华书局1974年版。

② 《大清会典事例》卷七百二十三，名例律，清光绪二十五年石印本。

所谓发遣，即是将大批罪犯发配至东北、新疆等边疆地区，充当苦差或给当地驻防兵丁为奴。这种“发遣为奴”的形式是满族奴隶制残余的产物，为清代所特有。康熙十九年（1680年）颁布《刑部现行则例》，从律法角度将发遣明确纳入闰刑。

第二节　我国主要流放地区

纵观历代的流放地点，除了清代的流刑和充军是根据定表各直省通发外，大多数都是在其势力范围内，就偏就远，因此我们可以判断出我国古代的流放地主要集中在我国的东北地区、西北地区、西南地区以及东南与海岛地区。

一、东北地区

东北，主要是指今天黑龙江、吉林、辽宁三省所在地方。东北地区自然条件恶劣，地处偏远，与其他流放地区相比，东北是真正极苦、极寒之地。东北地区作为流放地也有悠久的历史。

相传舜时流放“四凶”，“流共工于幽州”①。《周礼·职方氏》云：“东北曰幽州。”《尔雅·释地》云：“燕曰幽州。”而“燕”指战国燕地，即今北京市、河北北部及辽宁一带，可见共工放逐之地与东北地区有着某种联系。但这属于传说故事，未必可信。东北真正作为流放地，据可靠记载，还是在汉代。那已经是东北被纳入到中央王朝的控制之后了。

西汉时，汉武帝征服了朝鲜半岛的卫氏王朝，在该地设立四郡，同时在东北地区新设沧海郡，从而把东北地区牢牢控制在自己的统治之下。据现有文献记载，元凤五年（前76）六月，汉廷

---

① 《尚书》舜典。

曾“发三辅（指京畿之地）及郡国（指全国各郡）恶少年、吏有告劾亡者，屯辽东”①。另有侍中骑都尉新成侯赵钦与成阳侯赵䜣流徙辽西。晋代，有一些较重要的流人流徙东北地区。司马澹曾被流徙至辽东；司马繇被流徙至带方（今在朝鲜黄海道与北道一带，治所带方为朝鲜凤山）。之后，东北一直作为历代统治者惩罚罪人的流放之地。

北朝时期，东北地区的流放地点主要有北镇（今辽宁北镇）、营州（今辽宁朝阳）。

隋代东北地区的遣戍地主要是柳城（今辽宁朝阳）；唐代时东北地区有辽东之案例，但不多见。

五代时期后晋出帝，就曾被契丹人俘虏流于建州（今辽宁朝阳县境内）。宋金时期，东北则作为金代关押政权失势者的流放地。北宋的徽、钦二帝曾被徙至上京会宁府（今黑龙江省阿城区），后改徙五国城（今黑龙江依兰）。辽代，东北地区的流放地为乌古部（分布在黑龙江上中游、呼伦贝尔大草原及克鲁伦河流域一带②）；上京（今辽宁巴林左旗南波罗城）；祖州（今内蒙古赤峰市林东镇西南）。

在元代之前，所谓的东北流放并没有形成制度，没有法律的依据，只是历代统治者偶尔行用的一种统治手段，多有军事目的。

向东北流放罪人，作为一种制度，第一次明文反映在刑法之中是在元代。元代刑法规定：“南人迁于辽阳迤北之地，北人迁于南方湖广之乡”③。这里的辽阳指元代的辽阳行省，实质上就是指代整个东北。在“南人发北、北人发南”的原则下，明文规定东北流放的具体区域为奴儿干、水达达路、肇州等地。这种将流人

---

① 班固：《汉书》卷七，昭帝纪第七，中华书局1962年版。

② 张博泉等：《东北历代疆域史》第133页，吉林人民出版社1981年版。

③ 宋濂等：《元史》刑法志，中华书局1976年版。

遣戍东北的明文规定，在我国古代刑法史上是第一次。它的出现使得流放东北从元代以前偶尔行用的一种措施或手段转变成为刑法上的制度。元代的流人，基本上是封建刑法流刑的产物，被流放者大都是“罪囚”，这与元代之前，流徙东北者大多都是军事性质的战俘是有很大区别的。

明代统治者重视对辽东地区的经营，在东北设置地方机构，同时遣戍大批流人到辽东各卫所充军。因此，明代流放以充军为主，流犯一般被发往各卫所充军。具体来讲，终明之世，主要戍所，辽东有辽阳（辽宁今地），另有铁岭卫（辽宁今地）、三万卫（今辽宁开原）、辽海卫（今辽宁开原）、沈阳中卫（今辽宁沈阳）、广宁卫（今辽宁北镇）、宁远卫（今辽宁兴城）、盖州卫（今辽宁盖州）等地。

清代的东北地区既是清朝统治者的“龙兴之地”，同时也因其自然条件恶劣而成为清朝入关后最早启用，同时又是最重要的流放区域。在清代流放区域中，东北地区的流人数量最多，据统计被流放者达10余万人①。

东北地区的戍所众多，其中以盛京、尚阳堡、宁古塔为主。清朝东北戍所的划定经历了三个阶段：由最早的辽东一地，逐步扩展到吉林地区，后因拱卫边防的需要，又在黑龙江地区增设大量戍所。

盛京作为清朝第一个流人遣戍地，既是留都又是盛京将军驻地。出于对东北地区的重视及重建辽东的需要，顺治年间，朝廷将流犯遣至盛京、铁岭、尚阳堡地区，作为恢复辽东的辅助手段。顺治十一年（1654），规定窝藏逃人之家者，“不准断给为奴，并家属人口，充发盛京”②。

---

① 《大清会典事例》卷八百五十五，督捕例，清光绪二十五年石印本。
② 《大清会典事例》卷八百五十五，督捕例，清光绪二十五年石印本。

尚阳堡是清代历史上第二个流人遣戍地。早在后金时期满洲统治者就将盗采人参者发配此处。天聪七年（1633），清朝开始将尚阳堡作为安置流犯的戍所。康熙时，曾将平定三藩后“附属吴三桂之人”发配于此。

随着辽东地区经济的恢复，流人的遣戍地开始向吉林、黑龙江地区转移。清朝政府增设宁古塔、吉林乌喇等地。顺治末年，“即有仍照旧例发尚阳堡者，亦止居于奉天府城（盛京），而尚阳堡为墟矣”①。

宁古塔地区为宁古塔将军驻地，清初主要负责统辖黑龙江、乌苏里江广大地区的军事、政治、经济。同时，又因宁古塔地区地处“极北”之地，“其地重冰积雪，非复世界”，“弥望无庐舍，行数日，不见一人”②，自然条件比辽东地区的尚阳堡、盛京更加恶劣。战略地位的重要，自然条件的恶劣加上远离京畿的地理特点使得统治者逐渐将流放地点向此转移。顺治末年就曾将流人遣戍至此，到了康熙年间流人数量逐渐增多。康熙二十一年“发宁古塔与穷披甲之人为奴”③。大量的“发遣为奴”者充当着驻防军士的后勤保障。被遣戍到此的罪犯大多为重犯，其中也有一部分平民、旗籍之人、官吏。

康熙年间，随着黑龙江将军的增设，清廷在黑龙江地区增设黑龙江城（今黑河市爱辉区）、卜魁（今齐齐哈尔）等戍所，此后，又增设席北、三姓、白都讷等地。此时，吉林乌喇逐渐被黑龙江城所取代。卜魁（齐齐哈尔），康熙三十年（1691 年）建城。康熙三十八年（1699 年），黑龙江将军移于此后，发遣黑龙江的流人就多流于此地。

康熙末年，清朝统治者考虑到“发往黑龙江、三姓地方之人，

---

① 杨宾：《柳边纪略》卷一，民国《辽海丛书》本。
② 杨宾：《柳边纪略》自序，民国《辽海丛书》本。
③ 《大清会典事例》卷七百四十四，清光绪二十五年石印本。

俱因凶恶发遣，人亦日多，若发在一起，必致生事行凶”① 的情况，开始考虑改遣西北地区。雍正时期，随着蒙古地区流放戍所的启用，流人的遣戍地点有所分散。但为防范沙俄侵略东北边境，加强东北地区边防建设，继续流人的遣戍作为驻防军队的后勤保障。

值得注意的是，乾隆时期已实行全面封禁东北的政策，以保证满洲龙兴之地不被汉族浸染。遣戍地点开始逐渐向西北地区转移，但直至清末仍未撤销东北地区原有的遣戍地点。这些流犯中的汉人无形中将中原文化引入东北地区，为后期东北地区的开发奠定了基础。

二、西北地区

西北地区一般指新疆、青海、甘肃、宁夏、陕西而言。这里我们则主要指西域地区。“西域”一词是我国古代对西部疆域的泛称，在中国古代文献中多指中国玉门关、阳关以西的诸多国家和地区。在丝绸之路影响下，西域特指汉、唐两代中国政府安排的行政机构所管辖的今中国新疆大部及中亚部分地区，位于欧亚大陆中心，是丝绸之路的重要组成部分。

对西域真实具体的记载当始自汉代，在汉代人的观念中，“西域”的界线并不十分精确。西汉初年，西域的概念主要是指今天的南疆，古有记载：“西域……南北有大山，中央有河……东则接汉，扼以玉门、阳关，西则限以葱岭。”根据这个记载，“西域”的范围基本上就是天山以南，昆仑山以北，敦煌以西，帕米尔以东的今新疆地区。

西域地区广袤辽阔，自然环境异常复杂，气候干旱，人烟稀少。因此，古代帝王多以此地作为遣戍流人的流放地。

---

① 《清圣祖实录》卷二百八十，中华书局 1985 年版。

西域是著名的流放地，早在轩辕黄帝时代，就有过因罪而流放到西域的传说。

舜时期，“窜三苗于三危”①。有关三危的地理位置，说法不一，但多数学者都采取《尚书·禹贡》的说法，认为在今甘肃敦煌一带。

秦代时，秦始皇派大将军蒙恬率领军队北征并大败匈奴，占领了河南地（今内蒙古河套地区），后又占阳山（内蒙古乌加河以北），设九原郡（今内蒙古包头西北孟家湾）。为了防止匈奴人侵扰此地，秦始皇将流犯遣戍于此，以此保障西域的安全。

西汉时期，西北地区的遣戍地，具体来讲，首先是在敦煌郡（治所在甘肃敦煌市西）；其次是西海郡（辖境为今青海青海湖附近一带，治所在今青海省海晏县）；再次是酒泉郡（今甘肃酒泉市）。

东汉时期，西北地区的遣戍地主要有：朔方郡（治今内蒙古杭锦旗北，辖境相当于内蒙古河套西北部及后套地区）；度辽将军府（亦称度辽营），将军屯五原郡之曼柏县（今内蒙古达拉特旗东南），以阻止南、北匈奴交通；五原郡（治今包头市西北）；敦煌郡（治今甘肃敦煌市西）；金城郡（治今甘肃永靖西北）；北地郡（治富平，今宁夏吴忠西南）；冯翊郡（治今陕西大荔）；右扶风（治今陕西兴平市东南）；陇西郡（治今甘肃临洮南）；上郡（治今陕西榆林东南）；安定郡（治今甘肃镇原东南）；武威郡（治今甘肃武威）。

两晋时期，西北地区的遣戍地主要在武威（今甘肃武威）。

北朝时期，西北地区的遣戍地主要有凉州（今甘肃武威）、敦煌（即瓜州，今甘肃敦煌市西）、薄骨律镇（今宁夏灵武西南古黄河沙洲上）、枹罕（今甘肃临夏）等。

① 《尚书》舜典。

隋开皇元年更定新律，即《开皇律》，存刑名五，二为流刑，流罪 154 条。大业五年（609），隋朝发兵进攻青海，占领吐谷浑全境，“于西域之地，置西海、鄯善、且末等郡。谪天下罪人，配为戍卒，大开屯田”①。隋朝在西北地区的遣戍地主要集中在敦煌郡（炀帝年间改称瓜州，治今甘肃敦煌市西）、且末郡（今新疆且末附近）、西海郡（今青海省青海湖西伏俟城）等地。据说大诗人李白的祖先便是隋末因罪而徙居西域的，到唐神龙初年（705）才回到中原。

唐贞观十六年（642 年），规定将死罪减等发往西州（即高昌，在今新疆吐鲁番市）屯戍。此后直到“安史之乱”前，西域就成为唐政府安置流放犯人的主要地区。

五代十国西北地区的遣戍地主要有庆州（治今甘肃庆阳）、宁州（治今甘肃宁县）。

北宋时期西北地区的遣戍地主要在秦州（今甘肃天水）、灵州（今甘肃灵武）、通远军（后升为巩州，治今甘肃陇西县）等地。

辽代西北地区的遣戍地主要是西北部（殆为西北路招讨司所辖之地）。

元代西北地区的遣戍地主要是甘肃行省，包括西宁州（今青海西宁市）、肃州（今甘肃酒泉）、兰州（今甘肃兰州市）、宁夏路（今宁夏银川市）。

明朝时期西北地区的遣戍地主要有肃州（今甘肃酒泉）、庄浪卫（今甘肃永登）、兰州（今甘肃兰州）、河州（今甘肃临夏附近）、大同（今山西大同）。

到了清代，新疆更是被当作重要的流放地。乾隆二十二年（1757），乾隆平定准噶尔部叛乱，正式将新疆划入清代版图。出于为屯驻新疆军队提供物资供应保障的需要，向该地发遣大批遣

① 魏徵等：《隋书》卷二十四，食货，中华书局 1973 年版。

犯。正如有的文献所载："今发新疆遣犯，本罪原系军流，初则因垦种而改发……"① 基于此，乾隆二十三年（1758）以新疆为主的西北地区开始启用为流放戍所，其中以巴里坤、哈密、安西、叶尔羌、乌鲁木齐、伊犁、阿克苏等最为重要。著名的流人林则徐、纪晓岚、洪亮吉、祁韵士、徐松、张荫桓、裴景福、刘鹗、温世霖等均被流放新疆。

早在用兵西北过程中，为了传达京师与阿尔泰军营的军报与官文书，康熙五十七年（1718年），清廷命人安设了自杀虎口至科布多的驿站。五十八年（1719年）后，清廷又决定从杀虎口（后改为张家口）至阿尔泰的莫代察罕搜尔设立47处军事驿站，即军台。每台派章京或笔帖式管理，统于各当地的都统或将军、大臣。例如喜峰口章京所属蒙古站十六，古北口章京所属蒙古站十等，阿尔泰军台都统所属军台四十四，库伦大臣所属军台二十五等。从《古今图书集成·方舆汇编》中可以看到军台遍布在西北广大地区。后来军台的数目与台址根据形势的需要又屡有变化，但至清末始终没有裁撤。此后，军台便成为专门安置官犯效力赎罪的重要戍所。②

三、西南地区

四川、云南、贵州、西藏等中国西南地区因开发比较晚，自古以来被称为烟瘴之地。所谓"烟瘴"，即"瘴气"，旧时我国西南边远的地方因人烟稀少，树木杂草丛生，加上气候炎热，山林间湿热蒸郁而成的毒气。南方气候无常，毒气对人体有害，特别

---

① 胡星桥，邓又天：《读例存疑点注》，中国人民公安大学出版社1994年版。

② 《大清会典事例》清光绪二十五年石印本；《清圣祖实录》卷二百八十三、二百八十五；《清世宗实录》卷二十一，中华书局1985年版。

是春夏冷暖之交的瘴气摄人魂魄，在当时、当地的医疗条件状况下，几乎就等于死亡。古人通常指称西南地区未经开发、有“瘴气”的地方为“烟瘴之地”，人们往往视为畏途。这些未开化的地区也就成为惩罚犯罪的流犯之地，被称为流放烟瘴之地。此外，湖南、湖北两地流人可附入这一地区。

最早流放到西南地区的流人为舜时期的驩兜，“放驩兜于崇山”①。对于崇山的地理位置，说法不一，一般认为在今湖南张家界西南。

西汉时期，西南地区的遣戍地主要在严道（今四川荥经县）、房陵（今湖北房县）、上庸（今湖北竹山县西南）。另外，云南与贵州的西南夷地区也有流放地点，如今宝山县与威宁县等地。

东汉时期，西南地区的遣戍地主要在云南曲靖。

三国时期，蜀国位于西南地区，其流人均流徙在该国之内，主要有汉嘉郡（故城在今四川芦山县）、梓潼郡（治所在今四川梓潼县）、汶山郡（治所绵虒，即今四川汶川西南）、越巂（辖境在今云南、四川，治所邛都在今四川西昌东南）等地。

两晋时期，西南地区的遣戍地主要有兴古（今贵州普安县）、越巂（今四川西昌东南）等地。

南朝时期，西南地区的遣戍地主要在越巂（今四川西昌东南）。

隋朝时期，西南地区的遣戍地主要在蜀郡（治所今四川成都市）、潭州（后期改为长沙郡，治今湖南长沙）、衡山（治今湖南衡阳）、零陵（湖南今地）等。

唐代，西南地区的云南、贵州、四川等地是主要遣戍地区。其中具体地点主要有黔州（治今重庆彭水）、渝州（今重庆）、巂州（治今四川西昌）、姚州（今云南姚安北，后陷入吐蕃、南诏）、

① 《尚书》舜典。

夜郎（今贵州桐梓西）等地。另有四川的资州、巴州，重庆的忠州，湖北的峡州、江陵，湖南的朗州、永州、岳州、衡州、道州、潭州等地。

五代十国时期，前蜀与后蜀在西南地区的遣戍地主要在茂州（治今四川茂县）、邛州（治今四川邛崃）等地。另有湖广的蕲州、房州、均州、随州等。

北宋时期，西南地区的遣戍地主要在四川地区，具体地点为黔州（今彭水县）。此外，还有重庆的涪陵、黔州，四川的戎州，湖北的黄州、夷陵、房州、兴国军，湖南的郴州、岳州、永州、道州等地。

元代，西南地区的遣戍地主要在云南行省，具体地点以镇西路（今云南盈江县东北）、澄江（今云南澄江）、大理（今云南大理市）与南安州（今云南双柏北）等地为主。另有湖南的潭州、衡州等地。

明朝时，西南地区的遣戍地主要在云南、贵州、四川等地。云南有金齿卫（即永昌府，今保山市）、昆明府（今昆明市）、威远州（今景谷）、澜沧卫（今永胜）、临安府（今建水），另有沾益、姚州、通海等地；贵州有黎平府（今黎平），其中，以五开卫、铜鼓卫最为著名，有镇远府（今镇远）、都匀府（今都匀）、贵阳（今贵阳）、普安州（今盘县）、龙场驿（今修文）等地；川渝地区有茂州、重庆等地。

清朝时期，西南烟瘴地区不是主要的遣戍区，因此此地区的流人相对较少，而且没有特别集中、著名的据点。

四、东南与海岛地区

东南地区，主要是指今广东、广西、福建等地。在中国历史上，东南地区也多作为流放之地。

两汉时期，东南地区的遣戍地为合浦（治所在广西合浦县东北）。

三国时期的吴国位于我国东南地区，其流人均流徙在该国之内。主要地点有苍梧（治所广信，在今广西梧州市）、广州（治所番禺，在今广州市）、桂阳（今广东连州）、建安（今福建建瓯）等。

两晋时期，东南地区是比较重要的遣戍地。西晋时赵王司马伦派人逮捕石崇时，石崇道："吾不过流徙交、广耳。"① 这一记载，反映了广州（今广东广州）是西晋的主要戍所。除此之外，还有晋安（今福建福州）。东晋保持了西晋在东南地区旧有的全部戍所。

南朝时期，东南地区的遣戍地，仍以广州（今广东广州）为主。其次有始安郡（今广西桂林）、合浦（今广西合浦）、建安郡（今福建建瓯）、始兴（今广东韶关南）、晋平（今址不详，当在广西境内）等地。

隋代，东南地区的遣戍地主要集中在桂林（今广西桂林市）、桂州（治今广西桂林。另外，炀帝年间桂州郡又曾改称始安郡）。此外，还有宁越（今广西钦州东北）、龙川（今广东河源市龙川县）、建安郡（今福建建瓯）等地。

唐代，东南地区的遣戍地主要是岭南（也称岭表、岭外，即五岭以南地区，范围相当于今广东、广西大部地区）。其中具体地点有潮州（治今广东潮州市潮安区）、循州（治今广东河源市龙川县）、钦州（治今广西钦州东北）、贺州（治今广西贺州）、雷州（治今广东雷州）、连州（治今广东连州）、桂州（治今广西桂林市）、象州（今广西象州及其附近）、柳州（今广西柳州市）、端州（治今广东肇庆市端州区）、泷州（治今广东罗定）、汀州（治今福建长汀县）等地。

两宋时期，东南地区的遣戍地主要集中在今广东、广西及福

① 房玄龄等：《晋书》卷三三，石崇传，中华书局1982年版。

建等地。今广东之地主要有英州（今英德）、梅州（今梅州市梅县区）、春州（今阳春）、端州（今肇庆市端州区）、恩州（今阳江）、惠州（今惠州市惠阳区）、新州（今新兴）、循州（今龙川）、韶州（今韶关市曲江区）、雷州（今雷州）、潮州（今潮州市潮安区）、连州（今连州）等地；今广西之地主要有廉州（今合浦）、横州（今横县）、藤州（今藤县）、浔州（今桂平）、象州（今象州）、宜州（今宜州）、钦州（北宋治今灵山县西、南宋治今钦州）、昭州（今平乐）、贵州（今贵港）、贺州（今贺州）、柳州（今柳州）等地；今福建地区主要有福州（今福州）、漳州（今漳浦）、建宁（今建瓯）、汀州（今长汀）等地。

明朝时期，东南地区的遣戍地主要分布在广东、广西等地。广东主要有雷州（今雷州）、潮州（今潮州市潮安区）、广州（今广州）、惠州（今惠州）、石城（今廉江）、高州（今高州）、徐闻（今徐闻）等地；广西有南丹（今南丹）、南宁（今南宁市）、横州（今横县）、河池（今河池）、龙州（今龙州）等地。

历朝历代的流放地选择标准，一般来说是就偏就远，但也不是越偏越远就越好，而是要求流放地还必须在中央政权的掌控之下，以便政府对流人能够更加有效地进行管理。因此，历代的流放地一般都分布在南北两个边区，很少有像西方的流放那样把犯人流放到海岛上的。但也有例外，中国历史上也曾把一些海岛作为流放地，而这些海岛是完全在中央政府的控制之下的。

隋代，珠崖郡（治舍城，今海南岛琼山东南）成为戍所，标志着我国海岛流人的首次出现。

海南岛位于中国南海，与大陆有琼州海峡相隔。海南开发很早，早在公元前 214 年秦始皇便在海南设郡，然而，由于秦代统治时间短暂，海南岛并没有完全进入秦的控制之下。直到汉代时海南才正式纳入中国的版图。

据史料记载，自汉代在海南设置郡县之后，曾向该地流徙过罪人，但这些流人姓氏均已无考。可以考知姓氏的第一人是隋代的杨纶，而海南岛也是从这时起成为我国第一个辟为流放地点的岛屿，因此杨纶可称是我国第一个可以考知姓名的海岛流人。从此以后，海南岛成为著名的流放之地，开始有大量罪人流入。①

唐朝时期，海岛上的遣戍地主要在琼州（治今海南岛琼山区）及崖州（今海南岛琼山东南）。

五代十国时期出现了我国第二个海岛流所，即登州的沙门岛，这也是我国第一个北方海岛流所。

南宋时期海岛的遣戍地主要分布在海南岛，后又增加了通州海岛（今江苏南通市长江入海口中诸岛）、崇明岛（长江入海口）、东州市（今址不详，疑即东布洲，江苏海门市，在长江入海口处）三处，但仍以海南岛与沙门岛为主。

唐宋两朝被贬谪、流放到海南来的朝廷名相、大臣和著名学士，许多都在这里居住，并在这蛮荒之地开创了灿烂的文明。如，唐代太子洗马兼侍读刘纳言，宋诗僧惠洪，北宋宰相卢多逊、丁谓及著名文人苏轼，南宋曾任右司谏侍御史（宰相）、参知政事的赵鼎，南宋曾任参知政事、资政学士的李光，南宋曾任秘书少监、起居郎的胡铨，南宋秦桧死党、两浙转运副使曹泳，都在这里留下了他们的足迹。现今海南海口市五公祠中所供奉的五公塑像，以及邻近的苏公祠里的苏东坡塑像，都是他们流放此地的历史见证。

到了元、明时期，海南岛便逐渐不再作为流放地了，虽然也有被贬的官宦被流放于此地，但是数量不多，之后竟至绝迹。

总之，各朝各代统治者在流放地区的选择上有很大程度的相同之处，即地处苦寒、绝域，交通闭塞，人烟稀少，但所流放之地又

① 魏徵等：《隋书》卷四十四，杨纶传；卷三，炀帝纪上，中华书局1973年版。

都在中央政府严密的掌控之下。这样做既能够使流人得到惩戒与折磨，同时也能够时刻掌握流人的一举一动，避免发生大的变故。

我国历代重要戍所表

地区	朝代	具体地点	备注
东北地区	舜统治时期	幽州（河北北部及辽宁一带）	传说，未必可信
	两汉	辽东、辽西	
	两晋	辽东、带方（今在朝鲜黄海道与北道一带，治所带方为朝鲜凤山）	
	北朝	北镇（今辽宁北镇）、营州（今辽宁朝阳）	
	隋	柳城（今辽宁朝阳）	
	唐	辽东	流徙辽东地区的流人不多见
	辽	乌古部（分布在黑龙江上中游、呼伦贝尔大草原及克鲁伦河流域一带）、上京（今辽宁巴林左旗南波罗城）、祖州（今内蒙古赤峰市林东镇西南）	
	元	奴儿干、肇州、水达达路	
	明	辽东有辽阳（辽宁今地），另有铁岭卫（辽宁今地）、三万卫（今辽宁开原）、辽海卫（今辽宁开原）、沈阳中卫（今辽宁沈阳）、广宁卫（今辽宁北镇）、宁远卫（今辽宁兴城）、盖州卫（今辽宁盖州）等地	
	清	盛京、尚阳堡、宁古塔、吉林乌喇、黑龙江城（今黑河市爱辉区）、卜魁（今齐齐哈尔）等地	

续表

地区	朝代	具体地点	备注
西北地区	舜统治时期	三危（今甘肃敦煌一带）	传说，未必可信
	秦	九原郡（今内蒙古包头西北孟家湾）	
	西汉	敦煌郡（治所在甘肃敦煌市西）、西海郡（辖境为今青海青海湖附近一带，治所在今青海省海晏县）、酒泉郡（今甘肃酒泉市）	
	东汉	朔方郡（治今内蒙古杭锦旗北）、度辽将军府（亦称度辽营，将军屯五原郡之曼柏县，今内蒙古达拉特旗东南）、五原郡（治今包头市西北）、敦煌郡（治今甘肃敦煌市西）、金城郡（治今甘肃永靖西北）、北地郡（治富平，今宁夏吴忠西南）、冯翊郡（治今陕西大荔）、右扶风（治今陕西兴平市东南）、陇西郡（治今甘肃临洮南）、上郡（治今陕西榆林东南）、安定郡（治今甘肃镇原东南）、武威郡（治今甘肃武威）	
	两晋	武威（今甘肃武威）	
	北朝	凉州（今甘肃武威）、敦煌（即瓜州，今甘肃敦煌市西）、薄骨律镇（今宁夏灵武西南古黄河沙洲上）、枹罕（今甘肃临夏）等	
	隋	敦煌郡（炀帝年间改称瓜州，治今甘肃敦煌市西）、且末郡（今新疆且末附近）、西海郡（今青海省海湖西伏俟城）等	

续表

地区	朝代	具体地点	备注
西北地区	唐	西州（即高昌，在今新疆吐鲁番市）	
	五代十国	庆州（治今甘肃庆阳）、宁州（治今甘肃宁县）	
	北宋	秦州（今甘肃天水）、灵州（今甘肃灵武）、通远军（后升为巩州，治今甘肃陇西县）	
	辽	西北部（殆为西北路招讨司所辖之地）	
	元	甘肃行省，包括西宁州（今青海西宁市）、肃州（今甘肃酒泉）、兰州（今甘肃兰州市）、宁夏路（今宁夏银川市）	
	明	肃州（今甘肃酒泉）、庄浪卫（今甘肃永登）、兰州（今甘肃兰州）、河州（今甘肃临夏附近）、大同（今山西大同）	
	清	主要在新疆地区，其中以巴里坤、哈密、安西、乌鲁木齐、叶尔羌、伊犁、阿克苏等最为重要。从杀虎口（后改为张家口）至阿尔泰的莫代察罕搜尔设立 47 处军台，为专门安置官犯效力赎罪的重要戍所	著名的流人林则徐、纪晓岚、洪亮吉、祁韵士、徐松、张荫桓、裴景福、刘鹗、温世霖等

续表

地区	朝代	具体地点	备注
西南地区（附湖北、湖南）	舜统治时期	崇山（今湖南张家界）	传说，未必可信
	西汉	严道（今四川荥经县）、房陵（今湖北房县）、上庸（今湖北竹山县西南）以及云南、贵州的西南夷地区等	
	东汉	云南曲靖	
	三国时期蜀国	汉嘉郡（故城在今四川芦山县）、梓潼郡（治所在今四川梓潼县）、汶山郡（治所绵虒，即今四川汶川西南）、越巂（辖境在今云南、四川，治所邛都在今四川西昌东南）	
	两晋	兴古（今贵州普安县）、越巂（今四川西昌东南）	
	南朝	越巂（今四川西昌东南）	
	隋	蜀郡（治今四川成都市）、潭州（后期改为长沙郡，治今湖南长沙）、衡州（治今湖南衡阳）、零陵（湖南今地）等	
	唐	黔州（治今重庆彭水）、渝州（今重庆）、巂州（治今四川西昌）、姚州（今云南姚安北，后陷入吐蕃、南诏）、夜郎（今贵州桐梓西）。另有四川的资州、巴州，重庆的忠州，湖北的峡州、江陵，湖南的朗州、永州、岳州、衡州、道州、潭州等地	

续表

地区	朝代	具体地点	备注
西南地区（附湖北、湖南）	五代十国	茂州（治今四川茂县）、邛州（治今四川邛崃），另有湖广的蕲州、房州、均州、随州等地	
	北宋	黔州（今彭水县）。此外，还有重庆的涪陵、黔州，四川的戎州，湖北的黄州、夷陵、房州、兴国军，湖南的郴州、岳州、永州、道州等地	
	元	镇西路（今云南盈江县东北）、澄江（今云南澄江）、大理（今云南大理市）与南安州（今云南双柏北），另有湖南的潭州、衡州等地	
	明	云南有金齿卫（即永昌府，今保山市）、昆明府（今昆明市）、威远州（今景谷）、澜沧卫（今永胜）、临安府（今建水），另有沾益、姚州、通海等；贵州有黎平府（今黎平），其中，以五开卫、铜鼓卫最为著名，有镇远府（今镇远）、都匀府（今都匀）、贵阳（今贵阳）、普安州（今盘县）、龙场驿（今修文）等；川渝地区有茂州、重庆等地	著名的流人有王守仁、杨慎等

续表

地区	朝代	具体地点	备注
东南与海岛地区	两汉	合浦（治所在广西合浦县东北）	
	三国时期吴国	苍梧（治所广信，在今广西梧州市）、广州（治所番禺，在今广州市）、桂阳（今广东连州）、建安（今福建建瓯）	
	两晋	广州（今广东广州）、晋安（今福建福州）	
	南朝	广州（今广东广州）、始安郡（今广西桂林）、合浦（今广西合浦）、建安郡（今福建建瓯）、始兴（今广东韶关南）、晋平（当在广西境内）	
	隋	桂林（今广西桂林市）、桂州（治今广西桂林。另外，炀帝年间桂州郡又曾改称始安郡）、宁越（今广西钦州东北）、龙川（今广东河源市龙川县）、建安郡（今福建建瓯）；珠崖郡（治舍城，今海南岛琼山东南）	隋代杨纶是可考的海岛第一流人；珠崖郡成为戍所，标志着我国海岛流人的首次出现
	唐	潮州（治今广东潮州市潮安区）、循州（治今广东河源市龙川县）、钦州（治今广西钦州东北）、贺州（治今广西贺州）、雷州（治今广东雷州）、连州（治今广东连州）、桂州（治今广西桂林市）、象州（今广西象州及其附近）、柳州（今广西柳州市）、端州（治今广东肇庆市端州区）、泷州（治今广东罗定）、汀州（治今福建长汀县）；琼州（治今海南岛琼山区）及崖州（今海南岛琼山东南）	唐代太子洗马兼侍读刘纳言

续表

地区	朝代	具体地点	备注
东南与海岛地区	五代十国	登州的沙门岛	我国第一个北方海岛流所
	两宋	英州（今英德）、梅州（今梅州市梅县区）、春州（今阳春）、端州（今肇庆市端州区）、恩州（今阳江）、惠州（今惠州市惠阳区）、新州（今新兴）、循州（今龙川）、韶州（今韶关市曲江区）、雷州（今雷州）、潮州（今潮州市潮安区）、连州（今连州）、廉州（今合浦）、横州（今横县）、藤州（今藤县）、浔州（今桂平）、象州（今象州）、宜州（今宜州）、钦州（北宋治今灵山县西、南宋治今钦州）、昭州（今平乐）、贵州（今贵港）、贺州（今贺州）、柳州（今柳州）、福州（今福州）、漳州（今漳浦）、建宁（今建瓯）、汀州（今长汀）等；海南岛、沙门岛、通州海岛（今江苏南通市长江入海口中诸岛）、崇明岛（长江入海口）、东州市（疑即东布洲，江苏海门市长江入海口处）	宋诗僧惠洪，北宋宰相卢多逊、丁谓及著名文人苏轼，南宋曾任右司谏侍御史（宰相）、参知政事的赵鼎，南宋曾任参知政事、资政学士的李光，南宋曾任秘书少监、起居郎的胡铨，南宋秦桧死党、两浙转运副使曹泳等曾流放海南岛
	明	广东主要有雷州（今雷州）、潮州（今潮州市潮安区）、广州（今广州）、惠州（今惠州）、石城（今廉江）、高州（今高州）、徐闻（今徐闻）等地；广西有南丹（今南丹）、南宁（今南宁市）、横州（今横县）、河池（今河池）、龙州（今龙州）	

注：表格中所涉及的相关资料出自李兴盛《中国流人史》

第三章　中国流人的来源及处境

第一节　流人的来源

我国流人也经历了从无到有、从少到多，乃至成为一种社会群体的产生与发展的历程。它产生于先秦，此后至清，历朝历代都有大量流人产生。纵观整个中国流人史，流人获罪的原因多种多样，类型也是多样的。从其管制方式与惩罚程度来看，可分为驱逐型流人和管制型流人两类；从其有无刑法为依据来看，可分为没有刑法依据的流人和有刑法依据的流人两类；从其流放地域来看，可分为流放在我国历代疆域上的流人与流放在我国历代藩属国领土上的流人两类。还有一个分类角度，也是本节主要论述的方面，是就流人的来源上分析，主要可以分五类：敌对政权战争中的战俘与使臣、统治阶级内部斗争的失势者、反抗封建统治的起义失败者、因文字或语言而获罪者、因失职或犯法而获罪者。

一、敌对政权战争中的战俘与使臣

（一）先秦时代

大约在公元前2070年，禹传位于其子启，建立了我国历史上第一个朝代——夏朝。夏朝共传13代、16王。夏朝后期，由于统治阶级的残暴统治与荒淫无道，社会矛盾愈加激化。到夏桀时，统治者更加暴虐无道，导致社会更加动荡，最终使夏朝覆灭。商部的首领汤鉴于夏桀的荒淫无度，起兵征讨。商、夏两军大战于鸣条（今河南封丘东）之野，夏军大败，商军于焦门将桀俘获，“成汤伐桀，放于南巢”①，“三年后，桀卒于该地”②。夏桀是中国流人史上有文献可考的第一个流人，这揭开了中国流人史的序幕。

商朝时期的流人，除了《史记》中早有记载的太甲外，还有后来的周文王。周文王（前1152—前1050），西周奠基者。其父季历死后，继承西伯（伯爵）之位，故商朝末代君主纣时为西伯，也称伯昌。当时商纣王暴虐无道，不亚于桀。西伯却积德行善，礼贤下士。当商纣王杀害了大臣九侯与鄂侯时，西伯“闻之窃叹”③。此事被崇侯虎告讦，纣就将西伯囚禁于羑里（今河南汤阴北）长达七年之久，由于西伯的大臣闳夭等人的不懈努力，西伯终被释放，继续推行教化与仁政，为其子武王灭商打下了基础。

西周时期，我国奴隶制度得到了高度的发展。奴隶经济的高度发展，需要大批的奴隶来支撑，而获得奴隶的一个主要途径则是战争。西周统治者多次征伐四方，攻灭了许多方国部落，掠夺了大量的俘虏。如《逸周书·世俘》记载：武王灭掉99国，斩获的首级有177797个，俘虏310230人，共降服652个方国部落。这些数字客观上反映了周初战争中俘获的人数之多。由于这种作为战俘的奴隶均来自于周王朝周边的各方国部落，并非自愿，实质上是被强制迁徙而来，并从事苦役的流人。该时期，此类流人中最著名的当属蔡叔。

---

① 《尚书》仲虺之诰。

② 徐文靖：《竹书纪年统笺》卷四、卷五。

③ 司马迁：《史记》周本纪，中华书局1982年版。

东周分成春秋和战国两个时期，从公元前770年周平王东迁洛邑，到前221年秦王嬴政统一六国为止。春秋时代后期是周王室逐渐衰微与大国争霸的时期。在这期间，各国为了增强国力而争夺土地、人口以及财物，从而达到扩大自己势力范围的目的，为此各国展开了长期而频繁的激烈战争。伴随着军事行动，各国统治者相继采取了一系列的政治手段。这就决定了本时期的流人主要分为两类：一类是来自于战争的各类战俘。《史记》中有描述：公元前645年被秦军击败俘获的晋惠公、为楚成王所执的宋襄公、为晋献公所执的虞大夫百里奚，此外还俘获秦将孟明视、西乞术、白乙丙以及宋大夫华元、息妫等，这些都是典型的因战争而形成的流人。另一类是各国交聘中的人质。作为人质的流人，春秋时期就有，战国时期更多。春秋时期，这类流人以越王勾践夫妇、越大夫范蠡最为典型。此外，楚庄王十七年（前597），楚郑战争中，战败国郑伯献出子良为人质（郑伯之弟），秦穆公十五年（前645）秦晋战争中，被俘的晋君夷吾及晋国派出的人质公子子圉等，都属于此类流人。

战国时期，随着战争的不断加深，作为战争的产物，有战俘和被扣留的使臣。如楚怀王二十五年（前304），齐、魏、韩三国鉴于楚国背弃约定联秦而共同伐楚，楚国便用太子为人质，送于秦国而获救。二十七年（前302年）楚太子因打架斗殴杀死一名秦国大夫而逃归，于是秦联合齐、魏、韩共击楚。次年秦再次攻楚，取其八座城池，秦昭王约楚怀王赴秦会盟。怀王赴会，但刚入秦之武关境，即被扣留，三年后竟死于秦。该时期此类流人还有很多。

（二）秦至两晋十六国时期

秦在统一六国，经过商鞅变法后，国力日渐强盛，便开始掠夺土地，并开始有了颁布明确的刑法用于发配有罪者或政敌的记载，但发配者姓名多无文献可考。

西汉时，在对南越、东瓯、西南夷的用兵过程中，汉王朝还曾将所征服的少数民族强制迁徙内地或边远之地。如平定东越后，鉴于“东越险阻反覆，为后世患”，于是“迁其民于江、淮间”①。总之，汉王朝曾经谪发众人实边、戍边或作战。汉朝前期，匈奴曾多次南下“杀略吏民甚重”，这些被掠到匈奴之地的汉民是战争产物的流人。除此之外，在汉与匈奴的征战和交聘过程中，双方均曾扣留过对方的使臣。在这些使臣中，以苏武最为著名，这也是当时西汉时期流人的一种。

三国时期，魏、蜀、吴经过多年激战，最终蜀、吴灭亡，魏为晋所替代。蜀、吴灭亡后，有大批战俘被迁至北方（主要是洛阳），其中最为典型的就是刘禅及其宗室。刘禅于炎兴元年（263）自成都出降并东迁，至洛阳降封为安乐县公，泰始七年（271）卒于该地。吴国末代皇帝孙皓及其宗室也逃脱不了迁徙的命运。孙皓于天纪四年（280）出降并迁至洛阳，降封归命侯，晋太康四年（283）卒于洛阳。此外，还有被敌国扣留的使臣，如秦旦、公孙渊等。

两晋十六国时期混乱不断。本时期有一个特点，在学习历史知识的过程中，我们不难看出，此时流人数量两晋比十六国多，而十六国中，又以前秦较多，如晋汉之争中，晋败，汉国则除迁徙皇室、官员外还曾“驱掠士女八万余口退还平阳”②。在前燕与后赵的战争中，慕容皝曾“掠徙幽、冀三万余户”③。在前秦与前燕的战争中，苻坚曾“徙（慕容）暐及其王公以下并鲜卑四万余户于长安”④。可见本时期，因战争失败而成为流人的仍不在少

---

① 班固：《汉书》卷六，中华书局1962年版。

② 房玄龄等：《晋书》卷一百二，中华书局1982年版。

③ 房玄龄等：《晋书》卷一百九，中华书局1982年版。

④ 房玄龄等：《晋书》卷一百十一，中华书局1982年版。

数。

（三）南北朝至明时期

在南北朝期间，先后出现了九个王朝，王朝的频繁更替与不断的战争除了使得土地、财物遭到掠夺之外，人口也成为掠夺的主要对象。例如，451 年，北魏攻宋；481 年，北魏攻南齐；554 年，西魏攻梁；577 年，北周灭北齐。这些战争的规模都不小，在战争的背后，官民、百姓成为战争结果的承担者，掠夺型流人在该时期大量出现。

到了隋唐时期，陈被灭，陈后主及其国家的大量官民被迫迁徙他处。由于唐朝出现了大一统的局面，社会相对稳定，因此，敌对政权的战争减少，同时也就使作为战俘的掠夺型流人数量大大缩减。

宋朝结束了历史上五代十国分裂的局面，成为我国继唐之后又一个统一王朝。北宋初期，在对十国割据势力的战争中掠夺了大量人口。其中典型者有南唐后主李煜、后蜀君主孟昶、吴越君主钱俶、南汉君主刘𬬮、北汉君主刘继元、南平君主高继冲等，元朝派遣于宋国的使臣郝经，就被南宋扣压了 16 年之久。

辽代的先祖过着游牧生活，他们更重视武力，对刑法的约束力不太重视，所以辽代的流人主要来自于在战争中掠获的官兵或百姓。据统计，辽代被掠来的汉人，“在东北建立的州县达 50 多个”①，使得东北境域内的流人数量大增。如神册六年（921）十一月，辽太祖下古北口，“分兵略檀、顺、安远、三河、良乡、望都、潞、满城、遂城等十余城，俘其民徙内地”②。同年十二月，辽太祖“诏徙檀、顺民于东平（今辽宁辽阳市）、沈州（今辽宁沈

① 张博泉：《东北地方史稿》第 239 页，吉林大学出版社 1985 年版。
② 脱脱等：《辽史》卷二，本纪第二，太祖下，中华书局 1974 年版。

阳市)"①。天赞三年（924）五月，辽太祖"徙蓟州民实辽州（今辽宁新民县东北五十八里附近古城址)"②。《贾师训墓志》载："（东京）汉民更居者众，（中京）汉民杂居者半。"③ 可见新徙汉人之多。上京道所辖的长春州（今吉林扶余塔虎城），据《辽史》记载："本混同江地。燕、蓟犯罪者流配于此。"④ 除了上述普通流人之外，还有皇帝作为战俘被流徙东北的事例。如后晋的皇帝石重贵等及其他高官贵族。

金朝经过长期战争，占领了广大的土地，掠夺了大批财物，并且俘虏了大量战俘。一部分是官兵，甚至有皇帝及其族属，如宋之徽、钦二帝及其宗室等。另一部分是宋、辽两国无辜的平民百姓。还有出使金朝被扣留的南宋官员。在宋金和议签订前，南宋的使臣往往被扣留在北方，如洪皓、林冲之等。

元灭南宋后，曾将宋朝君臣、宗室宫人、三学之士等数千人北迁，如宋恭帝、文天祥等。

明代也有来自战俘的掠夺型流人。在元末反元斗争中起家据守江西、湖北并称帝的陈友谅，据守川蜀并称帝的明玉珍死后继位的陈理与明昇降明后，均同其家属被流徙高丽。元末据守云南的梁王把匝剌瓦尔密兵败自杀，其家属被明廷流徙高丽济州岛。洪武二十一年（1388）北元军兵败于捕鱼儿海，明廷将元嗣君之子地保奴安置琉球（今台湾），另将其亲王 80 余户安置高丽济州岛。以上都是来自战俘的流人。

（四）清朝时期

清朝入关前，战争的俘虏再次出现。这一时期的流人也是清

① 脱脱等：《辽史》卷二，本纪第二，太祖下，中华书局 1974 年版。
② 脱脱等：《辽史》卷二，本纪第二，太祖下，中华书局 1974 年版。
③ 《辽文汇》卷七，《贾师训墓志》。
④ 脱脱等：《辽史》卷三十八，地理志，中华书局 1974 年版。

代第一批东北流人。一类是在辽东战场上被清军捕获来的明朝盗参者、捕貉者或在海滨捕鱼的船上渔民等。另一类是清军从关内掠获的大量俘虏（据《中国流人史》载：清军四次远征关内，掠获人口一百一十余万）。“国初时俘掠辽沈之民，悉为满臣奴仆。”① “向来血战所得人口，以供种地牧马诸役”② 的有关记载也正说明了这一点。

在中国历史的进程中，国家的发展并非一直都是安定、平稳的，尤其是像春秋战国、三国两晋、南北朝、五代十国这些动荡不安的时代，大规模且频繁的战争使得大量战争后的失败者成为战俘，成了掠夺型流人。这种形式的流人在我国流人中占绝大比重，是中国流人的重要组成部分。

二、统治阶级内部斗争的失势者

（一）先秦时期

商朝的第一任国君汤死后，由外丙、中壬先后即位，中壬死后，太甲即位。但太甲“不明，暴虐，不遵汤法，乱德”③，因此即位三年后，伊尹将他放逐到汤的葬地桐宫（今河南虞城东北，一作山西万荣县）。

战国时代，秦孝公六年（前356）卫鞅（即商鞅）变法。变法之初，“秦民初言令不便者有来言令便者。卫鞅曰：‘此皆乱化之民也。’尽迁之于边城”④。这些被迁的“乱化”之民，实质上就是秦国统治阶级内部斗争产物的流人。另如屈原、吕不韦等。

---

① 蒋良骐：《东华录》卷四，中华书局1980年版。
② 昭梿：《啸亭杂录》卷二，中华书局1980年版。
③ 司马迁：《史记》殷本纪，中华书局1982年版。
④ 司马迁：《史记》商君列传，中华书局1982年版。

（二）秦至两晋十六国时期

秦朝历时过短，仅15年，统治阶级内部斗争失势而被迁徙者已不可考。西汉时期，随着国家的统一，外患威胁的逐步减轻，统治阶级内部矛盾日趋激化，失势者往往被流放。如汉初的梁王彭越、淮南厉王刘长等。

东汉时期的流人主要源于统治阶级内部的斗争。当时，外戚与宦官的斗争甚为激烈，后来涉及士族、官僚集团的利益，他们因此也加入了这种斗争。此外还有诸王侯与朝廷之间、外戚与官僚集团之间、后妃与后妃之间的斗争。失败的一方就逃脱不了被流放或是死罪的命运。

三国时期，吴、魏两国多有被流放者，吴国是为争夺储位，魏国是为政治利益。最后的结果不只是个人流徙他处，连其家属都受到殃及，远徙边疆。

两晋十六国时期，有“受到贾后陷害流徙许昌的愍怀太子；受桓温排挤被废为庶民流徙新安的武陵王司马晞及其三子、流徙衡阳的新蔡王司马晃”①。前秦、前燕各国也有此类流人。

（三）南北朝至明时期

南北朝时期，因统治阶级内部斗争失势而被流放者也不在少数。典型者，如宋彭城王刘义康一派失败后，仅被流放之人至少有20余人。谢灵运家属之流徙广州，宋武昌王刘浑之徙始安郡等，都是典型。② 此外北齐、北周等国这类被流放者更甚。

隋朝时期，杨广即位后，曾大肆迫害政敌及被猜忌之人。如“兵部尚书柳述之徙龙川郡、黄门侍郎元岩之徙南海；其兄杨勇被

① 李兴盛：《中国流人史》第113页，黑龙江人民出版社1995年版。

② 李兴盛：《中国流人史》第131页，黑龙江人民出版社1995年版。

害后，勇长子杨俨被杀，俨之七个弟弟均徙岭南”① 等。

唐代统治阶级内部斗争最激烈的当属武则天的夺权斗争。其间对褚遂良、长孙无忌等人的镇压是最为残酷的。此外还有几次重要的统治阶级内部斗争也产生过大批流人，主要有：中宗复辟的斗争、韦后擅权、安史之乱、永贞革新、牛李党争、反宦官斗争。

两宋时期统治阶级内部的矛盾与斗争从北宋持续到南宋，主要有：皇权之争、官员之间的权力之争、权臣的擅政及其党同伐异之争、私仇之争、改革派与保守派之争，从而产生众多流人。

辽代统治者为争夺皇权曾展开过多次激烈的斗争，出现过一批流人。最为典型的案例，则是“耶律乙辛擅权案，在乙辛擅权及失败后，反对乙辛擅权及乙辛集团中均有很多人被诛死或被流放”②。

金朝统治集团内部，改革派之间的斗争中失势者有被流徙边远之人，如孟浩、李之翰等。

元代也有人因统治阶级内部斗争失败而被流放，主要有：因谋叛事泄或已叛失败而被流放者；皇权之争中的失败者；大臣之间互相倾轧与排挤而遭流放者。如“大德年间江南行省左、右丞朱清与张瑄被人诬陷而死，其子孙流漠北等处”③。

明朝首先是皇权之争，主要有成祖的“靖难”之役：朱棣夺其侄皇位后，“杀几万人，即不杀，谪戍穷边不死于道而死于边者，又几万人”④。高煦之乱：“宣德元年八月，汉王高煦举兵反，次月失败出降，不久死。这时，宣宗大治逆党，受此案株连，坐

---

① 李兴盛：《中国流人史》第 159 页，黑龙江人民出版社 1995 年版。

② 李兴盛：《中国流人史》第 429 页，黑龙江人民出版社 1995 年版。

③ 陈衍：《元诗纪事》卷二十六，上海古籍出版社 1987 年版。

④ 李贽：《续藏书》卷七，《雪庵和尚》，中华书局 1974 年版。

死戍边者 1500 人，编边氓者 720 人”①。大礼议案，虽然不是为了争夺帝位，但由于此案及其余波“李福达狱”案株连，流放者数量也不少。其次是宦官、太监专权擅政，排除异己，打击政敌或陷害正直官员。主要的历史事件有王振乱政、曹吉祥乱政、汪直乱政、刘瑾乱政、魏忠贤乱政，统治阶级内部的斗争使无数官民成为牺牲品。

清朝顺治年间与康熙时期，有很多因统治阶级内部斗争失败而被流放到东北之人。“顺治五年（1648），二等昂邦章京索尼被贝子屯齐讦为谋立肃亲王豪格，而被安置昭陵。这是清廷入关后遣戍东北的第一个案例。康熙三年（1644）内大臣飞扬古，由于与辅政大臣鳌拜有隙，而被诬处死，其子色黑遣戍宁古塔。”② 除了这些满洲贵族内部斗争外，朝内还有汉臣的党争。到了清朝后期，因内部斗争而被流放的人依旧存在，如咸丰初祺祥政变中，兵部尚书穆荫以党附载垣而被发往军台、吏部尚书陈孚恩以党附肃顺而被发往新疆；戊戌政变后，礼部尚书李瑞棻因赞同变法而被发往新疆。

总之，不管是动荡时期，还是相对安稳的年代，每个政权的统治者都是在激烈的政治斗争中胜利的。为巩固其统治地位，不可避免地会出现集团分化，分化后的统治阶级内部间的矛盾，因各自的利益自然而然地日益激化。自古成王败寇，失势的一方自然会被杀或是成为阶下囚。作为胜利的一方，统治者通常会选择流放政敌的方式来解决后患。

三、反抗封建统治的起义失败者

在中国历史上，由于阶级矛盾与民族矛盾的激化，爆发过许

① 李兴盛：《中国流人史》第 542 页，黑龙江人民出版社 1995 年版。

② 李兴盛：《中国流人史》第 662 页，黑龙江人民出版社 1995 年版。

多规模不等的农民起义、农民战争或民族起义、民族战争等反抗封建统治的斗争。统治者为了安置被镇压下去的起义者，采取了流徙的办法。

（一）汉至两晋十六国时期

西汉武帝时，统治阶级的连年征战导致民生困苦，土地兼并现象日甚，阶级矛盾日趋尖锐，又加上天灾，致使广大农民为了生存，被迫起义，失败后有被流放者。如平帝元始二年（公元2年）江湖贼成重等二百余人起义，后来被汉招降，成重流徙云阳。① 武帝元封三年（公元前108年）“武都氐人反”，被镇压后，“分徙酒泉郡”②。

两晋十六国时期，以后赵的凉州谪卒大起义最为典型。

（二）金元明时期

金朝有移剌窝斡领导的契丹农、牧民大起义，以失败告终，参与者被流放上京等地。

元朝在与宋进行战争时，就对南方坚持抗元斗争的武装也进行了流放。如“至元二十年福建畲族人民起义领袖陈吊眼失败，其叔陈桂龙降元后流于憨答孙之地”③。

明代洪武、永乐年间，有众多起义的失败者被流放，如“洪武二十八年闰九月，靖州会同县少数民族‘常通猺贼者’男女共1252人，均徙戍山西大同；洪武二十九年三月，贵州清水江中平等寨少数民族起义，被官军俘获之500人，均谪戍三万卫；永乐十四年（1416）五月，山西广灵县民刘子进起义失败，被俘获135人，诛其首，余人免死发交阯、南丹、奉议、沙池、向武、五开、

---

① 班固：《汉书》卷十二，中华书局1962年版。

② 班固：《汉书》卷六，中华书局1962年版。

③ 李兴盛：《中国流人史》第506页，黑龙江人民出版社1995年版。

铜鼓各边卫充军"① 等。

（三）清朝时期

清朝入关后，满汉等各民族间的矛盾日益激化。以汉族为主体的各族人民进行了英勇的斗争，失败后多被流放。如顺治八年（1651）九月，浙江的汤使聘、张发才等曾密谋起义，事情泄露被捕，"依律籍没流徙"②。顺治十三年（1656）白继佐曾经充当大西军余部的"奸细"，因刺探情报，被捕后惨遭杀害，其"妻妾、子女、财产入官，父母、祖孙、兄弟解部，流徙尚阳堡"③。还有金坛通海案中被斩者多人，"配没者六十余家"④。到康雍乾年间，主要有康熙五十七年河南阕乡县亢珽等抗拒官兵的斗争，因此案发遣三姓数十人；乾隆四十九年七月，就曾决定将金积堡等地回民起义者子女两千六百余口发遣江宁、杭州、福州、广州等处，分赏驻防官兵为奴。"一次是2600余人。"⑤ 到了清朝后期，农民起义与农民战争依旧持续，与之相关者，大多被发往黑龙江或新疆为奴。

大多数王朝的覆灭，都是因其最后君王的残暴、腐化、荒淫无道、暴虐、乱政等，从而使得天下黎民苍生遭受苦难，成为无辜的牺牲品。在这样的背景下，有胆识、谋略的人便发动起义，希望拼尽最后一丝希望，能使生活安定下来。历史上的众多起义，有成功者，有失败者，失败者往往被统治者杀害或流放，从而出现了大批流人。

---

① 李兴盛：《中国流人史》第539页，黑龙江人民出版社1995年版。

② 顺治朝题本：叛逆类，第00055号。

③ 台湾"中央研究院"历史语言研究所：《明清史料》丙编第929—930页，中华书局1987年版。

④ 民国修：《金坛县志》卷十二，杂记志下·记事。

⑤ 李兴盛：《中国流人史》第639页，黑龙江人民出版社1995年版。

四、因文字或语言而获罪者

（一）秦至两晋十六国时期

西汉时，杨恽因其《报孙会宗书》中之《南山种豆》诗有“讥诮”、“怨望”语被斩，其妻子也被流放酒泉郡。

三国时期，吴国因直言进谏而被流放者，有骑都校虞翻之流徙交州、故丞相陆凯家属之流徙建安等。

（二）南北朝至明时期

南北朝时期，因此类罪名而被流放者很多。如“梁范缜之徙广州；宋刘祥之徙广州；宋严竣之死及其子辟强之徙交州；齐王逊之徙永嘉；宋何长瑜之徙广州；宋袁仲明之徙巴州”① 等。

隋朝时光禄大夫贺若弼与太常卿高颎，均被诬以诽谤朝政之罪而遭杀害，其家属徙边。

唐朝虽是一个开明、高度发展的朝代，但因文字狱获罪流放者也很多，如“扬州录事参军郑士翼‘贞观中坐怨谤，配流巂州卒’。荆州人俞文俊以上书武则天‘宜修德以答天谴’，被则天流放岭南……宪宗时，起居舍人裴潾以上表谏请宪宗不应炼丹服药被贬为江陵令。玄宗时太子左庶子吴兢修国史时，以‘书事不当’，贬荆州司马。诗人顾况以‘作《海鸥咏》诗嘲诮权贵’，被贬为饶州司户”② 等。

五代十国时期，南唐的潘佑与李平之被杀，就是因文字而获罪的，其家属徙饶州及虔州。

---

① 李兴盛：《中国流人史》第 132 页，黑龙江人民出版社 1995 年版。
② 李兴盛：《中国流人史》第 182 页，黑龙江人民出版社 1995 年版。

北宋的文字狱通常与党争相结合，如大家耳熟能详的著名流人苏轼、苏辙、黄庭坚、秦观等。乾德四年（966）进士李蔼以“诋毁释氏，辞不逊”①。南宋时期的文字狱，主要是因反对与金进行妥协或反对秦桧专制而兴起，大批人士被诬以“讥讪”而遭流放，典型者如赵鼎、李光、胡铨、张九成等。

辽代虽是少数民族建国，文化不能比于中原，但获此类罪行者还是存在的，如圣宗开泰元年（1012 年）七月“进士康文昭、张素臣、郎玄达，坐论知贡举裴玄感、邢祥私曲，秘书省正字李万上书，辞涉怨讪，皆杖而徙之，万役陷河冶”②，徙陷河服冶银之苦役。

元朝典型的案例有至治元年（1321 年）御史李谦亨、成珪因有人称其造妖言而被流徙奴儿干，至正九年（1349 年）左丞相太平谪戍陕西，御史大夫韩嘉纳也因文字之罪而流徙奴儿干，并死于此。

明朝由于直谏而获罪者更是不在少数，永乐九年（1411 年）翰林学士谢缙因其对皇室立储之事进谏，而得罪汉王朱高煦，后被诛杀，其妻子宗族被流徙辽东。此外还有王守仁等因文字、语言而被流放的诸多案例。

（三）清朝时期

清代雍正与乾隆两朝，是我国文字狱最盛行的时期，该时期此类流人被流放东北地区者居多。而就其获罪的具体原因来讲，主要涉及文字狱与科场舞弊两类案件。

1. 文字狱案

所谓文字狱，即是以“文字的缘故而构成的罪案”③，其主要

① 李兴盛：《中国流人史》第 299 页，黑龙江人民出版社 1995 年版。
② 李兴盛：《中国流人史》第 429 页，黑龙江人民出版社 1995 年版。
③ 郭成康、林铁钧：《清朝文字狱》第 9 页，群众出版社 1990 年版。

形式多涉及文学作品，获罪人员也多为文人学者。作为政治统治手段中的一部分，文字狱自古有之，并非清朝独创。随着中央集权的不断加强，文字狱在清代被推向顶峰。它存在于清朝统治的各个时期，从清初作为消灭异端思想、打击江南汉族地主阶级知识分子的重要手段，逐渐发展为政权内部党派之争、排除异己势力的工具。这些士人和当朝文官被网罗成狱，往往生者凌迟，死者戮尸，就连旁系相关者也惨遭连坐，被发配到东北地区。因文字狱而犯案的流放文人，主要有两种类型：

其一，确有反清言论、思想异端者。

清朝统治者是以少数民族身份入主中原的，而且清朝还是民族反抗情绪最强的朝代。直至确立统治后，这种民族间的隔阂与矛盾仍未化解，抗清斗争仍然持续。在镇压抗清斗争的同时，朝廷又将控制、查抄文字书籍作为打压反清思想的手段。

清朝初期被定为犯文字狱的文人，多是因私撰史书并在其中采用明代纪年的年号而获罪的。顺治初年，出身明代官宦之家的僧函可，因撰编私史《再变纪》，记述南明弘光政权抗清之事，成为清朝第一个因文字狱而遣戍东北的流放文人。

康熙时期，思想控制进一步加强，因文字狱而获罪的文人数量增多，其中较为著名的有庄氏《明史》案及康熙五十年(1711)发生的《南山集》案。《明史》案中“名士伏法者二百二十一人。庄、朱皆富人，卷端罗列诸名士，盖欲借以自重”①。因此案遭诛者七十余人，流徙东北者达百余人。康熙五十年(1711)的《南山集》案，戴名世被“著即处斩”，方孝标则遭开棺戮尸，其族属也因此案受到牵连。此案波及范围较广，为《南山集》作序、刊刻、贩卖以及往来密切者均被捕，“全活者

① 陈康祺：《郎潜纪闻初笔二笔三笔》(上)第236—237页，中华书局1984年版。

三百余人”①。

雍正时期，处理文字狱案的策略有了一定转变。从最初的直接打压，到皇帝亲自陈词规劝，以宽惩兼备的方式缓和民族矛盾，惩戒人心。这其中最典型的案件即是由曾静、张熙策反而引发的吕留良案。此案历时五年，雍正十年（1732）十二月结案，惩死者之族、宽谋逆之徒、严今人视听的特殊处理方式，成为清朝历史上一场“旷古未有”的文字狱。

其二，党派之间互相倾轧的牺牲品。

随着统治的逐渐稳固，行政机构的不断扩充，清代朝廷内部党派之间为扩充势力而相互排挤、倾轧，打击异己的现象也屡见不鲜。被借文字名义罗织罪名，成为一些政治斗争失势者的下场。文字狱也开始沦为统治阶级内部争权夺利的工具。这些涉案官员、文人虽以文字为名，但实际上是党派、权力之争的牺牲品。

顺治年间，朝廷内部党派分明，以秘书院大学士陈名夏为首的南党和以文华殿大学士刘正宗为首的北党相互对峙。朝廷借两党倾轧之机打击两党势力。如张缙彦等大量官员便成为党派之间争斗的牺牲品。

雍正年间，朝廷以年羹尧在所呈奏表中“朝乾夕惕”错写成“夕惕朝乾”为由，罗列九十二条罪状，令其自裁。在打击年羹尧的同时，也借机扫清党羽。因年党倒台而失势之人中，汪景祺就是被冠以文字狱罪名的人，其家属流徙黑龙江与宁古塔。

① 全祖望：《鲒埼亭集》第856页，文海出版社1988年版。

清代因文字狱而流放东北的文人

时间	获罪缘由	获罪人员与流徙地点	备注
顺治五年（1648）	以私撰《再变纪》	函可与其徒四人流徙盛京	
顺治十七年（1660）	因《无声戏》蛊惑人心、交朋结党	张缙彦流徙宁古塔	
康熙二年（1663）	庄廷鑨《明史》案	遭诛者七十余人，百余人流徙东北	
康熙十四年（1675）	文字狱	都本裕流徙宁古塔	
康熙五十二年（1713）	以《南山集》案	孝标之子方登峄、方云旅、方世樵等人遣戍卜魁	
雍正三年（1725）	以汪景祺《西征随笔》案	汪景祺被斩，妻子发遣黑龙江为奴，兄弟及侄发遣宁古塔	
雍正四年（1726）	因作诗谬妄获罪	翰林院侍读吴孝登发遣宁古塔	给披甲人为奴
雍正十年（1732）	以曾静、吕留良案	已故吕留良戮尸，其孙辈均发宁古塔，严鸿逵之孙发遣宁古塔	给披甲人为奴
乾隆十九年（1754）九月十二日	以所备祭器潦草及所赋之诗“抑郁无聊”	盛京礼部侍郎世臣发遣黑龙江	
乾隆二十四年（1759）	浙江归安县人沈大章以私刻逆书陷害他人	沈大章被处死，子昌明发遣黑龙江	为奴
乾隆三十二年（1767）	以蔡显《闲渔闲闲录》案	蔡必照（蔡显之子）发遣黑龙江	给索伦、达呼尔为奴

续表

时间	获罪缘由	获罪人员与流徙地点	备注
乾隆四十一年（1776）	张毅编造书词案	张智明（张毅之子）发遣黑龙江	给索伦、达呼尔为奴
乾隆四十二年（1777）十二月	王锡侯《字贯》案	锡候被斩决，其子王霖、王霈，其孙王牡飞、王灵飞、王兰飞发遣黑龙江	由斩监候减等改发为奴
乾隆四十三年（1778）八月	徐述夔《一柱楼诗》案	徐食书（徐述夔之孙）发遣黑龙江	由斩监候减等改发为奴
乾隆四十四年（1779）	以其父冯王孙之《五经简咏》文字狱牵连	冯生徒发遣黑龙江	给索伦、达呼尔为奴
乾隆四十四年（1779）	沈大绶《介寿辞》、《硕果录》案	沈昌明发遣黑龙江	给索伦、达呼尔为奴
乾隆四十五年（1780）	戴移孝、戴昆《碧落后人诗集》、《约亭遗诗》案	戴世得（戴昆之孙）发遣黑龙江	给索伦、达呼尔为奴
乾隆四十六年（1781）	僧明学编造悖逆经符案	露斯（明学之徒）发遣黑龙江	给索伦、达呼尔为奴
乾隆四十八年（1783）	乔廷英、李一《半痴解糊涂词》案	乔芳（乔廷英之子）、李慎基、李敬基（李一之孙）发遣黑龙江	给索伦、达呼尔为奴
乾隆五十八年（1793）	郭大至妄编《代宣圣谕广训》，语出狂悖	郭玉杨、郭玉开、郭玉彩（郭大至之弟）发遣黑龙江	给索伦、达呼尔为奴
嘉庆二年（1797）	程树榴文字狱案	程熼以其父牵连入狱，后被发遣齐齐哈尔	

注：表格中所涉及的相关资料，出自李兴盛《东北流人史》及《清代文字狱档》

2．**科场舞弊案**

清朝建立后沿用科举制，在全国范围内开科取士，征集才德兼备的汉族知识分子，但也因此发生了众多的科场舞弊案。其中一些人确有其罪，但同时也有一些官员、考生却因为他人的陷害而沦为无辜的获罪者。其中以顺治十四年发生在顺天、江南、河南的三次科场案最为典型。

顺治十四年（1657）发生了著名的“北闱科场案”，因此案流徙东北者不下 200 人①。在流放文人中，张恂、孙旸、陆庆曾、郁之章、诸豫均是因此案受牵而遭遣东北的。顺治年间科场风气不正，朝廷力图整顿风气，在警告汉族士人的同时，也彰显惩治科考舞弊的决心。但其中也存在借机排除政敌，诬陷成狱，使文人士子断其前程、牵连族人的冤案。

而随后发生的南闱科场案比北闱科场案打击面更大，可谓是顺治朝影响最大、惩处最为严厉的一次科场舞弊案。该案酿成了桐城方氏的第一次遣戍。当时颇具盛名的吴兆骞也因此案遭人诬告，被陷害获罪②。

值得注意的是，与其他案件不同，河南闱科场案并不涉及贿赂、舞弊之事。黄钋、丁澎二人原为考场疏忽之罪，却最终被判以流刑，遣戍东北。

康熙三十八年（1699）发生的己卯顺天科场案、嘉庆十二年（1807）浙江刘凤诰案也是典型的科场案。

3．**其他原因**

除了因文字狱、科场案外，朝廷还将一些“惟务巧饰，乖张

① 李兴盛：《增订东北流人史》第 215 页，黑龙江人民出版社 2008 年版。

② 邓之诚：《清诗纪事初编》第 387 页，上海古籍出版社 2012 年版。

立异，邀誉沽名，于职掌毫无补益，大负委任”① 的官员发往宁古塔、乌喇效力。这其中虽不乏贪污腐败、渎职之徒，但也有受人排挤、遭人诬陷而获罪的官员。典型的有陈梦雷、戴梓等。

此外，也有许多文士抗议官府弊政，遭到官府镇压，罗织成狱，发往东北。如顺治十八年（1661），因抗议知府以追粮赋杖毙诸生赵齐芳，被诬以“抗粮鼓众，退职造反”罪名，台州府诸生蔡础等 68 人，被流徙尚阳堡。

清代因科场案而流放东北的文人

时间	获罪缘由	获罪人员与流徙地点	备注
顺治十四年（1657）	北闱科场案	考官李振邺、张我朴、蔡元禧、陆贻吉、项绍芳，举人田耜、邬作霖俱著立绞，家产籍没，父母兄弟妻子 108 人流徙尚阳堡	
顺治十五年（1658）	北闱科场案	举人王树德、陆庆曾、潘隐如、唐彦曦、沈始然、孙旸、张天植、张恂、孙伯龄、郁之章、李倩、陈经在、邱衡、赵瑞南、唐元迪、潘时升、盛树鸿、徐文龙、查学诗、张旻、孙兰茁、郁乔、李苏霖、余赞周等流徙尚阳堡	
顺治十五年（1658）	河南闱科场案	主考官黄钋、丁澎流徙尚阳堡	
顺治十五年（1658）	南闱科场案	主考、同考官员方猷、钱开宗皆被处死，其家属及举人方章钺、吴兰友、张明荐、吴兆骞、钱威、伍成礼、姚其章、庄允堡同父母、兄弟、妻子流徙宁古塔	方章钺系同其父、兄全家数十口同流

① 《清圣祖实录》卷一百七十，中华书局 1985 年版。

续表

时间	获罪缘由	获罪人员与流徙地点	备注
康熙三年(1664)	顺天乡试案	刑部员外郎罗继谟，因顺天乡试所出试题有误流徙铁岭	
康熙三十年(1691)	疑考选引见有弊	行人司行人刘淑，同司正吴震方遣戍奉天	
康熙三十八年（1699）	己卯顺天科场案	修撰李蟠发遣沈阳	
雍正五年(1727)	江西乡试案	礼部侍郎查嗣庭，以主持乡试出题“失当”获罪死于狱，其女蕙纕流徙东北	
乾隆二十三年（1758）二月二十四日	在考试满洲、蒙古童生时，以附和闹场及有夹带作弊之罪	童生罗保、和安、讷拉善等发遣拉林	
嘉庆十四年(1809)	以代办监临时“徇情”	浙江学政、侍郎刘凤诰发遣卜魁	效力赎罪

注：表格中所涉及的相关资料，出自李兴盛《东北流人史》及《清朝十大科场案》。

五、因失职或犯法而获罪者

（一）西汉至两晋十六国时期

西汉时期，有因失职荐举匪人而获罪者，如黄门侍郎李寻、司隶校尉解光，因举荐方士夏贺良不当而被流徙到敦煌等。

三国与两晋十六国时期，如“魏幽州刺史杜恕由于失察鲜卑人直接带人赴州一事而被免官徙章武郡；吴大司马左军师丁奉以生前攻晋谷阳无功，家属被徙临川”① 等，获此类罪刑者，还是与政治因素有所牵连。

（二）南北朝至明时期

南北朝时期，“梁河北道总督元庆和以御魏师时‘望风退走’而徙合浦；梁轻车将军萧正德北伐时弃军而走，徙临海郡。又如北齐杜台卿以‘断狱稽迟’徙东豫州，其父杜弼徙临海镇；北魏刘藻、高聪以作战失利徙平州为民；魏杨大眼以指挥战斗失利徙营州为兵”② 等。

隋朝时期，“吐万绪是因进剿反隋起义军时‘怯懦违诏’而徙建安，柳謇之是因炀帝自辽东班师燕都时‘供顿不给’徙岭南；有的是以‘朋党’罪被流徙，如郎茂及其弟郎楚之徙且末郡；有的以‘衣冠不整’被流徙，如孙万寿之配防江南”③。此类获罪者在该时期获罪的原因不再单一，且深受政治因素的牵绊。

唐朝“高宗时，单于大都护长史萧嗣业以击突厥兵败配流桂州。睿宗时，兵部尚书郭元振以军容不整配流新州。肃宗时中书舍人贾至以抵御安史叛军兵败陷城贬为岳州司马。僖宗时汝州刺史王镣以所守城池陷于王仙芝起义军而贬韶州司马”④ 等。

五代十国时期，后梁被贬于柳州的相州刺史李思安，“是以‘供馈有阙’。后唐齐州防御使曹廷隐之配流永州，是‘以奏举失实’。后唐兴州刺史冯晖之配同州，后汉永兴军节度副使安友规之流沙门岛，是由于失守城池。南唐监军使陈觉之流蕲州、冯延鲁

① 李兴盛：《中国流人史》第 95 页，黑龙江人民出版社 1995 年版。
② 李兴盛：《中国流人史》第 132 页，黑龙江人民出版社 1995 年版。
③ 李兴盛：《中国流人史》第 160 页，黑龙江人民出版社 1995 年版。
④ 李兴盛：《中国流人史》第 181 页，黑龙江人民出版社 1995 年版。

之流舒州，是由于擅自征闽失利”①。

宋代因渎职罪而被流放者如“沈括在对西夏战争中‘措置乖方’贬随州安置；知杭州赵霆由于方腊起义军攻城时逃遁被贬吉阳军；都统制刘延庆以伐辽兵败贬筠州安置；知衡州裴廪由于征调民夫筑城时竟然冻死2000余人编管高州”② 等。

元朝，如脱马思宣慰使亦怜真以“违制不发兵”，杖流奴儿干之地。

明朝，洪武二十年（1387）七月，台州卫指挥同知陈亮由于失察倭寇入境杀掠，被遣戍云南金齿。永乐八年（1410），安乡伯张勇以从成祖北征失律而被谪戍交阯。宣德十年（1435）十月，山西行都司都指挥佥事邓英以守备“失机”，免死后被谪戍辽东。成化二年（1466）七月，“山东都指挥佥事钱能，守备偏头关时，由于失机，致使‘虏入黄甫川，杀死官十三员，军一百三十四人，掠去马匹五百三十七匹’，因此被谪戍辽东。嘉靖二十九年（1550）八月，兵部尚书丁汝夔在抵御俺答时，由于‘守备不设’而被‘枭示’，其妻流三千里，其子充铁岭卫军”③ 等。

（三）清朝时期

清军在重建辽东时，有因失职之罪被遣戍东北者，顺治时期，湖南辰沅兵备道戴国士“以失陷地方”④，则被遣戍铁岭。康熙元年（1662），卫贞元“被流徙尚阳堡”⑤ 是由于抵御郑成功大军不利之故。

---

① 李兴盛：《中国流人史》第279—280页，黑龙江人民出版社1995年版。

② 李兴盛：《中国流人史》第300页，黑龙江人民出版社1995年版。

③ 李兴盛：《中国流人史》第544页，黑龙江人民出版社1995年版。

④ 《清世祖实录》卷三十八，中华书局1985年版。

⑤ 《清圣祖实录》卷七，中华书局1985年版。

此类流人在数量上，较之前几类流人少了很多，但也不是没有，其中也不无政治因素。纵观中国流人的历史，这些因政治或个人因素失职、犯法而被流放的人，构成了中国流人史又一个不可或缺的组成部分。

综上所述，中国古代流放制度的适用范围十分广泛，几乎涉及各个方面。但除上述之外，还有许多因其他原因而被流放者，这是由各个时期特殊的历史环境所决定的。通过对流放人员来源的了解，可以从侧面了解到中国古代流放制度的发展，也可看出我国古代的流放制度随着历史的推移，其适用范围是在不断扩大的。在与边疆的民族关系上，流放制度促进了民族的融合与团结，衍生出独具特色的流人文化，使其成为中原先进文化的传播者。流人作为一个特殊的社会群体，对流放地区的发展起到了巨大的推动作用。

第二节　流人的境遇

在中国几千年的历史进程中，无数遭受了流放之刑的人中，有的家破人亡，单身出塞；有的背井离乡，全家远戍。他们艰难地走向蛮烟瘴雨、蛇虺纵横的荒徼，或冰天雪地、虎豹成群的塞外。他们在逆境中艰难地挣扎，在荒凉的边塞苦度余生。这种悲惨的境遇成了流人群体的真实写照。回看流人的境遇我们不难发现，恶劣的生存环境、沉重的劳役负担、残酷的盘剥凌辱、严重的心理摧残，这些都构成了流人悲惨的境遇。然而，正是在这样的恶劣环境下，当地百姓和官员的善待及流人们彼此互相的心理慰藉却成了流人开拓精神的不竭动力。

一、远离中原的恶劣生存环境

流人以获罪之身配遣于边荒之地，这些地区的自然环境大多十分恶劣。西北绝域与中原地区沙碛隔绝；东北苦寒之地，天寒地冻，人迹罕至；西南烟瘴之地，瘴病之气十分严重，中原人多不适应，生活条件随之恶化，病痛折磨亦是自然之事。总之，流人流放之地多是远离中原、自然环境恶劣、生存条件极差的地方。从秦至宋，流放制度经历了完全形成、向高峰发展两个阶段。随着流放制度的日趋完善，流放地的地理环境和生存环境也被统治者充分地考虑。流放地既要使流人难以逃走，又要环境恶劣以起到惩罚和威慑的作用。因此，恶劣的生存环境自然成了造成流人悲惨境遇的第一因素。

唐代大多数流人被流放于岭南地区，除岭南外还有安南、黔中、剑南等地区。唐代岭南地区湿热多雨，多为茂密的森林，树木丛生，常有毒蛇猛兽出入。地下潮气蒸发形成瘴气，损害人体健康。被流往岭南地区的流人曾有谚语云："南海黄茅瘴，不死成和尚。"唐代诗人沈佺期南贬驩州途中创作的一首五言诗《入鬼门关》："昔传瘴江路，今到鬼门关。土地无人老，流移几客还？自从别京洛，颓鬓与衰颜。夕宿含沙里，晨行冈路间。马危千仞谷，舟险万重湾。问我投何地，西南尽百蛮。"可谓道尽了流放生活的艰险，在景物描绘中蕴含着绝望和怨恨的情绪。封闭的自然环境、湿热的气候、瘴气弥漫、毒蛇猛兽，加之简陋的饮食居住条件很容易使人生病，给流人们带来了极大的生存威胁。此外，流人在戍途中仍要走漫长崎岖的山路；沿溪过河时还要防备水中毒虫等。当然，唐代也有被流放于塞北的流人，就当时一般人看来，总比流放瘴乡之人要幸运。其实，流放塞北之人，在冰天雪地、白草黄沙、缺少春风的荒寒塞外，也是苦不堪言。

北宋时，沙门岛是羁管重要流犯之流所。沙门岛离大陆海岸约三十公里，四面环海，统治者只要将附近船只加以控制，沙门岛就成了与世隔绝的蛮荒之地。被流放于沙门岛的流人生存环境亦极其恶劣。沙门岛的狱所较小，成百上千的流犯挤在狱所中，居住条件非常差，传染病蔓延。沙门岛又缺少医疗条件，造成大量流犯受病痛折磨致死。流犯的饮食条件也极其恶劣。由于宋廷规定每年供给沙门岛三百流人的官粮，而沙门岛的流犯人数远远超过三百，沙门岛的流犯粮食经常无着落，被饿死的流犯很多。沙门岛的寨主李庆曾在两年内就杀了七百人，以保持三百人之数。可见沙门岛的流犯生命毫无保障。

在金代，大批被掠去的汉人从中原背井离乡，被迫迁往遥远荒凉的塞外，长途跋涉，迎风雨忍饥寒。“比到燕山，无论贵贱壮弱，路途之遥，饥饿之困，死者枕藉，骨肉遍野。”① 从燕京至上京，路途更为遥远险阻，死者自然也就会更多。这些人到了上京，其所处的生存环境也是十分恶劣的。被掠的普通妇女没有生活来源，只能作为娼妓得以生存。普通人民被卖为奴隶，甚至可以用之换马。富戚子弟降为奴隶，每日受到鞭抽毒打，五年之内，十人当中生存下来的不足一人。上京之地自然条件较为恶劣，冬日寒风刺骨，风雪交加。在这样的自然条件下本就生存十分困难的奴隶更是雪上加霜。身价不如牲畜，饱受毒打酷寒之苦，生命被视如草芥，这就是金代流人的生存状态。

至于元代流人的命运，与金代差异不大，沦为奴隶、失去人身自由，甚至遭到统治者的屠戮。明代的流人，有安置、迁徙、为民，其中最重要的是充军。前三种流人人数较少，处境稍好。但占绝大多数的充军之人，其遭遇亦甚悲惨。由于明代法律规定，备办军装等用品要充军者自理，押解由里递负责。这笔花费可使人倾家荡产。充军者不仅要承受经济上的苦楚，更为严重的是要承受来自身体的伤害。在押送途中，要备尝虐待之苦。押解者“虑其逃逸”，又为“掩有其资”，对军犯“多严刑重锢迫之死”②。

① 徐梦莘：《三朝北盟会编》卷九十八，上海古籍出版社2008年版。

② 《明宣宗实录》卷一百零七，台湾“中央研究院”史语所1962年影印本。

军犯本是刑余之人，身带刑具，长途跋涉已是不堪，加之酷暑严寒，百般虐待，自然更加无法忍受，死于途中者甚多。

清代的流人，在流放前要经历官府的审讯，在审讯中要遭受杖刑，还要承受枷号之刑。起解时，要乘囚车、身带枷锁。这一系列刑罚让流人承受了残酷的身体伤害。本已身弱命危的流人，在流放途中，路途遥远颠簸、饱受风霜酷日之苦，加之病痛折磨，有的流人就在途中死去。所幸到达流放地的流人也逃脱不了恶劣的生存环境。一般来说，流放东北之人多来自江南世家。初到东北的他们无论是对恶劣的自然环境还是对艰苦的生活条件，都有着极大的不适应。

首先，东北边塞的严寒，与这些流人文人原有生活环境的气候形成了巨大反差。如宁古塔地区，“自春初至三月终，日夜大风，如雷鸣电激，尘埃蔽天，咫尺皆迷”①。四季皆若冬，“八月雪，其常也”②。流放文人来到此地，往往白天赤脚踏冰，夜晚单衣无眠。

其次，东北地区在清代初期被称为荒徼，由于明清战争对城镇的破坏，加之入关后满人内迁，当地人口不断减少的同时，土地荒芜，城镇衰败，社会经济日趋落后。这与中原地区发达的城镇、繁荣的经济形成了鲜明的对比。函可就曾在《初至沈阳》一诗中以“牛车仍杂沓，人屋半荒芜”的诗句来描述东北地区的萧条景象。东北地区，“千里荒野，人烟稀少，野兽成群，虎狼出没”③，且住所简陋。文人出身的吴兆骞初到宁古塔，饮水只能凿冰取之，常常以水煮稗子果腹充饥。

再有，当差的流人忙于种田、打围、烧炭等，没有半刻休闲

---

① 吴桭臣：《宁古塔纪略》，《知服斋丛书》本。

② 方拱乾：《绝域纪略》，《说铃》本。

③ 张杰、张丹卉：《清代东北边疆的满族（1644—1840）》，辽宁民族出版社2005年版。

的日子，完全丧失了人身自由。充当水手的流人“出而摇橹，入而运桨”，迎着风雨，忍受饥饿疲劳。为奴人犯的流人经常遭受毒打，饱受身体摧残。普通出身的流人如此，至于出身官员或仕宦家庭的流人往往也是苦不堪言。顺治十四年（1657），吴兆骞乡试中举，不久却发生了震惊朝野的“南闱科场案”，主考官被处死，一大批考生受到牵连。吴兆骞“为仇家所中”，遭人陷害，含冤下狱。最后“审无情弊”，仍被发配到极边之地宁古塔。宁古塔的生活异常艰辛，冰天雪地，饥寒交迫。这对于从江南富裕家庭里走出来的吴兆骞来说，不能不说是很大的考验。为了这件案子，吴家已经一贫如洗了，他只能以粗粮为食，冬天还要亲自拿斧头敲凿冰块来取水。生活的艰辛和困顿不过是对于肉体的小小折磨，精神的孤寂与苦闷更使得吴兆骞痛苦不已。“寄羁臣之幽愤，写逐客之飘踪。”吴兆骞有时候只能够用诗句化解心中的苦闷。饥寒交迫的流人还要受到自然条件的挑战。东北地区冬季苦寒，冰天雪地，流人与虎狼为邻，有的甚至被虎狼所食，生存环境十分恶劣。

另外，乾隆十四年（1749）被发往军台效力赎罪的姚介石曾在谈到其处境与生活的艰苦时说道：“树木不生，鸟兽绝迹，悲风昼夜呼号，飞沙朝夕霾雾。饮惟酪，食惟膻，毳幕荒凉，孤身寥寂，冰山雪窖，酷冷奇寒。”① 此外，为了使这些流犯遭受艰苦与折磨，达到“立法惩奸”的目的，清廷的法律对他们及其子孙也做了种种专政的规定，从而使他们及其子孙世世代代沦于悲惨的境地。流放地不仅仅环境恶劣，还存在语言不通、饮食生活困难等诸多不便。这使得大多数流人生活困苦，精神抑郁。在精神的压抑下，有些流人时常或与僧侣论佛，或习老庄，试图使痛苦得到某种解脱。亦正由于巨大的文化心理差异，流人虽身在流放，而心却一直向往回归。沈佺期《初达驩州》“搔首向南荒，拭泪看

① 姚元之：《竹叶亭杂记》卷六，中华书局1982年版。

北斗。何年赦书来，重饮洛阳酒？”可见他们常盼望赦书的到来。

二、苦不堪言的沉重劳役负担

流人的悲惨境遇中除了要面对艰苦的自然环境外，更加悲惨的是他们还要承受沉重的劳役负担。被流放的人员中，绝大多数都被投入各种生产和生活领域，从事着无止境的无偿劳动。他们中的大多数人在政治、经济与社会生活中没有任何地位，甚至只能被当作会说话的牲畜来役使，最终不是被折磨死，就是惨遭杀害，有的妇女甚至还成为殉葬的牺牲品。

我国先秦时期之流人主要是出于战俘的管制型（少数为驱逐型）流人，其社会地位同于奴隶社会中的奴隶，因此其服役状况虽然由于文献无征而不得其详，但沉重的程度不言而喻。秦代后，随着流刑（流放制度）的形成与发展，对流人的管理与控制也愈趋严密，流人的服役负担也更加沉重。东汉时规定，流人要派员吏押送，流人到戍所后，不仅行动受到约束，还必须服役，即“居作”。到南北朝时期，随着流放正式被列入五刑之中，并成为死刑之下的一种刑罚，对流放者的管理措施也愈趋完备与严密。如判刑时就规定该人至戍所后为民或为兵。重要的流犯至戍所后，白天服役，夜间要住地牢。隋代随着《开皇律》的制定，更趋于严密并一直为后代所遵行的流放制度分成三等，流“一千里居作二年，一千五百里居作二年半，二千里居作三年”。

唐代，《唐律疏议》规定“诸犯流应配者，三流俱役一年”，而加役流居役三年。居役结束，一般就要附籍当地为民，终生也不能回原籍。辽、金、元三朝由于通过战争、凭借武力夺取政权，因此其刑法带有浓厚的奴隶制色彩。辽金时期，大批被掠的汉人从中原背井离乡，被迫迁往遥远荒凉的塞外，多为贵族的奴隶，被安排从事牧马、执炊、冶炼等苦役。他们终年劳累疲惫，不得休息。另有些被俘的“能执工艺”自食其力者处境要好些。至于元代流人的命运，同辽、金没有区别，同样是任人宰割的牲畜，没有任何的人身保障。

明代盛行充军刑，充军犯人要终身服军役。如果是永远充军的犯人，则该犯死去后，还要从该犯原籍近亲中勾发人员来补充，永远没有尽头。在明代处罚流人的安置、迁徙、为民、充军等刑罚中，最重要的就是充军。按照明代法律规定，备办军装等用品，要由充军者自理，押解由里递负责。这笔巨额的花费，足可使人倾家荡产。据载，“每军不下百金”①。明廷还规定，云南卫所军士是“七分屯种，三分操备”，辽东军士是“八分屯种，二分戍逻。每军限田五十亩，租十五石”②。其他地区也大同小异。可见充军者绝大多数要作为屯田军，承担其所充之地的屯田任务，向明王朝缴纳巨额的屯粮。少数要作为军士，承担戍边或作战的任务。所谓“军士多以罪谪戍”③，这些军士就包括屯田兵与戍边兵。此外还有的戍卒在铁矿或盐井中服苦役。

到了清代，原来充军所要充发的卫所被渐次裁废，充军犯人也被发配到各地州县来管束，“充军”之制从而变得有名无实。正如清代律学家吴坛在《大清律例通考》中所说：“今军罪虽较重于流，但别其籍贯外，并无另有差徭及勾丁补伍之例，实与流罪无别。”流犯与军犯中如有带挟微资并有一定手艺者，交由当地地保守管，任其自谋生路；其中少数有力的犯人分拨各衙门若干名，充当苦役，每日支付口粮银 2 分，供其维持生活；其他贫穷无手艺者，以到配所日为始，一年之内，按其妻子名数，日给口粮。

① 张廷玉等：《明史》卷九十二，兵四，中华书局 1974 年版。

② 《明宪宗实录》卷二百四十四，台湾“中央研究院”史语所 1962 年影印本。

③ 《明宣宗实录》卷一百零七，台湾“中央研究院”史语所 1962 年影印本。

令该督抚于州县存储仓谷项下，动用报销，一年后不给。有蜂递地方，交与驿站头目管束，令其当差；无蜂递地方，公用夫役之处，令其充当，均给以应得工钱。军流等犯年逾60不能食力者，照例拨入养济院，按名给予孤贫口粮；年未60而成笃疾者，亦应一体拨给。清朝发遣人犯在到配后，一般由该地将军、都统按照所属地方大小分别安插，以防过分集中，不易管理。经过将军、都统的分别安插和均匀派拨，遣犯即开始了服刑生活。在漫长的刑期内，清廷规定他们主要从事的劳役有三项：种地、为奴、当差。

发遣为奴是流放处罚形式中最重的一种，是仅次于死刑的重刑，主要体现在发遣为奴这一惩罚方式上。为奴实际上是清代入关前的奴仆制度的延续，在入关之后，又结合前代的统治手段，将其正式法律化，制度化。为奴人犯作为主人的奴婢，无论是政治地位，还是生活待遇，均处于社会的最底层，毫无自由可言。

当差是对遣犯惩罚的另一主要形式，它主要指的是充当各种杂役。遣犯根据身份不同，分别承担不同种的差役。清前期发往黑龙江、吉林当差的罪犯种类较多，旗人多在蜂站、官府、官庄等地方从事一些杂役，而民人则从事一些艰苦的差使。康熙年间，因与俄罗斯作战需要，曾将大批遣犯编入当地驻防军和水师营，让其当兵，充当水手夫役。以后，凡是熟悉水性的遣犯大都发往黑龙江、宁古塔等处，充当水手当差，成为惯例。乾隆时期随着遣犯转发新疆，东北地区的发遣当差人犯变成以旗人和各种有身份之人为主，一般民人发往东北地区当差者逐渐减少。外遣新疆的遣犯当差，所干的仍是最苦最累的工作，从事采煤、炼铁等工役，还有的从事拉纤、渡船、护堤、挖渠、烧窑等工作。总之，充当苦差的遣犯所干的各类劳役，以当时的服役条件言，多是既艰苦又危险的。

清朝在没有完全平定新疆时，就在安西、哈密、巴里坤一带进行屯田，进行过遣犯屯田的试点工作。此后，在乌鲁木齐、伊犁等地进行了更大规模的以兵屯为主的屯田，让遣犯种地的役使形式也全面推广开来。种地遣犯到配后，大部分被分发到各绿营兵屯组织中种地。

由此可见，清朝的流人到达戍所后，通常被派充各种苦差，遭受惨无人道的折磨与奴役。当时发往东北的流犯多“安插驿站、水手、官屯、边台”，这就是所谓的屯丁、营丁、站丁，其中安插于官屯、官庄中的犯人最多。发遣新疆者，除军屯外还有人安置到矿场、铁厂、铅厂、铜厂、台站，充当各种苦差。不论种地，充当水手、站丁，或从事采矿冶炼，都是苦不堪言。顺治年间流放至宁古塔的吴兆骞曾在谈及官庄之苦时说：“一年到头，不是种田，即是打围、烧石灰、烧炭，并无半刻空闲日子。”① 可见一进官庄，便被束缚在土地上，没有了人身自由。安置在水师营中的水手“出而摇橹，入而运桨，晚则守大壑之藏舟，风雨晦明，饥饿疲劳，此亦生人之至苦也”。至于匠役们则“操斧斤柄凿，日不遑食，调之修公廨，役之缉库局，虽岁时不辍也，此亦生人之至苦也”。而帮丁要出银或米给水手，至于拿不起银米者，“则畜之以为厮役，如卖身然，此又人生之至苦也”②。可见充当水手、匠役、帮丁等都是人生“至苦”之事。发往东北安置为屯丁、水手、匠役、帮丁的流人是艰苦的，而发往西北从事屯垦、采矿、冶炼、拉纤、坐台的流人，也是苦不堪言。沉重的劳役负担构成了流人的又一悲惨境遇，然而等待他们的除了身体上的劳役之苦，更有物质上的残酷盘剥与心灵上的严重凌辱。

① 吴兆骞：《归来草堂尺牍》康熙三年春寄母书，黑龙江大学出版社2010年《东北流人文库》本。

② 张缙彦：《域外集·兀者王化龙传》，黑龙江大学出版社2011年《东北流人文库》本。

三、遭受极为残酷的盘剥凌辱

物质上残酷的盘剥和精神上严重的凌辱是流人悲惨境遇的又一真实写照。流人到达成所后，还要遭受大小官员的盘剥与凌辱。如金朝时期，将宋室宫廷中的“内侍、内人均归酋长，百工、诸色各自谋生，妇女多卖娼寮”。至于普通人民，则被卖为奴隶或以之换马。据记载，运到“夏国易马，以十易一。又卖高丽、蒙古为奴，人二金”。也就是说一个人的身价仅值二金，十个人的身价才等于一匹马的价钱，说明被奴役者已经卑贱到不如牲畜的地步。妇女的命运更惨，“分入大家，不顾名节，犹有生理；分与谋克以下，十人九娼，名节既丧，身命亦亡”。身价不如牲畜，生命视如草芥，这就是金代流人的处境。

元代，被掠的南宋战俘，至北方后，许多妇女分嫁给当地工匠。许多宫女被强迫出嫁，“相看泪交垂”，“强颜相追随”。明代流人也受到残酷的盘剥与凌辱。《明史》载，充军者“至所充之卫，卫官必索常例”钱，甚至公然抢夺。关于这一点，连明朝统治者也不讳言，明宣宗道：“近闻管军者，悉贪暴武人，谓其初来，必挟重资，遂欲夺之。无则横加虐害，多致使逃窜死亡……”还有更甚者，有的官员还任意霸占充军者随来的妻女。如成化十年（1474）辽东都司都指挥吴俊，因看上一军卒之“妇色美”，便“逼通之”。有的充军者甚至被官员任意打死，也无人敢过问。又如洪武年间，发往云南永昌的戍卒叶景和，14 岁时随父母自南京赴戍。途中押解官千户“欲私其母，不从，凌辱备至”，其父被虐待而死。千户想置景和于死地，景和逃回南京告了御状。结果千户虽被惩治，但景和及其母仍被解充戍。由此可见，充军者从起身到戍所，都遭受艰苦与凌辱。

清代对流放者的盘剥与凌辱程度较前代有过之而无不及。清朝规定："务令家主严行管束，断不许勒索赎身及任听在外居住。"① 为奴之犯既无人身安全保证，那么"严行管束"就意味着自由完全被剥夺。同时还规定，为奴之犯在受迫害与凌辱时，不准采取自卫手段，否则就予以严厉惩处。开始只要押解公文上无"一并为奴"字样，案犯的妻子还可以从法律上免于为奴。但乾隆时期又改定"为奴之妻子，一并给与原赏之人为奴"②。于是无辜之家属，备受株连。更有甚者，为了图占流人之妻女，从而将其丈夫、父母杀死。流人妻女在流戍途中，或在戍所，随时随地都可能遭到监押官员的凌辱、奸污。由此可见，流人命运之悲惨。当然，这些流人中，有极少数人，如一些高级官员，或有名气、有才华学识、有特殊社会地位或交游的流人，他们到戍所，得到当地官员的照顾，处境较好，但这种人毕竟为数甚少。物质上残酷的盘剥和精神上百倍的凌辱，让流人们的境遇变得更加悲惨，也让他们的心理上受到了严重的摧残。

四、备受煎熬的严重心理摧残

中国古代文人常有"士可杀而不可辱"的义利观念，在流人群体特别是流放文人群体的悲惨境遇中，严重的心理摧残成了他们最难逾越的心理障碍。广大的流人由于各种原因被统治者流放于边远地区，这些流人或在烟瘴之地，或在荒凉沙漠，或在苦寒之地，在对抗各种恶劣环境的同时，不仅要承受各种苦役、盘剥，更要遭受来自心理上的摧残。随着流放制度的完善，对于流人的管理、惩罚方式就越多、越详细，而流人遭受的心理摧残也就越严重。

---

① 《清仁宗实录》卷一百七十六，中华书局1985年版。

② 《清高宗实录》卷七百二十二，中华书局1986年版。

西汉年间的普通流人到指定戍所后，在不准随便离开戍所的前提下，可以享受与该地百姓同样的待遇。这只是在流人行动上加以规范，流人还可以如同百姓一样，所以流人的心理落差相对比较小。然而到了隋代，流放者除了要按等杖决，还要“枷锁传送”。

宋代出现了流人需要刺配的刑法。无论是枷锁还是刺配都给流人设置了一个明显的流人标志。尤其是刺配，无论被刺配的流人走到哪里，脸上都带有犯罪的标志。这无疑会遭到周围人的格外关注与歧视，同时也造成了流人自身心理上的自卑。枷锁和刺配使流人不仅要承受身体上的伤害，更是要承受来自人格被侮辱以及自卑心理所带来的伤害。金代，大批的汉人被掠到上京，境遇悲惨。被掠的广大妇女有的沦为娼妓，有的则分给大臣部下。长期以来宋代理学对于人们影响十分深远，饿死事小，失节事大，已经成为了妇女的社会准则，宋代妇女视名节为生命。然而被金人掠来的广大妇女迫于来自各方面的压力不得不打破自身的认定的准则规范从而沦为娼妓或他人之妻妾。这对于她们来说内心是十分痛苦的，面对名节已失以及困窘的生活，她们会从内心产生深深的自责感。面对礼义廉耻的准则，她们无奈的选择也使其人格遭受了莫大的侮辱，这种心理上的挣扎、自责无疑给她们的心理带来了巨大的伤害。被掠到上京的普通民众，则沦为奴隶，通常以他们换马，他们的身价甚至还没有马高，卑贱到连牲畜都不如的地步，毫无人格而言，其心理上的人格自尊备受打击。悲惨生活，使他们承受恐惧和忧虑，进而失去了生活的希望。

清代的流人数量超过前代。乾隆时又规定流人为奴的妻子也同为原赏人之奴，从而使无辜家属备受牵连，举家沦为流人被流放于边疆地区。很多流人的妻子、儿女在折磨与病痛中死去，然而活着的人只能眼见他们死去却束手无策。本就因自己而受牵连的家人又因为自己的无力帮助而死去，从而会使活着的流人从内心感到深深的自责、愧疚，承受这种无法解脱的心理摧残。清代流人被流放的边疆地区，往往是荒凉地带。官宦家庭出身的流人被流放于这些地区，艰苦的生活环境和流放前富裕的生活形成鲜明对比，使这些流人产生了巨大的心理失落感和心理落差。本来就人迹罕至加之人生地不熟，这些流人很容易产生孤独和寂寞感。这种精神上的孤寂与苦闷，使他们内心痛苦不已、倍感煎熬。

综上所述，我国流人被流放到边远地区，不仅要面对恶劣的自然环境，同时还要在这种恶劣环境中承担各种军役与苦役，更要遭受残忍的盘剥与凌辱，更为严重的是来自心理上的摧残。因此说流人的处境是十分悲惨的。在努力适应悲惨境遇的同时，有些流人也获得了当地百姓和官员的善待，还有流人之间互相的慰藉，这些都成为他们对我国边疆地区开发做出巨大贡献的不竭动力。

五、百姓官员善待和流人互慰

在流放的历史长河中，这些身带刑具，心受摧残的流人们在承受着繁重劳役，在忍受着极端恶劣自然环境的同时，与之相对的是有些流人却受到了当地百姓、官员的尊重甚至优待。这种当地百姓的善待恰恰从另一个侧面证明了流人在忍受痛苦同时自强不息的奋斗精神及所做出的贡献。一般来说，边疆地区的百姓及官员虽然文化水平相对中原较低，但却极为重视博学的流放文人。“宁古塔满洲呼有爵而流者曰哈番。哈番者，汉言官也。而遇监生、生员亦以哈番呼之。盖俗原以文人为贵。”① 方拱乾在《绝域纪略》中也曾有这样一段描述：“八旗之居宁古者，多良而淳，率不轻与汉人交。见士大夫（流人）出，骑必下，行必让道，老不

① 杨宾：《柳边纪略》卷四，民国《辽海丛书》本。

荷戈者，则拜而伏，过始起。”可见当地的满洲居民十分尊重这些流放的文士。甚至，当地的官员也都想方设法减免流放文人的一些差役。安珠虎任宁古塔副都统时期，怜悯这些文弱之人生活的艰辛，允许以一石粮食抵消其劳役。吴兆骞就曾受到宁古塔将军巴海、副统帅安珠虎的优待，不但“特免田租”①，减免差役，并给他以生活上的救济，而且还设法帮其捎带家信、银两和衣物等。在康熙七年（1668），“特许优复”，使吴兆骞获得了自谋出路的机会。因南闱科场案获罪的回族官员丁澎，也曾得到盛京将军的关照，才免于饥苦。因嘉庆年间科场案获罪的刘凤诰，在遣戍齐齐哈尔后，“自将军下逮佐校，咸宾敬之”②。除此之外，这些获罪的流人也经常参加当地官员的家庭宴会，甚至与主人同饮于一席，他们中的一些人还曾担负起为官员教导子弟、参谋政务的任务。方拱乾在《绝域纪略》中曾记载：“栅内即八旗所居，当事则厚待士大夫，请旨居士大夫于栅内，余人则散居诸屯。”当地的满族官员聘请他们担当书记或子弟之师。吴兆骞、杨安城等人就曾被聘，教习将军子弟。而康熙二十年（1681），巴海将军更决定聘请吴兆骞，“将以为书记，兼管笔帖式及驿站事务。订于九月中合家迁乌喇（今吉林市）”，兆骞“颇以为喜”。后因“还乡诏下，乃不果”③。当地百姓与官员的善待成了流人境遇的一个特殊之处，这些也为流人生活质量的相对提高和精神上的积极向上提供了相对良好的外部环境。

除了当地百姓与官员的善待，流人之间互相的慰藉也成了流人乐观向上的重要原因。相同的志趣，较高的文化修养，悲惨的遭遇，仕途的坎坷，使身处逆境之中的流人惺惺相惜，在苦难中

---

① 吴兆骞：《秋笳集》卷六，黑龙江大学出版社2010年《东北流人文库》本。

② 民国《黑龙江志稿》卷五十七。

③ 吴振臣：《宁古塔纪略》，《知服斋丛书》本。

相互慰藉。流人心灵上的互相慰藉也成了他们自强不息及与命运斗争的不竭动力。同被流放到辽东的戴梓、陈梦雷、杨瑄，处境相似，原均为翰林官员，现在都以获罪之身惨遭流放。苦苦支撑之余，他们吟诗唱和互相慰藉。桐城方氏父子与同案获罪的才子吴兆骞，在狱中及遣戍途中建立了深厚的情谊，来到宁古塔后互相照应。流放文人在塞外流人社会中，成为了不同于一般刑事案犯的较为特殊的独立群体。即使自身赦归，也将挚友托付于戍所内挚交关照。回到故地仍怀故友，去信询问近况，做力所能及的援助。张缙彦在被遣戍途中就曾受到友人丁澎的援助，来到宁古塔后与方拱乾、吴兆骞、钱威、姚其章等人建立了深厚的友谊。而函可过世后，其友郝浴，为其料理后事，并为其建辽阳千山舍利塔。郝浴赦归后，仍不忘在其家乡与其弟子一道为其立肖像。

恶劣的生存环境、沉重的劳役负担、残酷的盘剥凌辱、严重的心理摧残，这些都构成了流人悲惨的境遇，然而正是在这样的恶劣环境下，百姓的善待和流人们彼此互相的心理慰藉，却成了流人开拓精神的不竭动力。“天行健，君子以自强不息”，这些获罪的流人在自身遭遇悲惨境遇的同时，却在当地官员的善待下，在流人之间互相的慰藉下，为开发边疆、发展经济做出了自身的贡献。回顾流人的境遇不难发现，这些流人群体虽经历了艰苦的环境和沉重的劳动，但仍百折不挠以坚韧的毅力谱写了开发边疆的浓重一笔。

第四章　流人群体的历史贡献

流人作为中国古代一个特殊的群体，在特定的历史时期、特殊的地域之内为经济的发展、军事的强盛、文化的传播和民族的融合做出了突出的历史贡献，发挥了重要的历史作用。大量获罪的流人，他们远戍到自然环境恶劣的边疆地区，一方面在身体上承受着繁重的耕作与放牧任务和十分艰辛的力役折磨，另一方面还要承受精神上的拷问与摧残。然而即使流放带给了他们身体上和精神上双重的折磨，他们中的一部人依然用自己羸弱的身躯和坚强的意志为流放地区的发展做出了特殊的历史贡献。他们或引进生产技术，繁荣边疆经济；或戍守边疆，抗击外来侵略；或启迪蒙昧，传播中原文化；或增进交流，促进民族融合。他们在社会经济、军事防御、文化发展和民族融合等方面做出了卓越的历史贡献。

第一节　引进技术，繁荣边疆经济

在社会经济方面，引进先进的生产技术、繁荣边疆经济是流人群体做出的首要历史贡献。广大的流人颠沛流离到达流放之地，在这里他们苦心经营，从事农耕、冶炼等繁重的劳作。在长期的劳动和生活中，将先进的生产、生活方式带入流放地区，有力地促进了边疆地区的农业发展、手工业进步、城镇的兴起和经济贸易的繁荣，为边疆地区的发展繁荣奠定了坚实基础。流人及其后代为祖国边疆地区的社会经济发展做出了不可磨灭的贡献，并在三段历史时期内产生了繁荣边疆经济的三次高潮。

一、元代以前流人对社会经济发展的贡献

在不同的历史时期流人群体对农业的发展做出了重要的贡献。宋代之前，流人在经济上的作用，一方面体现在边塞军屯的吏士（即流人）对边疆土地的开发、农业生产的促进方面；另一方面也体现在商业贸易方面。如西汉的王章被害后，其妻子徙合浦郡，曾“采珠致产数百万”，这就是以珠贸易之结果①；唐代武后期间，裴伷先流庭州后，以经商为生，储积货物，待价而售，五年之后，赢利数千万，有“黄金、骏马、牛羊，以财自雄”，甚至还招致并养了门客数百名。② 这些流人所从事的商业贸易活动，对谪所的商业不能不起到促进作用。又如柳宗元贬谪柳州时，曾“教之植木、种禾、养鸡、蓄鱼，皆有条法”，以至出现了“民益富”的状况，从而促进了当地经济的发展。③

辽金时期，流人在促进经济发展以及城镇开发方面做出了很多贡献。辽代的流人，多为各级契丹贵族的奴隶，多安排从事于农耕，如后晋出帝石重贵及宫嫔、内官等一二百人北徙后，安置于建州，辽廷割给他们寨地五十顷，耕作以生。被俘的帝王是如此，普通人民更是如此，还有些流人被安置到工矿部门，从事冶炼工作。圣宗时，秘书省正字李万，就是因为在上书中“辞涉怨讪”被流放到泽州的陷河，从事冶银的苦役。另有些被俘的技艺人，从事织纴工作。这样，广大流人的艰辛劳动，促进了辽代农

① 班固：《汉书》卷七十六，王章传，中华书局1962年版。

② 欧阳修等：《新唐书》卷一百一十七，裴炎传，中华书局1975年版。

③ 刘斧：《青琐高议》前集卷二，刘子厚补遗，上海古籍出版社1983年版。

业、冶炼业、纺织业的发展。此外，辽代时大量流人的集中，也促进了城镇的建立与繁华。据张博泉先生考证，辽时“就以上京、中京、东京三道而论，因新徙中原汉人而建置的府州县达五十左右”①。可见流人的大量增加，促进了东北许多城镇的诞生。同时，流人的大量增加，也促进了东北城市的繁荣。如当时的上京西楼，“有邑屋市肆，交易无钱而用布。有绫锦诸工作、宦者、翰林、伎术、教坊、角觝、秀才、僧尼、道士等，皆中国人，而并、汾、幽、蓟之人尤多”②。可见西楼已经很繁华了，这与流人数量上的激增是分不开的。时间进入金代，20余万流人的“实内地”对东北地区尤其是黑龙江地区经济的发展起到了很大的促进作用。在这20余万人中，工匠及农民占了绝大比重。工匠与农民的北徙，将中原先进的冶炼技术和先进的农业生产方式带到东北地区，直接促进了东北手工业与农业的发展。女真族在建国之前已经开始炼铁，建国后在汉族先进技术的影响下，冶铁业有了明显的进步。黑龙江阿城五道岭地区，曾发现一处规模较大的金代冶铁与冶矿遗址。“这儿是以五道岭为中心，从开采、选矿到冶炼的一系列生产过程完整的冶铁基地。根据采凿规模估计，从这些矿井中已采出四五十万吨铁矿石。”③ 规模之大与冶铁技术之精湛，反映了冶铁业的长足进步。此外，东北许多地方的金代遗址中，还出土有大批铁器，其中铁犁的形制与大小，多不相同，这是适应开荒、翻地、起垄、播种、中耕等不同作业的需要而制作的。多种规格的铁犁大量出现，促进了农业的进步与田间经营方式的改进。当时的农业，不仅大量使用了铁犁等铁器，而且还使用了牛耕与水碓。金代王寂于章宗明昌元年（1190）提点辽东路刑狱，出巡

---

① 张博泉：《东北地方史稿》第239页，吉林大学出版社1985年版。

② 欧阳修：《新五代史》卷七十三，转录胡峤《陷虏记》，中华书局1974年版。

③ 范寿琨：《金代东北的汉人》，《社会科学战线》1986年第2期。

辽东时，写有《辽东行部志》。在该书中有描写牛耕之诗与见到水碓的记载。水碓就是凭借水力舂米的机械工具。以上牛耕与水碓的采用，反映了农业与农产品加工业的发展。在以游牧业为主的边疆，能出现这样先进的耕作方式与加工设备，肯定是中原技术影响的结果，而其中的传播者，又必定是北徙的中原工匠与农民。农业生产力的提高，必然促使粮食产量的提高。据金章宗明昌四年（1193）统计："上京、蒲与、速频、曷懒、胡里改等路，猛安谋克民户计一十七万六千有余，每岁收税粟二十万五千余石，所支者六万六千余石，总其见数二百四十七万六千余石。"当时是"收多支少，遇灾足以赈济。"① 宋朝使臣许亢宗于宣和七年（1125）出使金朝，经由咸州，再北行时，见"州地平壤，居民所在多成聚落，新稼殆遍，地宜穄黍"②，一片农田兴旺的景象。总之，上述情况均说明了冶铁业与农业的发展。此外，手工业技术与造船技术也有了大幅的提高。当时成套的农具、生活用品及精致的手工艺品，均能制造。最后，商业贸易也得到很大的发展。金建国之初，"无市井买卖，不用钱，惟以物相贸易"③。可是至正隆二年（1157）"初铸铜钱"④，承安二年（1197）又改铸银币，名"承安宝货"。到泰和六年（1206）又陆续出现了"小钞"、"交钞"等纸币，这种情况充分反映了贸易的迅速发展。总之，金代冶铁、农业、手工业、造船与商业的发展，与大批北徙的工匠、农民是分不开的。

---

① 脱脱等:《金史》卷五十，食货五，中华书局1975年版。

② 许亢宗:《宣和乙巳奉使金国行程录》，崔文印《靖康稗史笺证》本，中华书局1988年版。

③ 许亢宗:《宣和乙巳奉使金国行程录》，崔文印《靖康稗史笺证》本，中华书局1988年版。

④ 脱脱等:《金史》卷五，本纪，第五，中华书局1975年版。

二、元明两代流人对社会经济发展的贡献

元朝统一中国后，“内而各卫，外而行省，皆立屯田，以资军饷”①。在全国11个行省都设有屯田，在周边各地也都设有屯田，其中有的屯田就是以流人屯种。如1319年，鉴于奴儿干流犯过多，运送囚粮有困难，元廷曾决定将这些流人中罪轻者改发肇州“屯田自种”。这样，既解决了军饷之不足，又开发了土地，促进了农业的发展。

明代，在社会经济方面，流人主要促进了农业的发展。明初，辽东的驻军粮饷主要靠海上运输予以接济，后来鉴于海运困难，就采取军屯的形式，就地解决。当时的军士是“八分屯种，二分戍守，每军限田五十亩，租十五石”②。通过这种形式，辽东的垦地面积有了增加，粮食总数也很大。所谓“边有储积之饶，国无运饷之费”，“各卫仓廪充实，红腐相因”③，排除其夸张的因素，也可以看出明代前期辽东之富庶。而这一点正是与充军者（流人）的功劳密不可分。至于云南，洪武十五年（1382）平定不久，明廷便下令在部分地区进行军事屯田，以解决军粮之供应。到洪武十九年，明廷根据西平侯沐英的建议，正式定云南屯垦之制。二十年九月，又诏令沐英，设置军营，“令谪徙指挥、千百户、镇抚管领，自楚雄至景东，每一百里置一营屯种，以备蛮寇”。而且规定，卫所军士，“七分屯种，三分操备，盖以七人所种之谷养三

① 宋濂等：《元史》卷一百，兵志三，中华书局1976年版。

② 《明宪宗实录》卷二百四十四，台湾“中央研究院”史语所1962年影印本。

③ 陈子龙等：《皇明经世文编》卷六十二，请屯田以复旧制疏，台联国风出版社1968年版。

人”①。先是，在平定云南的同年，明廷就“令天下卫所，凡逃军既获者谪戍云南”②，于是云南的流人激增不已。至洪武二十年（1387）六月，仅金齿一卫，充军的“奸儒猾吏，累犯不悛之徒”已经“不下余万”，再加上其他各类充军的人犯，当在数万。由此可推知整个云南流人之众多。他们及他们的后裔，三分戍边，七分屯田，经过世世代代的辛勤劳动，开发了云南边陲。到正德年间，已经形成了“诸卫错布于州县，千屯遍列于原野”③ 的壮观局面。其实，当时流人对土地的开发，不仅限于充军到军队的犯人，而且也包括安置到驿站中的刑徒。如洪武二十四年（1391）年八月，明廷决定在云南置永宁至沾益邮传四十八，鉴于无邮卒，就“以谪戍军士应役，每十铺置百户一人总之，就屯田自给”④。可见这些流人构成的驿夫、邮卒的“屯田自给”，也是扩大耕地面积的因素之一。总之明代流人对社会经济发展的促进作用，主要体现在农业方面。但其他方面也有，如遵化的冶铁业与云南的盐井都投入了大批流放的犯人进行生产，这说明明代流人对冶铁业与制盐业的发展具有不可低估的作用。

三、清代流人对社会经济发展的贡献

由于东北地区地处边远，交通相对闭塞，其经济发展速度较中原地区相对缓慢。加之少数民族长期聚居于此，原始的生产方式、生活方式普遍存在。明清战争使得本就不发达的东北地区更

① 《明太祖实录》卷一百八十五，台湾“中央研究院”史语所 1962 年影印本。

② 《明太祖实录》卷一百四十八，台湾“中央研究院”史语所 1962 年影印本。

③ 正德年间所编《云南志》卷二。

④ 《明太祖实录》卷二百一十一，台湾“中央研究院”史语所 1962 年影印本。

加萧条、荒凉，战争及满族的入关使得该地区人口迅速减少。在清朝统治者带有实边目的的遣戍措施指导下，“当是时中土之名卿硕彦，至（宁古塔）者接踵”①。随着大批流人的迁入，东北地区的人口逐渐稠密起来。流放文人作为流人中的一员，对于东北地区的发展，也起着很大的促进作用。他们在引入中原先进的生产技术的同时，改变着少数民族落后的生活习惯，使当地人民的生活条件得到了较大的改善。

第一，农业生产技术的改良。大批流人向东北地区的不断遣戍，有清一代从未间断过。清朝初年，清廷遣戍流人到辽东的目的，即是垦荒屯种，实际效果也确实使辽东地区社会经济得以恢复，使东北地区的农业快速发展。在东北地区，当差之犯多安插在官庄、驿站、水师营之中。这些庄丁、站丁、营丁，均拨给土地，使之耕屯自给。这些流人开垦了大面积的土地，为农业的发展奠定了基础。整个东北，除了齐齐哈尔一带是沙碛之地外，奉天、宁古塔地区都是土地肥沃。随着官庄数量的增加，大片的荒地得到开发，垦地面积也不断扩大。乾隆元年（1736），东三省所属的 267 处官庄，上缴粮食 69891 石。② 东北地区土壤肥沃，自然条件较好，宁古塔“虽山蔬野蔌，无不佳者”③，奉天地区更是“土地肥美”④。但是，东北地区的土著居民多习游牧，不谙农事，农业耕作技术也相对落后。开发较早的宁古塔地区是较原始的“火田法”：“一岁锄之犹荒也，再岁则熟，三四岁则腴，六七岁则弃之而别锄矣。”⑤ 齐齐哈尔附近的蒙古地区，耕作技术更为落后。“蒙古耕种，岁易其地，待雨而播，不雨则终不破土，故饥岁

---

① 杨宾：《杨宾集》伍敬玉五十寿序，浙江古籍出版社 2012 年版。

② 李兴盛：《增订东北流人史》，黑龙江人民出版社 2008 年版。

③ 吴桭臣：《宁古塔纪略》，《知服斋丛书》本。

④ 王一元：《辽左见闻录》，清抄本。

⑤ 方拱乾：《绝域纪略·土地》，《说铃》本。

恒多。雨后相水坎处，携妇子、牛羊以往，毡庐孤立，布种辄去，不复顾。逮秋复来，草莠杂获，计一亩所得，不及民田之半。”① 但是流人来后，把内地先进的耕作技术带到这里，内地的操作，“分休闲、轮作二法。若沙碱地则用休闲法，每年耕作一分，休闲一分；至轮作法最为普遍，即高粱、谷子、黄豆之类，每三年轮作一次。又名翻茬”②。这样，粮食的产量提高了，“大垧十亩得粮四五石，多者七八石”③。

在改良耕作方法的同时，流人随身携带种子，引进稻种，使农作物种类有所增多。在流人流入之前，东北地区仅“有粟，有稗子，有铃铛麦，有大麦”④ 四种粮食，被流放的文人在流放之时，素闻边地荒凉，多携带蔬果粮种，以备耕种。流放文人在自家院内皆种瓜菜，吴兆骞家也如此。流放文人张缙彦曾谓：“近日迁人，比屋而居，黍稷菽麦以及瓜蓏、蔬菜，皆以中土之法治之，其获且倍。”⑤ “习稼还思教稼人”，在他们的熏陶下，当地百姓也开始仿种。这使东北地区的蔬果品种有所增加，小麦、秫、黍、稷、高粱、荞麦等农作物也在边地出现。

清代流人也被发遣到西北地区，在这里促进了农业的发展。清廷安排遣犯在西北的一些地区屯田，从而促进了西北地区的土地开发。在这些遣犯中有很多人掌握着各种先进的农业生产技术，随着他们的戍边，必然将这些先进的农业生产技术带到西北地区，促进了这一地区农业生产技术的改进，进而促进了粮食产量的增加。

---

① 方式济：《龙沙纪略·饮食》，乾隆《述本堂诗集》家刻本。

② 张伯英：《黑龙江志稿》卷十六，黑龙江人民出版社 1992 年版。

③ 《续文献通考》卷八，田赋，浙江古籍出版社 2000 年版。

④ 方拱乾：《绝域纪略·树畜》，《说铃》本。

⑤ 张缙彦：《域外集·宁古物产论》，黑龙江大学出版社 2011 年《东北流人文库》本。

第二，流人促进了当地的手工业与冶铁业的发展。清初边疆，尤其是东北地区的吉林、黑龙江及新疆地区，不仅农业落后，而且手工业也极为原始，而流人的戍边大大地改变了这种状况。流人来到东北地区教会了土著居民建屋室、熬蜂蜜、制蜡烛等。尤其值得一提的是，“齐齐哈尔出碱，城东有碱厂，流人相聚煎晒，通行吉林”，这是黑龙江制碱业产生之始。此外，新疆还设立了许多铁厂、铜厂、铅厂、船厂，其中充当苦役之人都是遣犯。这些流人都为该地区的手工业的发展做出了贡献。

第三，流人的遣入，还促进了商业的发展，表现在商业贸易的繁荣上。东北地区商业极不发达，特别是宁古塔一带，百姓过着自给自足的生活，虽物产丰富，却不善经营。而流放文人受江南地区发达的商品贸易的影响，有着较强的商品意识。流放文人中的一些人为谋求生路，将携带来的物品用以贩卖，以布帛交换鱼皮为生。有些“流人辟圃种菜……四月后上市鬻之”，以种菜贩卖劳动产品为生。当时流人的贸易活动有三种方式：一是将自己从关内带来的物品与当地人交易；二是将自己的劳动产品卖出；三是将关内之物贩运到东北地区卖掉。康熙年间，流人从商者甚多，宁古塔地区“凡东、西关之贾者皆汉人”。当时在东北流人中，“文人富则学为贾，贫而通满语则代人贾，所谓掌柜者也”①。以至于东北地区，凡是流人戍所均出现了集市，城镇因此而繁荣。宁古塔地区的集市上，“南方珍货，十备六七，街肆充溢，车骑照耀，绝非昔日陋劣光景”②。“流人之善贾者，皆贩鬻参貂，累金千百，或有至数千者。”③ 可见宁古塔商贸繁荣之景象，也可见流

---

① 杨宾：《柳边纪略》卷三，民国《辽海丛书》本。

② 吴兆骞：《秋笳集》卷八第226页，黑龙江大学出版社2010年《东北流人文库》本。

③ 吴兆骞：《秋笳集》卷八第226页，黑龙江大学出版社2010年《东北流人文库》本。

人的到来，促进了东北商业贸易的发展，东北商业贸易的发展同时带动了城镇的繁荣，数年后，宁古塔宛若“华夏之风景”①。流人的商业活动，繁荣了城镇经济，也提高了当地人的生活水平。

梳理流人群体对社会经济的发展贡献不难发现，宋代、元明两代和清代是流人促进经济发展的三个高潮期。在漫长的岁月中，中国历代的流人都在被谪戍的边疆地区苦心经营，引进新的生产技术与生活方式，发展边疆经济。他们或经营贸易，或从事农耕，或从事手工业，从而促进了边疆地区商业、农业、手工业的发展，为边疆地区的社会经济发展做出了诸多贡献。

第二节　戍守边疆，抗击外来侵略

在军事方面，流人群体在戍守边疆、防御外来侵略方面做出了重大历史贡献。在中国历史上统治者出于惩罚、威慑的目的通常把广大流人流放于远离中原的偏僻之地，这些地方或是蛮荒沙漠，或是与世隔绝的孤岛，抑或是塞北的冰天雪地。广大的流人流放于此，开始了流放生活。他们在这里生存繁衍，他们以及他们的子孙后代在这些土地上辛苦劳作，惨淡经营。为开发祖国的边疆，戍守、保卫祖国边疆做出了巨大的贡献，进入清代，伴随着西方列强的入侵，流人更在戍边之外肩负起了抗击外来侵略的重要作用。

一、流人的戍守边疆作用

秦代及秦代之后，随着国家的统一、疆域的辽阔，戍边的任务严峻起来，而流人保卫边疆的作用也日益明显起来。因为自秦

① 吴振臣:《宁古塔纪略》,《知服斋丛书》本。

至南北朝府兵制出现之前的这一历史时期，边塞驻军的吏士“皆以罪过徙补”①，也就是说都是以流人补充的，所以大量军队的戍边，实质是大量流人的戍边。据此就可以推知流人在戍边中的巨大作用。

明代，流人遣戍到边疆后，主要安置于军队中，除了军屯，就是戍边。如洪武年间苏州知府费良弼谪戍昆明后，“至则擐甲执殳，日登陴，风雨罔懈”②。正德年间，前兵部尚书刘大夏遣戍肃州后，遇到团操，他“辄荷戈就伍”。有的官员怜他年老，劝他不要出操。他道：“军固当役也。”③ 可见充军者，“荷戈就伍”，是其本职。他们来到边疆，就是荷戈戍边。这样，他们对边疆的保卫做出了很大的贡献。在东北地区，明朝统治者在经营黑龙江下游地区时，经常派出辽东官军，携带大批物品前往奴儿干地区，去做安抚工作。每次前往所承载的大批船只，都是在吉林船厂督造的，而造船重任又是由军士承担的。现在吉林市临江的阿什哈达大队，还保留着两块由刘清勒石的摩崖碑，就是明代流人为开发与保卫东北边陲所做出的重大贡献的真实记录。此外，为了抗击倭寇入侵，保卫边疆安全，有些流人还直接参加了战斗。永乐十七年（1419）六月，流人与辽东各族人民，曾在望海埚一战，大败倭寇，将千余名倭寇“擒戮尽绝”，此后，“倭不敢窥辽东”④。由于倭寇的入侵，涉及整个沿海地区，因此其他沿海地区的驻军也承担了抗倭的任务。如洪武二十年（1387）六月，明廷就曾“命凡指挥、千百户、镇抚谪戍（浙江宁波）昌国卫者，咸出海捕

① 范晔：《后汉书》卷六，顺帝纪，中华书局1965年版。
② 光绪修《昆明县志》卷六下。
③ 张廷玉：《明史》卷一百八十二，刘大夏传，中华书局1974年版。
④ 张廷玉：《明史》卷三百二十二，日本传，中华书局1974年版。

倭，以功赎罪”①。这是谪戍官员的出海捕倭。由上可见明代流人在戍边中，对于边疆所起到的保卫作用。

二、流人抗击外国列强侵略的作用

清代，流人在军事上的贡献就更为突显。东北与西北地处边陲，西北与俄相邻，东北与俄、朝相接壤，而隔海与日本为邻，尤其是面对沙俄的侵略，边务就成为了贯穿有清一代的突出问题，而正是基于这样的历史原因，流人除了以往的戍守边疆之外，更为抗击侵略做出了极大贡献。

黑龙江流域与西伯利亚相邻，地处边疆，地理位置重要。自明崇祯十四年（1641）起，沙俄就不断侵入我国东北边境，抢劫财物，杀戮百姓。顺治九年（1652），清廷开始派兵进行征剿。出于抵御边患的需要，防止哥萨克人与俄罗斯人对东北边境的侵略。在当时边境兵源不足的情况下，康熙三年（1664），宁古塔将军巴海奏请，征调流人中的“强壮者”为兵，这其中也包括一些流放文人。他们或是服役军中，或是服务后勤。清代统治者在反侵略战争中建立起来了吉林水师营与黑龙江水师营，由巴海发起的流人参军制度，在宁古塔将军管辖下的宁古塔、船厂、白都讷三个戍所内实行。其中的水手、帮丁、匠役，以及黑龙江火器营中的营丁，还有林兴珠统率的藤牌兵，均是由流人充役的。这些人在两次雅克萨战役中充当了主力军，大败俄军，为保卫祖国的领土与安全做出了重大贡献。文人出身的杨越、祁班孙、李兼汝、伍谋公、杨骏声、陈卫玉等流人，均曾于康熙三年二月去吉林乌喇，充当过水兵。吴兆骞后来就曾在宁古塔将军巴海身边担任书记。

① 《明太祖实录》卷一百八十二，台湾“中央研究院”史语所1962年影印本。

清朝初期，在巴海将军的带领下，曾一度出现“漫道射雕多健卒，只今文士习弓刀”① 的局面。

雅克萨战后，清廷加强了边防建设，还曾将东南沿海抗清斗争失败的渔民即所谓“洋盗”，发往东北，充实水军。如康熙五十二年（1713），“海贼”陈尚义等百余人“归诚”，清廷将其“内有熟识水性之人……归并盛京金州地方，著设立水师营”②。此外，还有的东北流人充当站丁或驻防兵，从事戍边、筑城之役，其功绩也是很大的。

东南与西北的流人对于捍卫祖国领土主权，抗击外国列强侵略势力也做出了重大贡献。在鸦片战争中，清廷征调许多流人投营抗英，其中有些人因“效力”出色，战后被“免罪”赦回。《清宣宗实录》道光二十二年（1842）十月二十一日载：“谕内阁：（两广总督）祁埙等奏，官犯及军、流、徒各犯在广东军营投效出力，恳恩准予免罪等语。已革山东知县廖炳奎，著加恩准其免罪释回。所有军、流、徒各犯罗凤祥等二百三十五名，及军犯孙培英、梁济川、陈文学、刘延陇等四名，均著加恩，准其免罪释回……至已革外委梁思升……不准其免罪释回。”显然，这近240名流人是在抗英斗争中表现突出而被赦归的。

道光二十七年（1847），在外国侵略势力支持下，张格尔之侄发起叛乱，攻陷喀什，进围英吉沙尔等地，这时有遣犯数千人随清军作战，事后得以归赦。据《清宣宗实录》载，道光二十七年十一月二十一日，“以随征（喀什）回匪出力，释回（伊犁）遣犯一千一百七十四名”③。同年十二月初三日，“以轰击英吉沙尔贼

---

① 吴兆骞：《秋笳集》卷三第102页，秋日杂述，黑龙江大学出版社2010年《东北流人文库》本。

② 《清高宗实录》卷二百五十五，中华书局1985年版。

③ 《清宣宗实录》卷四百四十九，中华书局1986年版。

匪……释回遣犯九名”①。道光二十八年（1848）五月十七日，“以派赴巴尔楚克防堵出力，释回遣犯五百名”②。可见这次平叛之役，至少有大约1700名流人参加。后来在咸丰初年平定倭里汗叛乱之役中，清廷又曾征调了1300名遣勇出征。③ 以上史实，都从不同角度彰显了中国历史上的流人在开发边疆、戍守边疆、反击外国列强侵略等方面所做出的不可低估的贡献。

第三节　启迪蒙昧，传播中原文化

在文化方面，流人群体特别是流放文人群体扮演了启迪蒙昧，传播中原文化（实质是以中原文化为主体的多民族文化综合体的流人文化）的重要历史角色。中国历代流人的流放地一般都是远离中原的偏远地区，这些地区文化教育落后于中原。流人的到来为这些地区的文化事业注入了活力，流人将中原的先进文化带到这些地区，不仅传播了中原先进文化，而且促进了边远地区文化事业的发展。

宋与宋代以前，有些流人到边远地区，以授徒为生，或者以兴建学校，推行教育为宗旨。三国时，虞翻徙交州后，仍是“讲学不倦，门徒常数百人”④。唐代柳宗元至永州后，许多人向他求学，他总是循循善诱，诲人不倦。韩愈到潮州后，兴办学校，挑选州人赵德为师，又拿出自己的俸钱作为学生的伙食补助与办学经费。他们都促进了当地教育事业的发展。流人中的一些学者，到戍所后，从事过学术研究，或撰写过许多学术著作，从而促进了边区学术的进步。在史学方面，东汉的蔡邕在朔方曾为编写

---

① 《清宣宗实录》卷四百五十，中华书局1986年版。

② 《清宣宗实录》卷四百五十五，中华书局1986年版。

③ 曾问吾：《中国经营西域史》第314页，商务印书馆1936年版。

④ 陈寿：《三国志》卷五十七，虞翻传，中华书局1982年版。

《汉史》进行研究工作；唐初李大师到西会州后，为编写南北朝史曾做过大量准备工作。在地理学方面南北朝时沈怀远徙广州，写有《南越志》。在哲学著述方面，虞翻在徙所写有《老子训注》、《国语训注》等。宋代理学真正的奠基者二程中的程颐因故发四川涪州编管时，曾传播了理学学说，并完成了《易传》一书的编纂。流人中的许多文人，在流放途中及抵达戍所后，就异乡的山水、景物、民风、土俗、名胜、古迹、物产及流人的生活，写了许多诗文著述。从先秦至两宋期间的流人队伍中，涌现出大批诗人与作家，创作出了大量诗文。这期间典型的诗文集有屈原的《离骚》与《九章》、李白的《李太白全集》、苏轼的《东坡集》等。这些诗作及有关著述，为研究我国僻远之地，尤其是边疆的历史文化，提供了大量信实的第一手资料，具有很高的史料价值。同时从文学欣赏与研究角度来看，也具有很高的文学价值。流人来到流放地，还带来了先进的医术与医药知识，从而改变了当地“以巫为医”的风气，起到了既移风易俗又造福于人的作用。这期间，这类流人典型者首推苏轼，他至海南岛后，曾研究出《荨草药》等十几种医方，并制作了辛凉解表的中药淡豆豉等药方，加以传播与推广。

辽、金、元三代流人中的知识分子，对各地文化交流及边远地区文化教育的发展也起到了促进作用。他们之中有的曾授徒，如被元人扣留于河间府的家铉翁，就曾设馆授徒，“以《春秋》教授弟子，数为诸生谈宋故事及宋兴亡之故”①。这些都成为流人史上的佳话；有的人还写下了大量的诗文，编纂了许多文学或学术著述，如辽代王鼎在戍所写的《焚椒录》，宋代蔡儵的《北狩行录》、洪皓的《鄱阳集》与《松漠纪闻》，元代汪元量的《水云集》等都全部或大部分写于徙所。

---

① 脱脱等:《宋史》卷四百二十一，家铉翁传，中华书局 1974 年版。

明代，流人在文化方面，促进了文学、学术与教育的发展。边陲地区，文化教育落后于中原。而流人中有许多士人，即知识分子，来到边疆后，或潜心治学，或著书立说，传播了中原文化。此外，他们在戍所写了许多诗文，或抒发怀人思乡的抑郁心情，或歌咏塞外的风光景色与民风土俗，不仅具有文学价值，也具有很高的史学价值。可见流人对文学与学术所起的促进作用。洪武年间，同戍临安府的韩宜可、王景均博学多才，工于诗文。遣戍金齿卫的刘寅，工诗文，精医学，有《武经直解》、《伤寒脉赋》等。另一遣戍金齿卫的高苹，也是品学兼优之人。谪腾冲的祝璀，也工诗文，尤善《易》。万历年间的学者谢肇淛曾称上述四人“流风余韵，至今人能道说之”①，可见他们的影响。辽东流人的著述，有朱善的《辽海集》、夏良胜的《东戍录》、陈循的《东行集句》、刘济的《革书》等，都是产生于辽东或与辽东有着直接联系的诗文著述。此外，洪武初遣戍兰州的“金城三老”，丁晋有《樵云集》，沈绎有《绘素集》、《芝轩馀兴》，杨志善善属文，惜其集不详。兰州“精医术，善吟咏”的流人陈质有《瓦瓿集》。② 谪戍甘肃的名将郭登有《联珠集》、肃州的刘大夏有《东山集》。谪戍海南琼山的李思迪有《海滨子集》，谪戍雷州的李璋有《南戍稿》，戍徐闻的汤显祖有《玉茗堂集》等。尤其应该指出的是，一代学者王守仁在贬为贵州龙场驿丞时，创立了阳明学说。尽管这种学说的宗旨是为统治阶级服务，而且后来也的确为明清统治者所承认与利用，但毕竟影响是重大的，曾经风靡两京，一度成为古代社会正统思想程朱理学的异端，并成为我国哲学史上一个颇为重要的流派。还有些流人到边疆后，以授徒为生，对边疆教育的发展做出了突出贡献。在东北地区，刘琦居沈阳十余年，“讲学不

---

① 谢肇淛：《滇略》卷六，《四库全书》本。

② 道光修《兰州府制》卷十，人物志。

辍”；王时中在铁岭卫“日以教授生徒为事”；胡世宁到戍所后“训诲生徒，学者宗焉”；黄正色也是“日以课子为业，辽右多士，咸师事之”；尤其是辛浩，谪戍辽东后，受学者很多，造就了诸如丘霁、周正等一批人才。在西南地区，洪武三十年董伦谪为云南教官，当时“云南初设学校，伦以身教，人皆向学”①；李彦成云南澄江，“邑人多从受学”；王昭成云南澄江之河阳，“教授生徒，多所成就”；王昙充军昆明，“县人延为塾师教授甲闬”；祝璀成腾冲，以授徒为业，后赦归，由于“从学者攀留，遂家焉”；王景与韩宜可谪戍云南临安后，此地“文教始开”，从而形成了“人沐诗书忆二贤”的局面。② 在文化方面，流人的作用还有很多，洪武年间谪戍云南大理的金润甫为武安王庙绘制壁画，天启年间人称“大理之绘画，自润甫开始”③。这是流人在绘画方面的影响。流人坚持的儒家道德观念和礼仪制度，对边疆较为落后、原始的风俗，也会起到移风易俗的作用，所谓流人后来，“夷俗化之”、“风俗为之一变”等颂语，固然有溢美、夸张的因素，但也包含了很大程度的客观事实。

清代少数民族聚居的东北地区，满族的“龙兴之地”，出于对“祖宗肇迹兴亡之所”的保护，清朝统治者自从康熙六年（1667）起，在严格控制汉人向东北地区流入的同时，也极力维护满洲“国语骑射”的传统。因此，东北地区接触中原文化的机会较少，特别是宁古塔地区，地处绝域，人迹罕至，对于文化典籍的了解则更是稀少。而流刑下的文人群体的到来，却改变了东北地区的文化面貌。他们将大量的汉族文化典籍携带而来，躬亲地传播着中原文化知识，在吟咏诗赋，结成文社的同时，致力于对这片土地的研究与记载。将中原文化与当地文化相结合，衍生出独具特

① 张廷玉:《明史》卷一百五十二，董伦传，中华书局 1974 年版。
② 道光修《云南通志》卷一百九十八，杂著二，丁炜《临阳纪事》。
③ 道光修《云南通志》卷一百七十。

色的流人文化，从而开创了东北地区地方文化发展的新局面。

清代流人的数量较多，规模也较大，流人在文化上的贡献也较明显，主要表现为以下方面：

一，流人在流放地教学授徒，促进了当地教育事业的发展。"流人通文墨，类以教书自给"①，"贫而不通满语则为人师"②，这种现象是东北流人的一个显著特点。当时流人中有的被聘为私家教习，受教的大多是官家子弟，宁古塔将军巴海之子，就曾拜吴兆骞为师。而吕留良后裔第二次改徙卜魁后，也从事授徒教书。章太炎先生谓"齐齐哈尔人知书，由吕用晦后裔谪戍者开之，至于今用夏变夷之功亦著矣"③。郝浴至铁岭后，建有银冈书院讲学授徒，这是东北地区的第一座书院。陈梦雷、李召林等均以授徒为生。此外，还有些流人被当地官员聘为书院讲师，如朱履中曾于吉林乌喇主讲"白山书院"、王性存于齐齐哈尔主讲"经义书屋"等，致使吉林"彬彬弦诵，文教日兴"，齐齐哈尔"始有弦歌之声"④。许多流人出关时，带去了各种书籍，予以传阅，促进了书籍的传播。吴兆骞出关时"赁牛车载所携书万卷"⑤。方孝标流徙时，携带了《资治通鉴纲目》等书籍，杨越也携有《五经》、《史记》、《汉书》等书。周长卿携有《杜工部诗》、《字汇》、《盛京通志》等。这些典籍流入东北为中原文化的传播起到了促进作用。

流放文人的到来，使官学、私学得到扩充，改善了东北的教育状况。在促进东北地方文化与中原文化交流中，起到了桥梁纽带的作用。

二，清代的流人组建诗社，主要见于清初的东北。这些被流

① 西清：《黑龙江外记》卷七，《渐西村舍汇刊》本。
② 杨宾：《柳边纪略》卷三，民国《辽海丛书》本。
③ 章炳麟：《太炎文录续编》，上海书店出版社1992年版。
④ 杨钟义：《八旗文经》卷二十三，辽沈书社1988年版。
⑤ 杨宾：《柳边纪略》卷三，民国《辽海丛书》本。

放的文人学者在流放后，面对恶劣的环境、命运的悲惨，在逐渐适应当地生活的情况下，努力找寻着生存的希望。他们或吟诗结社，或著书立说，甚至对当地的历史遗迹颇感兴趣，在这白山黑水之间，寻找着人生的乐趣。因此，流人中的文人学者，在教书、经商、当差之余，或长歌当哭，抒发自己的思乡怀人之感；或登山临水，歌咏塞外的山水景物；或访问故老，收集佚闻；或凭吊古迹，考察旧俗，从而写出了许多诗文或学术著作。他们的诗歌，感慨苍凉，悲壮幽怨，有着与盛唐边塞诗不同的特点。

顺治年间，在盛京兴起的东北地区第一诗社——冰天诗社即是由流放文人函可发起的。诗社成立后，32名成员在戍所，结伴吟诗，咏景伤怀。康熙初年，宁古塔地区，也出现了由张缙彦发起的“七子之会”，成为黑龙江地区的第一个诗社。清末齐齐哈尔地区，出现了流人王性存发起的“梅花”、“菊花”两个诗社。文人诗社的建立，激发了这些文人的创作热情。典型的诗文集有：方拱乾的《何陋居集》与《甦庵集》，吴兆骞的《秋笳集》与《归来草堂尺牍》，函可的《千山诗集》，张缙彦的《域外集》，陈之遴的《浮云集》以及孙旸的《蔗庵集》等，这些诗集基本均是在流放期间产生的。这些流放文人描绘边地风情的诗篇，为研究东北历史文化提供了重要的史料依据。文人诗社的成立对日后东北文学的发展起到推动作用。

三，流放文人在吟咏性情的同时，努力发掘地域文化，探访遗迹。这一时期涌现出了由流放文人撰写的许多私家笔记、文集、历史地理著作，记录了边疆的历史沿革、风土民俗、山川物产等，为流放地留下了宝贵精神财富，也为后人研究边区的政治、经济、文化、军事、民族提供了信实的第一手资料。所谓“绝域无文献”，在流放文人到来以前，很少有反映与著录这些戍所的学术著述。但流人到来之后，却发生了变化。方拱乾在赦还后，仍对戍地风貌念念不忘，写有《绝域纪略》（《宁古塔志》）之著述。张缙彦则对宁古塔的山水源流进行详细考察，作《宁古塔山水记》。方式济的《龙沙纪略》从方隅、山川、经制、时令、风俗、饮食、贡赋、物产、屋宇九个方面，介绍了当地的自然情况及风土人情。此外，重要的学术著述还有：吴兆骞之子吴桭臣的《宁古塔纪略》、杨宾的《柳边纪略》，均是在对边地风貌的考察、探访后，编纂成书的，从而为边疆史地的研究提供了翔实的资料。

值得提出的是，方拱乾、吴兆骞、张缙彦三人还曾先后对唐代渤海国上京遗址进行过考察。此时流放文人眼中的“东京”即是唐代渤海国上京遗址。其中，张缙彦游览“东京”后所撰的《东京》与方拱乾的《宁古塔志》记述了城内遗址概况及周边风貌。吴桭臣、吴兆骞等人的著述中也对该遗址有所提及。这些都为考古学家研究渤海国提供了重要历史资料。在为后人提供大量文献参考的同时，张缙彦等人也参与到对文化遗址的保护工作中，康熙九年“东京”城内石佛佛首脱落，张缙彦、吴兆骞、钱威三人将其修复。① 此外，一些流放文人深得地方官员的器重，得以发挥所长，参与到方志的编修工作中。原为翰林院编修的陈梦雷在编纂《盛京通志》的同时，又先后审定了《海城县志》、《盖平县志》等志书。

四，流人既是中原文化的传播者，又是中原中医药及艺术的传播者。清代，东北地区土著人，大多不懂医术、草药，当地少数民族信仰萨满教，认为跳神可以驱邪除病。流人到来后，改变了这种情况。因为流人中有许多善于医术、识别药性者。陆庆曾流辽东后，“家赤贫，业医自给”。宁古塔的陈志纪也曾“以医自活”，乌喇王贞仪及其祖父同样是善于医术者。再有，西北流人也有善于医术者，以雍正年间遣戍阿尔泰军营的陆生楠与陈学海为典型。陆生楠所带财物被人骗走后，“遂以岐黄术寄食于营中”。

---

① 李兴盛：《增订东北流人史》，黑龙江人民出版社2008年版。

而陈学海“尤精岐黄术，在戍所所全活甚多”①。

流放文人大多博学多才，有擅长或喜欢音乐、美术、舞蹈、戏剧及棋艺之人，他们通音律、善书画，给塞上注入了新的艺术气息。流放文人张缙彦遣戍东北，其随行歌伎不下十人②，给当地的歌舞、音乐注入了新的活力。王化龙则更是“能吹洞箫，其声呜呜然”。流放文人多善书画者。方拱乾之子方亨咸，“精于小楷，兼善山水”，是当时著名的书法家、画家。因顺治丁酉科场案获罪的张恂，精通绘画，也是清代著名的画家。刘凤诰不仅“文博通于古今”③，同时善书法，杨瑄也是著名的书法家。流放文人程煐所创作的《龙沙剑传奇》即是黑龙江第一部戏剧集。

在长期的文化教习、艺术熏陶下，东北地区原始、落后的文化局面得到很大改善。康熙二十八年，流人杨宾感慨道，宁古塔地区“只今风俗变，一一比皇畿”。

回顾不同时期流人的文化传播作用不难发现，流人启迪蒙昧、传播文化的方式可谓多种多样。在教育、书籍之传播、著书立说、文人结社、音律书画、医术、医药学等方面均起到了促进的作用，同时他们也博得了当时人与后人的颂扬。但这里仍然需要说明的是流人将中原先进文化带给边疆等荒寒之地，并不是说边疆等地对流人本身，乃至中原文化没有产生任何的影响。二者影响是双向的，互相的。另外，他们传播的先进中原文化，也带有封建糟粕，应给予一定程度的批判，但功绩是主要的，应该给予肯定。正是由于中原文化与边疆文化的交流与渗透，客观上也为促进各民族融合打下了坚实的基础。

---

① 谢济世：《梅庄遗集》卷三，光绪三十四年刊本。

② 李兴盛：《增订东北流人史》第423页，黑龙江人民出版社2008年版。

③ 刘凤诰：《存悔斋集》卷十二，清道光十年刻本。

第四节　增进交流，促进民族融合

在民族融合方面的贡献，清代流人尤为突出。清代流人来自全国各地，同时来自全国各族。北方少数民族流人一般是流徙烟瘴地区，而两广云贵地区的少数民族流人要流徙浙江等地。其他各地各民族流徙地点以东北、西北及北方的军台、西南烟瘴地区为主。这样，各地区、各民族的流人交互地流徙到全国各地，从而形成了民族大交流大融合的局面。多民族的流人与戍所的民族共同生活、劳动，逐渐建立了友谊。尤其是流人中有技术、有文化者，为当地做了好事，更博得人民的敬重。杨越在宁古塔，当地人民以“杨马法”称之。其妻子范氏节日外出，“诸镇将妻若女望见之，争相邀过其庐，扶居南炕中，割鸡豚举酒为寿。有邀而不得者，则以为耻”①。杨越病卒归葬时，“土汉送者，哭声填路”②，甚至许多年后还“悲思之”。这充分反映了流人与满族人民关系之融洽。方式济卒于卜魁，“边人如痛亲戚”③。这种友谊是何等深厚、真挚。

林则徐在新疆勘荒时，由于对新疆各地“民回重困”给予了帮助与同情，因此也博得了当地人民的颂扬。据黄冕记载，当时“民回诵曰：‘林公活我’，为建‘林公坊’，冕归途犹见之”④。正是因此，当地人们才把该地早已存在的坎井、纺织车、织布法的发明权归功于他，说林则徐“察吐鲁番地苦热，缺水，又不雨，乃熟勘地形，发明坎井之法”，又说他“初至西域，教民制纺车、

---

① 杨宾：《大瓢先生杂文残稿》范孺人传，《吴中文献小丛书》本。

② 余懋杞：《杨安城传》，转引自《荟蕞编》卷五。

③ 马其昶：《桐城耆旧传》卷八，台湾《近代中国史料丛书》本。

④ 黄冕：《书林文忠公逸事》，转引自陈胜粦《林则徐履勘南疆垦地的实录》，《中山大学学报》1984年1期。

学织布”，从而有了“林公井”、“林公车”的传说。其实，只不过是林则徐研究与总结当地人民的生产经验，积极给予了推广。但这些传说，却反映了当地人民对林则徐的热爱，而这种情况又促进了民族融合。

以汉族为主体的流放文人，作为一个特殊的社会群体，来到边疆，带来先进的技术、文化的同时，在与当地少数民族长期生活、劳作的过程中，受到当地人民的淳朴、粗犷、善良性格的感染，及边地的艰苦生活的磨砺，使民族间的隔阂日益减少，民族生活习惯日益融合。在社会生活发生改变的同时，民族间的融合与交流也在进行。

在宗教信仰上，流人的到来，其宗教信仰及举家携带的宗教典籍，也使东北地区一度衰落的佛教得以复兴。东北地区以信奉满族原始宗教——萨满教居多。僧人函可来到东北地区后，曾建寺收徒，在沈阳建七座大寺刹宣扬佛法，声名甚著，被当地人奉为“开宗鼻祖”①。方拱乾、吴兆骞等人也曾带入《金刚经》、《法华经》等佛教经典，在边地传诵。方拱乾道：“满人不知有佛，诵经则群伺而听，始而笑之，近则渐习，而合掌以拱立矣。”② 可见随着流人的到来，佛教学说与信仰，又得以复活。儒家学术思想也随着流人而东传。方孝标在宁古塔写有《易学十解》；方式济在卜魁曾从事过《易说未定稿》等书之写作。西北流人中的谢济世对《易经》也颇有研究，反对宋儒将人性分为天命之性与气质之性，而气质之性有善恶，进而主张“存天理，灭人欲”的说法。卢见曾遣戍军台后，也常常研读《周易》，并且传授《易经》。另外陆生楠在军台著《读通鉴论》、张佩纶在军台著《管子注》等。这是儒家学说与管子学说在西北的传播。

---

① 郝浴：《奉天辽阳千山剩人可禅师塔碑铭》《千山剩人禅师语录》.卷六。

② 方拱乾：《绝域纪略》,《说铃》本。

另外，有的流人与戍所之人通了婚，也促进了民族关系的发展。早在康熙初年，“宁古塔流徙民人内，有嫁女旗下者”①，后来愈加盛行，清廷虽然下令禁止，但“颇多私相聘娶者”。在这种友谊与联姻的民族关系中，双方互相影响，在许多方面渐趋一致。如黑龙江的索伦语，后来“其中皆杂汉语”②，嘉庆时“满洲多能汉语”，“布特哈近岁能汉语者亦多”；黑龙江“向来爆竹极少，近则通市轰然。亦有销金门神、五彩画幅之类。官宅则封印、条示、春联，一如内地”③，显然是流人影响的结果。

随着与流放文人的进一步接触，少数民族原始彪悍的性格，也随着生活习惯的改变而发生变化。原满族食肉皆以手把为尚，随着与汉族的不断接触，生活习惯受其影响逐渐改变，“亦盛设肴馔”。他们逐渐知书识礼，精于耕种。当地少数民族饮食之俗也是“近日沾染汉习”④。另如乌鲁木齐上元节的灯谜与张灯、灯船、舞狮、演戏、说书等活动盛行，都是受到汉族（包括流人）影响的结果。

当地少数民族在受到汉族影响的同时，流放文人的生活习惯也发生了变化，如吴兆骞自云“久沉异域，语言习俗，渐染边风”⑤，方拱乾之诗有“起居渐觉土风贤”之句，陈之遴之诗也有“殊方风俗渐相安”之句。这里的“边风”“土风”“殊方风俗”，就是指少数民族风俗而言，可见少数民族风俗对中原文化的影响。当时有些原本风雅之士在少数民族文化的熏陶下，掌握了少数民族的骑射技术、语言。陆庆曾之子陆鸣五，随父遣戍尚阳堡，长

① 《清圣祖实录》卷十六，中华书局1985年版。

② 西清：《黑龙江外记》卷六，《渐西村舍汇刊》本。

③ 西清：《黑龙江外记》卷六，《渐西村舍汇刊》本。

④ 西清：《黑龙江外记》卷六，《渐西村舍汇刊》本。

⑤ 吴兆骞：《秋笳集》卷八第228页，与计甫草书，黑龙江大学出版社2010年《东北流人文库》本。

期的边地生活，使其“工于骑射”。丁澎在其诗《塞上曲》中曾有诗句“夺得健儿雕羽箭，翻身骑马疾如飞”，赞扬边地骑射之风。

由上可见，流人在戍所与当地居民友好相处，共同生活、劳动，与当地居民通婚关系十分融洽，彼此建立了深厚、真挚的友谊，同时在风俗习惯上也能相互学习尊重，从而促进了民族的融合与团结。

一部中国流人史既是一部充满辛酸饱含血泪的流放的历史，但同时它更是一部流人群体发展社会经济、戍守祖国边疆、传播中原文化、促进民族融合的历史。这些流人虽身遭贬谪之苦，但是他们在困境中仍然秉承“天行健，君子以自强不息”的古老信条，在社会经济方面引进先进技术、繁荣边疆经济；在军事方面戍守边疆、抗击外来侵略；在文化上启迪蒙昧、传播中原文化；在民族方面增进交流、促进民族融合。流人群体为中华民族的发展，为中华文化的发展延续做出了重要的历史贡献。

编后语：对流人学研究领域中一些基本问题的界定

流人的历史既是一部流人血泪斑斑的流放贬逐的历史，又是一部祖国边疆开发的历史，更是一部经济发展与民族融合的历史。大量获罪的流人远戍到自然环境恶劣的边疆地区，一方面在身体上承受着繁重的耕作与放牧任务及十分艰辛的力役折磨，另一方面还要承受精神上的拷问与摧残。即便如此这些谪戍的流人仍然给当地带去了先进的生产、生活方式，为促进祖国边疆地区的经济发展与文化的繁荣做出了重要的贡献。他们中的一些人积极与当地少数民族交流，为促进落后地区民族的发展，为民族融合做出了重要贡献。但在流人学的学术研究过程中，对于一些基本观点还需要进一步加以说明，对于与流人相关的一些基本问题仍然需要加以界定，特别是如何正确看待流人的获罪身份问题，如何看待流人与战俘的关系问题以及更深层次上如何辩证地评价流人问题，界定这些问题在流人学学科体系建立的过程中都显得十分必要。

第一，流人的获罪身份问题。

流人的获罪身份是研究流人学不可回避的一个重要问题。探讨这一问题直接关系到探求流人的价值以及流人本身所起到的历史作用。对于这个问题的看待既要抓住流人这一特殊群体的整体性，又要做到具体问题具体分析。既不能从整体上一律冠以犯罪的名号，更不能因为流人群体的历史贡献一概抹杀流人的获罪身份。特别要强调的是我们分析一个问题还要抓住事物的主要矛盾和矛盾的主要方面，即抓住流人功过是非中最主流方面——流人并非全部都是犯罪者，真正犯罪者相对来讲，只占全部的少数。

首先，因反抗统治阶级的专制统治而获罪的流人数量众多。流人获罪在当时看来最重要的罪名之一就是所谓的“谋反与谋大逆”。在中国古代以汉族为主体的各族劳动人民，因反抗经济上的剥削、政治上的专制统治进行了形式多样的政治、军事斗争，其形式如我们所熟知的奴隶起义、农民起义，甚至是反抗民族压迫的民族起义。这些斗争失败后，为首者惨遭杀害，流放者更是大有人在，这些人正是中国古代流人群体的重要组成部分之一。站在古代统治者的角度看，他们是“谋反与谋大逆”，是“十恶不赦”。但是站在今天的角度看，这些因反抗压迫而获罪的流人的绝大多数可以认定是无罪者。

其次，因两个敌对政权之间的斗争失败而获罪的流人。这一类群体获罪的原因大多是，两个互相敌对的政权，一方在战争中失势甚至是失败，失势或失败一方的统治者及其统治的广大人民大多也因战败而获罪流放。对于失败一方的广大人民，无论双方进行的战争性质如何，现在看来基本可以认定是无罪的。至于失势或失败一方的统治阶级和国家机器的组成人员是否有罪，则应根据其各自政权所从事斗争目的或战争的性质来加以判定，假设这种政治斗争和因此发动的战争性质是正义的，则应将其视作无罪，反之，则是有罪。当然，这里仍然需要强调一点的是，作为国家统治机器重要组成部分的众多下层士兵之罪，由于他们大多是被迫奉命而行，因此与统治阶层的各级官员之罪有程度上的差异。

再次，因统治阶级内部的政治斗争失败而获罪的流人。统治集团内部成员所犯之罪，由于情况较为复杂，应对具体事件做具体分析。在这其中分裂出来的个别“叛逆者”（指投向革命队伍），所遭到遣戍是无罪的。而统治集团派系斗争中的失势者，多数本来是无罪的，只是被政敌诬以某种罪名而被遣戍。当然，其中也有人确曾犯罪，这时被政敌抓住把柄作为借口而被遣戍。

以上几种类型的流人，不论有无古代流刑的法律条文及标准为依据都可以将其细划，分别归结为因政治因素获罪的犯人，也就是通常所说的政治犯。除此之外，还有因非政治原因的形形色色的刑事犯罪而被遣戍者，也就是刑事犯。这些刑事犯罪者既有剥削阶级中死有余辜的成员，还有为数众多的平民百姓。应该特别强调的是，在古代传统社会中，这些刑事犯罪有着深刻的社会根源与阶级根源。特别是普通平民百姓中的大多数，明显是由于饥寒所迫，才铤而走险走上了犯罪道路。这种流人中的刑事犯，大体来讲，多数是真正的犯罪者，即触犯了封建统治阶级的利益，也触犯了普通人民的利益。当然，这其中也有被统治者或其他人诬之以某种罪名而被遣戍的，其所谓的罪名，自然是不实之词。

总之，由各种“罪犯”构成的流人，其中无罪者基本是大多数因政治获罪的人和少数因刑事获罪的人，而真正有罪的流人基本上是大多数的刑事犯人和少数的政治犯。特别需要指出的是，这些获罪的流人中由于很大一部分是手无寸铁的黔首，因此无罪者远比有罪者多。再加之中国古代在不同的社会中充斥着奴隶起义与奴隶战争、农民起义与农民战争以及后来频繁的民族起义与民族战争，这些战争贯穿于整个古代中国社会，与古代王朝相始终，而在这些战争中产生的流人远远多于那些“罪犯”型流人。因此，从比例上相对而言，中国古代流人中绝大多数的人应该是无罪者，少数是有罪者。不过这里所谓的少数只是相对于在整个流人的总数中所占的比重较小而已。就其整体数量而言，其真正数字并不小。

这一论断是有根据的，现将这种根据做如下论述。在大约从公元前 21 世纪至公元前 221 年的漫长的先秦时期，由于流刑尚未产生，流人的绝大多数基本都是没有犯罪的作为战俘的掠夺型流人。当然，这一时期也会有许多犯罪者，统治阶级会将其中一些人处以死、墨等刑，也会将一些在执行常刑时，从轻发落，适用当时的"五刑"（即墨、劓、刵、宫、大辟）之人宽大处理，以"流"这种措施代之（这就是《尚书·舜典》所谓的"流宥五刑"）。但这种专政型流人数量再多，也绝不会多于掠夺型流人，这是不言而喻的。

秦至清一千余年中，伴随着流刑的产生、发展，有刑法为依据的流人越来越多，但是没有刑法为依据的掠夺型流人，仍然大批存在。而且其数量仍在流人整体中占据多数地位。这种情况，在社会动荡、民族斗争激烈的朝代更为典型。如晋代汉国大将刘曜攻陷长安"驱掠士女八万余口退还平阳"。前燕慕容皝进攻后赵至高阳，"掠徙幽冀三万余户"。前秦苻坚与前燕战斗中曾"徙（慕容）暐及其王公以下并鲜卑四万户于长安"，以上几个数字，如以每户 4 口人计算，总计则近 40 万人。南北朝时期，451 年北魏攻宋，掠宋民 5 万余家，分徙平城，554 年西魏军攻陷梁都建康，掠百姓男女数万（一作十万余人）。据李兴盛《中国流人史》估计，仅这一时期，"掠夺型的流人就达 200 万"。辽金时期，辽金统治阶级曾采取投下州县制及迁民实内地（指金之大后方上京、青岭、东京等地）的办法，将自中原掠取的大批汉人北迁。据载，仅金天会（1123—1137）年间，金军就"掠致宋国男妇不下二十万"。可见自秦流刑产生后，作为战俘的掠夺型流人仍然大量存在，每次战役掠夺之人都以万计，甚至以几十万计。其数量之大是有刑法为依据的专政型流人所无法比拟的。这样，再加上先秦时期掠夺型流人占绝对多数的事实，足以证明整个中国流人史的流人多数是无罪者，少数是有罪者。更何况各种专政型流人中还有大批人是被统治者诬以各种罪名的无辜者。

关于这一论断，再举一例，更能说明问题。李兴盛《增订东北流人史》第 385 页道："清代的东北流人，清廷入关前在 110 万之上，入关后约为40万人，估计总数在150万人以上。”这110万人之数是如何得出的？据李兴盛考察，后金统治者在与明朝战争期间，曾四次派遣军队“绕道山西、河北北部，毁边墙而入，远征至畿南保定，甚至山东内地……退师之后，又将所俘获的大批人口，强行北迁，安置在辽沈各地”。后清军远征内地，主要有四次，这就是：“天聪九年（1635）……斩明兵六千余人，俘人畜七万六千二百有奇。崇德元年（1636）五月……获人畜十八万有奇……崇德三年（1638）八月……俘获人口462 303人。崇德七年（1642）……俘人民三十六万九千口。”① 以上四次战役掠获人口110余万，这110万与清军入关后依据刑法所流放的40万专政型流人（何况这40万人中还有大批无罪者）相比，流人中有罪者多还是无罪者多？不是昭然若揭了吗？

综上所述，我们可以得出结论，分析流人的获罪身份问题不难从中清楚地发现，所谓流人的获罪身份，并非全部都是犯罪者。真正的犯罪者相对来讲，只占总体的一小部分。对流人的犯罪既要做辩证的阶级的分析，更要做具体的分析。流人中真正的获罪者，一方面他们处于相对的少数，并且他们又在开发边疆、传播中原文化、缔造流人文化等方面起到了重要的作用。因此对于流人问题尽管他们有着获罪的身份，但我们不仅应该研究，而且更应该给予适当的肯定。当然，我们也应该看到那些真正获罪流人的罪行，诸如贪污犯、刑事犯等，他们都损害了普通民众的利益，不可因为流人整体所做的历史贡献来掩盖、抹去他们的罪行。在我们肯定流人这一群体功绩的同时，也应该对其中有这种消极影响与破坏作用的人，给予应有的重视和批判。只有经过这样辩证的、具体的分析，同时正确把握其功过是非主流部分的评价，才

① 李兴盛:《增订东北流人史》第172—173页，黑龙江人民出版社2008年版。

能对流人问题的研究做出公正、客观的评价。这才是流人学研究者对我国历代流人获罪身份问题所应秉承的基本态度。

第二，流人与战俘关系问题。

流人问题研究除了正确看待流人获罪身份问题之外，流人与战俘的关系也是流人学研究中需要界定的一个重要问题。以往的研究大多将流人与战俘两个概念完全对立起来，或者将流人等同于战俘，因此如何正确界定流人与战俘的关系就成为了一个重要的问题。

首先，对于古代因战争失败被俘虏的这一类人，往往其中很大一部分人遭到强制迁徙之类的惩罚。这恰恰符合了中国古代学者对流人“有罪见流徙者”的界定标准。尽管从今天史学研究的视角来看，这些因战争失败而沦为俘虏的群体并没有真正意义上的罪名。但是，就当时取得胜利的一方而言，统治阶级往往以所谓的“吊民伐罪”、有道伐无道自居。基于此，必将战败一方的统治者冠以“有罪”的名号。而“有罪”之统治者所统治的臣民与使臣岂能无罪？同时，战胜的一方往往会将战败一方的统治者及其臣民强制迁徙到自己所控制的大后方，借以惩罚、奴役、实边等等。由此不难看出，这种被胜利者一方的统治者认为“有罪”并加以强制迁徙的人士，从概念上完全符合古代学者“有罪见流徙者”的流人定义。

其次，战俘属于流人这一问题不仅从现代的角度观察是如此，甚至在古代战胜的一方或战败一方的文献记载上也都是这样界定的。以宋、金文献为例，宋、金双方的有关文献均不约而同地把靖康之变后所掠走的徽、钦二帝及其眷属、北宋的王孙宗室成员的北迁称之为“流”、“流徙”、“编管”或“流递”。其中，“流”、“流徙”都是专指流放而言，这也是宋、金双方共用的流刑术语。至于“编管”一词则是宋朝流刑中管制程度仅次于羁管的一种流刑术语。“流递”则是金朝流刑当中的一种专门术语，其大意与宋朝的“编管”极其相似。如金人可恭的《宋俘记》有钦宗“随昏德流徙至五国城”，朱后、朱慎德妃“随昏德流徙”之语。又有二帝于天会“八年七月流五国城”，乔贵妃、崔淑妃“流五国”及朱慎德妃“随流五国”等语。这里的“流”与“流徙”都是特指流放的意思，可见当时金朝人已经把此次北迁之战俘视为流人。同样，宋人也承认这些北迁之人为金政权的流人。如佚名之《呻吟语》有“官亲戚贵已发通塞州编管”之语，即谓某些北迁之宋宗室已被流放到通塞州。又如宋人《建炎以来系年要录》卷四十谈到洪皓因拒绝出仕伪齐政权而被金人“流递于冷山”时，特意解释道：“流递，犹中国编窜也。”可见，宋人也把此次北迁之战俘与被扣留之宋使均视为流人。

总之，考察流人与战俘关系这一问题不难发现，无论放在现代历史学的研究视角之下，还是就宋金两朝古代文献来看，这类因战争失败而被强制迁徙的战俘或被扣留的使臣，概念上符合古代学者“有罪见流徙者”的流人定义。并且本政权以及敌对政权的古籍文献中也都将他们视为流人。因此在研究范围上，我们将这类人划归为流人是十分正确的。

第三，流人的辩证评价问题。

回顾以往对流人问题的学术研究，不难从中发现对于流人问题没有做到客观评价是制约流人学研究向前深入的重要阻碍之一。对流人的辩证评价与正确看待，显然既要做到肯定其对边疆开发的积极贡献，又要承认其消极影响。

对流人问题的辩证评价，首先应该肯定流人对中国古代历史做出的重要贡献。在中国古代漫长的历史中，数以千万计的古代流人，他们以获罪之身在流放地披荆斩棘，战天斗地，历尽千辛万苦，对开发和保卫祖国边疆做出了重要的贡献。千万的流人在自身被流放的同时，也将中原地区先进的耕作技术、手工业技术以及先进的思想文化带到了边远蛮荒的戍所，促进了流放地区的经济发展和文化普及。中国历代的流人是开发边疆的开拓者，更是创造与传播以中原文化为主体的流人文化的使者与先驱。除了开发边疆的贡献之外，流人群体之中的很多人为了反抗政府残酷的剥削和专制的统治，甚至为了摆脱奴隶的身份而采取了各种形式的斗争。虽然绝大多数斗争都以失败而告终，但通过他们不屈不挠、前仆后继的反抗也迫使统治阶级做出了一定程度上的让步。因此对流人问题的辩证评价应该肯定流人群体在逆境中艰难创业的精神、光辉业绩以及其斗争的勇气。这些是永远值得后人追忆的，研究流人问题更是具有重要的历史价值和指导现实意义。

但是，我们在肯定广大流人积极历史作用的同时，也要看到他们的流放给当地所带来的消极影响。流人一方面为边疆的流放地区带来了先进的中原文化，但这种文化毋庸置疑也包含了儒家学说的糟粕——封建思想。在文化的传播过程中也夹杂着许多迷信因素；成分复杂的大量流人在戍边的过程中，又破坏了边疆原始土著居民的淳朴风尚。像清代乾隆年间乌鲁木齐的流人，由于流人“男多而女少”，因此“争委禽者多雀角鼠牙之讼”①。斗殴数量上升与诉讼案件的增加，对当地和平宁静的气氛无疑是一种冲击。又如清嘉庆年间，卜魁地区娼妓大盛，也破坏了满族地区的淳朴民风，而这些“娼妓之辈”大量出现的原因，正是始于“流人贱户迫于冻馁为之”的结果。② 基于此，顺治末年曾被流放宁古塔的流人张缙彦在谈及当地古朴的风俗遭到破坏时写道：“无奈迁徙（指流人）众多，聚五方之人杂处之，而土风亦稍寖坏矣。”土风寖坏源于流人之众多，足见流人所起到的消极影响。这一点，康熙二十八年至宁古塔省亲的杨宾，在谈到康熙初年该地“行柳条边外者率不裹粮”，就可得到土著人盛情款待的淳朴风俗

① 纪晓岚：《乌鲁木齐杂诗注》，新疆人民出版社 1991 年版。

② 西清：《黑龙江外记》卷六，《渐西村舍汇刊》本。

时，说道："今则……非裹粮不可行矣。"当地百姓出现这种问题的原因是这时的流人或贾客"类皆巧于计利"。更加严重的是，获罪流人中也确实存在有一部分刑事犯罪者。尽管他们在中国流人整体中只占有少数，但负面影响却是极大的。他们之中，有地痞流氓、土豪恶棍，有积匪惯盗、贪官污吏等。他们的烧杀淫掠、偷盗抢劫、草菅人命、横暴乡里……危害了统治阶级的利益，更严重的是危害了当地的社会治安与平民百姓利益。他们的流放，虽然咎由自取，具有一定的合理性、必要性，但给流放的边疆地区却带来了许多消极影响。积极影响与消极影响的交织，贡献与破坏的共存，这就需要我们一分为二，用实事求是的辩证方法，对具体问题、具体流人进行具体分析，持批评态度对待之。可见，我们肯定流人的历史作用，并不等于减轻，甚至掩饰其中某些实系犯罪者的罪行或消极影响。因此，对于流人的评价应该辩证，这也是流人学研究过程中需要重视的问题。

中国古代流人问题是中国古代史研究的重要组成部分之一。与正在发展并逐渐完善的流人学一样，许多相关问题仍然需要进行清楚的界定和必要的探讨。只有这样才能让流人学研究体系更完善、更科学。界定和研究好流人的获罪身份问题、流人与战俘的关系问题、流人的辩证评价问题，正是流人学研究过程中值得注意的几个重要问题。经过梳理和探讨，我们可以得出这样的结论，流人虽然有着获罪的身份，但是他们绝大多数的罪名是不成立的。对中国古代流人，应该把握其主流，从整体上肯定其巨大历史价值与贡献。同时更不能忽视流人学的支流，即客观看到其基于时代与阶级的局限性上的消极影响，以及在流人群体的整体数量中占少部分的犯罪者的破坏性与危害性。对流人文化中的精华与糟粕，也应该这样辩证地、历史地去看待，做到取其精华去其糟粕。只有这样，流人学才能作为一门新的学科体系更加科学化地存在于历史学范畴之内。

专论编
流人学的应用

流人学作为新兴的学科，给我们提供了两种有用的知识，一是历史本身的价值，二是思考历史所得到的价值。因此，在概论中国流人学时，除了要介绍流人学的最基本知识、理论和历史外，还要特别重视流人学这门学科和我们追求的意义与价值的联系，探求流人学的现代应用。

流人学的价值主要体现在研究流人的精神世界与文化世界层面上，从其内容方面来说，人的精神世界和文化世界是统一的，是意义和价值世界的根本所在。

流人在筚路蓝缕和历尽艰辛的生活中取得的成就，特别是文史方面的成就，充分展示了流人文化品质中最优秀的成分，而伴随流人产生的古遗迹、遗物、习俗等文化，也体现了边疆民族文化遗产中流人文化资源的厚重和丰富。为了适应地域文化资源的抢救和新时代社会经济发展的需要，流人学的深入研究，并使之与时代社会经济、文化发展紧密结合，即探求流人学的应用，提到议事日程上来。这样，深层次挖掘流人文化政治、经济、文化等方面的文化资源，尤其是从文化产业资源的角度考察，使之为当今社会经济、文化旅游、文化发展提供史证理论根据，已刻不容缓。

第一章　重要流人及流人文献保存

在中国历史上，出现过成千上万的流人，在这些流人当中有许许多多耳熟能详的著名人物，对这些人物，人们大都记住其辉煌的历史及光辉的业绩，而对他们曾经痛苦屈辱的流人经历却知之甚少，甚至是一无所知。李兴盛在其新出版的二百余万字的《中国流人史》中，辑录了60余位重要流人的传记资料和200余位流人诗文资料，本章从各个历史时期中选录部分著名流人做一介绍，并附上传记主要参考史料出处，以供读者参考之用。

了解认识中国流人筚路蓝缕、以启山林的人生经历，才能理解其创造的文化精髓。掌握流人文献保存的历史知识，是我们挖掘利用流人文化资源为现代化服务的前提，没有认识和了解就谈不上对历史文化资源的挖掘、保护和利用。

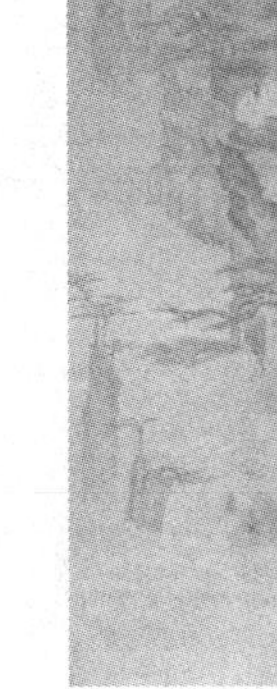

第一节　著名流人介绍及传记资料来源

一、先秦时期的流人

1．屈原

屈原，名平，字灵均，生于公元前340年，楚国人。由于主张彰明法度，举贤授能，改革政治，联齐抗秦，受到旧贵族投降派的嫉妒与反对，曾被流放汉北一带，后再被流放于江南。

屈原自幼勤奋好学，胸怀大志。早年受楚怀王信任，任左徒、三闾大夫，常与怀王商议国事，参与法律的制定，主张彰明法度，举贤任能，改革政治，联齐抗秦，提倡“美政”。在屈原努力下，楚国国力有所增强。但是，由于自身性格耿直，在修订法规的时候不愿听从上官大夫的话与之同流合污，再加上楚怀王的令尹子兰、上官大夫靳尚和怀王宠妃郑袖等人受了秦国使者张仪的贿赂，不但阻止怀王接受屈原的意见，并且使怀王疏远了屈原。公元前305年，屈原反对楚怀王与秦国订立黄棘之盟，使得屈原被楚怀王逐出郢都，开始了流放生涯。后被召还，楚顷襄王时，在投降派攻击下，遭到“复放”。二十一年（公元前278年）秦军攻陷国都郢时，流放中的屈原投汨罗江自杀。时年六十二岁。

屈原文学作品共有25篇，即《离骚》1篇，《天问》1篇，《九歌》11篇，《九章》9篇，《远游》、《卜居》、《渔父》各1篇。

屈原的作品中洋溢着对楚地楚风的眷恋和为民报国的热情。其作品文字华丽，想象丰富，比喻新奇，内涵深邃，成为中国文学的起源之一。

主要参考传记资料来源：

（汉）司马迁《史记》卷八十四，屈原传。

二、两汉时期的流人

2．贾谊

贾谊，生于公元前200年，洛阳人。由于提出的改革措施与主张，受到保守派的嫉妒与反对，大约文帝三年（公元前177年）被贬到长沙。

贾谊从小就刻苦学习，博览群书，先秦诸子百家的书籍无所不读。十八岁时，便以能诵诗书写文章而闻名于河南郡中。汉文帝元年（公元前179年），吴公被征召到中央政府，任命为廷尉。

贾谊在老师的推荐下，被征召入朝，立为博士。一年之中，又被破格晋升为太中大夫。当时贾谊才二十一岁，在当时所有的博士中，他是最年轻的。

汉文帝对贾谊十分器重，委以重任，遭到文帝宠臣的谗言陷害。此后，汉文帝开始有意疏远贾谊，结果是贾谊被贬出京城，到长沙国去当长沙王的太傅。贾谊在前往长沙途中听说长沙地势低，湿度大，自认为此去长沙将享寿不长，而且又因为是被贬谪，心情非常不好，常常拿自己与屈原作比。在这种情况下，便写下了千古流传的《吊屈原赋》。汉文帝七年（前 173 年），文帝思念远在长沙的贾谊，将他召进皇宫。贾谊在任梁怀王太傅期间，对政事十分关注，而且敢于发表自己的见解，写下了如《治安策》、《论积贮疏》等名篇。

文帝十二年（公元前 168 年），贾谊在忧郁中死去，时年三十三岁。

贾谊一生虽然短暂，但他却为中华文化宝库留下了许多珍贵的文化遗产。

主要参考传记资料来源：

（汉）司马迁《史记》卷八十四，贾谊传。

3．苏武

苏武，生于公元前 140 年，字子卿，西汉杜陵县（今陕西西安东南）人。天汉元年（公元前 100 年），奉汉武帝命令出使匈奴。由于拒绝招降，而被扣留十九年，后被流放北海（今贝加尔湖地区）。

年轻时，因为父亲职任的关系而被任用。天汉元年拜中郎将。当时中原地区的汉朝和西北少数民族政权匈奴关系时好时坏。公元前 100 年，匈奴政权新单于即位，汉武帝为了表示友好，派遣苏武率领一百多人，带了许多财物，出使匈奴。不料，就在苏武完成了出使任务，准备返回自己家园时，匈奴上层发生了内乱，苏武一行受到牵连，被扣留下来，并被要求背叛汉朝，臣服单于。单于派卫律向苏武游说，许以丰厚的俸禄和高官，苏武严词拒绝。于是决定把苏武流放到西伯利亚的贝加尔湖一带，让他去牧羊。

苏武历尽艰辛，留居匈奴十九年持节不屈。至始元六年（前81年），方获释回汉。苏武于汉宣帝神爵二年（前60年）病亡，享年八十岁。苏武去世后，汉宣帝将其列为麒麟阁十一功臣之一，彰显其节操。

主要参考传记资料来源：

（汉）班固《汉书》卷五十四，苏武传。

三、魏晋南北朝时期的流人

4. 谢灵运

谢灵运，生于385年，原籍陈郡阳夏（今河南太康），生于会稽始宁（今浙江上虞）。因任临川内史时，终日登山临水，贻误公事，并拒捕，被徙广州并入狱。入狱后，密谋使人劫救自己，事发，被宋文帝刘义隆以“叛逆”罪名杀害，时年四十九岁，时为元嘉十年（433）。

谢灵运幼年聪明并且悟性极高，勤奋好学，博览群书，文采华美，意境悠扬。善于书法，诗词书法堪称一绝，文帝称他的诗和字为“二宝”。东晋时，十八岁袭封康乐公，刘氏南宋朝建立后，按例被降为康乐侯，故又称“谢康乐”。谢灵运出身名门，虽然才华横溢，却仕途坎坷。为了摆脱自己的政治烦恼，谢灵运常常放浪山水，探奇览胜。谢灵运的诗歌大部分描绘了他所到之处，如永嘉、会稽、彭蠡等地的自然景物。其中有不少自然清新的佳句，如写春天“池塘生春草，园柳变鸣禽”（《登池上楼》）；写秋色“野旷沙岸净，天高秋月明”（《初去郡》）；写冬景“明月照积雪，朔风劲且哀”（《岁暮》）；等等。从不同角度刻画自然景物，给人以美的享受。

谢灵运的诗歌不乏名句，他的诗文大都是一半写景，一半谈玄。但尽管如此，谢灵运以他的创作极大地丰富和开拓了诗的境界，使山水的描写从玄言诗中独立了出来，从而扭转了东晋以来的玄言诗风，确立了山水诗的地位。从此，山水诗成为中国诗歌发展史上的一个流派。

主要参考传记资料来源：

（明）李贽《藏书》卷三十八。

四、隋唐五代时期的流人

5．李白

李白，字太白，号青莲居士。生于701年，祖籍陇西成纪（今甘肃省天水市附近的秦安县）。安史之乱时，曾参永王李璘的幕府。肃宗以“叛乱”的名义镇压李璘后，李白也以“从逆”罪下狱，流放夜郎（今贵州桐梓一带）。

少年时便才情俊逸，志向宏伟，有超脱世俗的心境。其父为城尉，因家境的缘故，少年时便与鲁中诸生孔巢父、韩准、裴政、张叔明等隐匿于徂徕山，酣歌纵酒，当时被称为“竹溪六逸”。天宝初年，到会稽山做客游览，与道士吴筠隐居于此。唐玄宗召见吴筠赴京师，吴筠把李白推荐给唐玄宗，李白与吴筠一起被封为翰林院待诏。李白喜好喝酒，日日喝酒醉态。玄宗作曲，欲造乐府填词，便召李白，李白当时已醉态百出。面见圣上后，用水泼到他的脸上，李白立刻拿起笔，一气之下做出十余章，玄宗大喜，颇为赞赏。唐玄宗对李白的才华很赏识，礼遇隆重。但唐玄宗只让他供奉翰林，做自己的文学侍从。三年后被唐玄宗“赐金放还”。

天宝十四年（755），安史之乱爆发，李白避居庐山。永王李璘恰在此时出师东巡，李白应邀入幕。永王不久败北，李白也因之被系浔阳狱。至德二年（757）冬，李白由浔阳往流放之所——夜郎。后来遇赦得以归还。762年投奔族叔安徽当涂县令李阳冰，冬，卒于李阳冰家。有文集二十卷。

主要参考传记资料来源：

[1]（后晋）刘昫《旧唐书》李白传。

[2]（北宋）宋祁《新唐书》李白传。

[3]（清）王琦注《李太白全集》卷三十一，附录。

6．杜甫

杜甫，生于712年。字子美，原籍湖北襄阳，自其曾祖时迁居巩县。因直言进谏，触怒权贵，被贬华州（今陕西华县）。

杜甫少年好学，七岁能作诗，青年时代曾数次漫游。十九岁时，出游郇瑕（今山东临沂）。二十岁时，漫游吴越，历时数年。开元二十三年（735），回故乡参加“乡贡”。二十四年在洛阳参加进士考试，结果落第。他的父亲时任兖州司马，杜甫遂赴兖州省亲，开始齐赵之游。开元二十九年，返回洛阳，筑室首阳山下。天宝三载（744）四月，在洛阳与李白相遇，两人相约为梁宋之游。之后，杜甫又到齐州（今山东济南）。四载秋，转赴兖州与李白相会，二人一同寻仙访道，谈诗论文，结下了“醉眠秋共被，携手日同行”的深厚友谊。秋末，二人握手相别，杜甫结束了“放荡齐赵间，裘马颇清狂”，“快意八九年，西归到咸阳”的齐赵之游。

杜甫在唐肃宗乾元元年（758）六月至乾元二年（759）秋，被贬为华州司功参军。杜甫原在朝中任左拾遗，因直言进谏，触怒权贵而被贬，负责祭祀、礼乐、学校、选举、医筮、考课等事。

杜甫几经辗转，最后到了成都，在严武等人的帮助下，在城西浣花溪畔，建成了一座草堂，世称“杜甫草堂”，也称“浣花草堂”。后被严武荐为节都参谋，从六品工部检校员外郎。不料严武突然于次年四月去世，杜甫失去依靠。于是，诗人携全家乘舟东下。结束了客居成都的生活。杜甫东下后，在夔州（今四川奉节）白帝城居住。两年后，离开奉节县到江陵、衡州（今湖南衡阳）一带辗转流离。唐代宗大历五年（770），杜甫病死在衡州湘江的一只小船中，时年五十九岁。

杜甫创作了《春望》、《北征》、《三吏》、《三别》等名作，有文集六十卷，早佚。杜甫的作品对中国文学产生了深远的影响，约1500首诗歌被保留了下来，作品集为《杜工部集》。

主要参考传记资料来源：

[1]（后晋）刘昫《旧唐书》卷一百九十下，杜甫传。

[2]（北宋）宋祁《新唐书》卷二百一，杜甫传。

7. 柳宗元

柳宗元，生于773年。字子厚，河东（今山西运城一带）人。永贞革新失败后，相继被贬为永州司马、柳州刺史。

柳宗元出身于官宦家庭，少有才名，早有大志。贞元九年（793）中进士，十四年登博学宏词科，授集贤殿正字。一度为蓝田尉，后入朝为官，积极参与王叔文集团政治革新，迁礼部员外郎。永贞元年（805）九月，革新失败，贬邵州刺史，十一月加贬永州司马（治所在今湖南省永州市零陵区）。在此期间，借写山水游记散文，抒发胸中愤郁，《永州八记》包含《始得西山宴游记》、《钴鉧潭记》、《钴鉧潭西小丘记》、《袁家渴记》、《至小丘西小石潭记》、《石渠记》、《石涧记》、《小石城山记》。元和十年（815）春回京师，不久再次被贬为柳州刺史，政绩卓著。元和十四年（819年）卒于柳州任所，时年四十七岁。

主要参考传记资料来源：

[1]（唐）韩愈《东雅堂昌黎集注》卷三十二。

[2]（唐）韩愈《韩昌黎集》卷三十一。

[3]（后晋）刘昫《旧唐书》卷一百六十，柳宗元传。

[4]（北宋）宋祁《新唐书》卷一百六十八，柳宗元传。

8．**韩愈**

韩愈，生于768年。字退之，河南河阳（今河南孟州）人。贞元十九年（803）上书言事被贬为连州（今广东阳山）令。唐元和十四年（819），由于向皇帝提出停止迎接法门寺佛骨到长安供奉的建议，因上《论佛骨表》，触怒了皇帝，被令处死，幸得宰相裴度等讲情，改贬为潮州（今广东潮安）刺史。韩愈以戴罪之身，在潮七个多月，把中原先进文化带到岭南，办教育，为民众做了许多好事，被潮人奉为神。

韩愈三岁丧父，受兄韩会抚育。后随韩会贬官到广东。兄死后，随嫂郑氏北归河阳。后迁居宣城。二十岁赴长安应进士试，三试不第。二十五至三十五岁期间试博学鸿词不入选，便先后赴汴州董晋、徐州张建封两节度使幕府任职，后至京师，官四门博士。这一阶段重要诗文，有《原道》、《原性》、《答李翊书》、《师说》、《山石》等。

韩愈古文众体兼备，其论说文气势雄浑，结构严谨，逻辑性强，名篇如《谏迎佛骨表》、《原道》、《原毁》、《争臣论》、《师说》等；记叙文则爱憎分明，抒情性强，名篇如《送李愿归盘谷序》、《送董邵南序》、《张中丞传后叙》、《柳子厚墓志铭》等。韩文雄奇奔放，风格鲜明，语言上亦独具特色，尤善锤炼词句，推陈出新，许多精辟词语已转为成语，至今仍保存在文学语言和人们的口语中。韩诗成就虽不如其散文，在中唐亦占有重要地位，对宋诗影响颇大。

主要参考传记资料来源：

（后晋）刘昫《旧唐书》卷一百六十，韩愈传。

9．**李德裕**

李德裕，生于787年。字文饶，赵郡（今河北赵县）人。武宗过世后，在牛党的攻击下被罢相，并被诬以罪名相继贬为潮州司马、崖州司户参军。

幼年时有壮志，苦心力学，尤精《汉书》、《左氏春秋》。穆宗即位之初，禁中书诏典册，多出其手。历任翰林学士、浙西观察使、西川节度使、兵部尚书、左仆射，并在唐代文宗大和七年（833）和武宗开成五年（840）两度为相。主政期间，重视边防，力主削弱藩镇，巩固中央集权，使晚唐内忧外患的局面得到暂时的安定。公元 844 年，辅佐武宗讨伐擅袭泽潞节度使之刘稹，平定泽、涟等五州。功成，加太尉赐封卫国公。

唐文宗时，受李宗闵、牛僧孺等牛党势力倾轧，由翰林学士出为浙西观察使。大和七年，入相，复遭奸臣郑注、李训等人排斥，左迁。唐武宗即位后，李德裕再度入相，执政期间外平回鹘、内定昭义、裁汰冗官、协助武宗灭佛，功绩显赫。会昌四年八月，进封太尉、赵国公。唐武宗与李德裕之间的君臣相知成为晚唐之绝唱。后唐宣宗即位，李德裕由于位高权重，五贬为崖州司户。李德裕两度为相，两次为相共计七年三个月。

大中二年（848）再贬崖州（治所在今琼山区大林乡附近）司户，次年正月抵达。大中四年（850）正月卒于贬所，时年六十三岁，逝后被封太尉，赠卫国公。

主要参考传记资料来源：

（明）李贽《藏书》卷十三。

10．白居易

白居易，字乐天。生于 772 年，陕西渭南人，生于河南新郑。815 年，因事被贬为江州（今江西九江）司马。

贞元十六年（800）中进士，十八年，与元稹同举书判拔萃科，十九年春，授秘书省校书郎。元和元年（806），罢校书郎，撰《策林》75 篇，登“才识兼茂明于体用科”，授县尉。作《观刈麦》《长恨歌》《池上》。元和二年回朝任职，十一月授翰林学士，次年任左拾遗。元和十年六月，宰相武元衡和御史中丞裴度遭人暗杀，武元衡当场身死，裴度受了重伤。对如此大事，当时掌权的宦官集团和旧官僚集团居然保持镇静，不急于处理。白居易十分气愤，便上书力主严缉凶手，以肃法纪。于是，被贬谪为江州司马。唐穆宗继位，穆宗爱他的才华，把他召回了长安，先后做司门员外郎、主客郎中知制诰、中书舍人等。穆宗政治荒怠，不听劝谏。于长庆二年（822）请求外放，先后为杭州、苏州刺史，颇得民心，曾经疏浚李泌所凿的六井，解决人民的饮水问题，并在西湖上筑了一道长堤，蓄水灌田，还写了一篇通俗易懂的《钱塘湖石记》，杭州人为了纪念他，还把靠西湖边的一面命名为白堤。

文宗大和元年（827），拜秘书监，明年转刑部侍郎，四年，定居洛阳。后历太子宾客、河南尹、太子少傅等职。会昌二年（842）以刑部尚书致仕。在洛阳以诗、酒、禅、琴及山水自娱，常与刘禹锡唱和，时称刘白。会昌四年，出资开凿龙门八节石滩以利舟民。公元 846 年病逝，时年七十五岁，葬于洛阳龙门香山琵琶峰，李商隐为其撰写墓志铭。

白居易诗歌流传至今有 3000 多首，其诗歌题材广泛，形式多样，语言平易通俗，有《白氏长庆集》传世，代表诗作有《长恨歌》、《卖炭翁》、《琵琶行》等。

主要参考传记资料来源：

（明）李贽《藏书》卷三十九。

11．刘禹锡

刘禹锡，生于 772 年，字梦得，洛阳（今属河南）人，自言系出中山（今河北定州）。贞元年间，擢进士及第，登博学宏词科。授监察御史，参加王叔文集团，反对宦官和藩镇割据势力。失败后，贬为朗州司马，迁连州刺史。

他的家庭是一个世代以儒学相传的书香门第，擅长古文。从事淮南幕府，入为监察御史。与吏部郎中韦执谊关系密切。贞元末年，王叔文被太子器重，禹锡因为对方的名望与之交往，叔文经常称赞他有宰相的智谋。太子即位后，朝廷的重大决策和秘密文书多出自叔文的建议，叔文常邀禹锡及柳宗元前来商议决策，所提出的建议最后一定会被采纳。后来刘禹锡又被提升，负责判度支盐铁案，凡是官员的提升或降解，依据的是与叔文党的密切程度，当时的人都不敢直接指出他们的名字，便泛称“二王、刘、柳”。

宪宗即位时，叔文党失势，禹锡被贬为连州刺史，后又被贬为朗州司马。朗州与夜郎等西南夷接壤，风俗丑陋，家家都喜欢巫鬼，每次祭祀时，都要唱《竹枝》，鼓声裴徊，声音粗俗。禹锡鉴于屈原居沅、湘间创作了《九歌》，让楚人迎神或送神，所以依据其音乐作了《竹枝词》十余篇。

刘禹锡晚年曾任太子宾客，故称刘宾客，又曾加检校礼部尚书、秘书监等虚衔，故又称秘书刘尚书。842 年而卒，时年七十岁。

主要参考传记资料来源：

[1]（后晋）刘昫《旧唐书》卷一百六十，刘禹锡传。

[2]（北宋）宋祁《新唐书》卷一百六十八，刘禹锡传。

12. 李煜

李煜，南唐最后一位君主。生于 937 年。原名从嘉，字重光，号钟隐。开宝七年，宋军北上灭南唐，李煜被押至开封，封为违命侯。

年少时为人仁孝，善属文，工书画，而丰额骈齿，一目重瞳子，因此命名为李从嘉。精书法，善绘画，通音律，诗和文均有一定造诣。他是南唐元宗（南唐中主）李璟的第六子。

宋建隆二年 961 年，李璟迁都南昌，立李煜为太子监国，令其留在金陵。六月李璟死，李煜在金陵登基即位。973 年，宋太祖令李煜去开封，他托病不去，宋太祖遂派曹彬领军队去攻打南唐。

975年十二月，曹彬攻克金陵。

次年，后主肉袒出降，被俘到汴京，封违命侯。太宗即位，进封陇西郡公。

978年七夕，宋太宗恨他有“故国不堪回首月明中”之词，命人在宴会上下药将他毒死。时年四十二岁。

李煜虽不精于政治，但其艺术才华非凡：书法、绘画、音律、诗文均有一定造诣，尤以词的成就最高，有《虞美人·春花秋月何时了》《相见欢·独上西楼》等。被誉为“千古词帝”。

主要参考传记资料来源：

（明）柯维祺《宋史新编》卷一百九十，李煜传。

五、宋元金时期的流人

13．范仲淹

范仲淹，字希文，生于989年，陕西省彬县人，后迁居到江苏省吴县。明道二年（1033），因谏阻仁宗废黜皇后郭氏而被贬知睦州（浙江桐庐），三年之后又被贬知饶州（鄱阳）。

二岁丧父，母亲谢氏贫困无依，改嫁山东淄州长山县河南村（今邹平县长山镇范公村）朱文翰。范仲淹从小读书就十分刻苦。大中祥符八年（1015）春，中进士。不久，被任命为广德军司理参军，接着，又调任为集庆军节度推官。他把母亲接来赡养，并正式恢复了范姓，改名仲淹，字希文。

天圣六年（1028），升秘阁校理——负责皇家图书典籍的校勘和整理。明道二年，因谏阻仁宗废黜皇后郭氏，被贬睦州知州。次年由睦州移知苏州，因为治水有功，又被调回京师，并获得天章阁待制的荣衔，做了开封知府。景祐三年（1036）五月，由于对宰相吕夷简之用人进行指摘，其他事也多持异论，被诬以“离间君臣，引用朋党”而贬知饶州。四年十二月改徙润州、越州。

康定元年（1040）召为陕西都转运使。这时，党项族首领元昊侵袭宋朝延州等地，面对西夏的突然挑衅，朝廷改任范仲淹做副帅——陕西经略安抚招讨副使以御敌。经苦心经营，边境局势大为改观。庆历三年（1043）九月，仁宗连日催促范仲淹等人，拿出措施，改变局面。范仲淹、富弼和韩琦，连夜起草改革方案。特别是范仲淹，认真总结从政28年来酝酿已久的改革思想，很快呈上了著名的新政纲领《答手诏条陈十事》，提出了十项改革主张。

庆历五年（1045）初，曾慷慨激昂、励精图治的宋仁宗终于完全退缩，下诏废弃一切改革措施，范仲淹和富弼被撤去军政要职。范仲淹被调作邠州（今陕西彬县一带）知州，边塞的严寒威胁着他的健康，他被允许移到稍暖的邓州（今河南省邓州市）做知州。在邓州写有著名的《岳阳楼记》。皇祐三年（1051），范仲淹又移任青州。第二年（1052）调往颍州，他坚持扶疾上任。但只赶到徐州，便溘然长逝，时年六十四岁。

主要参考传记资料来源：

（北宋）欧阳修《欧阳文忠公集》卷二十。

14．**欧阳修**

欧阳修，字永叔，号醉翁、六一居士。生于1007年，庐陵人（今江西吉安人）。景祐三年（1036），范仲淹被贬知饶州，欧阳修指责右司谏高若讷不能为范仲淹辩护，被贬夷陵县，后又因事贬知滁州。

四岁丧父，家境十分贫寒，母亲郑氏便用芦苇在沙地上写字、画画，教他识字。欧阳修自幼喜爱读书，常从城南李家借书抄读，又天资聪颖，刻苦勤奋，往往书不待抄完，已能成诵；少年习作诗赋文章，文笔老练，有如成人。

仁宗天圣八年中进士，次年任西京（今洛阳）留守推官。与梅尧臣、尹洙结为至交，互相切磋诗文。景祐元年（1034），召试学士院，授任宣德郎，充馆阁校勘。范仲淹因为上章批评时政，被贬饶州。欧阳修为他辩护，被贬为夷陵（今湖北宜昌）县令。康定元年（1040），欧阳修被召回京，复任馆阁校勘，编修崇文总目，后知谏院。庆历三年（1043），任右正言，知制诰。范仲淹、韩琦、富弼等人推行“庆历新政”，欧阳修参与革新，提出改革吏治、军事、贡举法等主张。五年，范、韩、富等相继被贬，欧阳修因上书分辩，被贬为滁州（今安徽滁州）太守。后又改知扬州、颍州（今安徽阜阳）、应天府（今河南商丘）。

至和元年（1054）八月回朝，先后任翰林学士、史馆修撰等职。嘉祐二年（1057）二月，欧阳修以翰林学士身份主持进士考试。嘉祐三年六月，欧阳修以翰林学士身份兼龙图阁学士权知开封府。五年，拜枢密副使。次年任参知政事。后又相继任刑部尚书、兵部尚书等职。英宗治平二年（1065），上表请求外任，不准。此后两三年间，因被蒋之奇等诬谤，多次辞职，都未允准。神宗熙宁二年（1069），王安石实行新法。欧阳修对青苗法有所批评，且未执行。三年，除检校太保宣徽南院使等职，坚持不受，改知蔡州（今河南汝南县）。此年改号“六一居士”。四年六月，以太子少师的身份致仕。居颍州。五年闰七月二十三日（1072 年 9 月 22 日），卒于颍州，谥文忠。时年六十五岁。

欧阳修是宋代文学最杰出的代表，领导了北宋诗文革新运动，继承并发展了韩愈的古文理论，引领宋朝文学走向高峰，其文学成就对后世有非常深远的影响。在史学方面，也有极高的成就。

主要参考传记资料来源：

（元）脱脱等《宋史》卷三百一十九。

15．苏轼

苏轼，字子瞻，号东坡居士。生于 1037 年，祖籍眉州眉山（今四川眉山市）。嘉祐进士。任凤翔府签判，主张改革弊政。神宗时因反对新法与新任宰相王安石政见不合，被迫离京。先后出任杭州通判，密州、徐州、湖州知州，革新除弊，政绩显赫。后以“谤讪朝廷”罪贬谪黄州（今湖北黄冈）。

苏轼曾多次到黄州城外的赤壁山游览，写下了《赤壁赋》、《后赤壁赋》和《念奴娇·赤壁怀古》等千古名作，以此来寄托他谪居时的思想感情。

哲宗时任翰林学士，曾出知杭州、颍州、扬州、定州，官至礼部尚书。后又贬谪惠州（今广东惠州）、儋州（今海南儋州）。

当苏轼被一叶孤舟送到了边徼荒凉之地海南岛儋州后，便把儋州当成了自己的第二故乡，他在这里办学堂，以至许多人不远千里，来至儋州，从苏轼学。

徽宗时，元符三年（1101）大赦召还。北归途中卒于常州（今属江苏）。时年六十四岁，谥文忠。

苏轼在文、诗、词三方面都达到了极高的造诣，堪称宋代文学最高成就的代表。而且苏轼的创造性活动不局限于文学，在书法、绘画等领域内的成都很突出，对医药、烹饪、水利等技艺也有所贡献。苏轼典型地体现着宋代的文化精神。有《东坡七集》、《东坡易传》、《东坡书传》、《东坡乐府》等。

主要参考传记资料来源：

（明）李贽《藏书》卷三十九。

16．黄庭坚

黄庭坚，生于1045年。字鲁直，号山谷道人，晚号涪翁，洪州分宁（今江西九江修水县）人。绍圣元年（1094），新党以《神宗实录》失实“多诬”，贬到黔州（今四川彭水），四年改戎州（今四川宜宾）。崇宁二年（1100），被贬至宜州（今广西宜山）。

年少时便擅文章、诗词，尤工书法。诗风奇崛瘦硬，力摈轻俗之习，开一代风气。早年受知于苏轼，与张耒、晁补之、秦观并称“苏门四学士”。英宗治平四年（1067）进士。历官叶县尉、北京国子监教授、校书郎、著作佐郎等。哲宗立，召为校书郎、《神宗实录》检讨官。后擢起居舍人。绍圣初，新党谓其修史“多诬”，贬涪州别驾，黔州安置。徽宗初，羁管宜州，三年后转到永州，1105年卒，时年六十一岁。

主要墨迹有《松风阁诗》、《华严疏》、《经伏波神祠》、《诸上座》、《李白忆旧游诗》、《苦笋赋》等。书论有《论近进书》、《论书》。黄庭坚开一代风气，为江西诗派的开山鼻祖。书法精妙，与苏、米、蔡并称“宋四家”。词与秦观齐名，艺术成就不如秦观。晚年近苏轼，词风疏宕，深于感慨，豪放秀逸，时有高妙。有《山谷集》七十卷。

主要参考传记资料来源：

（明）柯维祺《宋史新编》卷一百七十一，黄庭坚传。

六、明清时期的流人

17. 杨慎

杨慎，字用修，别号升庵。四川新都人，生于1488年。嘉靖三年（1524），以两上议大礼疏，被庭杖，遣戍永昌卫（今云南保山）。

十一岁即能作诗，十二岁，写成《古战场文》，众人皆惊。进京后，写《黄叶诗》，为李东阳所赞赏，让他在自己门下学习。明武宗正德六年（1511）中式辛未科殿试一甲第一名（状元），赐进士及第，授翰林院修撰。正德十二年（1517）八月，武宗微行出居庸关，杨慎上疏抗谏，被迫称病还乡。父亲廷和，号石斋，翰林院庶吉士，历少师，兼任太子太师，两朝宰相，有除难定策之功，有四子，长子即杨慎。杨慎自幼聪颖，七岁便能把唐诗绝句熟背下来。勤奋苦读，很少外出游玩。母亲去世时，哀毁骨立。不久，祖母又去世，随父回蜀守制。

明世宗即位，被召至京师，任经筵讲官。嘉靖三年（1524），“大礼议”爆发，杨慎被谪戍云南永昌卫。杨慎一生刻苦学习，勤于著述，是当时著名的博学家。他不仅经、史、诗、文、词曲、音韵、金石、书画无所不通，而且天文、地理、生物、医学等也造诣很深。他在诗歌上广泛吸收六朝、初唐的一些长处，形成“浓丽婉至”的诗歌风格，而且常收集、效仿民歌，颇有乐府遗韵。其词和散曲，写得清新绮丽，文笔畅达。还有研究文学、音韵、名物之杂著，数量很多，涉及面极广。如《丹铅总录》、《谭苑醍醐》、《艺林伐山》、《升庵诗话》、《词品》、《书品》、《画品》、《大书索引》、《金石古文》、《风雅逸篇》、《古今风谣》、《奇字韵》、《希姓录》、《石鼓文音释》等等，还有《全蜀艺文志》、《云南山川志》、《滇载记》等地方志及史料。这些著述往往有独到之见，或可补史阙，或提供线索，有相当大的学术价值。

在仕途上，杨慎因“大礼议”案牵连被流放，仍然“好学穷理，老而弥笃”。从长远来看，他的“远戍”，恰恰是中华之“大幸”。杨慎到了云南，游历考察，著书立说，设馆讲学，广收弟子，直接促成了南疆各族与汉民族的文化大交流、大融合。云南永昌系边塞荒凉地区，尽管图书资料奇缺，杨慎仍多方搜求，嗜书成癖，“书无所不览”，经常对人说：“资性不足恃，日新德业，当自学问中来。”他认为要“知天下”，一是依靠“躬阅”，从亲身经历中获得知识；二是依靠“载籍”，从别的记载和书籍中取得。因此，他不仅刻苦读书，手不释卷；而且每到一处，就对当地风俗民情进行调查了解，努力学习当地民族语言，从亲身经历与实践中丰富自己的知识。他以被逐罪臣的身份，仅凭自己苦学、实践、记忆，在滇南时就写出了不少学术著作。如《南诏野史》、《云南通志》、《云南山川志》、《滇程记》、《南中志》、《滇载记》、《记古滇说》等书。据《升庵杨慎年谱》的记载，杨慎平生著作有四百余种。所以，《升庵外集》序称：“国初迄于嘉隆，文人学士著述之富，毋逾升庵先生者。”《明史》本传曰：“明世记诵之博，著作之富，推慎第一。”

嘉靖三十八年（1559）卒于戍所，时年七十二岁。

主要参考传记资料来源：

（明）李贽《续藏书》卷二十六。

18．王守仁

王守仁，字伯安，别号阳明。生于1472年，浙江绍兴府余姚县（今属宁波余姚）人，因曾筑室于会稽山阳明洞，自号阳明子，学者称之为阳明先生，亦称王阳明。弘治十二年（1499）进士，曾任刑部主事。明武宗正德元年（1506）冬，宦官刘瑾擅政，并逮捕南京给事中御史戴铣等二十余人。王守仁因上疏论救，而触怒刘瑾，被杖四十，贬谪至遥远的西南地区，在贵州龙场（贵阳西北七十里，修文县治）当驿丞。

刘瑾坏事干尽，终于被皇帝诛杀。王守仁在朝里的朋友帮助下，获皇帝恩准，担任庐陵知县。不久，官职渐升，在南京任职。兵部尚书王琼一直认为王守仁的才华不同寻常，正德十一年（1516）八月擢拔他做右佥都御史，到南州、赣州一带做巡抚。当时，南中地带盗贼蜂拥四起，正德十二年至十三年（1517—1518），王守仁恩威并施，平定为患江西数十年的民变祸乱。正德十四年（1519），王阳明在鄱阳湖中仿效赤壁之战，平定洪都的宁王朱宸濠之乱。嘉靖六年（1527），思恩、田州的民族首领卢苏、王受造反，总督姚镆不能平定，于是下诏让王守仁以原先的官职兼左都御史，总督两广兼巡抚。嘉靖七年（1528），平定西南部的思恩、田州土瑶叛乱和断藤峡叛军。

平乱后，王阳明因肺病加重，向朝廷上疏乞求告老还乡，不等朝廷的批复就回去了。1529年1月9日行至江西南安，病逝，时年五十七岁。

王守仁被贬谪到贵州龙场的时候，此地未开化，生存环境极差，在这既安静又困难的环境里，王守仁结合历年来的遭遇，日夜反省。忽然有一天便把问题想开了，求人不如求己，求诸外物不如求诸本心，悟到格物致知之学，应该从内心而非外物去寻求。他在这段时期写了“教条示龙场诸生”，史称龙场悟道。学者一致听从他，世间于是有了“阳明学”。

王守仁在和少数民族共处时，根据当地风俗人情，开化教导当地人，劝诱百姓向善，办了许多好事，受到民众的爱戴。他曾在贵州、江西、浙江等地聚徒讲学，后来其门徒将他的著述编纂成《王文成公全书》，其中《传习录》和《大学问》是他的主要哲学著作。

主要参考传记资料来源：

[1]（明）李贽《续藏书》卷十四。

[2]（清）张廷玉《明史》卷一百九十五，王守仁传。

19．释函可

释函可，字祖心，号剩人，俗名韩宗騋，广东博罗人。明礼部尚书韩日缵之长子。生于1612年1月6日。顺治五年（1648），由于写有“干预时事”的《再变纪》而被捕，并被遣戍盛京。

早年随父寓居南京、北京两都，与天下名流巨儒切磋论交，“声名倾动一时”，海内名人以不获交韩长公騋为耻。崇祯九年，父病逝北京后，家道零落，加之明末社会动荡、政治黑暗，深感世事无常，遂产生遁入空门之念。崇祯十三年，时年二十九岁的函可，别母抛妻，赴江西庐山，拜空隐老人道独为师，皈依佛门，落发舟中，法名函可，字祖心，法号剩人。顺治二年（1645）春天，函可自广州来南京，刷印藏经。他目睹人民饱受战乱之苦，看到明代遗臣之杀身成仁，写下了传记体的《再变记》。《再变记》被清兵截获，之后，他被押解到了北京受审。最终被流放到了冰天雪地的盛京。可以说，他是清朝因文字狱流放的第一人。

顺治十六年十一月二十七日（1660年1月9日）卒于戍所。释函可生前著述颇丰，曾有《语录》十卷、《剩诗》三卷等行世。去世后，顾梦游等又为他刊印诗集。康熙二十九年，函可弟子重刻《语录》，改名《千山语录》行世。康熙四十二年，弟子今羞等把所搜集的各种版本和诸家所藏函可诗汇集一起，以《千山诗集》书名印行。现存有《千山诗集》二十卷，计诗一千四百一十二首。《千山剩人禅师语录》六卷传世。

主要参考传记资料来源：

（清）释函可《千山诗集》。

20. 陈之遴

陈之遴，字彦升，号素庵，浙江海宁盐官人。生于1605年，顺治十五年（1658），以贿结内官入狱，次年流徙盛京。

明代崇祯年间中进士，授编修，迁中允。顺治二年（1645），降清，任秘书院侍读学士。五年，迁升礼部右侍郎。六年，又加封为都察院右都御史。顺治八年，升礼部尚书。不久，又加太子太保。第二年，又被授予弘文院大学士。顺治十三年，以结党罪，陈之遴被以原官发往辽阳。这年冬，顺治帝又念陈之遴为大清效力多年，不忍终弃，遂又令其回京入旗。顺治十五年（1658），又有人弹劾陈之遴贿结内监吴良辅，按律本当正法。顺治帝再次免去了他的死罪，但下诏革了他的职，抄没了他的家产，并将其全家流放辽东。康熙五年（1666），陈之遴死于辽东。

陈之遴善书、工诗、善词，是明末清初著名的文人，有《浮云集》十二卷。

主要参考传记资料来源：

清国史馆《贰臣传》卷十。

21. 吴兆骞

吴兆骞，字汉槎，号季子，江苏吴江人。生于1631年。顺治十四年（1657）因丁酉南闱科场案，无辜遭累，遣戍宁古塔二十三年。

少年时便有才华，儿童时作《胆赋》五千字左右，曾被其师预言“此子异时必有盛名，然不免于祸矣”。年纪稍长，才华名气盛极一时。与华亭彭师度、宜兴陈维崧有“江左三凤凰”之称。顺治十四年中举人，不久科场案发生，无辜遭累，遣戍宁古塔二十三年，把所有精力都用于诗歌的创作中。曾作《长白山赋》数千字，言辞瑰丽，圣祖派遣使臣去祭拜长白山，归后将《长白山赋》献圣祖，圣祖为之动容，惋惜其才华。友人顾贞观恳求于纳兰性德，后经性德父明珠等营救，康熙二十年得以赎还。著有《秋笳集》。吴兆骞骈体文惊才绝艳，诗歌风骨遒上，出塞后诗歌尤为工整，当时以才人称之。

吴兆骞抵达宁古塔后以教书为业，教流人子弟及当地少数民族子弟。黑龙江将军巴海曾聘吴兆骞为家庭教师，教其两子额生、尹生读书，礼遇甚重。康熙四年，与张缙彦、钱德惟等结“七子之会”，这是黑龙江首个诗社。朝鲜王朝节度使李云龙以兵事至宁古塔，由于素知吴兆骞的才华，请他写一篇《高丽王京赋》，吴兆骞“遂草数千言以应”，名震异邦。

康熙二十年，经纳兰性德、徐乾学、顾贞观等诸多友人斡旋营救，终于醵金两千，以认修内务府工程名义赎罪放还。七月底，还乡诏下，十一月中抵京师。归后在纳兰性德家任家庭教师，教性德弟揆叙读书。这期间曾一度回乡探视其母。康熙二十三年十月十八日，因疾客死京邸，时年五十四岁。弥留之际，语其子曰：“吾欲与汝射雉白山之麓，钓尺鲤松花江，挈归供膳。手采庭下篱边新蘑菰，付汝母作羹，以佐晚餐，岂可得耶?”可见其对白山黑水之眷恋。吴兆骞著述甚多，然屡丁颠沛，存者无多，其子吴桭臣所刊《秋笳集》诗文八卷，另有《归来草堂尺牍》一卷。《天东小纪》、《词赋协音》已佚。

主要参考传记资料来源：

[1] 清国史馆《清史列传》卷七十，吴兆骞传。

[2]（清）翁广平《秋笳馀韵》附录。

[3]（清）徐釚《南州草堂集》卷二十九。

22. 方拱乾

方拱乾，字肃之，号坦庵。安徽桐城人，生于1596年。因受清顺治十四年（1657）江南科场案株连，于1659年被流放宁古塔。

年少时文章出众，经史过目不忘。崇祯元年（1628）中进士，馆选第一。十三年任翰林院编修，累迁中允、左渝德，晋少詹事，充东宫（太子）讲官。清顺治十一年（1654），由江南江西总督马国柱等人推荐，被清廷起用为内翰林秘书院侍讲学士，曾参与《大训》等书的编修。后升詹事府右少詹事，兼内翰林国史院侍读学士。因受江南科场案株连于十六年被流放宁古塔。方拱乾"平生酷好为诗"，虽流离播迁，但无一日辍吟咏。其诗深受唐代诗人杜甫影响，自写胸臆，晚年诗律更细。从出关到赦归，近千日，几乎一日一诗。其诗结集者凡五种，出关前有《白门》、《铁鞋》、《裕斋》三集，均佚。出关后有《何陋居集》，归途、归后有《甦庵集》。

《何陋居集》又名《出关集》，方拱乾诗集名借用明代大儒王守仁流放贵州龙场驿所居室前亭之名，名其居室与诗集为何陋居。这部诗集所咏多为塞外山川景物、民风土俗，流人生活与心态。方拱乾在宁古塔生活三年，注重留意当地风土人情、文化古迹，唐代渤海国上京遗址、明代奴儿干都司永宁寺碑、清初黑龙江军民抗击沙俄等历史事件在清代文献中首次得到反映的当是此书。就《何陋居集》中收录的诗歌基本全部写于宁古塔，可称其为黑龙江现存第一部诗集。

《甦庵集》又名《入关集》，所收之诗为其赦归与赦还后的诗作。方拱乾晚年号甦庵，《甦庵集》收录的诗歌有的表达了其思念宁古塔故人之情、与家人团聚之喜，以及对人生的感悟。如《留别坦公》云："此别知无几，临歧亦黯然。"又如《留别汉槎》："同来不同返，处处动人悲。"

顺治十八年（1661）赦归故里，1666年客死扬州，时年七十

二岁。

主要参考传记资料来源：

[1]（明末）李长祥《天问阁集》卷二。

[2]（清）潘江《龙眠风雅》卷二十二。

23. 张缙彦

张缙彦，字濂源，号坦公。河南新乡人，生于1599年，顺治十八年，以“煽惑人心”等罪名，被流徙宁古塔。

少年时便敏锐有才华，读书必求甚解。23岁乡试中举第二名。33岁中进士，授清涧与三原知县。后任户部主事、翰林院检讨、兵科都给事中。崇祯十六年冬任兵部尚书等职。明朝灭亡后，张缙彦投靠清朝，曾任山东布政司右布政使、浙江左布政使、工部右侍郎。顺治十七年（1660），清廷以张缙彦为李渔之小说集《无声二集》所撰之序“煽惑人心”为由，籍没其家产，将其流放至宁古塔（今黑龙江省宁安），康熙九年死于黑龙江省宁安。张缙彦多才多艺，精绘画、善雕刻，尤工诗文，文辞精湛，一生著作颇多。所著有《依水园诗文集》等书行于世。

张缙彦是黑龙江第一个诗社七子诗会的发起人，是现存黑龙江第一部散文集《域外集》的作者，也是黑龙江，乃至东北第一部山水志《宁古塔山水记》的作者。《域外集》一卷，共收录二十二篇。此本散文集具有很高的史料价值，为当时塞外流人事迹的研究，提供了许多新的素材。如据《唐人诗略序》、《词赋协音》，可以知道这两部佚著的作者是姚琢之与吴兆骞。据《三孝义传》可知顺、康之交，就有以“邪教”案牵累流放宁古塔的流人。此外，该书有关黑龙江地方史的记载，也有与其他文献互为补充、参证之处。《苍头街移镇记》是最早的一篇有关中俄关系的私人记述。《宁古塔山水记》之内容与历史作用详后文，此处从略。

主要参考传记资料来源：

[1]（清）赵开元《新乡县志》卷三十二。

［2］清国史馆《贰臣传》卷十二。

24. 郝浴

郝浴，字雪海，又字冰涤，号复阳。直隶定州人，生于1623年。顺治十一年，因被吴三桂诬陷为“冒功妄奏”而流徙盛京。

少年时便有奇特的天赋，机警聪明，有才华。十四五岁时，能通六籍百家之言，关心世务，有气节，志向高远。顺治六年进士，授刑部主事。后改湖广道御史，巡按四川。顺治九年，郝浴在巡按四川时，时逢张献忠部下刘文秀率领数万人包围了保宁城，郝浴正在保宁城监临乡试，闻讯向吴三桂请求援救，然而，吴三桂迟了数月方至。保宁解围后颁赏将士，吴三桂以冠服赏与郝浴，郝浴拒而不受，并在所上的《保宁奏捷疏》中弹劾吴三桂。于是得罪了吴三桂，顺治十一年（1654）吴三桂乃摭浴《保宁奏捷疏》中有“亲冒矢石”语，指郝浴为冒功妄奏，最后被流放奉天。

顺治十一年六月郝浴与怀有身孕的妻子王夫人辞别亲人，走上流放之路。从此，郝浴流寓于沈阳、铁岭，渡过了漫长的22年流人生涯。当时铁岭城内遍是瓦砾，蒿草丛生，除管理流人的官兵之外，尚无居民，其好友左懋泰等居于城外龙首山下。郝浴在“南门之右”选中一片风水之地居住。郝浴自记：“戊戌五月下岭，卜居于南门之右，方十许亩，中为书室三间，前有圃种蔬，后有园种花，左壁吾卧室也。右壁一带，皆吾友连屋而居也。”并名其所居为“致知格物之堂”。自此，郝浴以他高深的学识，在家设帐办学，传授理学经典、培养生徒、普及文化，从而使铁岭文化又有了新的生机。他有一首《银冈行》诗，内谓“洛下真儒踵孟子，翰墨直闻泗水香”，就是咏自己贬谪铁岭后聚徒讲学，宣扬孔孟及程颐、程颢学说的情景。郝浴在此讲学十八载，至康熙十四年（1675）复职还朝，留所居宅院为书院，并命名为“银冈书院”。“致知格物”是郝浴的座右铭，也是他的办学宗旨，体现了“实践而体之”的唯物主义思想。康熙二十二年（1683）7月15日，郝浴病逝于桂林任上。噩耗传至铁岭，学界和银冈诸生无不为之哀痛，遂将“致知格物之堂”辟为“郝公祠”，设其灵位，终年奉祀。

主要参考传记资料来源：

[1]（明）梁清标《郝复阳先生传》，《中山集钞》卷首。

[2] 清国史馆《清史列传》卷七，郝浴传。

第二节　重要流人及文献介绍

一、历史地理类

1. 李大师与《南史》《北史》

《南史》与《北史》的作者为李大师与其子李延寿。

李大师（570—628），字君威，相州（今河南安阳）人，隋唐之际人士。自幼聪慧好学，隋末为州郡僚佐，后曾任窦建德夏政权的礼部侍郎。武德三年（620），唐军围王世充于洛阳，李大师奉窦建德之命至长安劝唐释围，以求“和好”，唐军退还。大师行至绛州，窦建德出尔反尔，出兵助世充，击唐军于武牢。唐高祖闻讯大怒，下令大师所至之处的官员“拘留其使”，大师被捕入狱。621年，窦建德被唐军剿灭，李大师被发配西会州（今甘肃靖远），既到徒所后，大师曾写《羁思赋》以抒发自己的忧郁之情。

李大师因熟悉前代历史，长于评论当代时事，有志于撰写一部南北朝史书，曾仿《吴越春秋》体例，以编年体撰写南、北朝史，后因事一度中辍。武德九年（626）被赦归，续修前书。贞观二年（628）卒于郑州荥阳县，享年五十九岁。他在临终之前，因“所撰未毕，以为没齿之恨”。李延寿继承父亲的遗志，完成《南史》与《北史》。

从史学跟社会的关系来看，国家的统一，必然要求产生与之相适的历史著作。唐初，朝廷组织撰写梁、陈、齐、周、隋史，只说“正统”和“僭伪”，不特别强调“华”、“夷”界限，只有在统一的政治形势下才能做到。这反映了隋唐统一后“天下一家”的思想。李大师生活于隋唐之际，他提出“编年以备南北”的撰述计划，足见他重视国家统一的历史思想，这是十分可贵的。

《南史》与《北史》① 为姊妹篇。《南史》以《宋书》、《南齐书》、《梁书》及《陈书》为本，删繁就简，重新编纂，为史林新著，成书于唐高宗显庆四年（659）。《南史》有本纪和列传，无表、志。本纪十卷，列传七十卷，共八十卷。其编撰方法按朝代顺序、帝王在位先后，排列各朝帝王、宗室、诸王、大臣等纪传。本纪中有《宋本纪》三卷，《齐本纪》二卷，《梁本纪》三卷，《陈本纪》二卷。列传中除专传外，列“类传”九种。《北史》一百卷，其中本纪十二卷，列传八十八卷。记述北朝从公元 386 年到 618 年，魏、齐（包括东魏）、周（包括西魏）、隋四个封建政权共二百三十三年的历史。

李延寿，曾任史官，参与修撰《隋书》、《晋书》，并另外著有《南史》。李延寿继承了父亲的史学思想，在《南史》中取消了《索虏传》，在《北史》里也不再立《岛夷传》；于北魏、东魏、西魏、北齐、北周历史均立“本纪”；于宋、齐、梁、陈历史亦均立“本纪”。从而摆脱了南北朝时期因政治分裂而造成的史学家的偏见和局限，大致摆平了南、北历史的地位。这不仅反映了在国家统一局面下“天下一家”的政治要求，也反映了魏晋南北朝以来中国各民族大融合的历史结局。我们读《南史》、《北史》不能不了解作者所处的历史环境以及在这个历史环境下所形成的撰述旨趣。

---

① 李延寿：《北史》，中华书局 1974 年版。

2．蔡鞗与《北狩行录》

《北狩行录》① 作者蔡鞗，生卒不详。北宋权相蔡京第五子，为驸马都尉。其妻即茂德帝姬（即宋徽宗女儿福金公主）。官至宣和殿待制。宋钦宗即位后，蔡京被贬岭南，途中死于潭州（今湖南长沙），因蔡鞗系驸马都尉，故未受牵连。后在宋靖康元年（1126）与其妻福金公主首当其难被扣押金国。三月随徽宗北狩，后至五国城，并卒于此。

《北狩行录》全文八千多字。详细地记录了宋徽宗北狩八年（实囚禁八年）生活中的许多件事。该书在《宋史·艺文志》中有书目，而《四库全书》未收，仅在存目中有提要。令人惊讶的是南宋《三朝北盟会编》作者将《北狩行录》全文抄录于绍兴十二年迎回徽宗梓宫和韦太后一事的记录中，并慎重地加上“北狩行录”几字，这说明该书史料十分重要。由于行文皆为作者亲身见闻，所以此书可称是十分珍贵的第一手史料，对于研究徽宗北狩行实，尤其是其入黑龙江后行实，提供了许多其他文献未能详载的史料。

3．洪皓与《松漠纪闻》

《松漠纪闻》② 作者洪皓（1088—1155），字光弼，饶州鄱阳（今江西鄱阳县）人。年少得志，政和五年（1115）中进士，曾任宁海主薄、秀州司隶。建炎三年（1129）擢升徽猷阁待制、大金通问使，假礼部尚书的名义，出使金国被扣，并被流放到遥远的冷山（今黑龙江五常境内的大青顶子山）。十五年荒漠流放生活，坚贞不屈，艰苦备尝，全节而归，被誉为第二个苏武。

洪皓归宋后，因赞同张浚抗金，屡遭秦桧迫害，连遭贬谪，出知饶州。十七年，责授濠州团练副使，英州安置。绍兴二十五

---

① 蔡鞗：《北狩行录》，《东北流人文库》本，黑龙江大学出版社 2011 年版。

② 洪皓：《松漠纪闻》，民国《豫章丛书》本。

年主管台州崇道观，并于当年卒，时年六十八岁。洪皓博学强记，知识渊博，于“书无所不读，虽食不释卷”，不但精通经学、史学，也精通诗文辞赋。留金期间曾经写下上千首诗词，金人“争抄诵求锓锌”，后来大部分散佚。今《鄱阳集》所存，皆清新朴实，含义深远。洪皓赦归途中又曾同张邵、朱弁写诗唱和，集成《輶轩唱和集》三卷，今已不存。有《文集》五十卷以及《帝王通要》、《姓氏指南》、《春秋纪咏》、《金国文具录》、《鄱阳集》、《松漠纪闻》等书，但大多已佚，仅后两种存世。

《松漠纪闻》是洪皓所写的一部笔记，主要记载了他在金国的见闻，由于书中所记之事多是洪皓亲身经历的，所以此书的史料价值受到历代学者的重视。洪皓在金国的十五年中，将自己所见所闻随笔纂录，被赦归时，因担心此书被金人搜获，有碍于南归，故将此书焚毁。在被贬于英州期间洪皓凭记忆将从前在北方的笔录口述，其长子洪适、次子洪遵做了记录。当时又遇秦桧实施“私史之禁”，并未刊行。洪皓去世第二年，洪适为之校刊付梓。此书分正、续二卷，正卷记事三十一则，续卷记事二十七则。乾道九年，洪遵又增添了十一则记事，作为补遗，重刊于建业。这样，全书已达六十九则记事。因洪皓流放的地区就在古松漠都督府之北，书中所写的内容都是发生在这片广大的塞北地区，因此取书名《松漠纪闻》。本书一事一则，每则记事字数不一，多则五百字，少则二十字。书内记载了女真族的族源、金国军政大事、礼仪制度、民风土俗、交通物产、山川地理等，而且记载翔实，文笔简练，对于研究金史、东北史具有极高的史料价值，可称是黑龙江现存的第一部地方史著述。

4．董国祥与《铁岭县志》

《铁岭县志》① 作者董国祥，字掌录，广川人（今河北冀州），

① 董国祥：《铁岭县志》，辽沈书社 1993 年版。

原为明朝旧臣，明崇祯十三年进士。明亡后仕于清，官至刑部右侍郎、吏部右侍郎。清顺治十六年，董国祥上司卢慎言贪赃事发，董国祥因曾替卢慎言寄收过财物而受牵累，被流放至尚阳堡（今辽宁开原以东）。董国祥在尚阳堡与郝浴相识，意气相投，“遂为契友，以诗文相唱，以道义相切磋”。后与郝浴同迁铁岭。他博学多闻，作有《银冈书院记》和诸多诗作。最有价值的作品是由他经手编修的《铁岭县志》。

康熙十一年清政府通令全国普修志书。由于东北缺乏撰志人手，因此在文化流人比较集中地区的官员便发动他们利用其文化特长进行编纂。铁岭知县贾弘文在《铁岭县志》叙中写道：“纂辑率出董子，搜集、校正诸绅士咸与有力，余假手以观其成耳。”所谓董子指董国祥，诸绅士指孙梗、罗继谟、邢为枢、左玮生、左昕生等五人，他们都是徙居铁岭的文化流人。

《铁岭县志》是清代在东北流人的努力下完成的第一部地方县志，创东北编修县志之先河，在东北修志历史上占有重要的一页。全志分为上下两卷，九个分志下又分十九个细目。卷首，有两张地图。九个分志是：建置志；疆域志；田赋志；户口志；学校志；官师志；祥异志；人物志；艺文志。全志所录内容非常珍贵。是研究清初铁岭政治、经济、文化状况极为难得的文献。例如对铁岭驻跸山的注解，他在县志中注说康熙皇帝来此，曾驻跸得名，以编者自己当时亲历，既解释了地名，又讲述了历史。为其他史料所未涉及，为铁岭留下了宝贵的文化遗产。

5．方拱乾与《宁古塔志》（又名《绝域纪略》）

《宁古塔志》① 作者方拱乾，其行实详前文。顺治十六年流放宁古塔。顺治十八年冬，被赎罪赦还。归后流寓扬州等地，卖字为生。康熙元年（1662）七月，据在宁古塔见闻，写成《宁古塔

① 方拱乾：《绝域纪略》，《说铃》本。

志》。

《宁古塔志》又名《绝域纪略》，真实记录了清代宁古塔的流传、天时、土地、宫室、树畜、风俗、饮食，所记内容均为方拱乾在宁古塔的所见所闻，这是现在黑龙江得以传世的第一部风土记，对研究清代黑龙江、吉林的历史与文化都是第一手的珍贵文献。

6．张缙彦与《宁古塔山水记》

《宁古塔山水记》① 作者张缙彦，行实详前。

张缙彦不仅工诗，而且能文，出塞后有散文四十余篇，结集为《域外集》、《宁古塔山水记》。

《宁古塔山水记》是黑龙江，乃至东北第一部山水记与地名学专著。作者在出塞后，发现塞外山水多无名字，于是做了大量调查研究工作，写成此书。为宁古塔的一些山水作传，或记其源流胜迹，或载其物产风俗。凡没有名称之山水，“姑以地，以其里，以其所居之人姓氏名之”，或直接另起新名，如泼雪泉、白石崖等。共二十二篇，除杂记一篇系泛载宁古塔地区物产、风俗外，其他二十一篇，城镇记四篇（石城、新城、东京、兀喇）；村屯记一篇（交罗）；水记四篇（马流河、沙儿浒、泼雪泉、河湾）；山记十二篇（宁古台、牧山、岸山、官道山、虎山、石河山、洞山、卧佛山、红山、呼郎山、白山崖、沙岭）。其中，《东京》一文写渤海国上京龙泉府遗址情况；《泼雪泉》一文写宁古塔名泉，行文流畅，文采斐然，该书对于研究宁古塔地区山水、城镇、村屯命名之原因或源流，及附近风俗、物产具有很高的史料与文学价值。

7．陈梦雷与《盛京通志》

《盛京通志》② 主要编撰者陈梦雷（1650—1741），字则震，号

---

① 张缙彦：《宁古塔山水记》，黑龙江大学出版社 2011 年《东北流人文库》本。

② 《盛京通志》，辽海出版社 1997 年版。

省斋，晚年又号松鹤老人，福建侯官（今福州市）人。陈梦雷资质聪敏，少有才名。康熙九年进士。选庶吉士，散馆后授编修。康熙十二年十二月，陈梦雷回乡省亲，翌年三月，耿精忠反叛，胁其为官，他托疾不就。耿精忠失败后，他被诬下狱。二十一年，流放盛京，给新满洲披甲为奴。三十七年，赦归，曾编纂我国著名的大型类书《古今图书集成》。六十一年，康熙病逝，胤禛继位，即雍正帝。雍正为了打击政敌，一上台就残害与他争夺帝位的兄弟，陈梦雷遭牵连，再次遣戍黑龙江卜魁，卒于此。

康熙二十一年清政府为编修《大清一统志》，再次敕命奉天府尹先修《盛京通志》。陈梦雷到戍所不久，由于其才华出众，学识渊博，奉天府尹高尔位邀请他编纂《盛京通志》，陈梦雷经手不久便将准备了十年的修志工作理出了头绪，不到两年全书告竣。此后，又审定了《承德县志》、《海城县志》、《盖平县志》等。

《盛京通志》采取了博搜典籍与实地考察相结合的方法，广泛搜集典籍，将存世的资料尽一切可能都搜罗到。同时又在全东北境内进行实地考察，“自是三韩以北，故都旧邑，断碣遗碑，靡不搜剔”。这种将典籍史料与实地考察结合起来的办法为编好通志打下了坚实的基础。《盛京通志》的全书体例，有序言、凡例和各分志小序。陈梦雷在此是做着具体的、名副其实的策划、设计、主编工作。《盛京通志》全书为三十二卷，分别是：京城志、坛庙志、山陵志、宫殿志、苑囿志、建置沿革志、星野志、疆域志、山川志、城池志、关梁志、驿站志、公署志、职官志、学校志、选举志、户口志、田赋志、风俗志、祠祀志、物产志、古迹志、帝王志、名宦志、人物志、孝义志、烈女志、隐逸志、流寓志、方伎志、仙释志、艺文志。

《盛京通志》是清代前期东北地区内容最丰富、体例最完备的一部地方总志。对清初东北文化建设的贡献是巨大的。在《盛京通志》的修订过程中陈梦雷起了重要作用。

8. **杨宾与《柳边纪略》**

《柳边纪略》① 作者杨宾（1650—1720）。字可师，号耕夫，别号大瓢，浙江山阴人。自幼聪明伶俐，“八岁能作擘窠书”。稍长，吟诗作对，深得老师的喜爱。清康熙元年（公元 1662 年），其父杨越因在浙东“通海案”中掩护钱缵曾幼子事泄，与其夫人范氏被流放宁古塔。当时，杨宾年仅 13 岁，带领年幼弟妹投奔叔父、崇明镇右协右营都司杨懋经为生。八年后，懋经卒，杨宾等辗转定居吴门（今苏州市）。

康熙十七年，清廷开博学宏词科，巡抚张鹏翀预荐杨宾。杨宾故意逃逸，拒不应试。康熙二十八年春，康熙帝南巡苏州，杨宾率弟泣请与妻子代父戍边。康熙听说其父是因“逆案”遣戍，没有答允。鉴于代父戍边不成，弟妹均已婚嫁，杨宾决定亲自出塞省亲。

同年初冬，杨宾自京师出发，出关后，取道柳条边，经船厂（今吉林市），于十月二十一日驱车驶过冰封雪锁的松花江，进入原始森林纳木窝集与色齐窝集。冰雪凝结，山陡路滑，马不受蹄，多次蹶仆，“触石破颅，血流数升而死，死半日乃复苏”。行走月余，始达戍所。

杨宾省亲途中，每逢岩疆要地，必停下车马，游览凭吊，并向老兵退卒询访遗闻逸事。在宁古塔，侍奉父母之暇，也常常访问唐代渤海国遗迹（杨宾自以为是金、元遗迹）及明代设立奴儿干都司所领辖部落种族等事。他对渤海国上京龙泉府做过实地考察。在考察时，凡山川形势、障塞规模、驿站道里、城郭屯堡、物产风俗、语言嗜好，无不博访周览，详稽备载。这就为他以后书写《柳边纪略》打下了基础。

次年二月，杨宾离开双亲，回到京师，为谋归其父母而奔走

---

① 杨宾：《柳边纪略》，民国《辽海丛书》本。

呼号。不料其父杨越于康熙三十年十一月病逝。按清廷规定，流人死于戍所，不得归葬，妻子等随行者也不得返乡。杨宾闻讯，又为谋求返葬其父而奔走。他在刑、兵二部衙门跪泣陈情达 455 天，又纳贿于领侍卫内大臣索额图门下，才准返葬。杨宾令弟杨宝再赴戍所，扶父柩并奉其母范氏而归。启程时，范氏“悉散家财，单车就道”，而“土汉送者，哭声填路”。康熙五十九年，杨宾病逝，时年 71 岁，葬于苏州。

杨宾自塞外归后，陆续着手编写《柳边纪略》，至康熙四十六年终于最后成书定稿。全书五卷，卷一为边门城堡、山川河流。卷二为京师至宁古塔驿站道路，清代设置职官以及明朝建立的卫所。卷三为东北各部落及物产互市。卷四为当地风俗和碑文。卷五附诗七十余首，此卷又名《塞外草》。

《柳边纪略》记述了当年东北地区，主要是宁古塔地区的山川、道里、卫所、官制、兵额、城堡、驿站、部落、寺庙、贡赋、物产、民情风俗等情况，是一部具有较高史料价值的地方史志，也是一部开启我国东北边陲历史文化研究的史地名著。

9．方式济与《龙沙纪略》

《龙沙纪略》① 作者方式济（1676—1717），字渥源，安徽桐城人（今桐城市区人）。因好学工诗，精于绘画，曾得到当时的大画家王原祁的赏识。康熙四十八年中进士，授内阁中书。次年回家省亲，不久《南山集》案发。因《南山集》有数处写到其祖父方孝标，因此全家被牵连，方式济和父方登峄同时被贬谪到黑龙江卜魁城（今齐齐哈尔）。边关看守的头领想把其亲属分居各地，方式济卖尽衣装打通关节，才得以聚居。方式济在风雪中上山打柴，常常两手破裂出血，但在父亲面前总是谈笑自若。父子之间，自谓“师友”，常在一起精研经学。

---

① 方式济：《龙沙纪略》，乾隆《述本堂诗集》家刻本。

方式济42岁时，病死于卜魁城。著有《龙沙纪略》2卷，《易说未定稿》6卷，《陆塘初稿》、《出关诗》各1卷。

长期的边疆生活，使方式济对当地的风情产生浓厚的兴趣，于是登山涉水，实地考察，并查阅大量资料，撰写了《龙沙纪略》。此书详细记述了边陲的山川、民族分布、物产风俗和历史沿革等，其中山川部分对黑龙江以北、外兴安岭以南山脉河流，特别是黑龙江干流及其左岸重要支流的记载极详。

《龙沙纪略》一卷，全书共有144条，内分九篇（或称九个部分)，计有《方隅》(记载边境、险要等）15条，《山川》(缕叙境内山岳、江河）19条，《经制》（记述制度、立法事项）26条，《时令》(记录有关季节之事）12条，《风俗》(叙说地方风尚、习俗）14条，《饮食》11条，《贡赋》(记载进贡、赋税等事）11条，《物产》(述说当地所物品）29条，《屋宇》(记述房屋居处特点）7条。《龙沙纪略》一书是清代名志，后被收入《四库全书》。

10．吴桭臣与《宁古塔纪略》

《宁古塔纪略》① 作者吴桭臣（1664—?)，字南荣，小字苏还，江苏吴江县人。吴兆骞之子。清朝顺治十四年（1657)，吴兆骞因“科场案”流放宁古塔二十三年，吴桭臣出生在宁古塔，对该地的风土人情、山川名胜颇为熟知。康熙二十年吴兆骞得以赎归，桭臣随父入关，终生不仕。著有《宁古塔纪略》、《闽游偶记》、《台湾舆地汇钞》。

《宁古塔纪略》从多侧面详细地叙述了宁古塔的山川土地、生产、出猎、烧荒、物产、贸易、住宅、服饰和生活习俗，也真实地记录了清初宁古塔草莽出辟时的自然风光和古朴淳厚的民俗。尤其有关满语词汇方面的记录、沙俄侵略黑龙江以及康熙五十九年五大连池火山喷发等记载，颇有史料价值。

---

① 吴桭臣:《宁古塔纪略》,《知服斋丛书》本。

11．方观承与《卜魁风土记》

《卜魁风土记》[①] 作者方观承（1698—1768），字遐谷，号问亭，一号宜田，安徽桐城人。方式济次子，方观承的高祖方拱乾、曾祖方孝标、祖父方登峄、父亲四代均遭发配穷边，祖、父流放之时，观承与其兄观永尚在幼年，免于发配。祖父与父亲遣戍后，他曾在十几年间南北往返七次，并在康熙五十五年至六十年在关外住了五年。作为一个世家之子，读万卷书，行万里路，从江南到塞北，阅尽人间风土，历经沧桑世故，苦难的经历为其日后诗歌创作、建功立业奠定了基础。

雍正九年（1731），为平郡王福彭所赏识，备受礼遇。十年（1732），福彭被任命为定边大将军，出征准噶尔，方观承为记室，随军出征。

福彭平定了准噶尔，班师回朝，方观承即升为内阁中书。乾隆二年（1737）升军机处章京，再升吏部郎中。乾隆七年，官授直隶清河道。乾隆八年，官升按察使。乾隆九年，命方观承随从大学士讷亲勘察浙江海塘及山东、江南境内的河道。不久提升为布政使。乾隆十一年，署理山东巡抚。乾隆十二年，再回布政使任上。乾隆十三年，升任浙江巡抚。乾隆十四年，提升为直隶总督。乾隆十五年，加授太子少保衔。乾隆二十年，加授太子太保衔，署理陕甘总督。乾隆二十一年，再回直隶总督任。乾隆三十三年，因病死于直隶总督任上。方观承任直隶总督竟长达二十年之久，只有后来的李鸿章任期比他更长。卒年七十一岁，著有《宜田汇稿》、《问亭集》、《瓯钵罗室书画过目考》、《卜魁风土记》。

《卜魁风土记》记载了齐齐哈尔地区民俗，以及每年五月派官兵前往额尔古纳河勘察边界情况，黑龙江索伦和鄂温克族生活习俗和捕貂活动。《卜魁风土记》对于了解清代黑龙江地区民风民俗

---

① 方观承：《卜魁风土记》，《小方壶斋舆地丛钞》本。

具有一定的史料价值。

12．索绰络·英和与《卜魁纪略》

《卜魁纪略》① 作者索绰络·英和（1771—1840）初名石桐，字树琴，一字定圃，号煦斋，索绰络氏，满洲正白旗人。礼部尚书德保之子。乾隆五十八年（1793）癸丑科二甲进士，选庶吉士，散馆后授编修。嘉庆帝颙琰亲政后，知其父曾拒绝和珅欲把女儿许配他为妻，特加褒奖，擢内阁学士，次年授礼部侍郎。嘉庆六年（1801）后，充内务府大臣，调户部、工部侍郎，兼军机大臣。授翰林院掌院学士，入值南书房。其间虽因密劾大学士刘权之及进呈《高宗圣训》庙号有误，两度受到降职处分，但很快得到升复。嘉庆十八年（1813），英和随颙琰驻跸热河，木兰秋狝，闻报天理教徒攻打紫禁城。颙琰即命英和代理步军统领，先行回京，大肆搜捕天理教徒，擒获首领林清，实授步军统领、工部尚书。又参加镇压河南滑县天理教起义，次年调吏部尚书。道光帝旻宁即位后，英和受命为军机大臣、户部尚书。因奏请将各省府州县养廉银查明分别存革，受到大多数官员的反对，“遂罢直军机，专任部务”②。后兼任协办大学士及翰林掌院学士。因南粮北运遇河决受阻，奏请以河船分次海运；张格尔入窜新疆作乱，疏陈进兵方略，多被采纳。六年（1826）十二月，奏请在西陵所在地易州开采银矿，旻宁斥其冒昧，降为理藩院尚书。次年七月，因家人在通州经营他的房产增加租金被控，英和再贬为热河都统。八年（1828）授宁夏将军，以病请解职，返京。

先是从道光元年（1821）起，英和受命在遵化东陵宝华峪为旻宁监修陵寝。八年九月，以监修埋葬孝穆皇后之宝华峪地宫浸水获罪，被重责，本拟处死，幸有太后说情，与其子奎照、奎耀

① 英和：《卜魁纪略》，《小方壶斋舆地丛钞》本。

② 赵尔巽等：《清史稿·英和传》，中华书局 1977 年版。

被革职流放黑龙江充当苦差，次年二月至卜魁。道光十一年（1831）被释回，子孙复官。道光二十年（1840）卒。有《卜魁集》、《卜魁纪略》等。

《卜魁纪略》，是英和在戍所撰写的，写作时间为道光九年。文中记述了齐齐哈尔和黑龙江官制、兵防、物产、民风等。该文是继方式济《龙沙纪略》及西清《黑龙江外纪》之后有关齐齐哈尔乃至黑龙江地方史的又一部重要文献资料。

二、文学类

1．杜审言与《渡湘江》、《旅寓安南》

杜审言（约645—708年），字必简，唐朝襄州襄阳人，诗人杜甫的祖父。唐高宗咸亨进士，曾任隰城尉、洛阳丞等小官，审言凭借自己才能过人，为人高傲，被众人忌恨。后来因事获罪，被降职为吉州司户参军。武则天召见命他作《欢喜诗》一首，诗写得令武后满意，受职为著作郎，迁膳部员外郎。唐中宗时，因与张易之兄弟交往，被流放至峰州（今越南越池东南），后被赦还，为国子监主簿、修文馆直学士，不久卒。

杜审言的诗多为写景、唱和及应制之作，以浑厚见长，杜甫云："吾祖诗冠古。"工于五律，对近体诗之形成与发展，颇有贡献。其五言律诗，格律谨严，被后人评论为中国五言律诗的奠基人。他的五律《和晋陵陆丞早春游望》被明朝的胡应麟赞许为初唐五律第一。他的五言排律《和李大夫嗣真奉使存抚河东》长达四十韵，为初唐近体诗中第一长篇。杜审言，少与李峤、崔融、苏味道为文章四友，世号"崔李苏杜"。他身后留有文集十卷，今已不传，流传下来的只有四十多首诗。《渡湘江》① 与《旅寓安南》② 是其被贬往南方极为偏远的峰州所作：

《渡湘江》

迟日园林悲昔游，今春花鸟作边愁。
独怜京国人南窜，不似湘江水北流。

这首诗是他在渡湘江南下流放途中写的。正值春临大地，花鸟迎人，看到江水滔滔，朝着与他行进相反的方向流去，不禁对照自己的遭遇，追思昔游，怀念京国，悲思愁绪，一触而发。

《渡湘江》通篇运用反衬、对比的手法。诗的前两句是今与昔的衬比，哀与乐的衬比，以昔日对照今春，以园游对照边愁；诗的后两句是人与物的衬比，南与北的衬比，以京国逐客对照湘江逝水，以斯人南窜对照江水北流。这是一首很有艺术特色的诗，它出现在七言绝句刚刚定型、开始成熟的初唐，尤其难能可贵。

《旅寓安南》

交趾殊风候，寒迟暖复催。
仲冬山果熟，正月野花开。
积雨生昏雾，轻霜下震雷。
故乡逾万里，客思倍从来。

此诗描绘的山果、野花、积雨、昏雾、震雷，都是人们日常生活中常见的平凡事物，仅用了仲冬、正月、熟、开、生、下等几个时令词和动词，加以精巧的组合，就造成了奇妙的意境，表

---

① 彭定求等：《全唐诗》卷六十二，中华书局 1979 年版。
② 彭定求等：《全唐诗》卷六十二，中华书局 1979 年版。

现了四时不同的景色和气象，把交趾的“殊风候”毕现在笔端。这是诗人近一年来流寓安南生活体验的形象总结和意绪的流露，有惊奇、有兴奋、有赞美、有惆怅。面对异域风光，诗人自然又会触目伤怀，尾联照应题目直抒羁旅之情。这首五言律诗，语言通俗，明白如话，不以故饰，不事雕凿，风格朴实自然。诗人善于捕捉景物的特征，仅仅抓住典型环境中几种富有代表性的事物，稍加点染描绘，便意象翩跹，情趣盎然，显得笔法精练。

2．沈佺期与《同狱者叹狱中无燕》、《初达驩州》、《岭表逢寒食》、《喜赦》

沈佺期，字云卿，相州内黄（今属河南）人。唐代诗人。唐高宗上元二年（675）进士及第。由协律郎累迁考功员外郎。曾因受贿入狱。出狱后复职，迁给事中。中宗即位，因谄附张易之，被流放驩州。唐中宗神龙三年（707），召拜起居郎兼修文馆直学士，常侍宫中。后历中书舍人、太子少詹事。沈佺期与宋之问齐名，并称“沈宋”。他们的近体诗格律谨严精密，被认为是律诗体制定型的代表诗人。

神龙元年春，沈佺期因武皇时谄附张易之而被流放驩州（今越南荣市）。他在狱中受尽了折磨，经常遭到狱卒用刑，狱中环境很差，臭虱横行，三天不能吃上一餐饭，两个月没有梳头。时值盛夏，又得了疟疾，差一点被折磨死。神龙元年（705）秋，从长安出发，辗转了一年的时间，才到达贬地。初居驩州公廨，刺史苏伯玉待之甚厚，将别墅山间水亭借给他居住，不久，因大赦量移台州，任录事参军之职。至台州后，又遇赦北返。约神龙三年（707）秋冬之际，返抵长安，就任起居郎，做了个闲官。沈佺期原有文集十卷，已散佚。明人辑有《沈佺期集》。

沈佺期在狱中写有《同狱者叹狱中无燕》①，诗云：

① 彭定求等：《全唐诗》卷九十五，中华书局1979年版。

何许乘春燕，多知辨夏台。
三时欲并尽，双影未尝来。
食蕊嫌丛棘，衔泥怯死灰。
不如黄雀语，能雪冶长猜。

驩州之行，沈佺期是由东都洛阳出发，取到郴州南下，依次到达郴山口、骑田岭、端州驿、鬼门关、安海、龙编、九真等地。

沈佺期抵达驩州即写有《初达驩州》① 二诗，其一云：

流子一十八，命争偏不偶。
配远天遂穷，到迟日最后。
水行儋耳国，陆行雕题薮。
魂魄游鬼门，骸骨移鲸口。
夜则忍饥卧，朝则抱病走。
搔首向南荒，拭泪看北斗。
何年赦书来，重饮洛阳酒？

其二云：

自昔闻铜柱，行来向一年。
不知林邑地，犹隔道明天。
雨露何时及，京华若个边。
思君无限泪，堪作日南泉。

驩州，隋开皇十八年（598）置，治九德县（今越南义安省荣

① 彭定求等：《全唐诗》卷九十五，中华书局 1979 年版。

市)，辖境相当于今越南河静省和义安省南部。“鬼门”这里译成地狱之门，既指地下世界的入口，又是西南地区一座关城的名，据《唐书·地理志》载：“容州北流（广西今县）县南，有两石相对，迁谪至此者，罕得生还，俗号鬼门关。”可见其偏远险恶。到达驩州后，沈佺期彻底绝望了，相信自己遭到特别的陷害，被流放到这样一个地方。《初达驩州》则比较生动地描绘出诗人亲眼看见的奇异景观，借以抒发郁积胸中的苦况。

神龙二年，他写有《岭表逢寒食》①，可见此时他仍然羁留驩州，诗云：

岭外无寒食，春来不见饧。
洛阳新甲子，何日是清明。
花柳争朝发，轩车满路迎。
帝乡遥可念，肠断报亲情。

沈佺期在流放期间的许多诗作，多抒写凄凉境遇，诗风为之大变。思念京华和家室，情调凄苦，感情真实，与应制之作迥异。

沈佺期在接到赦还令后，写有《喜赦》② 一诗，表达出作者闻赦之兴奋与含冤无奈的矛盾感情色彩，诗云：

去岁投荒客，今春肆眚归。
律通幽谷暖，盆举太阳辉。
喜气迎冤气，青衣报白衣。
还将合浦叶，俱向洛城飞。

---

① 彭定求等：《全唐诗》卷九十六，中华书局 1979 年版。
② 彭定求等：《全唐诗》卷九十六，中华书局 1979 年版。

诗的题目直书“喜赦”，全篇洋溢着欣喜之情。他在岭南写的许多诗中都一再申诉自己的冤屈和不堪南荒瘴疠之苦。他刚过岭就哀叹：“两地江山万余里，何时重谒圣明君?”（《遥同杜员外审言过岭》）一到驩州就盼望着：“何年赦书来，重饮洛阳酒?”（《初达驩州》）当他在驩州陷入深深的绝望中时，突然接到赦书，自然是喜出望外了。《喜赦》诗真实生动地记录了诗人当时欣喜的情态。《喜赦》诗语言精练畅达，情感真挚，抑扬顿挫，一气流转直下，风格清新活泼，是一首记事述怀的佳作。

3．张说与《钦州守岁》、《岭南送使二首》、《南中送北使二首》

张说，字道济。原籍范阳（今河北涿州市），世居河东（今山西永济），后徙家洛阳。垂拱四年（688），武则天策试贤良方正，亲临洛阳城南门主考，张说应诏对策为天下第一。武则天以为近古以来没有甲科，张说遂屈居为乙等，授太子校书郎，迁左补阙。长安初年（701），诏令张说与徐坚等人撰修《三教珠英》，书修成后，迁右史、内供奉，兼知考功贡举事，后又擢任凤阁舍人。长安三年（703），因揭露张易之诬陷魏元忠之阴谋忤旨，竟被无辜流放于钦州。唐中宗复位（705）后，张说返回朝中，任兵部员外郎，累迁工部侍郎、兵部侍郎、中书侍郎，加弘文馆学士。后进同中书门下平章事，监修国史。

张说拜相后，因不肯党附太平公主，被贬为尚书左丞，后拜中书令，封燕国公。开元元年（713），为姚崇所构，张说被贬为相州刺史，二年（715）四月又贬岳州刺史。五年，在苏颋进言下，改任荆州长史。张说在担任天兵军大使时，持节安抚同罗、拔曳固等部，讨平突厥叛将康待宾，被召拜为兵部尚书。后又讨平康愿子叛乱，建议裁撤镇军，整顿府兵，升任中书令，加集贤院学士，并倡议唐玄宗封禅泰山，进封右丞相。

张说脾气暴躁，与同僚关系不睦，因此遭到弹劾，被免去中书令，后被迫致仕。不久，张说被起复，先为右丞相，又任左丞相。开元十八年（730），张说病逝，时年六十四岁。

张说前后三次为相，执掌文坛三十年，为开元前期一代文宗。

有文集30卷。今通行武英殿聚珍本《张燕公集》25卷、《四部丛刊》影明嘉靖丁酉本《张说之集》25卷。事迹见新、旧《唐书》本传。

流放钦州期间，写有《钦州守岁》① 一诗，诗云：

故岁今宵尽，新年明旦来。
愁心随斗柄，东北望春回。

此诗写于703至705年贬逐钦州时的新年，诗篇展示了从初唐风格向盛唐风格的过渡。与杜审言的《渡湘江》一样，此诗最后两句将典型的宫廷巧思赋予较严肃的意义：诗人在当年冬天与北斗的斗柄一样，转向了南方，随着斗柄转向，春回大地，自己也将重返北方。

另有《岭南送使二首》② 诗云：

（一）
狱中生白发，岭外罢红颜。
古来相送处，凡得几人还？
（二）
万里投荒裔，来时不见亲。
一朝成白首，看取报家人。

---

① 彭定求等：《全唐诗》卷八十九，中华书局1979年版。
② 彭定求等：《全唐诗》卷八十九，中华书局1979年版。

仕途上曙光初照，忽然间阴云四起。这是张说仕途的真实写照。

《南中送北使二首》之一① 也作于钦州，诗云：

传闻合蒲叶，曾向洛阳飞。
何日南风至？还随北使归。
红颜渡岭歇，白首对秋衰。
高歌何由见，层堂不可违。
谁怜炎海曲，泪尽血沾衣。

此诗抒发了作者平生的抱负，体现出感激皇恩浩荡的心境。

4．张均与《流合浦岭外作》

张均，洛阳人。开元年间宰相、燕国公张说之长子。张均自幼能文，初为中书舍人，开元年间任户部侍郎，后转兵部。开元二十六年（738），因事被贬为饶州刺史，后被太子赏识，复官为兵部侍郎。天宝九年，迁刑部尚书。杨国忠专政，以张均为大理卿，他大为失望，郁郁寡欢。安禄山叛乱攻陷长安，“受伪命为中书令，掌贼枢衡”。唐军收复长安后，把伪官分六等定罪，张均被判处死刑，而肃宗于说有旧恩，特免死，长流合浦郡（今广西合浦），后死于流放地。有集二十卷，但今仅存诗七首。

他在流放地写有《流合浦岭外作》② 一诗，诗云：

瘴江西去火为山，炎徼南穷鬼作关。
从此更投人境外，生涯应在有无间。

---

① 彭定求等：《全唐诗》卷八十八，中华书局1979年版。

② 彭定求等：《全唐诗》卷九十，中华书局1979年版。

这首诗描述了作者南迁途中的艰险及生还无望的哀伤。

5．李白与《南流夜郎寄内》、《流夜郎闻酺不预》

李白行实详前，在此从略。他流徙夜郎时，曾写有相关之诗多首。

李白在流放夜郎后，思念家乡亲人，写有《南流夜郎寄内》①，诗云：

夜郎天外怨离居，明月楼中音信疏。
北雁春归看欲尽，南来不得豫章书。

乾元元年（758）李白因参与永王幕府而被流放偏远蛮荒之地夜郎。从入永王幕府到流放夜郎，前后仅一年多的时间。此时，身体已经有些疾病的李白受到了身心的双重摧残，尤其是作为一个朝廷的重犯，李白的内心是非常痛苦的。在这段时间里，李白经历了人生中最大的起伏，他从踌躇满志一下子跌入绝望的境地。

另有《流夜郎闻酺不预》② 诗云：

北阙圣人歌太康，南冠君子窜遐荒。
汉酺闻奏钧天乐，愿得风吹到夜郎。

当时，唐肃宗因为唐军收复西京等地而“赐民酺（聚会畅饮）五日”，李白此时却被流放在夜郎，有感而发写了这首《流夜郎闻酺不预》。皇帝与百姓在欢庆收复失地，而李白却被流放边地，自然就会产生一种希望得到赦免的情感，这首诗就是表达诗人这种情感的，正如诗中所说“愿得风吹到夜郎”。

---

① 彭定求等：《全唐诗》卷一百八十四，中华书局1979年版。
② 彭定求等：《全唐诗》卷一百八十四，中华书局1979年版。

李白在被流放期间还写过《放后遇恩不沾》、《流夜郎题葵叶》、《忆秋浦桃花旧游，时窜夜郎》等诗歌，赦免后又写了《江夏赠韦南陵冰》、《江夏使君叔席上赠史郎中》等与流放夜郎有关的诗作。

6．宋徽宗与《清明日作》、《宴山亭·北行见杏花》

宋徽宗即赵佶（1082—1135年），神宗十一子，哲宗弟，是宋朝第八位皇帝。赵佶过分追求奢侈生活，荒淫无度，在位期间，爆发方腊领导的农民起义。宣和二年（1120），遣使与金朝订立盟约，夹攻辽国。宣和七年（1125），金军南下攻宋。他传位赵桓（钦宗），自称太上皇，逃往亳州。靖康元年（1126）八月，金军再次大举南下，攻占了汴京。金军在大肆掳掠并立张邦昌伪楚政权后，押解徽、钦二帝以及皇室、宗室、工匠、无辜百姓等共一万四千余人，分七起北撤。次年至金上京，金太宗下诏，降封徽宗为昏德公，钦宗为重昏侯。十月改徙韩州（今辽宁昌图八面城）。金天会八年（1130）至五国城，宋徽宗被囚禁9年，天会十三年（1135）四月，终因不堪精神折磨而死于五国城，时年54岁。金熙宗将他葬于河南广宁（今河南省洛阳市附近）。皇统二年（1142），宋金根据协议，将宋徽宗遗骸运回临安（今浙江省杭州市），由宋高宗葬之于永佑陵，立庙号为徽宗。

赵佶善书画，且喜诗文，在位时将画家的地位提到在中国历史上最高的位置，成立翰林书画院，即当时的宫廷画院。以画作为科举升官的一种考试方法，每年以诗词做题目，曾发生过许多新的创意佳话。徽宗独创的瘦金体书法及瘦金体书法作品有《瘦金体千字文》、《欲借风霜二诗帖》、《夏日诗帖》、《欧阳询张翰帖跋》等。此后八百多年来，迄今没有人能够达到其高度，可称为古今第一人。徽宗本擅诗词，在北狩过程中，“伤时感事、形于歌咏者，千有余首”，但其塞外诗词仅有数首传世。

如这首《宴山亭·北行见杏花》①：

裁剪冰绡，轻叠数重，淡着胭脂匀注。新样靓妆，艳溢香融，羞杀蕊珠宫女。

易得凋零，更多少、无情风雨。愁苦，问院落凄凉，几番春暮？

凭寄离恨重重，这双燕何曾，会人言语？天遥地远，万水千山，知他故宫何处？怎不思量？除梦里有时曾去。无据，和梦也新来不做。

此词是宋徽宗赵佶在被金兵俘虏押解北上的途中看见杏花，一时感慨而写下的。他以杏花的凋零比喻自己被摧残的命运，婉转而绝望地倾诉内心无限的愁苦。

《清明日作》② 云：

茸母初生认禁烟，无家对景倍凄然。
帝城春色谁为主？遥指乡关涕泪涟。

这首诗语言质朴无华，反映了他徙居塞外时的悲惨、凄凉心态。

7. 秦观与《千秋岁》、《踏莎行》

秦观（1049—1100年），字少游，一字太虚，号淮海居士，别号邗沟居士，扬州高邮人（今江苏扬州）。秦观是北宋中后期著名词人，与黄庭坚、张耒、晁补之合称“苏门四学士”，颇得苏轼赏

---

① 彭定求等：《全唐诗》卷一百八十四，中华书局1979年版。

② 李兴盛：《东北流人史》第一编，黑龙江人民出版社1990年版。

识。熙宁十一年（1078）作《黄楼赋》，苏轼赞为“有屈宋之才”。元丰七年（1084）秦观自编诗文集十卷后，苏轼为之作书向王安石推荐，王安石称他“有鲍、谢清新之致”。因秦观屡得名师指点，又常与同道切磋，兼之天赋才情，所以他的文学成就灿然可观。其散文长于议论，《宋史》评其散文“文丽而思深”。其诗长于抒情，敖陶孙《诗评》说：“秦少游如时女游春，终伤婉弱。”他是北宋后期著名婉约派词人，其词大多描写男女情爱和抒发仕途失意的哀怨，文字工巧精细，音律谐美，情韵兼胜，历来词誉甚高。然而其词缘情婉转，语多凄黯。有的作品终究气格纤弱。代表作为《鹊桥仙》（纤云弄巧）、《望海潮》（梅英疏淡）、《满庭芳》（山抹微云）等。《鹊桥仙》中的“两情若是久长时，又岂在朝朝暮暮！”被誉为“化腐朽为神奇”。《满庭芳》中的“斜阳外，寒鸦数点，流水绕孤村”被称作“天生的好言语”。南宋张炎之《词源》：“秦少游词体制淡雅，气骨不衰，清丽中不断意脉，咀嚼无滓，久而知味。”

秦观于元丰八年考中进士，初为定海主簿、蔡州教授，元祐二年由苏轼引荐为太学博士，后迁秘书省正字，兼国史院编修官。

太皇太后高氏崩逝，哲宗亲政，政局瞬变，“旧党”受到排挤，秦观作为“旧党”核心人物，亦在所难免。秦观首先被贬为杭州通判，因御史刘拯告他重修《神宗实录》时，随意增损，诋毁先帝，故在前往杭州途中又贬至处州任监酒税。在处州任职之时，秦观学佛以遣愁闷，常与佛寺僧人谈佛聊禅，为僧人抄写经文，并写下著名的《千秋岁》一词。

其《千秋岁》① 在回忆当年盛会时，抒发了很深的感慨与愁思：

① 周义敢等：《秦观集编年校注》，人民文学出版社2001年版。

水边沙外，城郭春寒退。花影乱，莺声碎。飘零疏酒盏，离别宽衣带。人不见，碧云暮合空相对。

忆昔西池会，鹓鹭同飞盖。携手处，今谁在？日边清梦断，镜里朱颜改。春去也，飞红万点愁如海。

此词抚今追昔，触景生情，表达了政治上的挫折与爱情上的失意相互交织而产生的复杂心绪。起首二句即写眼前之景，将时令、地点轻轻点出。春去春回，引起古代词人几多咏叹。“飘零”句以下，词情更加伤感。所谓“飘零疏酒盏”者，谓远谪处州，孑然一身，不复有“殢酒为花”之情兴也：“离别宽衣带”者，谓离群索居，腰围瘦损，衣带宽松也。这首词以春光流逝、落花飘零的意象，抒写了作者因政治理想破灭而产生的无以自解的愁苦和悲伤，读来哀怨凄婉，有一咏三叹之妙。

无奈小人诬陷，状告秦观私撰佛书，便又因此获罪。《宋史·文苑传》云：“使者承风望指，候伺过失，既而无所得。则以谒告写佛书为罪，削秩徙郴州。”削秩是将所有的官职同封号除掉，是宋朝对士大夫最严重的惩罚。贬黜南蛮时，秦观心情悲怅，早已绝了希冀，便作《踏莎行》词。虽将《千秋岁》的直抒换为比兴，没有“愁如海”之类的字眼，然而内心深处却依然郁结难解：

雾失楼台，月迷津渡，桃源望断无寻处。可堪孤馆闭春寒，杜鹃声里斜阳暮。

驿寄梅花，鱼传尺素，砌成此恨无重数。郴江幸自绕郴山，为谁流下潇湘去。

秦观方至郴州又移至横州编管，写下一首《醉乡春》①，词

① 周义敢等：《秦观集编年校注》，人民文学出版社2001年版。

曰：

唤起一声人悄，衾冷梦寒窗晓。瘴雨过，海棠开，春色又添多少。

社瓮酿成微笑，半缺瘿瓢共舀。觉倾倒，急投床，醉乡广大人间小。

元符二年（1099），秦观移迁雷州编管。眼望离京师越来越远，归乡无期，秦观自赋挽词。此词道尽心中凄苦，叫人心生悲惋。元符三年（1100）哲宗驾崩，徽宗即位，向太后临朝。政坛局势变动，迁臣多被召回。秦观也复命宣德郎，放还横州。当年五月行至藤州，出游光华亭，索水欲饮，水至，笑视而卒。张文潜曾作《祭秦少游文》云："呜呼！官不过正字，年不登下寿。间关忧患，横得骂诟。窜身瘴海，卒仆荒陋。"道尽了秦观坎坷的一生，句句痛彻心扉。一代文人，命运竟如此坎坷曲折，最后竟死在荒蛮之地，令人无限感慨。建炎四年（1130），南宋朝廷追赠秦观为"直龙图阁学士"。

秦观著有《淮海集》四十卷，以及《淮海居士长短句》、《劝善录》、《逆旅集》等作品。其所编撰的《蚕书》，是我国现存最早的一部蚕桑专著。极善书法，小楷学钟王，遒劲可爱，草书有东晋风味，行楷学颜真卿。

8. 胡铨与《好事近》、《别琼州和李参政韵》

胡铨（1102—1180年），字邦衡，号澹庵，南宋吉州庐陵芗城（今江西省吉安市青原区值夏镇）人。建炎二年（1128）中进士，授抚州军事判官。因其父病故，在家守孝，未赴任。当年正值金兵攻打南宋，遣派精兵强将从洪州（今南昌）赶至吉州（今吉州区）追捕南逃的隆裕太后。吉州太守陪隆裕太后向赣州逃命后，吉州城内兵无一卒，官无一人，金兵不费吹灰之力就占领了吉州城。在家守孝的胡铨闻之，立即招募乡勇组成义军，和抚州太守张循相配合，与金兵展开了争夺吉州城的战斗。在战斗中胡铨采用了灵活机动的战略战术，获大胜，金军进退两难，只好弃城遁北，吉州城失而复得。绍兴五年（1135），胡铨升任枢密院编修官。

绍兴七年（1137），被囚在金国的宋徽宗和宁德皇后逝世，讣告至临安，主和派趁机又大肆鼓吹和议，认为和议可以迎回徽宗梓宫及尚健在的钦宗和太后为借口。于是朝廷派遣王伦为使者，出使金廷。金国派其宣院事萧哲、左司郎中张通古为“江南诏谕使”，与王伦一起到临安，称宋不是与金国对等的国家，而只是金所属国，并且使用皇帝“诏谕”这种侮辱性的使节称谓，已经激起南宋官民极大的愤怒，加之萧哲等傲慢无礼，公然要求宋高宗到他们下榻的馆驿接受诏书，更激起朝廷中义士们的义愤，许多人上书抗论，宰相秦桧却抓住高宗想早日实现徽宗梓宫和太后归还的心理，宣言“屈己议和，此人主之孝也”。胡铨以“冒渎天威，甘俟斧钺”的气魄，写下著名的《戊午上高宗封事》，声明“义不与桧等共戴天”！要求高宗砍下秦桧、王伦、参政孙近三贼的头颅，如若不然，他宁愿赴东海而死，也决不处小朝廷求活。秦桧读到“斩桧书”后，诬胡铨“狂妄凶悖，鼓动劫持”，谪居昭州，监管盐仓。绍兴十二年（1142）发配新州（今广东新地）编管，十八年（1148）又移谪吉阳军编管。

胡铨这篇被称为“斩桧书”的《戊午上高宗封事》是投向卖国弄权者最锋利的匕首。奏疏一经传出，立即产生强烈反响。宜兴进士吴师古迅速将此书刻板付印散发，吏民争相传诵。金人听说此事后，急忙用千金求购此书，读后，君臣大惊失色，连连称“南朝有人”、“中国不可轻”。

孝宗即位后，胡铨被起用，知饶州（今江西鄱阳）。不久又授予秘书少监、起居郎、侍讲、国史院编修、工部侍郎、兵部侍郎等要职，后以资政殿学士致仕。胡铨坚决站在主战派一边，反对议和，抗金爱国之心矢志不移。

宋孝宗乾道七年（1171），胡铨辞官还乡，孝宗问他要到什么地方去，他说“归庐陵”。宋孝宗淳熙七年（1180），胡铨卒于故里，谥号“忠简”。家乡人民为纪念他，把他安葬在天梁山下的泷江河畔（今青原区值夏中学旁），便于后人永远缅怀、祭奠这位忧国忧民的南宋名臣。

胡铨天资聪明，从小笃学，能诗善赋，出口成文。胡铨作品散失不少，今传《胡澹庵先生文集》三十二卷，《补遗》一卷，有道光十三年刊本。其词集《澹庵词》一卷另行，有《四印斋所刻词》本。胡铨流放新州时，曾赋《好事近》① 词，词云：

> 富贵本无心，何事故乡轻别？空使猿惊鹤怨，误薜萝风月。
>
> 囊锥刚要出头来，不道甚时节。欲驾巾车归去，有豺狼当辙。

这是宋高宗绍兴八年（1138），胡铨被贬居广东新州时写的一首词。本词的主题十分鲜明，表现了胡铨不畏权势，决不和以秦桧为代表的投降派同流合污的高尚气节。上片抒写自己忧虑国事，不能安心隐居山林的心情。前两句说，自己本来无心追求富贵，为什么要轻易地离开故乡呢？下片借用毛遂自荐的典故，抒发自己以天下为己任，图谋为国效力的决心。这首词的调子明朗，叙事直率，感情炽热，绝无矫揉造作的痕迹。词中虽然流露了“归隐”的思想，但这不过是作者因为自己无法“脱颖而出”，报国无门的愤慨，他满腔的爱国热情以及对投降派卑劣行径的愠怒，在

---

① 李兴盛：《中国流人史》，黑龙江人民出版社 1995 年版。

本词中还是十分明显的。《别琼州和李参政韵》① 诗云：

肯悔从前一念差，崖州前定复何嗟！
万山行尽逢黎母，双井浑疑似若耶。
行止非人十载梦，废兴有命一浮家。
此行所得诚多矣，更愿从公泛此槎。

胡铨被编管新州时，梦中谒见赵鼎，这时赵已死，联想自己将被秦桧处于死地，预料要再贬到崖州。及贬崖州，路经琼州遇李光，叙述梦中事，以诗唱和倾诉衷肠，斥责朝廷听信奸邪，揭露秦桧陷害忠良的罪恶与狠毒的手段。也表现了对于自己从前上书弹劾秦桧等之举而遭到贬谪流放，毫无悔恨、毫无嗟叹的英雄气概。他离开琼州不久有人告之，李、胡以赋诗唱和讥讪朝政，后来李光也被贬昌化军。

9．王庭珪与《送胡邦衡之新州贬所二首》

王庭珪（1080—1172 年）字民瞻，自号泸溪老人、泸溪真逸，吉州安福（今属江西）人。政和八年（1118）登进士第，任衡州茶陵丞。因与上官不合，弃官隐居卢溪，因以自号。绍兴中，胡铨请斩秦桧，谪新州，独庭珪以诗送行，有“痴儿不了公家事，男子须为天下奇”句。绍兴十九年（1149）六月，事发，流辰州（今属湖南湘西自治州、怀化地区）编管。秦桧死，许自便。孝宗时，召对内殿，赐国子监主簿，乾道六年（1170），复除直敷文阁。乾道八年（1172）病逝，终年 93 岁，去世后葬于安福县山庄乡下沙村长甫村后山腰，胡铨撰写墓志铭碑。

王庭珪著述甚丰，有《泸溪文集》50 卷、《六经讲义》10 卷、《论语讲义》5 卷、《易解》30 卷、《语录》5 卷、《沧海遗珠》2

① 韩林元：《历代名人谪琼诗选注》，河南大学出版社 1990 年版。

卷、《泸词》、《风亭禄》等巨著，但可惜部分著作已失传。胡铨在评价他的诗文创作时说：“凡忧悲愉快，窘穷喜怒，思慕怨恨，无聊不平，有感于怀，必有诗文发之。”杨万里赞扬他：“少尝见曹子方，得诗法。盖其诗自少陵出，其文自昌黎出，大要主于雄刚浑大。”

绍兴十二年，胡铨编管新州，王庭珪冒着风险写了《送胡邦衡之新州贬所二首》①，诗云：

（其一）

囊封初上九重关，是日清都虎豹闲。
百辟动容观奏牍，几人回首愧朝班。
名高北斗星辰上，身堕南州瘴海间。
不待他年公议出，汉廷行召贾生还。

（其二）

大厦元非一木支，欲将独力拄倾危。
痴儿不了公家事，男子要为天下奇。
当日奸谀皆胆落，平生忠义只心知。
端能饱吃新州饭，在处江山足护持。

靖康之难发生后，王庭珪开始了避乱生活，“在流离颠沛之中，才深切体会出杜甫诗里所写安史之乱的境界，起了国破家亡、天涯沦落的同感”。社会的苦难与国家的衰败，引发了诗人悲天悯人之感，从而形成雄浑刚健的诗歌风格。具体表现为以雄健之笔、凌厉之气塑造雄豪壮阔的审美境界。绍兴十二年（1142），他不惧权贵，为贬谪岭南的抗战志士胡铨送行，作此二诗，表现出自己的浩然正气。

① 于绍卿：《宋诗鉴赏辞典》，上海辞书出版社 1997 年版。

10. **洪皓与《忆江梅》**

洪皓使金被扣留十五年，不辱使命，全节而归，行实详前文。《鄱阳集》最早由洪皓儿子洪适搜集编成。据洪适《盘洲文集》卷七四《先君述》以及《宋史·艺文志》等书记载，该书十卷，但这十卷本早已亡佚。现通行的《鄱阳集》四卷是清乾隆年间四库馆臣据《永乐大典》所辑（简称四库本），卷一、卷二、卷三为诗词，卷四为文，共收诗一百二十八首，词十一阕，札子、状、启、书、序、记、祭文、跋、杂著等十八篇。另有一种清同治九年安徽泾县人洪汝奎据一"传抄阁本"校勘并增补了一些内容的《晦木斋丛书》本（简称洪本）。近年来李兴盛在《晦木斋丛书》本基础上，又据《彊村丛书》本《鄱阳集》增补一词，收入其主编之《东北流人文库》中，此本应是目前《鄱阳集》最全之本。

洪皓留金期间曾经写下上千首诗词，金人"争抄诵求锓锌"，后来大部分散佚。考金皇统二年洪皓因事在燕山，赴张总侍御家宴，侍妾歌当地流传的《江梅引》一词，洪皓听到"念此情，家万里"句时，怆然道："此殆为我作。"归不寐，写了四阕词，当地人谓之《四笑江梅引》。这四阕词为《忆江梅》、《访寒梅》、《怜落梅》、《雪欺梅》。其中，《忆江梅》① 一词即为《四笑江梅引》之一。词云：

天涯除馆，忆江梅。几枝开，使南来，还带馀杭春信到燕台。准拟寒英聊慰远，隔山水，应销落，赴诉谁？

空恁遐想笑摘蕊，断回肠，思故里。（强弹绿绮引三弄叠，恍若魂飞）[漫弹绿绮引三弄，不觉魂飞]，更听

① 洪皓：《鄱阳集》卷二《江梅引》，《东北流人文库》本，黑龙江大学出版社 2011 年版。

胡笳哀怨泪沾衣。乱插繁花须异日，待孤讽，怕东风，一夜吹。

“傲霜雪、报春信的梅花”，曾经为多少骚人墨客所反复吟咏。洪皓的《江梅引》的一唱三叹，又以其独特情韵，另显出其清新特点。此词反映了诗人对山河破碎、忠良遭弃的悲慨。作者长期希望与想象着有一天能南归故国，投身抗金事业。可是面对严酷的现实，词人不禁忧心忡忡。本词巧妙地运用大量有关梅花的成语和典故，既有丰富的历史内容又富有时代新意，意境绵邈而形象优美，跌宕多姿。从本词的自注来看，作者有意识“多用古人诗赋”，并因“此方无梅花，士人罕有知梅事者”，故自注出处。前三首自注现保存在洪迈《容斋五笔》中，第四首收录在《彊村丛书》之中。按这种表现手法，或许与其创作环境有关。幽恨填膺，倾吐为快；而由于身处形势未敢明言其盼赦归之愿望。

11．李光与《食无肉》、《居无屋》、《海外谣》

李光（1078—1159 年），字泰发，一作字泰定，号转物老人。越州上虞（今浙江上虞东南）人。徽宗崇宁五年（1106）进士，调知开化县，移知常熟县。入为符宝郎，以言事贬监汀州酒税。钦宗即位，擢右司谏，迁侍御史。高宗建炎元年（1127），擢秘书少监。三年，知宣州。改知临安府。绍兴元年（1131），除知婺州，甫至郡，擢吏部侍郎。二年，授淮西招抚使，改江东安抚大使、知建康府兼寿春府，落职提举台州崇道观。寻知湖州，历知平江府、台州、温州。七年，为江南西路安抚制置大使兼知洪州。八年，拜参知政事。九年，因与秦桧政见不合，出知绍兴府，改提举洞霄宫。十一年，贬藤州安置。十四年，移琼州安置。二十年，秦桧矫诏：李光遇赦，永不检举（永远不准赦还）移昌化军编管。二十五年秦桧死，内迁郴州。二十八年，复左朝奉大夫，任便居住。二十九年，李光行至江州卒。孝宗即位，赐谥号“庄简”。

李光不仅是一位政治家，还是一位出色的诗人。有前后集三十卷，已佚。《两宋名贤小集》卷一五八存《椒亭小集》一卷，清四库馆臣据《永乐大典》辑有《庄简集》十八卷。李光至昌化后，生活更加艰难。他在《食无肉》、《居无屋》两首诗中有：“十年岭海游，一钵随僧粥”、“结庵傍松林，莫叹居无屋”等诗句。

这正是他困顿生活的真实写照。同时他体弱多病，承受病痛的折磨。他在多首诗文中有：“三载藤江守药炉，身轻那复羡飞凫”、“牢落双泉一病翁，十年忧患扫还空”、“鬓边强把茱萸插，万里谁嗟老病身”等句。在致友信中也有“某老病日益衰瘁”、“某老病如故”等语。这些都说明他的身体每况愈下。

李光初到昌化时，当地官员横征暴敛，“百姓无所赴诉”，终于激起民变，当地官兵调兵征剿，李光目睹了这一事变，写下了《海外谣》诗。内云：“嗟尔海南民，遭此赃吏厄。衔冤无所诉，相炽起为贼。为贼计诚拙，尚可活朝夕……”他痛斥摄官陈建中“贪猥最狼藉，有女攀势要。不料非偶匹。但务房奁多，苞苴又络绎。挟此恣贪婪，如虎傅以翼”。“其次经界官，太守乃姻戚。随行纵狱吏，声势如霹雳”，致使“贫民卖妻孥，强者起持戟。至今文昌县，白昼无人迹”，“焚荡玉石俱，老弱转沟洫。遗骸横道路，流血千里赤”。

这种情况必然导致官逼民反。当时的统治者血腥镇压，进而产生了“杀戮诚快意，赃吏有德声，从今无忌惮，征敛几时息”的后果。

李光一生恪守“居官尽一廉字”，身体力行，保持勤政清廉，一心为民。贬谪海南，是李光一生最大不幸和苦难，但他虽处于“忧国心徒切，谋身计已疏”的困境，仍然忧国为民不减当年，依然非常关注社会经济，关心民生疾苦。

12．张邵与《文集》

张邵（1089—1149 年），字才彦，乌江人。少负气，遇事慷慨。宣和三年（1121），登上舍第，建炎元年，为衢州司刑曹事。建炎三年，金人南下，张邵假礼部尚书，充通问使。金人将其扣留，北徙会宁府（今黑龙江阿城），张邵始终不肯屈服。绍兴十三年，宋金达成和议，张邵放归，十九年以敷文阁待制，提举江州太平兴国宫，知池州，年六十一卒。邵著有《文集》十卷，今亡佚。在流徙期间，一次，另一宋使王伦赠给锦衾，张邵赋诗以谢，内云："苏毡久绝寝衣想，姜被忽分挟纩香。"可见也工于诗。

13．孙蕡与《阙门书所见》

孙蕡（1334—1393 年），字仲衍，广东顺德人。"负节概，不妄交游。何真据岭南，礼遇之。"洪武三年（1370）举于乡，旋登进士。授工部织染局使，长虹县主簿。后被召入翰林院典籍，修《洪武正韵》。洪武十五年，授为苏州经历。二十二年，因事被流放至辽东。有《西庵集》。

他至辽东后，写有《阙门书所见》① 诗，诗云：

隐隐旌旗飐落晖，方山遥望锦城围。
平芜一带香尘合，知是诸王射猎归。

明太祖朱元璋生怕天下人有谋逆之心，常无故兴冤案，诗人孙蕡就因大将军蓝玉的冤案牵连而被杀。洪武二十六年，大将蓝玉以谋反处死，查抄蓝玉典籍时，"有只字往来，皆得罪"孙蕡不过是曾给蓝玉题了一幅画，遂以玉党论死。孙蕡临刑时口占一绝：

① 孙蕡：《西庵集·阙门书所见》，（引）李兴盛：《中国流人史》（下）第 1680 页，黑龙江人民出版社 2012 年新版。

鼍鼓三声急，西山日又斜。黄泉无客舍，今夜宿谁家？①

后来朱元璋问监刑指挥，孙蕡死时何语？监刑以此诗对。朱元璋怒曰："何不早奏!"竟杀指挥。

孙蕡与赵介、王佐、黄哲、李德5人，在南园（今广州市中山图书馆一带）右侧建一座"抗风轩"，创办"南园诗社"，他们被后人称为"南园前五先生"或"前五子"，以有别于"后五先生"或"后五子"。他们一扫元代诗坛纤弱萎靡之气，开创了明初岭南诗坛一代新风。

14. 张春与《不二歌》

张春（1565—1641年），字景和，号泰宇，同州（今陕西大荔县）人。万历二十八年举人，历官至永平兵备道，晋太仆寺少卿。崇祯四年奉命以监军兵备道率兵奔赴辽西，以解救锦州，于大凌河（今辽宁凌海）前线与后金交战，张春奉命监总兵吴襄、宋伟二军驰援。两军激战，明军死伤遍野，张春与参将张洪谟等兵溃被俘，被押解盛京后，见了清太宗都屈膝求生，只有张春凛然而立，拒不屈服。被羁沈阳三官庙凡十年。被拘期间，始终"着汉服"，"不为剃头"，坚持明朝衣冠，坚守明臣气节，并积极沟通明廷与后金（清）间之议和。他认为明清议和有利于国家，所以含辛茹苦坚强地活下来，"只为讲和"，他"一息尚存，一隙之明不泯，死不瞑目者此也"，这是在特殊环境下为国效忠。后议和不成，明清战争升级，他苦苦追求的希望破灭，乃绝食而死。

张春被囚禁后，有《不二歌》② 等诗文，后人辑其诗文为

① 孙蕡：《西庵集·临刑口占》，（引）李兴盛：《中国流人史》（下）第1680页，黑龙江人民出版社2012年新版。

② 张春：《不二歌集》卷一《明夷子不二歌》，（引）《东北流人文库·千山诗集》第446页，黑龙江大学出版社2011年版。

《不二歌集》。《明夷子不二歌》诗内云：

之死矢靡他，苦节傲冰霜。
风疾草自劲，岁寒松愈苍。

张春的诗句体现出了对明王朝忠贞不贰的感情，表达了其高尚的民族节操。张春被俘在后金天聪五年，这是有文献可考的清代最早的东北流人记录，因此张春是清代遣戍东北第一人。

15．方玄成与《夕归》

方玄成，亦名孝标，以字行，号楼冈，桐城人，方拱乾长子。顺治三年举人，六年进士，累官至内弘文院侍读学士。顺治十六年随父流徙宁古塔近三年。

方玄成著有《纯斋文选》、《纯斋诗选》、《光启堂文集》等，卒后因《南山集》文字狱牵连，开棺戮尸，著述被禁毁。其塞外诗数十首传于世。其塞外诗多咏边塞自然风光、社会生活及流人生活与心态。如《译使之高丽》咏清初清廷与高丽之贸易，为研究中朝贸易史提供了信实史料。《古钱》固然是抒发自己的飘零之感，但也从侧面反映了金人曾从中原掠夺大批财物。《东征杂咏》等诗，可以考见流人戍程之艰苦。另如《夕归》①：

落日迎山紫，人家逼水黄。
风沙回暮色，烟火聚云光。

此诗写于顺治十六年冬，咏作者晚归时所见宁古塔旧城的暮色苍茫的景象。暮色之中，风沙旋转；云光之中，聚集了人家的

① 方玄成：《夕归》，（引）李兴盛：《中国流人史》（下）第1801页，黑龙江人民出版社2012年新版。

烟火。

16．方亨咸与《晓征》

方亨咸字吉偶，号邵村，号龙瞑、心童道士，安徽桐城人，方拱乾次子。顺治四年进士，曾官监察御史，“工诗文，善书，精于小楷，兼善山水”。平生足迹几遍天下，故其所见无非粉本，不规于古人，所以更胜于古人。顺治十五年（1658）为刘年伯作山水轴。

方亨咸是清初著名书法家、画家、诗人。著有《邵村诗集》、《塞外乐府》、《楚粤使草》、《班马笔记》、《苗俗纪闻》等。其《击豕行》是描述塞外重视跳神，祭祀时必用豕（猪），但对豕之豢养又因吝啬粮食，豕饥则纵之往牛圄中吃饲养牛之谷物，以致招来童子持杖环击之陋俗。另有《晓征》诗之一①：

土屋冷难寐，趣装鸡再鸣。
践霜防马滑，残月照人行。
云卧断山脉，溪干落叶声。
感时因忆旧，迢递百忧生。

迢递，指远景、远貌。这里的意思是征途遥远漫长。本诗咏在鸡鸣之中，伴随着霜月云溪而晓行的羁旅风光与忆旧情怀。

17．吴兆骞与《秋笳集》、《归来草堂尺牍》

吴兆骞著述甚多，然屡丁颠沛，存者无多，今传《秋笳集》诗文八卷。

《秋笳集》约七百首诗，其中五百余首即创作于遣戍地。另有《归来草堂尺牍》一卷。《天东小纪》、《词赋协音》已佚。其诗很

① 方亨咸：《晓征之一》，（引）李兴盛：《中国流人史》（下）第1805页，黑龙江人民出版社2012年新版。

大一部分是对其遣戍地山川景物的描绘，如描绘长白山的《长白山》诗云："白雪横千嶂，青天泻二流"，描写松花江有《混同江》诗云："部余石砮雄风在，地是金源霸业开"，写黑龙江有《奉送巴大将军东征逻察》诗云："龙江水黑云半昏"、"海气冥蒙际天白"。此外还有反映塞外社会生活，尤其是以抗俄斗争为题材之诗。吴兆骞流放宁古塔时，正是沙俄对黑龙江地区频繁侵略之际，黑龙江地区军民对沙俄匪徒进行了英勇的斗争，诗人在耳闻这些事迹后，写下了大量以抗俄斗争为题材的光辉诗篇。《可汗河晓望》云："羁戍自关军国计，敢将筋力怨长征?"《交河山中夜行》诗云："万虑沙场里，驱车敢告劳?"《送人从军》诗云："开边天子意，何敢怨长征。"这些诗句不仅反映了吴兆骞对抗击沙俄的态度，甚至描绘出他想要从征的跃跃欲试的心态。《送萨参领》、《送米参领》、《秋日杂诗》等都是这方面的代表作。《奉送巴大将军东征逻察》指明了抗俄斗争的正义性质以及必胜的结局，全诗充满了爱国主义积极、乐观的情调。虽然此时，吴兆骞含冤流放塞外，但当沙俄入侵、边疆告急之时，他能抛弃个人恩怨，拥护朝廷，支持东征，反映了他崇高的爱国精神。

《归来草堂尺牍》是吴兆骞在塞外流放期间写给家人、朋友的书信集，其四世孙吴育曾将收集到的相关书信辑录成集，包括家书、致友书，命名为《归来草堂尺牍》。此集收录父亲吴晋锡寄兆骞书一件，吴兆骞家书十六件，致友书二十一件，共三十七件。由于大部分是写于塞外，故可称是研究清初黑龙江的重要文献，具有一定的史料价值，这也是黑龙江现存第一部书信集。

18．杨宾与《至宁古塔》、《上元曲》

杨宾行实详前，著述甚丰，主要有《晞发堂诗集、文集》、《大瓢先生杂文残稿》、《力耕堂诗稿》、《大瓢偶笔》、《铁函斋书跋》、《家庭纪述》、《金石源流书要》、《存疑录》、《糊口编》、《大瓢日记》、《塞外诗》、《藩镇考》、《日富编》、《客舍钞存》、《游西山诗》等。杨宾到达宁古塔后，写有《至宁古塔》① 二诗。其一云：

望望吉林峰，白云绕其下。
登顿及今朝，亦得依亲舍。
父母骤相逢，注视还相讶。
别时发覆眉，胡乃成老大？
邻舍争慰劳，应接苦不暇。
姓氏未及知，空言聊相借。
日暮细挑灯，恍若梦中夜。
喜极乃更悲，不觉泪如泻。

其二云：

上书不得达，生男亦胡为。
四十乃一来，对人良可嗤。
戏彩学老子，挽须愧小儿。
西山日已薄，乡国归何时？
叹息谓季弟，尔独无分离。
承欢廿八载，乐亦安能知。

此诗是康熙二十八年，作者赴宁古塔省亲之作。时其父杨越已流徙 28 年。诗咏与父母见面时双方惊喜交集的感情，颇为传神。

① 杨宾：《至宁古塔二诗》，（引）李兴盛：《中国流人史》（下）第 1852 页，黑龙江人民出版社 2012 年新版。

杨宾在宁古塔省亲期间，还写有《上元曲》① 五绝句。其三云：

> 夜半村姑著绮罗，嘈嘈社鼓唱秧歌。
> 汉家装束边关少，几队口儿簇拥过。

其五云：

> 销金罗帕粉花香，蟒幅齐肩锦绣装。
> 百病年年行走惯，阿谁打滚到沙场。

这二首诗是咏宁古塔上元节之作，对研究清初东北的民俗，具有很大的史料价值。

19．张贲与《宁古台杂诗》

张贲（1620—1675 年），字绣虎，号白云道人，浙江钱塘人。明代吏部尚书张翰之后，明末诸生。清顺治十四年举人，但不久以同年北闱科场案牵连入狱，与吴兆骞同关押在刑部狱，不久获释。康熙九年秋，再次入狱，并被遣戍至宁古塔，原因不详。十二年改徙乌喇（吉林市），至十四年年底，卒。

张贲少以能文名于世，其诗清丽流畅，著有《白云集》。如《拟古边庭四时怨》四绝句，将塞外春、夏、秋、冬四时的景色、土风，描绘得跃然纸上。又如《宁古台杂诗二十二首》② 之一云：

> 木寨群山拱，千家草屋同。

① 杨宾：《上元曲》其三、其五，（引）李兴盛：《中国流人史》（下）第 1857—1858 页，黑龙江人民出版社 2012 年新版。

② 张贲：《宁公台杂诗》，（引）李兴盛：《中国流人史》（下）第 1862 页，黑龙江人民出版社 2012 年新版。

衣冠都朴野，天地自洪濛。
候雁秋俱尽，寒花春未红。
随时占物色，遮莫叹途穷。

此外，如“野旷星偏大，天低月转明”、“天阴明积雪，风急乱流星”、“牛羊晨出牧，鸟雀夜飞回”等句描绘塞外景色，也都历历如绘。

张贲在戍所还写有一些文章，如《吴汉槎诗序》、《新建西乘寺记》、《宁古台新城记》、《长白山记》、《马祖庙碑》等，均有益于宁古塔文史之研究。

20．陈梦雷与《松鹤山房诗集文集》、《闲止书堂集钞》

康熙四十年陈梦雷受命主编《古今图书集成》。历经五年，于康熙四十五年编纂成书。书共一万卷，目录四十卷，分历象、方舆、明伦、博物、理学、经济六编；每编分若干典，全书共三十二典；每典又分若干部，全书共有六千一百零九部，张廷玉称：“自有书契以来，以一书贯串古今，包罗万有，未有如我朝《古今图书集成》者。”雍正元年一月，陈梦雷被再次流放到黑龙江，雍正下令由经筵讲官、户部尚书蒋廷锡重新编校已经定稿的《古今图书集成》，去掉陈梦雷名字，代之以蒋廷锡。

陈梦雷工于诗文，学识渊博，有《松鹤山房诗集文集》十六卷、《天一道人集》一百卷及《闲止书堂集钞》、《周易浅述》等。

其诗如《新月上人有收骨之行歌以赠之》、《留都十六景》，其文如《游千山记》、《白云别墅记》、《梅花堂记》等，记事、写景、咏物、抒情，均富文采，而又具有史料价值。

21．方登峄与《塞上月》

方登峄，字凫宗，号屏垢，安徽桐城人。生于顺治十六年，方拱乾之孙，方孝标之子。自幼过继给方兆及为子，十六岁补县学生。后来出游京师、陕西、河南、湖南、岭南等地，康熙三十三年，被选授为贡生，授中书舍人，后迁工部都水司主事。俸虽薄，而好客，因此“座客常满”。凡是同乡人来京师者，“就之如归”。康熙五十年，由于《南山集》作者戴名世曾引用过方孝标的《滇黔纪闻》，被认为“大逆”，而被捕下狱。康熙五十二年二月初七日结案，戴名世处死，已经去世的方孝标开棺戮尸。方登峄同其子式济、兄云旅（孝标第三子）、云旅子世樵并妻子等均遣戍黑龙江。方登峄等至黑龙江，安置在卜魁（今齐齐哈尔市）。居十余年，身处危苦之中，莳花种菜之外，则读书吟咏，写有大量诗作，从不同方面、不同角度反映出清朝前期黑龙江的历史面貌。这期间，与其他流人，如《画沙集》的作者满族诗人讷尔朴、《古今图书集成》的原编者陈梦雷、程朱理学的崇拜者满族官员图尔泰，交往甚多。雍正六年（一作三年）卒于戍所。

方登峄工诗善画，在戍所，不废吟咏，“虽处绝塞寒天，手一编，终日忘其身之在难也”。方登峄遗著有《依园诗略》、《星砚斋诗稿》、《垢砚吟》、《葆素斋集》、《葆素斋古乐府》、《葆素斋新乐府》、《如是斋集》各一卷。前二卷是少年及居官京师之作，后五卷基本为塞外之作。登峄诗名早著，其“诗得乐府神理，七律亦雅健”。塞外之作，“词多悲苦”，但边塞的风光、景物、土俗、人情，历历如绘，尤其是《葆素斋今乐府》三十章，更为典型。其中《灯官曲》、《葳瓠船》、《塞春归》、《塞上月》、《王干哥》、《打貂序》、《将军猎》、《妇猎词》、《糜子米》、《打鹰歌》等诗，或咏塞外民俗物产，或咏流人处境心态，都是恰到好处。这些诗对于研究东北的民俗具有很高的史料价值。《塞上月》① 云：

塞月不照山，塞月不照水。

① 方登峄：《塞上月》，（引）《中国流人史》（下）第1894页，黑龙江人民出版社2012年新版。

夜夜照黄沙，起落笳声里。

曾照几人还，曾照几人死？

22．方观承与《卜魁杂诗二十首》、《卜魁竹枝词》

方观承行实详前，工诗，著有《东闾剩稿》、《入塞诗》、《怀南草》、《竖步吟》、《叩舷吟》、《宜田汇稿》、《松漠草》、《看蚕词》、《薇香集》各一卷，《燕香集》、《燕香二集》各两卷，《方恪敏公奏议》七卷、《坛庙祀典》三卷等。他生前与观永、观本曾将祖父、父之诗集，连同自己的诗集，汇辑在一起刻印，名之为《述本堂诗集》，共十六卷。

其中与塞外有关之诗集为《东闾剩稿》、《入塞诗》。这两部诗稿最能反映黑龙江自然风光与民俗物产之作为《卜魁杂诗》二十首及《卜魁竹枝词》二十四首。前者之十一咏卜魁城内喧哗热闹之景象云①：

戎马边无际，重城锁市嚣。

人奴余墨涅，儿戏亦弓刀。

犬走茅桁捷，鸡栖炙坐高。

莫须惊卤莽，还复称粗豪。

前者之十五咏将军率众围猎之情景云②：

冷漠霜初阔，长围野尽嚣。

将军弓刀大，壮士博生豪。

---

① 方观承：《卜魁杂诗二十首》，（引）李兴盛：《中国流人史》（下）第1910页，黑龙江人民出版社2012年新版。

② 方观承：《卜魁杂诗二十首》，（引）李兴盛：《中国流人史》（下）第1910页，黑龙江人民出版社2012年新版。

雪后黄羊集，风前锦雉高。
班禽奖多获，夜火醉香醪。

后者之一咏诺尼江（嫩江）之风光云①：

诺尼江上水潺潺，五月冰消艾浑山。
流到混同天更碧，松花一派白云间。

后者之十四咏将军射猎于通铿河情景云②：

九月通铿猎骑纷，弓刀大雪从将军。
一时马上齐声贺，亲射雄罴六百斤。

这些诗歌都是作者在卜魁所见所闻之作，对于研究清代之黑龙江具有很高的史料价值。

23．杨瑄与《塞外草》

杨瑄，字玉符，一作玉斧，号楷庵，华亭（今上海市松江区）洛北村人。杨瑄秉承家学，颇有才华，而且幼年又曾师事同邑“放笔为文，浩瀚莫御”的董而中，因此更加才华横溢。康熙十四年中举人，次年联捷进士，改庶吉士。十七年七月授翰林院编修之职，同年八月主持过顺天乡试。康熙二十九年八月，因撰祭都统佟国纲之祭文有误而被解职，“发奉天八旗当差”。三十三年“五月释归本籍”。

四十二年官复原职。四十五年二月升任内阁学士，兼礼部侍

① 方观承：《卜魁竹枝词二十四首》，（引）李兴盛：《中国流人史》（下）第1912—1913页，黑龙江人民出版社2012年新版。

② 方观承：《卜魁竹枝词二十四首》，（引）李兴盛：《中国流人史》（下）第1912—1913页，黑龙江人民出版社2012年新版。

郎。同年五月充经筵讲官，六月又兼任詹事府詹事。四十七年（1708）冬，杨瑄由于赞同大学士马齐推戴皇八子胤禩为太子之议，违背了康熙帝的意愿，因此在次年（1709）正月获罪。康熙帝以“知交杂滥”，“人品亦皆不端”为借口，命杨瑄及王鸿绪等四人“原品休致”。雍正元年（1723）胤禛借口杨瑄“不奉召赴阙，擅入乾清门”，把他遣戍到更为遥远的黑龙江城（今爱辉）。后卒于此。

杨瑄多才多艺，“湛深经术，精研史学，骈体工丽”。“其所作古文，自谓于尧峰（指清初著名文人汪琬）当逊一头地，余子不多让也”可见其经史与古文造诣，都是很深的。其次他又是一位书法家。“其书法行楷，亦俱人妙”，而且“尤工行楷”。此外，尤其值得提出的，他还是位诗人。时人谓其“诗律稳细”。又有人说他“匪独工台阁体，至古诗歌行，宏肆峻拔，凿阴阳而移高深，昌黎（指唐代著名古文学家与诗人韩愈）以后不多见”，可见他又擅长诗歌。事实正是如此，其《谪居柬友》其一云①：

同是天涯万里身，相依萍梗即为邻。
闲骑蹇卫频来往，小擘霜螯忘主宾。
明月满庭凉似水，绿莎三径软于茵。
生经多难情逾好，未觉人间古道沦。

这首写于塞外、既非稳细又非宏肆风格的《谪居柬友》，则反映了其诗歌风格的多样化及谪居生活的心理状态。

杨瑄著有《楷庵诗草》，又作《楷庵诗略》、《塞外草》。《塞外草》写于塞外，对于边事的考证，大有裨益，可惜“只存近体数

---

① 杨瑄：《谪居柬友》，（引）李兴盛：《中国流人史》（下）第1877页，黑龙江人民出版社2012年新版。

章”。其两子杨锡履、杨锡恒也都工诗善文。

24．杨锡恒与《艾河元夕竹枝词》

杨锡恒，字涵贞，号查岑，杨瑄次子。“生平好学博古”，康熙四十四年举人，四十八年进士，官内阁中书。

杨锡恒曾两次随父遣戍东北生活，对当地的山川、草木、风俗等都很熟悉，因此其诗歌多是以这种内容为主，有《生还草》、《冰天草》、《听雨轩诗文集》等，这些诗歌对于研究黑龙江乃至东北具有很高的史料价值。其长诗《纪异》是咏雍正初年瑷珲地区地震的情景，颇富史料价值，为黑龙江科技史的研究提供了珍贵的第一手资料。

《艾河元夕竹枝词》云①：

绝塞寒云冻不开，全凭人事唤春回。
儿童踏臂欢呼处，争看灯官上任来。

赫赫前驱清道旗，青红皂隶两边随。
朱标告示当街挂，新署头衔灯政司。

倾城鼎沸闹秧歌，红粉新妆细马驮。
不信使君真有妇，罗敷过处看人多。

迎虎迎猫载圣经，祈年赛社岂无灵？
由来戏事关农事，前队先迎五谷瓶。

灯政司是清朝前期黑龙江北部地区人民利用封印机会，结

---

① 杨锡恒：《艾河元夕竹枝词》，（引）李兴盛：《中国流人史》（下）第1877—1878页，黑龙江人民出版社2012年新版。

合上元灯节的特点，所创立的一种管理灯务，同时又多少有点行政权威的民间“衙署”。这种风俗，最初在方式济的《龙沙纪略》及方登峄、方观承的诗中有所反映，仅仅过了几年，又在杨锡恒的诗中得到了更多的体现。诗中述及的“灯官”、“灯官夫人”、“灯政司”等遗闻掌故，反映出雍正年间，当地已由清初的重视游牧，进而改为重视农业了，也就是说，它体现了当地的开发与进步。

25．刘凤诰与《存悔斋集》

刘凤诰（1761—1830年），字丞牧，号金门，又号无庐，江西萍乡人。乾隆四十四年举人，乾隆五十四年会试，他以“一甲进士（即探花），进入翰林”，得授编修，不久擢升侍读学士，提督广西学政。清嘉庆四年（1799）任纂修官，纂修《高宗（乾隆）实录》。后来升任实录馆副总裁，曾任兵部、吏部侍郎。嘉庆十二年，《实录》告成，赏加太子太保，时人誉为宫保刘金门。同年八月，提督浙江学政。嘉庆十四年，由于在十三年浙江乡试中违例以学政代办监临、联号舞弊等获罪，被流放黑龙江。

刘凤诰遣戍到黑龙江后，被安置在齐齐哈尔。因他盛名早著，上自将军斌静，下到一般吏卒，“咸宾敬之”。与银库主事、满族学者西清尤相交厚。嘉庆十五年（1810），西清写成《黑龙江外纪》，刘凤诰为之作序，指出该书“体务见大，事取传信，不作无益”。与流人程煐、戴褒谷等人也过从甚密，诗酒唱和。嘉庆十八年初，刘凤诰奉斌静命，办理墨尔根城迁奴密谋暴动案，为墨尔根副都统明德讦为有“教供情事”。但清廷派员审查，发现凤诰本人并无私弊，未予惩处，并于同年五月将其赦归。

刘凤诰归乡后，于嘉庆二十三年，以编修被起用。道光元年（1821），因患目疾，赴扬州就养。道光十年（1830）病逝于扬州，终年70岁。其著述极富，但多散佚，今传有《存悔斋集》32卷，还有继彭元瑞未竟之业，穷20年心力写成的《五代史补注》。

刘凤诰博古通今，是一位博学多识、经世致用的学者；又是一位“书法极秀劲”的书法家。他主张作诗要有“寄托”，苦嗜杜诗，极力推崇“诗圣”杜甫，除了写有《杜诗话》五卷外，还有《集杜诗》三卷，前两卷基本写的是塞外事迹，其诗文对塞外风光、习俗、物产、史迹等均有所反映，如《炕五十韵》、《黄豆瓣儿》、《放鹰行》、《石子》、《秋日望边》、《塞上杂诗》、《龙江杂诗》、《北征二百十首》、《蒙古塞宴赋》等都是对当地物产风土的真实写照。

26．朱履中与《龙江百五钞》

朱履中，字玉堂，浙江海盐人，嘉庆元年贡生。嘉庆二十年，任福建龙溪县知县。二十二年因布政使李赓芸自缢案被流放黑龙江卜魁，后被吉林将军富俊聘至吉林，主讲白山书院。道光元年赦归。

朱履中有著作《叶韵考正》与《龙江百五钞》。《龙江百五钞》共收其所作绝句一百零五首，是作者至齐齐哈尔后就西清《黑龙江外纪》所载以及本人所见所闻而写的咏民风、土俗、物产、轶闻等之组诗，如诗《咏黄豆瓣儿鸟》① 云：

> 绝尘良骥自生威，白草粘天去打围。
> 黄豆瓣儿一声出，可怜绝靮又思归。

27．程煐与《龙沙剑传奇》

程煐（？—1812年），字星华，一字瑞屏，别署珂雪头陀、瑞头陀，清代安徽天长县人。其父程树榴为贡生，因为友人王沅著《爱竹轩诗草》作序，并出资刊印，生员王廷赞向清廷告讦，诬程

---

① 朱履中：《龙江杂咏》，（引）李兴盛：《中国流人史》（下）第1939页，黑龙江人民出版社2012年新版。

序“牢骚讪谤，肆无忌惮，借天以毁圣”。程氏父子因而被押解入狱。同年七月，程树榴被“律以大逆”而处死，程煐“应斩监候，秋后处决”。秋后，程煐被判斩监后。

嘉庆二年，被免死，谪戍卜魁。次年秋出塞。孟冬初到戍所，失志无聊，饥寒交迫，根据民间流传的许旌阳除妖及湘媪、李鹢三个神话传说，撰写了黑龙江第一部戏剧作品《龙沙剑传奇》，体现了作者“除妖”、“救世”、“安民”的可贵思想。在戍所，程煐以学识渊博、才华出众，深得副都统玉恒赏识，也受到历任将军与副都统的“礼遇”。他与当时流寓黑龙江的著名学者西清、诗人刘凤诰，交往甚密。

清嘉庆十七年冬，卒于卜魁。有《瑞屏诗稿》与《珂雪集》及《龙沙剑传奇》书稿。《龙沙剑传奇》以其严谨而巧妙的结构、丰富而奇特的情节、悲怆沉郁的思想情感、朴素而充满诗意的文采，被称为古代传奇的收尾之作。

28．张光藻与《北戍草》、《龙江纪事》

张光藻（1813—?），字翰泉，安徽广德人。咸丰六年进士，历任直隶省曲周、望都、完县、任县、邢台等县知县。同治八年，补用道员，任直隶正定府知府。九年三月，任直隶天津府知府。五月，天津爆发了广大人民焚毁外国教堂，杀死法国领事丰大业及传教士、商人、官员的反教会斗争——“天津教案”。结果，天津人民的反教会斗争被腐败的清政府镇压下去。张光藻也因事前“不能设法防范”，事后“未能将凶犯赶紧拿获”被革职，九月遣戍黑龙江卜魁。十一年夏秋之交赦归。

张光藻在两年的戍边生涯中留下了《北戍草》、《龙江纪事》两部诗集，张光藻回归故里广德后，总纂《广德州志》六十卷，《祠山志》十卷。《北戍草》二卷存诗一百七十一题，共二百三十五首，有古体、律、绝各体，其中有记途中所见者、寄别友人者、酬谢友人寄情送行者、记在戍所见闻及生活者、与黑龙江将军德英江唱答者，从中可以了解张光藻这一段生活经历和思想感情。《龙江纪事》七绝一百二十首，系咏黑龙江之建置、沿革、山川、风俗、物产之作，可称是黑龙江韵文体的方志。

29. 林则徐与《赴戍登程，口占示家人》、《秋夜不寐，起而独酌》、《又和嶰翁中秋感怀原韵》

林则徐（1785—1850年），字元抚，又字少穆、石麟，福建侯官人（今福建福州），嘉庆三年，林则徐中秀才，就读鳌峰书院。嘉庆九年中举人，任厦门海防同知书记，后入福建巡抚张师诚幕府。嘉庆十六年中进士，选为庶吉士，授编修。先后任江西乡试副考官、云南乡试正考官。嘉庆二十五年，任江南道监察御史转浙江杭嘉湖道，任上修海塘，兴水利，发展农业，颇有政声。道光七年六月任陕西按察使，代理布政使。道光十二年二月，调任江苏巡抚，后历任两广总督、湖广总督、陕甘总督和云贵总督，两次受命为钦差大臣。鸦片战争时期主张严禁鸦片、抵抗侵略，史学界称他为近代中国的第一人。有《云左山房诗文钞》、《林则徐日记》、《林则徐政书》、《荷戈纪程》，其所遗奏稿、日记、公牍、书札、诗文等，新中国成立后辑为《林则徐集》。

道光二十年，邓廷桢与林则徐以“办理不善”的莫须有的罪名被革职，二十一年道光下旨，革去林则徐“四品卿衔”，“从重发往新疆伊犁，效力赎罪”。林则徐在赴戍所途中，将沿途见闻、地理、天气等以日记的形式记录下来，平均每则记事二三百字，并取名为《荷戈纪程》。主要记述新疆的内容有星星峡、哈密、回城、镇西、奇台、乌鲁木齐、阜康、昌吉、塔西河、玛纳斯河、绥来、苇湖、永济湖等城镇、河流、湖泊之概况及当地特产、风俗习惯、人口分布、地理水文、气候环境和人文历史等，也涉及途中同僚的迎送情景，并详细记录了他们的姓名与时任职务，具有很高的史料价值。

林则徐在戍所和赴戍期间，撰写了大量诗文。林则徐由西安准备启程赴戍时，曾为送别家人吟诗两首《赴戍登程，口占示家人》①，诗云：

其一

出门一笑莫心哀，浩荡襟怀到处开。
时事难从无过立，达官非自有生来。
风涛回首空三岛，尘壤从头数九垓。
休信儿童轻薄语，嗤他赵老送灯台。

其二

力微任重久神疲，再竭衰庸定不支。
苟利国家生死以，岂因祸福避趋之。
谪居正是君恩厚，养拙刚于戍卒宜。
戏与山妻谈故事，试吟断送老头皮。

林则徐于1842年5月中旬，由长子汝舟陪同抵达西安。由于“河上积劳，感受时瘟，顿成疟疾”，他到达西安后就卧床不起，于是就地赁房侨居。随后，妻子郑夫人和两个孩子三子聪彝、四子拱枢，也从南京迁往洛阳，又从洛阳颠簸来到西安。经过两个多月的治疗休养，林则徐病情好转，就告别妻子和家人，登程赴戍。

赴戍西行后的第三日，至陕西乾州（今陕西乾县），作诗《秋夜不寐，起而独酌》②，诗云：

瓦盆半倾余浊醪，我正内热思冷淘。
欲眠不眠夜漏冷，得过且过寒虫号。

---

① 林则徐：《赴戍登程，口占示家人》，（引）李兴盛：《中国流人史》（下）第1950页，黑龙江人民出版社2012年新版。

② 林则徐：《林则徐全集》，海峡文艺出版社2002年版。

肝肠赖尔出芒角，俯仰笑人随桔槔。
空瓶醉后作枕卧，明日糟床仍漉糟。

此诗近于打油，语气通俗易懂，直抒胸臆，风趣潇洒，林则徐在这里忍泪挥手告别送到乾州的长子汝舟，住在积水成潭的旅馆里写作的，所以诗人用“秋夜不寐，起而独酌”为题，记述了当时的狼狈处境。

林则徐到达戍所后，时常想起与邓廷桢、关天培登沙角炮台峰巅赏月的情景。道光二十五年八月中秋，写下了《又和嶰翁中秋感怀原韵》① 诗云：

三载羲娥下阪轮，炎州回首剧伤神。
招魂一恸登临地，投老相看坎壈人。
玉宇琼楼寒旧梦，冰天雪窖著闲身。
麻姑若道东溟事，莫使重扬海上尘。

其二

雪月天山皎月光，边声惯唱听伊凉。
孤村白酒愁无奈，隔院红裙乐未央。
宦味思之真烂熟，诗情老去转猖狂。
遐荒今得连床话，岂是青蝇吊仲翔。

林则徐被革职流放伊犁，这是其人生经历的最低点。林则徐在由西安启程上路时，吟别亲人的诗《赴戍登程，口占示家人》中的一句“苟利国家生死以，岂因祸福避趋之”是林则徐心声的真实反映，是林则徐人生的座右铭。这句诗高扬着爱国主义的主旋律，是林则徐人生的最高追求，表明了其高尚的精神和思想境界！

---

① 林则徐：《林则徐全集》，海峡文艺出版社2002年版。

第二章 流人文化与特色地域文化资源

我国写景记游的诗文曾风靡于六朝，极盛于唐宋，流传于元明清的骚坛，构建成了有景必有诗，无诗不成景，诗乃景之魂，景为诗之体的中国山水景观的重要特色。然而，在创作这些描绘湖光山色、风云月露、草木虫鱼的山水诗和歌咏历史名人、历史事件、历史遗存、凭吊古迹、缅怀先贤的咏史诗的作者中，却有一类特殊身份的诗人，即流放文人。这些流放的文人，来到穷荒僻远的贬所，除了自然环境的恶劣和生活条件的贫乏而导致生活的格外艰难之外，更难承受的是心灵的孤独。孤独之外又有深重的屈辱感。他们原本有着强烈的进取精神和社会责任感，迫切希望在政治上有所作为，而随着贬居时间的延长，只能眼睁睁地看着有限的生命时光在穷乡僻壤中白白流逝，被社会抛弃以及生命被拘囚以至于渐趋荒废的怨愤便会不断强化。于是，这些贬谪文人便将仕途的不幸转化为文学精神的升华，把文学创作看成是他们生命的另一种存在形式，以此为动力而进行其精神世界的定位与重建。不幸的环境际遇让文人迎来文学创作的丰收期，正所谓“诗人不幸诗家幸”。本章选择一些与古今旅游地有关的流人文献，主要是流人诗文，借以感受流放诗人在文坛永垂风韵的别样人生，寻觅他们为我们留下的珍贵、丰富的旅游文化遗产。

鉴于我国流人流放地域广大，流人文献众多，现拟选择流人文献中的东北地区旅游资源地作重点评介，因此单辟一章，至于流人文献中的其他地区（如江南、西北与西南、东南与海南、北部）的旅游资源地则合为一章予以评介。另外，我们所评介的旅游资源地，有的已经开发，有的尚未开发，不一而足，特此声明。而且，我们之评介，并非求全责备，仅是举一反三，所以每节题目中冠以“举隅”一词。

第一节　流人文献与江南地区旅游资源地举隅

一、《白氏长庆集》中的旅游资源地

白居易，唐代诗人。元和十年（815），因事被贬为江州（今江西九江）司马。著有《白氏长庆集》。此集之《琵琶行》、《题浔阳楼》、《庐山草堂记》、《访陶公旧宅》中分别衍生出琵琶亭、浔阳楼、庐山草堂、陶渊明故居等旅游地。

1．白居易与琵琶亭

白居易至江州的次年秋，送客溢浦口，闻舟中旧日长安歌女夜弹琵琶声，并诉说天涯沦落事，感而生哀，写下脍炙人口的长诗《琵琶行》，后人在九江浔阳驿旁即其送客处建琵琶亭以示纪念。以其诗长，兹不赘。

2．白居易与浔阳楼

《白氏长庆集》之《题浔阳楼》诗云：

常爱陶彭泽，文思何高玄；又怪韦江州，诗情亦清闲。今朝登此楼，有以知其然。大江寒见底，匡山青倚天。深夜溢浦月，平旦炉峰烟。清辉与灵气，日夕供文

篇。我无二人才，孰为来其间？因高偶成句，俯仰愧江山。①

“大江寒见底，匡山青倚天”是这首诗中的名句，意思是：长江水清澈见底，青翠的庐山高耸入云。主要反映的是长江和庐山山清水秀的山水特点。(大江：指长江。匡山：庐山。)

浔阳楼耸立在江西省九江市浔阳江边，它是一座仿宋模式建筑，显得古色古香。整体格局，浑朴典雅，飞檐翘角，雕梁画栋，气势非凡。浔阳楼是融名楼、名著、名酒为一体的名胜。以其独特的风格吸引着南来北往的游客，随着九江的飞速发展与世界文化遗产——庐山声誉的提高，越来越为世人所瞩目，古老而又年轻的浔阳楼，必将以其丰富的文化内涵成为长江边上一颗璀璨的明珠。

3．白居易与庐山

《白氏长庆集》之《庐山草堂记》：

匡庐奇秀，甲天下山。山北峰曰香炉峰，北寺曰遗爱寺，介峰寺间，其境胜绝，又甲庐山。元和十一年秋，太原人白乐天见而爱之，若远行客过故乡，恋恋不能去，因面峰腋寺，作为草堂……②

此文是白居易的山水游记，尤显自我的风格，即是其个性的显现。白居易以娴熟的文笔和技巧，充分表达了自己酷爱山水的癖好，并注入了自己的身世感、沧桑感，使山水别具内涵

① 白居易：《白氏长庆集》之《题浔阳楼》，(引) 李兴盛：《中国流人史》(下) 第 1575 页，黑龙江人民出版社 2012 年新版。

② 白居易：《白氏长庆集》之《庐山草堂记》，(引) 李兴盛：《中国流人史》(下) 第 1577—1578 页，黑龙江人民出版社 2012 年新版。

与风韵。

庐山地处江西省北部。山体呈椭圆形，绵延的90余座山峰，犹如九叠屏风，屏蔽着江西的北大门。以雄、奇、险、秀闻名于世，素有“匡庐奇秀甲天下”之美誉。巍峨挺拔的青峰秀峦、喷雪鸣雷的银泉飞瀑、瞬息万变的云海奇观、俊奇巧秀的园林建筑，一展庐山的无穷魅力。庐山尤以盛夏如春的凉爽气候为中外游客所向往，是久负盛名的风景名胜区和避暑游览胜地，也是因有白居易等流放名人的吟咏而愈趋名扬千古。

4. **白居易与陶渊明故居**

《白氏长庆集》之《访陶公旧宅》诗：

垢尘不污玉，灵凤不啄膻。呜呼陶靖节，生彼晋宋间。心实有所守，口终不能言。永惟孤竹子，拂衣首阳山。夷齐各一方，穷饿未为难。先生有五男，与之同饥寒。肠中食不充，身上衣不完。连征竟不起，斯可谓真贤。我生君之后，相去五百年……①

陶公即我国山水田园诗人陶渊明。白居易非常敬仰陶渊明的为人。815年白居易被贬为江州司马，江州离陶渊明的家乡浔阳很近。白居易曾去拜访陶渊明的故居，写下了《访陶公旧宅》这首诗。诗中先用“尘垢不污玉，灵凤不啄膻”，颂扬陶渊明高尚的人格。

陶渊明纪念馆是为纪念陶渊明而建立，位于江西省庐山西麓九江县城沙河街东北隅，馆址原是陶靖节（渊明）祠。1982年按原貌迁建于今址，1985年7月30日开馆，祠内原有塑像、匾额、

---

① 白居易：《白氏长庆集》之《访陶公旧宅》，（引）李兴盛：《中国流人史》（下）第1573页，黑龙江人民出版社2012年新版。

楹联、石刻得到了全面修复。2005 年，在陶渊明诞生 1640 年之际，九江县投资 30 多万元对纪念馆按照原貌进行了再次修复。修复后的陶渊明纪念馆分为陶公墓、陶靖节祠、归来亭等景点。

二、《范文正公集》中的旅游资源地

范仲淹，北宋著名的政治家、思想家、军事家和文学家。他为政清廉，屡遭奸佞诬谤，数度被贬。有《范文正公集》传世，《范文正公集》之《岳阳楼记》、《庐山瀑布》分别提到岳阳楼、庐山瀑布等旅游地。

1．范仲淹与岳阳楼

《范文正公集》之《岳阳楼记》：

> 庆历四年春，滕子京谪守巴陵郡。越明年，政通人和，百废具兴，乃重修岳阳楼。增其旧制，刻唐贤、今人诗赋于其上，属予作文以记之。予观夫巴陵胜状，在洞庭一湖：衔远山，吞长江，浩浩汤汤，横无际涯；朝晖夕阴，气象万千。此则岳阳楼之大观也，前人之述备矣。然则北通巫峡，南极潇、湘，迁客骚人，多会于此，览物之情，得无异乎……①

范仲淹应好友巴陵郡守滕子京之请，于北宋庆历六年（1046）谪知邓州时所作，其能够成为传世名篇并非因为其对岳阳楼风景的描述，而是因为范仲淹借《岳阳楼记》一文抒发先忧后乐、忧国忧民的情怀。

---

① 范仲淹：《范文正公集》之《岳阳楼记》，（引）李兴盛：《中国流人史》（下）第 1596—1597 页，黑龙江人民出版社 2012 年新版。

岳阳楼，位于湖南省岳阳市西门城头，紧邻洞庭湖畔，与江西南昌的滕王阁、湖北武汉的黄鹤楼并称为江南三大名楼。全楼高达25.35米，平面呈长方形，宽17.2米，进深15.6米，占地251平方米，自古就有“洞庭天下水，岳阳天下楼”之誉，是国家5A级旅游景区。

2. **范仲淹与庐山瀑布**

《范文正公集》之《庐山瀑布》诗：

> 灵源何太高，北斗想可挹。凌日五光直，逗云千仞急。白虹下涧饮，寒剑倚天立。闽电不得瞬，长雷无敢蛰。①

庐山瀑布群是有历史的，历代诸多文人骚客在此赋诗题词，赞颂其壮观雄伟，给庐山瀑布带来了极高的声誉。最有名的自然是唐代诗人李白的《望庐山瀑布》，已成千古绝唱。范氏先忧后乐的高尚人品，使此诗给庐山瀑布注入了许多新的文化内涵。

庐山瀑布位于江西庐山，庐山瀑布主要由三叠泉瀑布、开先瀑布、石门涧瀑布、黄龙潭和乌龙潭瀑布、王家坡双瀑和玉帘泉瀑布等组成的庐山瀑布群。被誉为中国最秀丽的十大瀑布之一。

三、《欧阳文忠公文集》中的旅游资源地

欧阳修，北宋文学家、史学家、政治家。景祐元年（1034）得罪宰相被贬，被降知夷陵县，后又因故贬知滁州。著有《欧阳文忠公文集》。《欧阳文忠公文集》之《醉翁亭记》、《丰乐亭游春》

① 范仲淹：《范文正公集》之《庐山瀑布》，（引）李兴盛：《中国流人史》（下）第1596页，黑龙江人民出版社2012年新版。

分别提到醉翁亭、丰乐亭等旅游地。

1．欧阳修与醉翁亭

《欧阳文忠公文集》之《醉翁亭记》：

> 环滁皆山也。其西南诸峰，林壑尤美。望之蔚然而深秀者，琅琊也。山行六七里，渐闻水声潺潺而泻出于两峰之间者，酿泉也。峰回路转，有亭翼然临于泉上者，醉翁亭也。作亭者谁？山之僧曰智仙也。名之者谁？太守自谓也。太守与客来饮于此，饮少辄醉，而年又最高，故自号曰醉翁也。醉翁之意不在酒，在乎山水之间也。山水之乐，得之心而寓之酒也……①

这篇文章作于宋仁宗庆历六年（1046），文章描写了滁州一带自然景物的幽深秀美，滁州百姓和平宁静的生活，特别是作者在山林中游赏宴饮的乐趣。《醉翁亭记》写得格调清丽，富有诗情画意。这篇文章写了两部分内容：第一部分，重点是写亭；第二部分，重点是写游。而贯穿全篇的却是一个“乐”字。文中描写滁州山间的朝暮变化和四时景色，以及作者和滁人的游乐，表现出他“乐民之乐”的胸怀，充满了士大夫悠闲自适的情调，并从侧面显示了作者自己治理滁州的政绩。当然，醉中之乐也暗寓了醒时贬谪之苦。

醉翁亭坐落在安徽滁州市西南琅琊山麓，是安徽省著名古迹之一，醉翁亭小巧独特，具有江南亭台特色。它紧靠峻峭的山壁，飞檐凌空挑出。数百年来虽屡次遭劫，又屡次复建，终不为人所忘。解放后，人民政府将醉翁亭列为省级重点文物保护单位，并

① 欧阳修：《欧阳文忠公文集》之《醉翁亭记》，（引）李兴盛：《中国流人史》（下）第1599页，黑龙江人民出版社2012年新版。

多次整修。

2. 欧阳修与丰乐亭

《欧阳文忠公文集》之《丰乐亭游春》诗：

绿树交加山鸟啼，晴风荡漾落花飞。鸟歌花舞太守醉，明日酒醒春已归。①

该诗描写暮春时节草木青翠、满地落红的景象，表达了游人对春天恋恋不舍的感情。

丰乐亭位于安徽省滁州市琅琊山旅游区丰山脚下紫薇泉旁，为北宋欧阳修任滁州太守时所建。滁州丰乐亭文化公园位于滁州市琅琊山风景区内，包括大丰山及其东麓缓坡地段，北侧为著名的滁州西涧，今为滁州西涧湖所在，西侧与在建的现代人文景观琅琊山抽水蓄能电站风景区相邻，形成完整的游览区，既可以丰富琅琊山风景名胜区旅游内容，扩大景区容量，更可使千古姊妹亭——醉翁亭和丰乐亭携手共迎四方游客。

四、其他文献中的旅游资源地

1.《横浦集》中的旅游资源地

张九成与双秀峰

张九成，字子韶，其先开封人，徙居钱塘。绍兴二年（1132）进士。官至礼部侍郎。十年（1140），由于反对与金议和，被谪邵州。十三年（1143），以“倾附赵鼎”、“讪谤朝廷”，被谪居南安军（治今江西大余）。至二十五年（1455），秦桧死去，始被移知

① 欧阳修：《欧阳文忠公集》之《丰乐亭游春》，（引）李兴盛：《中国流人史》（下）第1598页，黑龙江人民出版社2012年新版。

温州。著有《横浦集》，其中之《双秀峰》提到了双秀这一景点。

《横浦集》之《双秀峰》：

且向城西去，休惊雨溅空。乱山明灭外，古刹有无中。笑指双峰翠，回看落日红。中兴喜无事，歌管莫匆匆。①

此诗用了极其细腻的笔法，将双秀峰的美丽一一刻画出来，从而表达了作者对大自然山水的无比热爱之情。

双秀峰位于江西省赣州市大余县丫山森林公园东北部，距县城12公里，属原始森林游览区。双秀峰像一颗骏马高昂的头颅。在南安古城随地驻足仰望丫山，就可眺望双秀峰的雄姿。登上双秀峰的顶端，南安古城一览无余，极目远眺，山岗、河流、田园、村庄、炊烟宛如一幅巨大无比的风景名画，尽收眼底，令人心旷神怡。主要景点有石门平湖、灵岩飞瀑、百亩高山茶园。

2.《舟中录》中的旅游资源地

钱珝与滕王阁

钱珝，字瑞文，吴兴（今浙江吴兴）人。唐昭宗乾宁二年（895）以尚书郎得掌诰命，后进中书舍人。光化三年（900）六月，宰相王抟被贬，不久又赐死，这是昭宗时代的一个大狱，钱珝也被牵连，贬为抚州（今江西抚州）司马。钱珝著有《舟中录》二十卷，其中之《江行无题一百首》提到了滕王阁。

《舟中录》之《江行无题一百首》其七十三：

---

① 张九成：《横浦集》之《双秀峰》，（引）李兴盛：《中国流人史》（下）第1628页，黑龙江人民出版社2012新年版。

幽怀念烟水，长恨隔龙沙。今日滕王阁，分明见落霞。①

该诗记述赴抚州途中之所见所感。诗中提到了滕王阁。滕王阁始建于唐永徽四年（653），为当时任洪州都督的唐高祖李渊之子李元婴所建。竣工后，阎公聚集文人雅士作文记事，途经于此的王勃就是于此时写下了名篇《滕王阁序》，并由此令滕王阁名扬四海。

滕王阁，位于中国江西省南昌市赣江畔，江南三大名楼之一。现在的滕王阁是1985年按照梁思成绘制的《重建滕王阁计划草图》重建的，是南昌市的标志性建筑之一。

3.《鸡肋集》中的旅游资源地

晁补之与李白墓

晁补之，北宋时期著名文学家。字无咎，号归来子，济州巨野（今属山东巨野县）人。元丰二年（1079）进士，授澶州司户参军、北京国子监教授。调回京城后，历任秘书省正字、校书郎，后派任扬州通判，又召回秘书省任职。绍圣初，出知齐州，后来因修《神宗实录》失实罪名，连贬应天府、亳州、信州等地。有《鸡肋集》。《鸡肋集》之《采石李白墓》提到了李白墓。其诗云：

客星一点太微旁，谈笑青蝇玉失光。载酒五湖狂到死，只今天地不能藏。②

此诗表达了作者对诗人李白深深的赞叹之情，李白的洒脱、

① 钱玥：《舟中录》之《江行无题一百首》，（引）李兴盛：《中国流人史》（下）第1585页，黑龙江人民出版社2012年新版。

② 晁补之：《鸡肋集》之《采石李白墓》，（引）李兴盛：《中国流人史》（下）第1618页，黑龙江人民出版社2012年新版。

李白的性情深深地感染了作者，同时也表达了作者借古人聊以自慰的心情。

李白墓是唐代诗人李白的墓地，位于安徽省马鞍山市当涂县城东南的青山西麓。唐宝应元年（762），李白去世。时为当涂（今安徽省当涂县）县令的李阳冰将他葬于城南龙山东麓。唐元和十二年（817），李白生前的好友范作之子范传正与时任当涂县令的诸葛纵合力迁葬于与龙山相对的青山。2006 年 5 月，李白墓作为唐代古墓葬，被国务院批准列入第六批全国重点文物保护单位名单。除太白墓外，现新筑有太白祠、十咏亭与展藏馆等供游人参观游览。

4.《夏日登车盖亭》中的旅游资源地

蔡确与车盖亭

蔡确，字持正，泉州晋江（今属福建）人。嘉祐四年（1059）进士。历知制诰、御史中丞、参知政事。元丰五年（1082），拜尚书右仆射兼中书侍郎。宋哲宗时，转左仆射。元祐年间（1086—1093）罢相，知陈州，后转任安州、邓州。因作诗讥讽朝廷，被贬为英州别驾、新州安置，卒于被贬之地。有诗作《夏日登车盖亭》，此诗衍生出车盖亭旅游地。

《夏日登车盖亭》之三：

纸屏石枕竹方床，手倦抛书午梦长。睡起莞然成独笑，数声渔笛在沧浪。①

此诗表明作者在车盖亭的闲适心情，表现出一种淡泊明志的心境。

---

① 蔡确：《夏日登车盖亭》，（引）李兴盛：《中国流人史》（下）第 1607 页，黑龙江人民出版社 2012 年新版。

车盖亭位于安陆城西北15公里涡水西岸，与广水市平林镇隔河相对。车盖亭造型奇特，吸引了历代游人士子、墨客骚人。今主要景点有：响水潭奇观、擂鼓台传奇、美丽的界牌水库等。

第二节　流人文献与西北、西南地区旅游资源地举隅

一、《胥园诗钞》中的旅游资源地

庄肇奎，字星堂，号胥园，江苏武进籍，浙江秀水（今嘉兴）人。乾隆十八年（1753）举人。官至云南永平同知。乾隆四十六年（1781），因事被遣戍伊犁。有《胥园诗钞》。该集之《伊犁纪事二十首效竹枝体》、《进嘉峪关》分别为伊犁、嘉峪关等旅游地增添了新的历史文化内涵。

1. 庄肇奎与伊犁

《胥园诗钞》之《伊犁纪事二十首效竹枝体》其二：

> 土膏肥沃雪泉香，尽有瓜蔬独少姜。最是早秋霜打后，菜根甘美胜吾乡。①

古代的伊犁，泛指伊犁河流域以及巴尔喀什湖以东、以南的广大地区，是边塞旅游胜地。该地悠久的历史文化，雄伟的天山、辽阔的草原、茂密的森林、幽深的溪谷、碧蓝的湖泊，每年都吸引着数万中外客人来游。这里有着著名的巩乃斯草原、唐布拉草

---

① 庄肇奎:《胥园诗钞》之《伊犁纪事二十首效竹枝体》,（引）李兴盛:《中国流人史》（下）第1927页，黑龙江人民出版社2012年新版。

原、那拉提草原、昭苏草原；青铜时代的乌孙土墩墓葬群、西辽西域名城阿拉力马力遗址，唐代弓月城遗址，有乾隆皇帝御书的格登山记功碑和伊犁将军府、惠远钟鼓楼、林则徐纪念馆等众多的人文景观。是开发、探险、登山、滑雪、狩猎、考古和科学考察以及领略民族风情等旅游活动的理想之地。

2．庄肇奎与嘉峪关

《胥园诗钞》之《进嘉峪关》：

策马呼门竟入关，今朝真个得生还。羁魂未定忙心拾，不敢回头望雪山。①

本诗反映了作者赦归的喜悦与对流放生涯的恐惧心态。

嘉峪关，又被称为天下第一雄关，位于甘肃省河西走廊的西端，甘肃嘉峪关市向西 5 公里处，是明长城西端的第一重关，也是古代“丝绸之路”的交通要冲。始建于明洪武五年（1372），现成为万里长城沿线最为壮观的关城。关城 1961 年被国务院公布为第一批全国文物重点保护单位。

二、《睫闇诗钞》中的旅游资源地

裴景福，字伯谦，又字安浦，安徽霍邱人。光绪十二年（1886）进士。历任广东陆丰、番禺、潮阳、南海县令。因事为时任两广总督岑春煊所嫉恨，被迫暂避澳门。岑仍将他革职，投入南海监狱。上奏朝廷谓“两广县令，裴为贪首，凭借外力，藐视国法”，但查无实据，不能重判，遂远戍新疆。有《睫闇诗钞》。

① 庄肇奎：《胥园诗钞》之《进嘉峪关》，（引）李兴盛：《中国流人史》（下）第 1927 页，黑龙江人民出版社 2012 年新版。

该集之《哈密》、《玉门早发》、《发凉州》分别增添了哈密、玉门、凉州等旅游地之文化内涵。

1．裴景福与哈密

《睫闇诗钞》之《哈密》：

天山积雪冻初融，哈密双城夕照红。十里桃花万杨柳，中原无此好春风。①

天山积雪刚刚融化，夕照中的哈密双城呈现一派红光，这是因万株杨柳中十里红桃映衬所致。这样的美景可称是中原所无，从而表达了诗人对哈密城美景的深深赞叹之情。

哈密地区，位于新疆维吾尔自治区最东端，当地以盛产哈密瓜闻名。主要景点有：大河唐城、哈密魔鬼城等。其中大河唐城是哈密地区规模最大、保存最完好的一处唐代古城遗址，所以叫大河唐城或大河古城。这是屯垦戍边生产军粮的最好地方。直到近代，这里一直是旱涝保收的巴里坤粮仓，有“屯稼堆云”的巴里坤八景之一。

2．裴景福与玉门

《睫闇诗钞》之《玉门早发》：

一枕清霜凉月，五更荒角残钟。梦断杏花江阁，眼明苜蓿边烽。②

诗人被贬途中经过玉门，感觉这里一片荒凉。因为这里曾战

---

① 裴景福：《睫闇诗钞》之《哈密》，（引）李兴盛：《中国流人史》（下）第1961页，黑龙江人民出版社2012年新版。

② 裴景福：《睫闇诗钞》之《玉门早发》，（引）李兴盛：《中国流人史》（下）第1960页，黑龙江人民出版社2012年新版。

争不断、烽火连天，面对这样的凄凉景象，作者不由得想到了自己归乡梦断的现实处境，所以此诗是作者内心真实的写照。

玉门市位于甘肃省河西走廊西部，商至战国为西羌地，秦至汉初为月氏、乌孙国和匈奴地。汉元狩二年（前121年）始置玉门县，隶酒泉郡。西凉置会稽郡，北魏置玉门郡，后屡有变更，清乾隆二十四年（1759）复置玉门县。现在的汉玉门关遗迹，是一座四方形小城堡，耸立在东西走向戈壁滩狭长地带中的砂石岗上，南边有盐碱沼泽地，北边不远处是哈拉湖，再往北是长城，长城北是疏勒河故道。玉门的主要旅游景点：玉门关遗迹、老君庙和老一井、“铁人”王进喜故居纪念馆。

3．裴景福与凉州

《睫闇诗钞》之《发凉州》：

> 出塞方知行路难，冰天雪海倚雕鞍。花前枉奏西凉伎，黑水声中月色寒。①

“出塞方知行路难”一句，表明了作者写作此诗时的心情，塞外的环境令作者无法适应，同时表达了作者的羁旅之苦。

凉州，古地名，即甘肃省西北部的武威，地处河西走廊东端，是古丝绸之路上的重镇，史有“四凉古都，河西都会”之美称，素有“银武威”之称，自古以来就是“人烟扑地桑柘稠”的富饶之地、“通一线于广漠，控五郡之咽喉”的军事战略要地和“车马相交错，歌吹日纵横”的商埠重镇，是“中国旅游标志之都”、“中国葡萄酒的故乡”、“西藏归属祖国的历史见证地”和“世界白牦牛唯一产地”。

---

① 裴景福：《睫闇诗钞》之《发凉州》，（引）李兴盛：《中国流人史》（下）第1960页，黑龙江人民出版社2012年新版。

三、《刘宾客集》中的旅游资源地

刘禹锡行实详前，有《刘宾客集》。《刘宾客集》之《竹枝词九首》之一、之八可补白帝城、巫峡等旅游地历史文化之资源。

1. 刘禹锡与白帝城

《刘宾客集》之《竹枝词九首》之一：

> 白帝城头春草生，白盐山下蜀江清。南人上来歌一曲，北人莫上动乡情。①

诗中的景色有白帝城的春草、白盐山、蜀江等自然之景。面对如此美丽的景色，再听到南方人的歌曲，北方人不免涌起了思乡之情。

白帝城位于重庆奉节县瞿塘峡口的长江北岸，奉节东白帝山上，是三峡的著名游览胜地。原名子阳城，为西汉末年割据蜀地的公孙述所建，公孙述自号白帝，故名城为“白帝城”。白帝城是观“夔门天下雄”的最佳地点。历代著名诗人李白、杜甫、白居易、刘禹锡、苏轼、黄庭坚、范成大、陆游等都曾登白帝，游夔门，留下大量诗篇，因此白帝城又有“诗城”之美誉。

2. 刘禹锡与巫峡

《刘宾客集》之《竹枝词九首》之八：

> 巫峡苍苍烟雨时，清猿啼在最高枝。个里愁人肠自

---

① 刘禹锡：《刘宾客集》之《竹枝词九首》之一，（引）李兴盛：《中国流人史》（下）第1561页，黑龙江人民出版社2012年新版。

断，由来不是此声悲。①

“个里愁人肠自断，由来不是此声悲。”此句话一语双关，表明作者不为自己的人生失意和仕程失意介怀，表现出一种不为世事变迁和宦途谪升所动的豁达开朗之情。而且诗人以豪迈乐观的精神，创造了贬谪诗歌豪壮劲健的崭新风貌，打破了贬谪文学沉湎于幽怨、孤愤的套数，开辟了贬谪诗歌写作的新路径。

巫峡，又名大峡，在重庆巫山和湖北巴东两县境内，其以幽深秀丽著称。整个峡区奇峰突兀，怪石嶙峋，峭壁屏列，绵延不断，是三峡中最可观的一段，宛如一条迂回曲折的画廊，充满诗情画意。巫峡峡长谷深，迂回曲折，奇峰嵯峨连绵，烟云氤氲缭绕，景色清幽之极，如一条美不胜收、千奇百怪的画廊。古往今来的游人无不被这里的迷人景色所吸引、陶醉。

四、《升庵集》中的旅游资源地

1. 杨慎与江陵

杨慎，字用修，四川新都（今成都市新都区）人。年二十四，举正德六年（1511）殿试第一，授翰林修撰。嘉靖三年（1524），以两上议大礼疏被廷杖，遣戍永昌卫（今云南保山）。著述有二百余种，主要为《升庵集》、《滇程记》等。其中《升庵集》之《夕上江陵》提到江陵旅游地。

《升庵集》之《夕上江陵》：

① 刘禹锡：《刘宾客集》之《竹枝词九首》之八，（引）李兴盛：《中国流人史》（下）第1561—1562页，黑龙江人民出版社2012年新版。

荧荧沙市灯，统统黄潭鼓。悠悠隐后帆，遥遥认前渚。①

本诗以灯光、鼓声、帆影衬托出荆州的繁华景象，同时也表明江陵悠久的历史文化内涵。

江陵，现名荆州市，位于湖北省中南部，省辖市，全国历史文化名城，江汉平原的中心城市。历代建都于长江中下游的政权多建都于此，自春秋迄五代共有十代政权建都，其中楚是大国、强国，东晋和南朝都拥有中国南部半壁江河，江陵的古都地位较高，仅次于“七大古都”，是荆楚名都。1982 年国家公布江陵为国家历史文化名城。荆州城内的古建筑很多，著名的有太晖观、元妙观、开元观、掷甲山、点将台、落帽山、画扇峰、章华寺、荆州古城等。

2. 杨慎与西山三清阁

《升庵集》之《滇海曲》其一：

梁王阁榭水中央，乌鹊双星带五潢。跨海虹桥三十里，广寒宫殿夜飘香。②

这首诗中提到了梁王阁，梁王阁即西山三清阁，位于太华山南面的罗汉山。由北向南眺望，山形外廓酷似大肚弥勒，故名罗汉山。罗汉山悬崖峭壁，与南面挂榜山千仞削壁相连，山麓下即浩渺滇池。三清阁九层十一阁道观建筑群，层叠嵌缀于悬崖绝壁之上，成“悬空寺”险境。元代，统治云南的梁王由罗汉山麓筑

---

① 杨慎：《升庵集》之《夕上江陵》，（引）李兴盛：《中国流人史》（下）第 1709 页，黑龙江人民出版社 2012 年新版。

② 杨慎：《升庵集》之《滇海曲》，（引）李兴盛：《中国流人史》（下）第 1709—1710 页，黑龙江人民出版社 2012 年新版。

“千步崖”石磴上山，开辟罗汉山南崖之避暑宫。过去一度认为今之三清阁即元梁王避暑宫，实际上梁王避暑宫在三清阁、龙门下层更南，临挂榜山边缘。

3．杨慎与神女峰

《升庵集》之《竹枝词》其七：

> 神女峰前江水深，襄王此地几沉吟。晔花温玉朝朝态，翠壁丹枫夜夜心。①

神女峰叫望霞峰、美人峰，巫山十二峰之一，位于巫山县城东约15公里处的巫峡大江北岸。据宋玉《神女赋》序：“楚襄王与宋玉游于云梦之浦，使玉赋高唐之事，其夜王寝，果梦与神女通。”杨慎此诗即咏此事，可见此诗可以增添神女峰之历史文化内涵。

五、其他文献中的旅游资源地

1.《更生斋诗》中的旅游资源地

洪亮吉与天山

洪亮吉，字君直，一字稚存，号北江，晚号更生，江苏阳湖（今常州市）人。乾隆五十五年（1790）进士，授编修。嘉庆四年（1799）八月，以上书揭发时弊，被入狱遣戍伊犁。次年（1800）二月初十日至戍所，闰四月二十七日赦归。有《更生斋诗》、《天山客话》等。《更生斋诗》之《天山歌》体现出了天山旅游地。

《更生斋诗》之《天山歌》：

---

① 杨慎：《升庵集》之《竹枝词》之七，（引）李兴盛：《中国流人史》（下）第1711页，黑龙江人民出版社2012年新版。

> 地脉至此断，天山已包天。日月何处栖，总挂青松巅。穷冬棱棱朔风裂，雪复包山没山骨。峰形积古谁得窥，上有鸿濛万年雪。天山之石绿如玉，雪与石光皆染绿。半空石堕冰忽开，对面居然落飞瀑……①

本诗对天山的景色进行了形象描绘，表达了作者对天山景色的无限赞美之情。

天山，在古代曾有北山、雪山、白山等名称，山系呈东西走向，是亚洲中部的一条大山脉，横贯中国新疆的中部，西端伸入哈萨克斯坦。山脉长约2500公里，宽250—300公里，平均海拔约5000米，最高峰是位于中国境内的托木尔峰，海拔为7435.3米，峰顶白雪皑皑。这些洁白的雪峰、翠绿的云杉倒映在山旁的湖泊中，构成了一幅美丽的图画，是新疆著名的旅游胜地。主要景点有：天山天池、天池石门、五十盘天、王母脚盆、西小天池瀑布等。

2.《立厓诗钞》中的旅游资源地

蒋业晋与北庭都护府遗址

蒋业晋，又名梧巢，字绍初，号立厓，江苏长州人。举人，官湖北汉阳知县、候补同知。乾隆四十四年（1779），由于受《芥圃诗钞》文字狱牵连，遣戍乌鲁木齐。四十九年（1784）赦归。有《立厓诗钞》。《立厓诗钞》之《北庭杂咏》提到北庭都护府遗址旅游地。

《立厓诗钞》之《北庭杂咏》咏雪山莲云：

> 出水莲品洁，出山莲种别。亭立千仞冈，红妆浴白

① 洪亮吉：《天山客话》之《天山歌》，（引）李兴盛：《中国流人史》（下）第1930—1931页，黑龙江人民出版社2012年新版。

雪。托迹固高寒，人言性偏热。①

这里的北庭便是北庭都护府。北庭都护府遗址位于吉木萨尔县城以北的冲积平原上，东临东河坝，西接西河坝。702 年设立北庭大都护府时改原庭州城而建。709 年，吐蕃攻占此城；高昌回鹘时为其夏宫；元代时在此设行尚书省，统领全疆；城址因战火荒废于明代初期。北庭都护府遗址是丝绸之路新北道上的历史名城，历史上曾对新疆的政治、经济、文化的发展起过重要的作用。1988 年，列为全国重点文物保护单位。

3.《新疆纪事诗》中的旅游资源地

曹麟开与红山

曹麟开，又名云澜，安徽贵池人。乾隆三十八年（1773）任黄梅知县。四十四年（1779），以《芥圃诗钞》文字狱案牵连，遣戍乌鲁木齐。后赦归。有《塞上竹枝词》、《新疆纪事诗》。《新疆纪事诗》之《红山晓钟》提到红山旅游地。诗云：

崖前伏虎依僧定，云外鲸铿警梦残。下界正当群籁息，上方飞落一声寒。唤回海鹤来仙峤，敲散天花满戒坛。去国不知身绝域，关心犹作早朝看。②

红山位于今乌鲁木齐市中心红山公园内。红山因山体颜色呈红褐色而得名。山体长1.5 公里，宽约 1 公里，呈东西走向，最高点海拔 910 米。其紫红色砂岩为距今约2.5 亿年前大陆环境下沉积形成。山上有两座宝塔（建于 1788 年）。今红山是乌鲁木齐繁荣

① 蒋业晋：《立厓诗钞》之《北庭杂咏》，（引）李兴盛：《中国流人史》（下）第 1924—1925 页，黑龙江人民出版社 2012 年新版。

② 曹麟开：《新疆纪事诗》之《红山晓钟》，（引）李兴盛：《中国流人史》（下）第 1925 页，黑龙江人民出版社 2012 年新版。

发展的象征，山体巍峨，气势雄伟，美丽壮观。它以其显要的位置和奇特的山势，被古人视为“神山”。红山公园也因红山深厚的文化底蕴而驰名，现是乌鲁木齐市游览胜地之一。

4.《类博稿》中的旅游资源地

岳正与崆峒山

岳正，字季方，今北京通县人。明正统十三年（1448）进士，授翰林院编修，升文渊阁大学士。性格豪迈，居官刚正，敢直言、多惠政，天顺元年（1457）为权臣石亨等所诬害，遣戍肃州（今甘肃酒泉）。五年（1461）被赦归。有《类博稿》。《类博稿》之《游崆峒山六首》提到崆峒山这一旅游资源地。其一云：

> 两壁微开一径遥，愁怀到此已全消。鸟声入谷成呼应，山色迎晖欲动摇。几处悬崖颓复定，千寻飞瀑堕还跳。圣恩若许宽羁绁，愿卜幽居作老樵。①

诗中描写了崆峒山美丽的风光，表现出作者对大自然风光的无限热爱之情。

崆峒山位于甘肃省平凉市西30公里。为全国重点风景名胜区。景区泾河环绕，最高峰海拔2100米。山上林木茂盛，景色秀丽，并有日月峡、羽仙峰等名胜。自秦汉以来，直到宋、元、明、清均曾在此修建庙宇，铸铜钟、铜佛30余件，刻碑40余处，并将山下问道宫辟为道教十方常驻。崆峒山是古丝绸之路甘肃平凉西出关中之要塞，集奇险灵秀的自然景观和古朴精湛的人文景观于一身，具有极高的观赏、文化和科考价值。自古就有“西来第一山”、“西镇奇观”、“崆峒山色天下秀”之美誉。

---

① 岳正：《类博稿》之《游崆峒山六首》之一，（引）李兴盛：《中国流人史》（下）第1699页，黑龙江人民出版社2012年新版。

5.《画墁集》中的旅游资源地

张舜民与青铜峡

张舜民，字芸叟，自号浮休居士，又号矴斋。邠州（治今陕西彬县）人。生卒年不详。英宗治平二年（1065）进士，为襄乐令。元丰中，环庆帅高遵裕辟掌机宜文字。元祐初，做过监察御史。为人刚直敢言。徽宗时升任右谏议大夫，任职七天，言事达60章，不久以龙图阁待制知定州。后又改知同州。曾因元祐党争事，牵连治罪，被贬为楚州团练副使，商州安置。有《画墁集》。《画墁集》之《西征回途中二绝》提到了青铜峡这一旅游景点。

《画墁集》之《西征回途中二绝》其二：

青铜峡里韦州路，十去从军九不回。白骨似沙沙似雪，将军休上望乡台。①

青铜峡位于宁夏平原中南部，九曲黄河穿境北流，黄河流域第二座水利枢纽工程——青铜峡拦河大坝就坐落在境内，被誉为“塞上明珠”。

青铜峡市旅游景点众多。这里有秦渠、汉渠、大清渠等宁夏著名的九大引黄灌溉渠道，灌溉历史悠久；这里沟渠纵横、沃野平畴，民风淳朴，是“塞上江南”田原风光最具代表性的地方。除此之外，境内尚有保存完好的古代长城、国内罕见的佛教喇嘛塔群（108塔）、清代宫保府、西夏千年岩画、低温泉水及黄河鸟岛等众多旅游景点。

---

① 张舜民：《画墁集》之《西征回途中二绝》之二，（引）李兴盛：《中国流人史》（下）第1600页，黑龙江人民出版社2012年新版。

6.《沧海遗珠》中的旅游资源地

韩宜可与五华山

韩宜可，字伯时，山阴人。洪武初为山阴教授，官至山西右布政使。不久，以事谪云南，建文初擢为云南参政，入为左副都御使。有《云南稿》。《沧海遗珠》之《五华山图》提到五华山这一旅游景点。诗云：

> 五华之山山上头，俯视东海如浮沤。岂无四万八千丈，亦有五城十二楼……①

该诗表现出了五华山的磅礴气势。

五华山，在云南昆明市区北部，为昆明市区最高峰，占地1.73平方公里，海拔1926米，其北接螺峰山，东连祖遍山，并称云南昆明城中三山，西与翠湖山水相连。五华山为云南昆明主山蛇山余脉。蛇山从昆明东北方向南下，九起九伏，至螺峰山顿开玉屏，再前则脉分五支，吐出五华秀气，因称“五华”，自古为一方之胜。当年南诏筑鄯阐城，鄯阐侯高智升即于五华山麓筑府居之，称“东府”。

7.《独醉亭集》中的旅游资源地

史谨与曲靖古镇

史谨，字公谨，昆山人。洪武初以事谪云南，有《独醉亭集》。《独醉亭集》之《过曲靖》提到曲靖古镇这一旅游地。其诗云：

> 曲靖犹传汉古城，城头画角带边声。夜郎东据山排

① 韩宜可：《沧海遗珠》之《五华山图》，《四库全书》本。

戟，蜀道西连树拥旌。①

此诗是诗人被贬途中，路过曲靖古镇，见到此景而引发的感慨之情。

曲靖市，古称味县，在中国云南省东北部，南盘江上游，是云南省历史上开发较早的地区之一，素有“滇黔锁钥”、“云南咽喉”之称。曲靖主要有珠江源、爨宝子碑、爨龙颜碑、大理三十七部会盟碑、千佛塔及九龙瀑布群等风景名胜。曲靖在历史上一直是云南的政治、经济、文化中心之一。

8.《李太白文集》中的旅游资源地

李白与乌江

李白行实详前，有《李太白文集》。《李太白文集》之《窜夜郎，于乌江留别宗十六璟》提到乌江这一旅游地。诗云：

君家全盛日，台鼎何陆离。斩鳌翼娲皇，炼石补天维。②

李白长于描绘祖国大好河山，他的这类诗同王维、孟浩然的诗格调不同，如果说王维、孟浩然的风景诗是细致入微的工笔画，那么李白的风景诗则是飞动椽笔的大写意。他常常不是作一草一木的刻画，而是从宏观摄取大自然的神韵。长江大河，巉岩峭壁，万里风云，幽石古木，一到他笔下立刻飞动起来，为他所驱遣，创造出一个与造化同在的神话般的世界。

乌江，中国贵州省第一大河，长江上游南岸支流。又称黔江。发源于省境威宁县香炉山花鱼洞，流经黔北及渝东南，在重庆市

① 史谨：《独醉亭集》之《过曲靖》，《四库全书》本。

② 李白：《李太白文集》之《窜夜郎，于乌江留别宗十六璟》，（引）李兴盛：《中国流人史》（下）第1542页，黑龙江人民出版社2012年新版。

涪陵区注入长江，干流全长1037公里，流域面积8.792万平方公里。乌江水系呈羽状分布，流域地势西南高，东北低，地形以高原、山原、中山及低山丘陵为主。由于地势高差大，切割强，自然景观垂直变化明显。以流急、滩多、谷狭而闻名于世，号称“天险”。

第三节　流人文献与东南、海南地区旅游资源地举隅

一、《汤显祖集》中的旅游资源地

汤显祖与贵生书院

汤显祖，中国明代末期戏剧家、文学家。字义仍，号海若、清远道人，晚年号若士、茧翁，江西临川人。著名作品有《牡丹亭》。万历十九年弹劾大学士申时行并抨击朝政，触怒了皇帝而被贬为徐闻典史，后调任浙江遂昌县知县，一任五年，政绩斐然，却因压制豪强，触怒权贵而招致上司的非议和地方势力的反对，终于1598年（万历二十六年）愤而弃官归里。有《红泉逸草》等，今人编有《汤显祖集》。《汤显祖集》之《徐闻留别贵生书院》提到贵生书院旅游地。诗云：

天地孰为贵，乾坤只此生。海波终日鼓，谁悉贵生情。①

明代大戏剧家汤显祖于万历十九年（1591）贬任徐闻典史时，

---

① 汤显祖：《汤显祖集》之《徐闻留别贵生书院》，（引）李兴盛：《中国流人史》（下）第1716页，黑龙江人民出版社2012年新版。

有感于当地士子轻生，因而倡建此书院。贵生书院位于广东徐闻县徐城镇旧城，书院前有明代石道，全长732米，宽4.6米，东西走向，路面有牛车车轮碾成轨迹2道，深达13厘米。沿石道西走300米有学宫，建于明，现仅存大成殿，1986年重修。书院和石道为广东省文物保护单位。

二、《梁溪集》中的旅游资源地

李纲与寇公祠

李纲，字伯纪，邵武（今属福建）人。政和二年（1112）进士及第。五年，任监察御史兼权殿中侍御史，不久即因议论朝政过失，被罢官。宣和元年（1119），上疏要求朝廷注意内忧外患问题被谪。宣和七年七月，李纲被召回朝，任太常少卿。其年冬，金军直逼宋都开封。李纲建议宋徽宗传位给太子赵桓，以号召军民抗金。赵桓（宋钦宗）不久即位后，李纲负责开封的防御。他亲自登城督战，击退金兵。建炎二年（1128），十一月为投降派黄潜善等所谮，授单州团练副使，万安军（今海南岛万宁）安置。次年冬被赦归，十二月自琼州返至雷州，曾去寇忠愍祠拜谒，同时写下此诗，收入其《梁溪集》。《梁溪集》之《谒寇忠愍祠堂》六首之一，提到寇公祠这个旅游地。诗云：

> 亲征决策幸澶渊，南北观盟有本原。丞相莱公功第一，犹将孤注作谗言。①

作者歌颂了宰相寇准的功德事迹，同时也表达了自己的不幸

---

① 李纲：《梁溪集》之《谒寇忠愍祠堂》六首之一，（引）李兴盛：《中国流人史》（下）第1626页，黑龙江人民出版社2012年新版。

遭遇。

寇公祠位于广东省雷州西湖公园内，雷州西湖公园原名罗湖，位于雷州古城的西北角，面积9万多平方米。自宋乾兴元年（1022）寇准贬雷州司户参军，居湖滨，后又多有名人至此寓居，遂成名胜。

三、《范文正公集》中的旅游资源地

范仲淹与桐庐

《范文正公集》之《潇洒桐庐郡十绝》其一：

潇洒桐庐郡，乌龙山霭中。使君无一事，心共白云空。①

桐庐，浙江省杭州市属县，全国著名旅游县。位于杭州市西南，富春江斜贯县境，面积1780平方公里。桐庐县以严子陵钓台而闻名。是东汉名士严子陵隐居垂钓之处。严子陵与东汉光武帝刘秀同窗，光武帝即位，严子陵坚辞不仕，携妻回富春山隐居，耕田垂钓终老林泉，后人仰慕其不事王侯高风亮节的精神而建祠纪念，濒临富春江，因其风景秀丽，为我国十大钓鱼古迹之首。景区内有双台垂钓、严先生祠、沧波桥、天下第十九泉、富春江诗文碑园等胜迹。

---

① 范仲淹：《范文正公集》之《潇洒桐庐郡十绝》之其一，（引）李兴盛：《中国流人史》（下）第1595页，黑龙江人民出版社2012年新版。

第四节　流人文献与北部地区旅游资源地举隅

一、《琉璃河馆题壁》中的旅游资源地

王素音与琉璃河

王素音，湖南长沙人。顺治初年，为乱兵所掠，拥之北去。至良乡（今北京房山）琉璃河，曾题诗于馆壁。《琉璃河馆题壁》中提到琉璃河这个旅游地。其二云：

朝来马上泪沾巾，薄命轻如一缕尘。青冢莫生殊域恨，明妃犹是为和亲。①

琉璃河位于北京房山，是著名的历史文化古镇。早在五六十万年前，著名的“北京人”就在这片神奇的土地上繁衍生息，而琉璃河古镇，早在三千多年前就在此建立都城，成为古燕国文明的发祥地、北京地区最早的都城，也是燕文化的发祥地。

二、《再至长安》中的旅游资源地

李涉与长安

李涉，自号清溪子，洛阳人。早岁客梁园，逢兵乱，避地南方，与弟李渤同隐庐山香炉峰下。元和六年（811）因事被贬为峡州（今湖北宜昌）司仓将军。赦归后曾为太学博士。宝历元年

① 王素音：《琉璃河馆题壁》，（引）李兴盛：《中国流人史》（下）第1720页，黑龙江人民出版社2012年新版。

(825) 又因事被流徙康州（今广东德庆）。有诗《再至长安》，提到长安这个旅游地。诗云：

> 十年谪宦鬼方人，三遇鸿恩始到秦。今日九衢骑马望，却疑浑是刹那身。①

诗的内容描写的是唐代都城长安的景象。长安，意为“长治久安”，今西安城的旧称。其地点由于历史原因有过迁徙，但大致都位于现在关中平原的西安和咸阳附近。先后有 17 个朝代及政权建都于此，总计建都时间逾 1 200 年。在这些朝代中，曾经建都长安的汉朝与唐朝都是中国历史上强盛的时代。长安作为中国历史上建都朝代最多和影响力最大的都城，被列为中国四大古都之首，世界四大古都之一。是中华文明的发祥地、中华民族的摇篮、中华文化的杰出代表。也是联合国教科文组织最早确定的“世界历史名城”和国务院首批国家历史文化名城之一，世界著名旅游胜地。

① 李涉：《再至长安》，（引）李兴盛：《中国流人史》（下）第 1563 页，黑龙江人民出版社 2012 年新版。

第三章　流人文献与东北文化资源

清代东北流放文人是一个特殊的群体。作为流人，他们死里逃生，饱受凌辱与迫害；作为诗人，他们结社赋诗，感慨抒怀，把流放生活之苦与边塞风光之奇付与笔墨。坎坷的人生经历、苦难的流放生活和壮丽的东北风光，构成了流人们前所未有独特的人生体验，他们把内心的情感形诸诗章，寄情抒怀，相互酬唱，使其文学创作展现出一种迥异于文坛主流的新奇风格，铸成了独树一帜的从纪实怀古到吟咏风物，从交游赠答到山水田园，内容极为丰富的东北流人诗。

“天下才子半流人，业绩每于谪后闻”，东北流放文人用他们在艰苦、困厄与忧患的逆境中所创作的大量咏山水、咏史之作，为我们留下一笔宝贵的文化遗产，这笔文化遗产也是今天旅游文化亟待挖掘利用的珍贵资源。

第一节　流人文献与东北旅游资源地举隅

一、《出关诗》中的旅游资源地

季开生与尚阳堡

季开生，字天中，号冠月，江苏泰兴人。顺治六年（1649）进士，官礼科给事中。十二年秋，由于上书谏阻皇帝点选秀女被流放尚阳堡。有《出关诗》。《出关诗》之组诗《尚阳堡纪事口号》提到尚阳堡这一旅游地。其一云：

新烧悬崖净积莎，远随甲骑渡柴河。虎头在客休投笔，鸡肋从军漫荷戈。骨肉书传辽塞少，林泉话入故园多。边城老将秋霜下，夜半闻笳起自歌。①

诗作中展现了尚阳堡的历史。尚阳堡在辽宁开原县东四十里，一作上阳堡，旧名靖安堡，清朝改称尚阳堡，在今清河区境内。满语称其地为台尼堪，尼堪者，汉人之谓。清康熙时平云南，附属吴三桂之滇人，悉配戍于此。

尚阳堡之所以能够在中国的历史上留下一笔鲜明的印痕，缘于那些“流人”，银冈书院是铁岭人的骄傲，它的缔造者就是“流人”郝浴。在尚阳堡度过4年之后，郝浴全家迁居铁岭，“戊戌五月下铁岭，卜筑于南门之右，方十许亩，中为书室三间，前有圃种蔬，后有园种花，左壁吾卧室也”。这就是银冈书院的前身。康熙十四年（1675）郝浴“以原职召还”，走时感慨万千“泣抚银冈，留为书院”。吏部侍郎董国祥为铁岭人写出了东北第一本县志《铁岭县志》。还有礼部给事季开生、河南主考官丁澎、兵部左侍郎张天植、山东巡抚吴达、山西巡抚刘嗣美等，他们在流放期间都著述颇丰，学术价值极高，如今，均成为了研究铁岭历史所不可或缺的重要文献。

---

① 季开生：《出关诗》之《尚阳堡纪事口号》九首之一，（引）李兴盛：《中国流人史》（下）第1759—1760页，黑龙江人民出版社2012年新版。

二、《浮云集》中的旅游资源地

陈之遴与盛京

陈之遴行实详前，著有《浮云集》十二卷。《浮云集》之《至盛京》提到盛京这一旅游资源地。诗云：

丰镐兴王地，孤臣再谪居。依稀趋贝阙，梦想见銮舆。寒服暄犹着，春花夏始舒。遗簪恩未薄，木凤且衔书。①

盛京，后金（清）都城，即今辽宁省沈阳市。1625 年清太祖把都城从辽阳迁到沈阳，并在沈阳城内着手修建皇宫。1634 年清太宗皇太极改称沈阳为“盛京”。

三、《辽海集》中的旅游资源地

朱善与凤凰山

朱善，字备万，号一斋。元末明初丰城（今江西丰城）人。洪武八年（1375）廷对第一，授翰林院修撰。朝廷命他携家属赴京就禄，由于其妻久病，迁延数月，于九年被贬辽阳。其行将至辽阳，奉诏还乡。有《辽海集》。《辽海集》之《辽东杂诗十三首》提到凤凰山这一旅游地。其十云：

凤凰山下古唐城，仁贵当年善用兵。七百余年遗迹

① 陈之遴：《浮云集》之《至盛京》，（引）《东北流人文库·浮云集》第 106—107 页，黑龙江大学出版社 2010 年版。

在，至今边将想威名。①

这首诗描写了古唐城风貌，展现当年随唐太宗从征高丽时大将薛仁贵将军的英勇气概。

凤凰山位于凤城东南3公里处，属长白山余脉，面积120多平方千米，主峰攒云峰海拔840米。凤凰山历史悠久，景色旖旎，素以险中含奇、秀里藏幽著称，构造了一幅天然绝妙、和谐壮观的中国山水画卷，与千山、医巫闾山、药山合称为辽宁“四大名山”。当时世间流传歌谣“将军三箭定天山，战士长歌入汉关”。

四、《柳边纪略》中的旅游资源地

杨宾，字可师，号耕夫，别号大瓢山人，杨越长子。杨越遣戍时，以年幼免戍。至康熙二十八年（1689）冬出塞省亲，归后著《柳边纪略》。《柳边纪略》之《叶赫行》提到叶赫古城、柳条边这一旅游资源地。

1. 杨宾与叶赫古城

《柳边纪略》之《叶赫行》诗内云：

自云叶赫王家子，不与寻常六角同。地广兵强称大国，老城本在河东北。前代羁縻三百年，累朝赐出黄金勒……②

叶赫古城原本分东西两座，分别在吉林省四平市铁东区叶赫镇西1公里与3公里处。东城位于叶赫河南岸，西城位于叶赫河

---

① 朱善：《辽海集》之《辽东杂诗十三首》，（引）李兴盛：《中国流人史》（下）第1679页，黑龙江人民出版社2012年新版。

② 杨宾：《柳边纪略》之《叶赫行》，民国《辽海丛书》本。

北岸一陡峭山头之上。现在只有东城遗址尚依稀可辨。

16世纪初（明代正德时），叶赫部首领祝孔革率众南迁，来到叶赫河北岸定居，建叶赫国。祝孔革之孙清佳努、扬吉努继承先人余烈，跃马扬鞭，开疆辟壤，盛极一时。1573年，两人在叶赫河两岸的山头之上，择险要处筑起两座城池。清佳努居西城，扬吉努居东城，兄弟二人皆称贝勒（首领），称雄"扈伦四部"。当时叶赫部活动范围"南境多在奉天界与哈达为邻，西境到威远堡边门，北境与科尔沁、郭尔罗斯为邻，东到伊通河"。史有"拓地益广，军声所至，四境益加畏服"之说。但强大的叶赫终究没有阻挡住努尔哈赤统一天下的脚步。1619年努尔哈赤亲征叶赫，叶赫人寡不敌众，东、西两座城池毁于战火之中，叶赫国灭，部民全部编入满洲八旗远迁他乡。叶赫两座古城从建到毁，仅存46年。

叶赫古城是清朝开国皇帝皇太极的生母孝慈高皇后的出生地，是清末慈禧太后的祖籍地。叶赫素以"两代皇后的故乡"闻名于世。叶赫山川秀美，集山水古迹于一体。转山湖旅游风景区山环水绕，呈S形，湖山相映，转山湖东、西两座山酷似一对乌龟遐思。"双龟锁湖"的传说令人陶醉。四周冈峦起伏，苍松翠柏，绿柳成荫，这里是国家林业局命名的一百个天然森林公园之一。近年来，当地政府正在开发这一历史文化资源。

2．杨宾与柳条边

《柳边纪略》之《叶赫行》又云：

> 柳条边外九十里，叶赫河头道如砥。荒荒草没两空城，一在山腰一近水。①

这首诗中提到了柳条边。

---

① 杨宾：《柳边纪略》之《叶赫行》，民国《辽海丛书》本。

清代柳条边是一条用柳条篱笆修筑的封禁界线。又名盛京边墙、柳墙、柳城、条子边。辽河地区和吉林部分地区，是满洲贵族的发祥地。辽河平原的肥田沃土绝大部分是旗地，不容其他民人染指。为了保护满洲皇室之“龙兴重地”和独占东北的经济利益，限制各族人民往来，清统治者在盛京、宁古塔和今内蒙古区域等几个行政区的分界线上修筑了柳条边。

五、《秋笳集》中的旅游资源地

吴兆骞，吴江人，清初著名的诗人。其行实详前，其《秋笳集》有许多可资开发的诗歌。

1. 吴兆骞与山海关

《秋笳集》卷二《山海关》云：

> 回合千峰起塞垣，汉家曾此限中原。城临辽海雄南部，地枕燕山控北门。①

山海关，又称“榆关”，位于秦皇岛市东北15公里，汇聚了中国古长城之精华，明长城的东北关隘之一，在1990年以前被认为是明长城东端起点，有“天下第一关”之称。与万里之外的嘉峪关遥相呼应，闻名天下。山海关城，周长约4公里，与长城相连，以城为关，城高14米，厚7米，有四座主要城门，多种防御建筑。1961年，山海关被国务院公布为全国重点文物保护单位。2001年，国务院将山海关列为国家历史文化名城，“老龙头”、“孟姜女庙”、“角山”、“天下第一关”等六大风景区对中外游客开放，

---

① 吴兆骞：《秋笳集》卷二《山海关》，（引）《东北流人文库·秋笳集》第22页，黑龙江大学出版社2010年版。

闻名国内外。

2．吴兆骞与姜女祠

《秋笳集》卷二《关上留别潘守戎》：

塞天万里送征鞍，意气逢君欲别难。侠客军中倾灌孟，故人门下识任安。望乡台迥边云断，姜女祠空海气寒。明发骊驹分手后，榆关风雪竟南看。①

这首诗中便提到了姜女祠，也叫孟姜女庙。

孟姜女庙又称贞女祠，位于山海关城东约 6 公里的望夫石村后山岗上。孟姜女庙的修建，是民间故事“孟姜女哭长城”的产物。庙围墙内占地1.6 市亩，保护范围占地31.8 市亩。顺 108 亩组石蹬，直达庙内。庙内有前后两殿，前殿有孟姜女像，左右侍有童男童女，两侧壁上镶有碑刻，其中有乾隆、嘉庆、道光题词。后殿原供观音，殿后有“望夫石”，石上有坑，传为孟姜女望夫足迹。旁有石台，台后有振衣亭，为孟姜女梳妆更衣处。庙东南 4 公里渤海中有两块礁石，传为孟姜女坟。《柳边纪略》卷一：“又五里曰毛家山，南即望夫石。贞女祠在其上……像一妇木龛中，作凄恻状，乃所谓许氏孟姜也。有联云：‘秦王安在哉？万里长城筑怨；姜女未亡也，千秋片石铭贞。’”

3．吴兆骞与姜女石

《秋笳集》卷二《出关》：

云阴不散黄龙雪，柳色初开紫塞春。姜女石前频驻

① 吴兆骞：《秋笳集》卷二《关上留别潘守戎》，（引）《东北流人文库·秋笳集》第 23 页，黑龙江大学出版社 2010 年版。

马，傍关犹是汉家人。①

这里提到了姜女石。高士奇谓：“出关数里有姜女祠，祠前土丘为姜女坟，望夫石在其侧。”② 这里提到了姜女石的位置。

姜女石遗址位于辽宁省绥中县，濒临渤海湾。石碑地遗址南北长500余米、东西宽260多米，面积约15万平方米，四周建有宫墙。南端中心为一座多级的夯土高台，高8米，台基坐北面南向海，东西两侧及背面有夯土建筑基址。石碑地高大的夯土台和密集的建筑遗址，正对着海中的“姜女石”，其中最大的一块高出海面24米，根基呈不规则的长方形，南北长约11米、东西宽8米左右，黑色。在这个海蚀柱海底的北侧，堆放着一些大型的白色河光石，这类河光石不见于附近海域，可能是古人有意放置的。

4．吴兆骞与塔山

《秋笳集》卷二《塔山道中望海二十韵》内云：

浩浩雄东极，茫茫控北边。潮回云岛失，浪蹴雪连天。③

这里所指的塔山即今辽宁省葫芦岛市东北塔山乡。塔山乡是著名的辽沈战役塔山阻击战发生地，素有辽西走廊咽喉之称。明朝宣德三年（1428），为了防范北部少数民族不断骚扰，加强辽东防御，于曹庄、汤池之北置宁远卫（今兴城），统五千户所。又于城东五十里塔山，别置中左千户所。宣德五年（1430）建塔山城，

---

① 吴兆骞：《秋笳集》卷二《出关》，（引）《东北流人文库·秋笳集》第23页，黑龙江大学出版社2010年版。

② 高士奇：《扈从东巡日录》，民国《辽海丛书》本。

③ 吴兆骞：《秋笳集》卷二《塔山道中望海二十韵》，（引）《东北流人文库·秋笳集》第26页，黑龙江大学出版社2010年版。

当时城周围三里一百八十四步，高二丈五尺，设三座城门，南为海宁门，西为安平门，东为义仓门。嘉靖四十二年（1563）重修塔山城，在原基础上加高三尺。清兵入关的几个决定性战役在此进行。崇祯十五年（1642）四月初八，清兵列红衣炮于塔山城西，攻毁城垣二十余丈。四月二十二日杏山失守后，皇太极命毁松山、杏山、塔山三城，至今城遗基可寻。

5．吴兆骞与英额门

《秋笳集》卷二《夜宿阴沟关有怀子长》云：

> 信宿阴关戍，悠悠旅夜徂……离梦还高枕，余生且客途。①

《秋笳集》卷二《阴沟关》：

> 重山千仞叠晴空，列栅当崖锁钥雄……②

阴沟关即鹦歌关，也即英额关、英额门。《东北舆地释略》按："其山东出者今曰英额岭，俗名鹦哥岭。"③《阴沟关》诗中"列栅当崖"是指边门。

清代英额门，为柳条边边门，属开原四边门之一，原归开原城守尉管辖。后为开原县管辖，一直到1925年清原建县，把清河上游、柴河上游直至英额河一带划出，与兴京的一部分合为清原县。由于其特殊的地理位置，成了清代初年皇帝东巡及流人经行

① 吴兆骞：《秋笳集》卷二《夜宿阴沟关有怀子长》，（引）《东北流人文库·秋笳集》第31页，黑龙江大学出版社2010年版。

② 吴兆骞：《秋笳集》卷二《阴沟关》，（引）《东北流人文库·秋笳集》第32页，黑龙江大学出版社2010年版。

③ 景方昶：《东北舆地释略》，民国《辽海丛书》本。

的必由之路。为此，流人方孝标和吴兆骞都曾赋诗咏及此门。

6．吴兆骞与北山

《秋笳集》卷二《同德维及门人陈昭令游北山》：

积黛纷岩岫，招寻兴未穷。溪声连暮急，林色带烟空……①

北山是位于今吉林市城区内的一座景色秀美的园林公园。公园里不仅有山有水有林等自然景观，还有佛、道、儒三教合一的古庙群等历史古迹和一些人文景观。北山公园成为人们春逛庙会、夏野游、秋观荷、冬赏雪的旅游胜地。北山主峰海拔二百七十公尺，东西两峰之间有拱形石桥相连，名鸾佩桥。古建筑有玉皇阁、药王庙、坎离宫和关帝庙，全部坐落于东峰上。

7．吴兆骞与浑蠢

《秋笳集》卷二《送人之浑蠢》云：

雪深车不度，风劲角初高。报尽平安火，谁怜吏士劳？②

浑蠢，即今吉林珲春县境图们江支流珲春。位于吉林省东南部的图们江下游地区，地处中、朝、俄三国交界地带，是东北亚地区的几何中心，是中国从水路到达韩国东海岸、日本西海岸乃至北美、北欧的最近点。今珲春市南部有防川风景名胜区，内多为山区，濒江临海，依山傍水，素有“雁鸣闻三国，虎啸惊三疆”

① 吴兆骞：《秋笳集》卷二《同德维及门人陈昭令游北山》，（引）《东北流人文库·秋笳集》第40页，黑龙江大学出版社2010年版。

② 吴兆骞：《秋笳集》卷二《送人之浑蠢》，（引）《东北流人文库·秋笳集》第43页，黑龙江大学出版社2010年版。

之美誉。区内规划旅游景点为25个，目前已形成或自然形成的旅游景点共有一眼望三国、“土”字牌、沙丘公园、莲花湖、张鼓峰战役遗址、防川民俗村、吴大澂雕像、圈河口岸、九曲莲塘、龙山湖等十个。独特的地理位置和丰富的动植物资源构成了防川风景名胜区奇异的自然景观，成为延边地区继长白山之后的第二大旅游接待区，深受国内外游客的青睐。

8．吴兆骞与白花公主点将台

《秋笳集》卷二《海郎山灵湫神女歌》：

公主旧台余翠岫，神女新祠傍绿潭。①

公主台即白花公主点将台，坐落在吉林省吉林市乌拉街古城的旧街。该台是乌拉古城内城中的一座黄土高台。现高台尚存，高台上及周围，古木参天，荫翳蔽日，仍是乌拉街最重要、最醒目的景致。这座高台作为乌拉王国内城的中心，理应是与乌拉王国有关的设施，但当地百姓称之为白花公主点将台。史料记载，乌拉古城原是明代扈伦四部乌拉国部（后为乌拉国）的都城，城中的黄土台遗迹，传说为白花公主点将所建。不可思议的是，这位传说中的点将公主，不是乌拉公主，而是一位与金兀术家族有关的大金公主。关于白花公主的说法不一：一说是大金海陵王的女儿，一说是金兀术的妹妹。不论是海陵王的女儿，还是金兀术的妹妹，都是大金完颜氏的公主。从时间上看，金兀术与乌拉国相距数百年，其间会有怎样的渊源呢？这座黄土高台，围绕它尽管发生许多往事，土台的面貌也不断变化，人们仍称它为白花公主点将台。白花公主点将台，乌拉王国的很多事情都发生在这里。

---

① 吴兆骞：《秋笳集》卷二《海郎山灵湫神女歌》，（引）《东北流人文库·秋笳集》第53页，黑龙江大学出版社2010年版。

它和与它有关的传说，是乌拉的一笔珍贵的文化遗产。

9．吴兆骞与鸦鹘关

《秋笳集》卷三《送人之榆关》：

河绕句骊候雁稀，关开鸦鹘行人度。①

这首诗歌中提到了鸦鹘。《读史方舆纪要》：鸦鹘关“在清河东南，关之东有喜昌口”。

鸦鹘关，古关隘名，在今辽宁省新宾满族自治县苇子峪镇境内。满语“鸦鹘”汉译为“秃老鸹”，俗称山老鸹。形容关隘险要如同猛禽山老鸹俯视。关共分三道，今称三道关。三关之间各距里许，多为土石杂筑。关地处托和伦河西岸，为明朝时期辽东与建州女真地区往来交通门户，地势极其险要。万历四十六年（1618）萨尔浒之战时被后金攻占，现关址犹存。

10．吴兆骞与医巫闾山

《秋笳集》卷二《广宁道中作》云：

巫闾千嶂削芙蓉，走马东来翠几重。残碣久迷辽日月，毁垣犹记汉提封。②

医巫闾山，今称闾山，地处辽宁省锦州市境内，为国家级自然保护区。医巫闾山历史悠久，由华夏几千年的文明积淀而成。相传舜时把全国分为十二州，每州各封一座山作为一州之镇，闾山被封为北方幽州的镇山。周时封闾山为五岳五镇之一。自隋开

① 吴兆骞：《秋笳集》卷三《送人之榆关》，（引）《东北流人文库·秋笳集》第103页，黑龙江大学出版社2010年版。

② 吴兆骞：《秋笳集》卷二《广宁道中作》，（引）《东北流人文库·秋笳集》第26页，黑龙江大学出版社2010年版。

始，此山便成为“北镇”的“五大镇山”，从而声名鹊起。元、明、清帝王登基时，都照例到山下北镇庙遥祭此山，故其声名日隆，一跃而为东北名山之首。它以悠久、博深的历史文化和秀丽、奇特的自然风光而享誉国内外，成为中国北方著名的旅游胜地。闾山，四千年的文化积淀，证明了历史上它所拥有的崇高地位。

11．吴兆骞与长白山

《秋笳集》卷一《长白山赋》：

> 岠辽碣，畷朔壖；犄挹娄，睨朝鲜……尔其混同之本，鸭绿之源，谺为神池，以宅乎其间（自注：池在山之极顶，形如豕肾，纵余五里，横八里，北流至松花兀喇，入乌龙，为混同江。南流至朝鲜，为鸭绿江）。①

上文中所指之山即为长白山脉，位于吉林省延边朝鲜族自治州安图县。

长白山，是东北第一高峰，号称“东北屋脊”，位于今吉林省和朝鲜两江道三池渊郡。广义的长白山是指长白山脉，是一条西南—东北走向绵延上千公里的一系列山脉，横亘于中国的吉林、辽宁、黑龙江三省的东部及朝鲜两江道交界处。狭义上的长白山则单指其主峰长白山，长白山脉的最高峰为朝鲜界内的“将军峰”(原名白头峰)，海拔2750米，为长白山脉最高峰；在中国一侧最高的则是白云峰，海拔2691米，为中国东北第一高峰。

六、《千山诗集》中的旅游资源地

释函可，清代流人。顺治五年（1648）被流放沈阳，行实详

---

① 吴兆骞：《秋笳集》卷一《长白山赋》，(引)《东北流人文库·秋笳集》第16—19页，黑龙江大学出版社2010年版。

前，著有《剩人和尚语录》和《千山诗集》。

1．释函可与慈恩寺

《千山诗集》卷六《初入慈恩寺》：

> 幸无牛马后，仍许见浮屠。礼佛欢如旧，逢僧笑尽呼……半晌低头想，依然得故吾。①

慈恩寺在辽宁省沈阳市，东临万泉河，有万柳塘公园、带状公园环绕，优雅而清净。寺内碑文载有“天聪二年复兴古刹”云云。清顺治元年（1644）建成大殿、韦驮殿、两廊，后因年久失修而湮没。民国元年（1912），步真和尚主持重修，先后建山门、天王殿、配殿、钟鼓楼、禅堂、念佛堂、两廊、比丘坛。民国十九年（1930）最后完成大雄宝殿。

2．释函可与大安寺

《千山诗集》卷七《游大安寺》：

> 石蹬如天上，钟声下界闻。已扪千丈雪，犹隔几层云。山冷僧俱瘦，堂闲虎与群。古碑苔藓合，洗剔见虫文。②

大安寺即辽宁省鞍山市千山大安寺。是佛教传入千山最早的开发地之一，位于海拔600米高的“文殊”、“普贤”的谷坳之中，俗称高山古刹，在五大禅林之中素以“雄旷”著称。大安寺景观以奇峰古刹交映而著称。

---

① 释函可：《千山诗集》卷六《初入慈恩寺》，（引）《东北流人文库·千山诗集》第103页，黑龙江大学出版社2011年版。

② 释函可：《千山诗集》卷七《游大安寺》，（引）《东北流人文库·千山诗集》第161页，黑龙江大学出版社2011年版。

3．释函可与向阳寺

《千山诗集》卷七《宿向阳寺》：

但使忘人世，居山何必深。断云栖破衲，积雪老禅心。客去门仍掩，床空月每侵。病夫怯登陟，只此易相寻。①

向阳寺，为明代古刹，坐落于沈阳棋盘山北麓的秀湖风景区内。向阳古寺始建于1575年，属于显宗佛教派系，在辽沈地方历史上很有名气。相传清太祖努尔哈赤入关前，曾在向阳寺与老方丈谈天说地，感悟人生，茅塞顿开，由此一举夺取天下，建立大清王朝。在沈阳故宫博物院收藏的清代文物中，仅赞美向阳寺的诗歌便有二十余首。向阳寺原占地面积数百亩，共有上下两层殿堂。上层殿供奉观世音菩萨、十八罗汉等全身塑像，绘有彩色壁画；下层殿供奉四大天王。此殿南侧建有砖塔一座，佛堂一座。殿门匾额高悬，刻有“双峰翠水”四字。原寺已毁，如今的向阳寺为依照原貌而复建。

4．释函可与香岩寺

《千山诗集》卷十一《游香岩寺》内云：

千峰顶上香岩寺，积雪何年古道堙。②

其中千峰就是指辽宁千山，香岩寺位于千山南部，是千山五大禅林之一。位于千山最高峰仙人台西麓香岩谷内，每到山花烂

---

① 释函可，《千山诗集》卷七《宿向阳寺》，（引）《东北流人文库·千山诗集》第161页，黑龙江大学出版社2011年版。

② 释函可：《千山诗集》卷十一《游香岩寺》，（引）《东北流人文库·千山诗集》第226页，黑龙江大学出版社2011年版。

漫之际，满山花开香氤，就连岩石都透着幽香，故称香岩。

香岩寺是千山创建最早的寺庙之一，始建于唐代，位于寺东面的山坡上，但因地处山口，屡遭山水冲击不能恒立，几经迁移，至明代方移现址。在千山诸庙宇中，香岩寺是迁移次数最多的一座寺庙。寺前一块块被“岁月”风化了的香岩石碑，记述着香岩所经历的沧桑岁月，上面的字迹虽然已模糊不清，但仍可透过这一块一块石碑看到香岩那旧时的风貌。香岩寺是千山保留辽金元古建筑和石刻最多的庙宇，被誉为千山的文物古迹之宝库。特别是寺东山上的“双峰塔”是金代留下的古塔，为千山著名的风景塔之一。

5. 释函可与祖越寺

《千山诗集》卷七《游祖越寺》：

> 殿阙疑天辟，凄凄几个僧。板桥通野豕，木佛坐孤灯。①

祖越寺位于辽宁省鞍山市千山风景区，与龙泉寺、中会寺、香岩寺、大安寺并称千山“五大禅林”。

祖越寺风景点最早有十一处，即三台、鹁鸽崖、八宝琉璃井、来鹤亭（四松亭）、弥勒峰、一览亭、玲珑塔、正直松、双石塔、灵岩峰、无幢塔，其中以弥勒峰最为著名。而在祖越寺周围又有玉皇阁、罗汉洞、八步紧、七步松、夹扁石、一步登天等二十四景。清康熙皇帝曾题诗《祖越寺》：“青山横古寺，羽旆陟层巅。地僻茂堂小，桥危石径穿。夏条含嫩叶，春卉发余妍。寂寞空林午，时闻钟声传。”

---

① 释函可：《千山诗集》卷七《游祖越寺》，（引）《东北流人文库·千山诗集》第162页，黑龙江大学出版社2011年版。

祖越寺地处偏僻，庙堂简陋，但周围环境却优美而雅静，春末夏初的花草树木，或柔嫩或繁茂，簇拥着小小的庙堂。钟磬之声从中传出，告诉人们，笃信佛祖的僧人守护着这方净土。康熙用文字描绘了祖越寺自然风光之美，而且点染出这座辽东名山浓浓的文化氛围。

6．释函可与金塔寺

《千山诗集》卷四《住金塔寺十四首》：

> 二月三月间，带雪长山蔬……青紫各异色，甘苦味亦殊。①

上述引诗就是描写诗人在金塔寺一年四季的生活。函可在辽沈期间，常四处讲经，在各寺庙寓居，其中金塔寺曾一度久居。其故址在海城，现已不存。但其集中写有很多金塔寺山居生活的诗篇，如《题金塔寺二首》、《住金塔寺十四首》、《金塔山居杂咏二十首》等，写金塔寺山居生活的各个方面：野菜园蔬，山果山花，躬耕自给，清贫自得，寺庙僧友，清谈吟和。这些使得诗人暂时忘却流放的痛苦，享受平淡生活的幸福，使伤痕累累的心灵得到温暖和宁静。

金塔位于海城市析木镇西北2.5公里的羊角峪西山腰上。塔北原有塔寺，名为“金塔大禅宝林寺”，又称金塔寺，《海城县志》略有载述。这座寺院原来规模较大，始建于辽代，明代重修，寺内有万历年间的碑刻两通，记载了其修建经过。金塔的雕塑艺术、建筑手法十分优秀，对于研究辽代建筑艺术和民俗风情有较高的参考价值。1963年9月，辽宁省人民政府公布金塔为省级重点文

① 释函可：《千山诗集》卷四《住金塔寺十四首》，(引)《东北流人文库·千山诗集》第75—76页，黑龙江大学出版社2011年版。

物保护单位。

7. **释函可与永平府**

《千山诗集》卷六《至永平（旧孤竹园）》：

> 去国刚三日，明朝欲到关。故人从此尽，秃鬓自今斑。马恨如风急，心拼似石顽。低头思二士，一望首阳山。①

永平，即永平府，治所在今河北省卢龙县。孤竹园，孤竹，国名，商分封地，伯夷、叔齐为孤竹国君二子，其故址即在河北省卢龙县。商末周初，伯夷、叔齐拒绝周朝的征召，后来又以不食周粟饿死首阳山，可以算是千古遗民之首。此为顺治五年函可自京师流徙盛京，仅三日行抵该地之作。当此国破身囚之际，诗人能不一发感慨，况且过了此处，马上就到山海关，即将进入东北地界，而马不解人意，反而疾驰如飞，不肯稍驻，诗人抚今追昔，遥望首阳山，暗含了以伯夷、叔齐为榜样的意思。

永平府，地域包括今唐山市大部地区、秦皇岛大部地区和辽宁西南部地区，从明朝起称为永平府。永平府遗址在卢龙县城境内，殷商时期为孤竹国地，春秋属北燕，后为肥子国。秦汉至晋均属幽州辽西郡。隋开皇十八年（598）始设卢龙县，属北平郡。唐至辽、金时期属平州，辽、金时将这里改称平州。元朝时，这里是永平路的治所。

明代永平府，地处边关，是连接山海关和京师的交通要冲，因而这里又成为了一座军事重镇。明末时，皇太极因屡攻宁远城不克，就是从这一带的隘口突袭得手，从而兵临北京城下设计除

① 释函可：《千山诗集》卷六《至永平（旧孤竹园）》，（引）《东北流人文库·千山诗集》第103页，黑龙江大学出版社2011年版。

掉袁崇焕的。清朝时，这里仍称永平府。清代对它的管辖十分重视，清廷在这里长期驻守重兵，以拱卫京师和保卫皇陵（清东陵）。在明、清两朝，永平府一直是京东地区的政治、经济和文化的中心，因而这里也就有了“京东第一府”之称。

8．释函可与宁远卫

《千山诗集》卷十七《过宁远》：

此地曾开细柳营，荒台空见草青青。只疑一片城边石，犹有当年旧勒铭。①

明属辽东都指挥使司宁远卫。清代撤卫建州。1913 年，宁远州改为宁远县。1914 年 1 月，因与山西、湖南、甘肃、新疆等省区之宁远县重名，乃沿用辽时之名改称兴城县。1986 年 12 月，经国务院批准撤销兴城县设兴城市（县级），由省直辖。后改由葫芦岛市代管。

七、《中山郝中丞全集》中的旅游资源地

郝浴与银冈书院

郝浴行实详前，其《中山郝中丞全集》有多处诗文言及其银冈书院。他在康熙十四年（1675）奉旨还朝前，将其故居“银冈”讲学处命名为“银冈书院”，并作《银冈书院记》以铭志留念。内云：

铁岭，古银州也。浴甲午九月谪奉天，戊戌五月下

① 释函可：《千山诗集》卷十七《过宁远》，（引）《东北流人文库·千山诗集》第 380 页，黑龙江大学出版社 2011 年版。

岭，卜筑于南门之右，方十许亩。中为书屋三间，前有圃种蔬，后有园种花。左壁吾卧室也，右壁一带，皆吾友连屋而居也。屋中造瓦床一丈，风月之夕，吾友毕来，尽登床趺坐，床下钻火，烹茶漉酒，纵谈名理，至夜分不散。架插天下古今图书，恣吾友展玩。有化人来，则焚香晤对，参验竺乘。屋后一冈，隐然龙卧，所谓银冈者也……吾归之岁，岁德在卯……独念吾霜天雪夜，一灯炳照，大静之余，彻四壁于环海，晤群圣于斯须，截然有觉，心目为豁。于戏！非吾银冈吾安得有此一日也，非吾自尊吾安得有此银冈之一日也。泣抚银冈留为书院，有踵至吾银冈而默识浴一日之旨者，浴即近待于数十年，远待于千百世，心皎然如一日也。是为记。

郝浴的《银冈书院记》道出了其选择铁岭（后为银冈书院）为居所之缘由。另有《银园》、《银冈行》等诗，兹从略。

银冈书院，是东北地区唯一保存下来的古代书院，是清代著名的五大书院之一，是关东第一书院，在东北教育史上具有举足轻重的地位。它“开本邑教育之先”，培养出大批英才。周恩来总理就是在银冈书院入读小学。银冈书院现在是辽宁省重点文物保护单位，其中的周恩来少年读书旧址纪念馆，被列为辽宁省爱国主义教育基地。

八、《宁古塔山水记》中的旅游资源地

1. 张缙彦与泼雪泉

张缙彦行实详前，其《宁古塔山水记》之《泼雪泉》、《宁古台》分别提到了泼雪泉、宁古台等旅游地。

《宁古塔山水记》之《泼雪泉》云：

天地之气，地灵各异。余闻长白山最大，上有池，方数百里，惜未及见，而山下出泉，塞外绝少。荒山燥土，举目黄沙，故泼雪一泉，亦北地之莲花、玉女，南方之惠泉、龙井也，有心者不可不日涉以成趣。①

文中的泼雪泉，位于黑龙江省东南部宁安县宁安镇西0.5公里，鸡陵山下。为涌泉，常年不冻不涸。其南有清代宁安大石桥，泉水从桥下流泻形成小瀑布。

清代流人张缙彦流放宁古塔期间，游览大石桥时见泉水自石隙中喷薄而出，恰似天上泼洒晶莹纯洁的白雪，雪翻浪涌。他推敲再三，遂以“泼雪”命名。为黑龙江省名泉之一。泼雪泉的命名，还有一段轶事。此泉原来并不为人所知，康熙五六年间，宁古塔将军治所自旧城（今海林）迁至新城（今宁安）后，在一个冬月，土人饮马时发现了它。张缙彦听到此消息后，亲自作了考察。发现这里水石幽寂，曲径繁荫，眼界一开。此泉方不过三四尺，深可容膝，自山坎旁出，与杭州的龙井颇为相似，所不同者，只是没有游鱼出没其中。由于“水泉冬燠，土气所蒸”，所以“冬夏不涸”。只见它“凌冰破雪，涓涓之流，直达长河”，有如一道长长泼出的雪痕，因此为之命名泼雪泉，并于康熙八年（1669）请匠人帅奋在此泉附近摩崖壁上勒石。此后泼雪泉成为流放文人宴饮之地。

2．张缙彦与宁古台

《宁古塔山水记》之《宁古台》云：

---

① 张缙彦：《宁古塔山水记》之《泼雪泉》，（引）《东北流人文库·雪堂集（外八种）》第424页，黑龙江大学出版社2011年版。

> 宁古塔者，名其地也。其山则曰台，塔与台音相近也，或以山形如台，故名……奇势怪状，如鼻、如口、如耳、如枒、如人、如鸟之形。①

这一切说明，这座小山在古代是一个军事据点或重要哨卡。

这是说宁古塔来源于宁古台，先有山名，然后才有本地的地名。原本这山下曾有人居住，后移居到宁古塔城中。那里的当地人，即满人或满人的先世女真人，是把山叫作台的。这座小山更像是台。台与塔音近。高高的塔是古代人之所爱。尽管宁古台上无塔，人们也还是愿意把这座小山、把这个地区称作宁古塔。其实，宁古塔（台）为满语“七个”之义。

宁古台只是黑龙江省东南海林市海浪河边的一个小山包，却很不寻常。它与我国清代初期一百年间威名赫赫的宁古塔密切相关。清代第一个宁古塔八旗兵驻地，第一个宁古塔将军驻地——也就是历史上所说的宁古塔旧城，就在它西面二里。旧城遗址还在，那里是海林市长汀镇的古城村。不仅如此，早在三百三十多年前，这个小山就被著名诗人吴兆骞、方拱乾等流放文人写进诗歌。

九、《何陋居集》中的旅游资源地

方拱乾，行实详前，其《何陋居集》有许多可资开发成旅游景观之诗文。

1. 方拱乾与放雉崖

《何陋居集》辛丑年稿有：《九月四日偕诸君登宁古台，更临

---

① 张缙彦：《宁古塔山水记》之《宁古台》，（引）《东北流人文库·雪堂集（外八种）》第416页，黑龙江大学出版社2011年版。

前溪，凡十有八人，觞咏竟日》诗二首，其二有“鱼惊众响冲沙跃，雉脱轻罗度岭啼”① 句，自注云：“猎得生雉放之。”于是名放雉之处为“放雉崖”。与他们同游的十八人之一的张缙彦也写有《游宁古台记》一文以记其事。

放雉崖在黑龙江省海林市原宁古塔旧城东约二里处的龙头山。重九登高，这是我国民间流传已久的习俗，乘登高之际，饮酒赋诗，更是文人们的雅兴。清初流放到宁古塔地区的流人文士也不例外。放雉崖就是这些流人重九登高中一段逸闻轶事的产物，而此事却是由张缙彦发起的。张缙彦顺治十八年（1661）四月因事流放到宁古塔后，虽处于逆境，但仍然雅兴不减，与其他流人如方拱乾、吴兆骞等人诗酒唱和，过往甚密。到了该年九月，他约方拱乾等人于初四日去城东的宁古台登高宴饮。他们谈古论今，吟诗作赋，忘记了一切。这些人中有个人喜欢打猎，恰好有一只雉受到惊吓，落在众人面前，该人举起网将其捕获。方拱乾信奉佛教，不喜杀生，于是将友人捕到的那只雉拿到西北崖上偷偷放掉，雉啼鸣着渡岭飞去，方拱乾把此崖命名为放雉崖。

2. **方拱乾与东京城**

《何陋居集》之《游东京先一日柬汉槎》内云：

> 久有东京约，非关浪出游。知君能吊古，此地是神州。穷迹思先哲，孤怀赖胜俦。踏泥须借马，山色雨堪留。②

---

① 方拱乾：《何陋居集》辛丑年之《九月四日偕诸君登宁古台，更临前溪，凡十有八人，觞咏竟日》，（引）《东北流人文库·何陋居集》第 303 页，黑龙江大学出版社 2010 年版。

② 方拱乾：《何陋居集》庚子年之《游东京先一日柬汉槎》，（引）《东北流人文库·何陋居集》第 171 页，黑龙江大学出版社 2010 年版。

此诗是方拱乾准备游东京时有感之作。后来他又写有《东京叹》、《游东京旧址》、《古城行》等诗以咏此城。

东京城位于黑龙江省牡丹江市宁安市东京城，为唐代渤海国上京（龙泉府）故城，又称“忽汗城”，清代称“东京城”。位于黑龙江省东南部，牡丹江东岸，宁安市渤海镇（原东京城镇）境内，通称“渤海国上京龙泉府遗址”。渤海文王大钦茂于755年（唐天宝十四年），将都城迁至上京龙泉府；785年（唐贞元元年）徙都东京龙原府。794年（唐贞元十年），成王华玙为“中兴国势”，将王都又迁回上京龙泉府，直至终国，作为都城长达160余年。

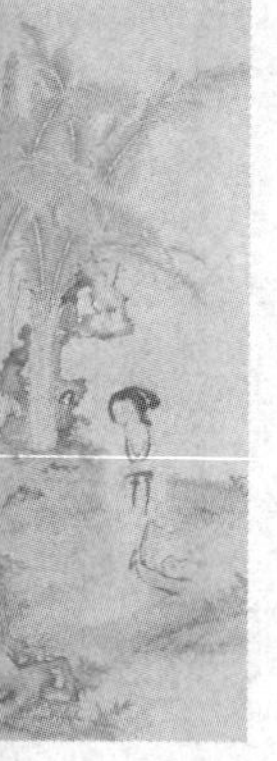

十、《龙江百五钞》中的旅游资源地

朱履中，清代流人。嘉庆二十二年被流放（1817）齐齐哈尔。著有《叶韵考正》与《龙江百五钞》。《龙江百五钞》之《咏红豆山房》提到红豆山房这一文化资源地。

朱履中与红豆山房

《龙江百五钞》之《咏红豆山房》云：

> 红豆山房迁客栖，花开蝶恋两相依。春残花落蝶飞去，人对落花尚未归。①

朱履中的这首诗为咏红豆山房秋景，通过对红豆山房人事与景物对比之描写，抒发了思归的感情。前一联是咏过去。一开始就点明此山房系为迁客所栖居之地。接着以花开、蝶恋，点明山

---

① 朱履中：《龙江百五钞》之《咏红豆山房》，（引）李兴盛：《中国流人史》（下）第1938页，黑龙江人民出版社2012年新版。

房之幽雅僻静。后一联是咏现在。现在虽然山房依旧，但景物全异，人事已非。作者用了“春残”、“花落”、“蝶飞去”，既点明了山房的凄清冷落，也暗喻迁客的相继离去。

红豆山房，原为齐齐哈尔城东一座庵房，嘉庆时，侍郎保泰曾居之。保泰去后，赠流人龚光瓒。院中有野草一从，其实如红豆，银库主事西清命名为“红豆山房”。

第二节　流人文献与物产风俗举隅

一、流人诗歌与东北的物产

1. 流人诗歌与榛子

方拱乾流放宁古塔后，于顺治十七年（1660）九月写有《榛子》诗内云：“莫怪携筐出，从来山有榛。”① 指出当地山林中盛产榛子。

清代中期，齐齐哈尔的榛子由于“实圆满”及“味好”而被人喜食。城内专有将榛子“炒而售”者，以至高唱“火燎榛子”之声，终年不绝。至道光年间，售卖火燎榛子之风仍然不衰。道光十年（1830）流人英和写有《龙江物产十六咏》，分咏齐齐哈尔的十六种物产，其第十三种，即为咏榛子之作②：

何处少榛子，此间殊味香。落因经野火，掇屡贮虚筐。

① 方拱乾：《何陋居集》庚子年之《八咏》，（引）《东北流人文库·何陋居集》第202页，黑龙江大学出版社2010年版。

② 英和：《卜魁集》之《龙沙物产十六咏》，道光刻本。

这首诗的意思是说，该城榛子，尤其是经火烧过的榛子，味香、松脆，食者很多，甚至连绝少市声的荒僻处，早晚之际都会听到沿巷呼卖榛子的声音。可见人们对它的喜爱。

榛子是黑龙江的土特产之一，又称山板栗、尖栗、棰子等，属桦木科榛属植物。清代的宁古塔与齐齐哈尔都盛产榛子。榛子营养丰富，果仁中除含有蛋白质、脂肪、糖类外，胡萝卜素、维生素 B_1、维生素 B_2、维生素 E 含量也很丰富；榛子中人体所需的 8 种氨基酸样样俱全，其含量远远高过核桃；榛子中各种微量元素如钙、磷、铁含量也高于其他坚果。有“坚果之王”美誉的榛子，是人们喜爱的四大坚果之一。这个美誉与其丰富的营养价值是密不可分的。相比较其他坚果，它有许多突出的优点。

2．流人诗歌与松子

顺治十七年流人方拱乾所写《八咏》诗中第六首为咏松子之作。“松高子不落，剥子乃戕松。悔不孤根老，长栖积雪峰。”①此诗反映了松子作为食品已成为大势所趋。

松子是松树的种子，又称海松子。松子含脂肪、蛋白质、碳水化合物等。松子既是重要的中药，久食健身心，滋润皮肤，延年益寿，也有很高的食疗价值。东北松子也称东北红松子。红松子为松科植物红松的种子，又名海松子。松子为名贵树种红松的种子。主要分布于我国的东北长白山和小兴安岭林区，属国家一级濒危物种。

3．流人诗歌与人参

杨宾，清代流人之子，行实详前。其《塞外诗》有咏人参之作。内云：

---

① 方拱乾：《何陋居集》庚子年之《八咏》，（引）《东北流人文库·何陋居集》第 202 页，黑龙江大学出版社 2010 年版。

土产参为贵，今时贡帝京。营州非旧种，上党亦空名。碧叶翻风动，红根照眼明。人形品绝贵，闻说可长生。①

杨宾采用了长久以来民间关于参可延年益寿的传闻，并认可这一传闻。

清初的东北地区，是人参的故乡，无论从质量或数量上看，都远远超过了历史上名重一时的上党参或高丽参。由于它的贵重与多产，东北就成了采参者云集的地方。杨宾的咏人参诗，使人参取重于世，而具有长生益寿神效的民间古老传说，又为人参增添了许多神话色彩。

人参被人们称为“百草之王”，是闻名遐迩的“东北三宝”（人参、貂皮、乌拉草）之一，是驰名中外、老幼皆知的名贵药材。人参，多年生草本植物，喜阴凉、湿润的气候，多生长于昼夜温差小的海拔500—1100米山地缓坡或斜坡地的针阔混交林或杂木林中。由于根部肥大，形若纺锤，常有分叉，全貌颇似人的头、手、足和四肢，故而称为人参。古代人参的雅称为黄精、地精、神草。

4．流人诗歌与东北虎

顺治六年（1649）流放辽东的流人左懋泰有一次遇到一只当路而坐的猛虎，双目炯炯，凶光四射，行人吓得纷纷逃避，后来该虎踏着啸声徐徐而去，事后左懋泰曾赋《逢虎行》，内云：“猛虎当路坐，行人皆辟易。爪牙静不张，眼光下照石。”顺治五年（1648）因事流放沈阳的释函可和尚就曾听说虎食人事件而感慨作

① 杨宾：《宁古塔杂诗》，（引）李兴盛：《中国流人史》（下）第1855页，黑龙江人民出版社2012年新版。

诗《闻同难民为虎所食》：“身死不烦蝇作吊，年凶惟见虎加飧。”① 老虎的毛皮，斑纹美观，又厚又软，极其珍贵。流人方拱乾曾赋《虎皮行》“虎兮虎兮，当日负隅张翼自拟兽中王，岂知今日颓然一鞟挂鸡狗践蹋之泥墙？”② 可见清初东北多虎。

东北虎又称西伯利亚虎，分布于亚洲东北部，即俄罗斯西伯利亚地区、朝鲜和中国东北地区。东北虎是现存体重最大的猫科动物，其中雄性体长可达3米，尾长约1米，体重达到350公斤，体色夏毛棕黄色，冬毛淡黄色。背部和体侧具有多条横列黑色窄条纹，通常2条靠近呈柳叶状。头大而圆，前额上的数条黑色横纹，中间常被串通，极似“王”字，故有“丛林之王”之美称，东北虎属中国一级保护动物并被列入濒危野生动植物种国际贸易公约。

5．流人诗歌与丹顶鹤

顺治十六年的一个夜晚，流放到宁古塔的诗人方拱乾忽然听到遥天传来一阵鹤鸣之声，有感而赋《夜闻鹤》，“圆吭天所留，明月助高清”③，描绘了鹤鸣的圆吭与嘹亮。道光九年前协办大学士英和因事流放齐齐哈尔，同年的一天，他发现了在沼泽中沐浴的鹤，于是写了《鹤浴》：“来回屡照影，长喙时为伸。冲波浴浪意，作势殊纷纷。”此诗描绘了鹤浴之程序、情态及鹤“身垢不忘浴”的美德。鹤是人们喜爱的禽鸟，丹顶鹤更是如此。这是因为它具有性灵、神韵之美及与青松并称的长寿特征，基于此成为诗人们吟咏之对象。

---

① 释函可：《千山诗集》卷十一《闻同难民为虎所食》，（引）《东北流人文库·千山诗集》第220页，黑龙江大学出版社2011年版。

② 方拱乾：《何陋居集》己亥年《虎皮行》，（引）《东北流人文库·何陋居集》第93页，黑龙江大学出版社2010年版。

③ 方拱乾：《何陋居集》己亥年《闻夜鹤》，（引）《东北流人文库·何陋居集》第87页，黑龙江大学出版社2010年版。

黑龙江也是鹤的故乡之一，宁古塔地区就有鹤的存在，并有流人咏鹤之诗流传于世。齐齐哈尔地区的丹顶鹤更是数量众多，流人咏鹤之诗也远远多于宁古塔地区。丹顶鹤是鹤类中的一种，因头顶有“红肉冠”而得名，是东亚地区所特有的鸟种，因体态优雅、颜色分明，在这一地区的文化中是吉祥、忠贞、长寿的象征，是国家一级保护动物。丹顶鹤的栖息地主要是沼泽和沼泽化的草甸，食物主要是浅水的鱼虾、软体动物和某些植物根茎。也栖息在湖泊河流边的浅水中，芦苇荡的沼泽地区，或水草繁茂的有水湿地。通常栖息地有较高的芦苇等挺水植物以利于隐蔽。

二、流人诗歌与东北的风俗

1. 葬俗

清代流人方拱乾写有长诗《鬼妾叹》，曾为这些被迫殉葬的“鬼妾”鸣了不平。“蛾眉性命由他人，千载荣华徒耿耿”，“几曾七夕订牵牛？但晓今生共埋玉”①。这里，深刻揭露了殉葬者是被迫的，从而表现了被殉葬者的低贱身份和悲惨命运。清初，尽管满族社会在向封建制转化，但是由于奴隶制的残余仍然存在，因此殉葬现象还是很严重。清太祖死时，皇后大妃被迫殉葬。太宗死时，章京达里、安达里二人殉之。太祖孝慈后死，太祖命四婢殉之。这都是典型的例子。这些在清代流人诗歌中是有反映的。

天聪八年（1634）二月太宗“定丧葬例，妻殉夫者听，仍予旌表；逼妾殉者，妻坐死”。官方的禁止，更反映了殉葬的普遍。不过这道禁令，并没有真正生效。清廷定鼎中原后，宁古塔地区的殉葬仍是有加无已。顺治十六年（1659）遣戍至宁古塔的流人

① 方拱乾：《何陋居集》辛丑年《鬼妾叹》，（引）《东北流人文库·何陋居集》第274页，黑龙江大学出版社2010年版。

方拱乾，就曾记载道：

> 男子死则必须有一妾殉，当殉者即于生前定之，不容辞，不容僭也。当殉不哭，艳妆而坐于炕上，主妇率其下拜而享之，及时以弓弦扣环而陨，倘不肯殉，则群起而缢之死矣。①

在这里，“倘不肯殉，则群起而缢之死矣”充分反映了殉葬制度的残酷。后来，张缙彦《域外集·三孝义传》也曾言及“（宁古塔）妻妾殉夫，竟白上官，许则从容就缢，虽姑嫜姊妹环泣，不顾也”②。可见康熙初年，殉葬之风，仍然盛行。

2．节俗

①灯政司

流人方式济的儿子方观承写过《卜魁竹枝词》，其中“行人争说避灯官，叱咤声中法不宽。昨日街头呼驵侩，今朝马上肃衣冠”。此诗是写灯管的威仪。此外，方登峄与杨锡恒也都写过有关灯政司与灯官之诗。

清代有封印制度，就是封存印信停止办公。封印期间，官署停止办公，广大人民利用这个机会，巧妙地将封印与节日联系起来，创造出花样各异的娱乐与游戏方式。康熙年间，瑷珲、齐齐哈尔地区的人民利用封印之机，结合上元灯节之特点，创造出一种独特的民间官署——灯政司，就是管理灯政的“官署”。灯政司的负责人是灯官。

②秧歌与彩灯

杨宾在《上元曲》中所写的两首诗，就是咏宁古塔的秧歌与

① 方拱乾：《绝域纪略》，《说铃》本。

② 张缙彦：《域外集·三孝义传》，（引）《东北流人文库·雪堂集（外八种）》第459—462页，黑龙江大学出版社2011年版。

彩灯。如其三云：

夜半村姑著绮罗，嘈嘈社鼓唱秧歌。汉家装束边关少，几队口儿簇拥过？

其四曰：

剪纸为灯号牡丹，西关爆竹似长安。谁家年少黄金勒，醉里垂鞭处处看。

此诗描绘的是彩灯。

如同内地一样，每到上元灯节，当地也都户户悬灯，灯的样式各异。西清《黑龙江外纪》记载，嘉庆年间，齐齐哈尔一带也是“上元，城中张灯五夜……有镂五六尺冰为寿星灯者，中燃双炬，望之如水晶人”。

秧歌是当地人民至今尤为喜闻乐见的一种艺术形式。在灯影下，人们载歌载舞，这种舞蹈就是秧歌。

③走百病与脱晦气

杨宾在《上元曲》第五首云：

销金罗帕粉花香，蟒福齐肩锦绣装。百病年年行走惯，阿谁打滚到沙场。

明末清初，北京有一种走百病的风俗。《觚剩》卷四记载：“京城元夜，妇女联袂而出，踏月天街，必至正阳门（即今前门）下摸钉乃回。旧俗传为走百病。”这种风俗在宁古塔也有反映。每年的上元灯节，满族的妇女们穿着华丽的节日盛装，在如水的月光下，漫步在平坦洁净的沙地上，据说这样可以祛除百病。

④爬犁

杨宾《柳边纪略》有诗描绘爬犁："闻说羁縻国，西去绝可怜。冰天鱼作服，陆地狗行船。"这是指赫哲族的狗爬犁而言。其他流人如朱履中、张光藻均有咏爬犁之作。

爬犁又叫"扒犁"、"扒杆"，民间称冰雪上的车子。过去，东北各民族在户外活动主要靠爬犁。爬犁这种工具很像在地里耕地用的"犁杖"，可能古人是受了"犁杖"形式的启发。"爬"，是指这种东西没有"轮子"而能在冰雪上滑行，远远看去像在地上爬，所以称之为爬犁，既准确又形象。爬犁是生活在北方冰雪世界中人们的主要运输工具。东北一年中有三分之一的时间处于冰雪期，而户外山川沟野之间雪特大，往往填没了"道眼"，只有爬犁可以不分道路，只要有冰、有雪，便可在其上行走，靠的是动物的牵引。东北特殊的地域环境，使当地人创造了这种独特的交通工具"爬犁"。

⑤冰灯

嘉庆十四年流放卜魁的刘凤诰在《龙江杂诗》中写有"冰缕春灯彻四围"，由此可以证明黑龙江冰灯出现最迟不超过嘉庆十四年。流人朱履中流放卜魁时，见过此灯，并咏道：

> 元夜观灯走不停，村车辐辐也来经。蛮童姹女哗声脆，争看玻璃老寿星。①

后来流人张光藻、胡昌愈也有咏冰灯之作。可见在众多样式的彩灯之中，黑龙江地区出现了冰灯。

3．冰嬉

流人方拱乾的《何陋居集·河冰行》诗云："满风春望拔河戏，

① 朱履中：《龙江百五钞》之《龙江杂咏》，（引）李兴盛：《中国流人史》（下）第1939页，黑龙江人民出版社2013年版。

燕支影落冰痕睡。女子联翩男子观，倾营穿镫摇鞭至。日高人散客来迟，冰床如马凌冰驶。掌大雪花接雪堆，耳寒酒热中流醉。旅况无端听睹新，感时抚地为欢易。长安今夜月盈街，千门环印婵娟臂。”① 该诗记述了“正月十六日，女子无老少，率往河冰上䟫起，如祓禊戏”。“祓禊戏”意喻除灾求福，此诗描绘的是满族女子在这天进行冰嬉和游戏活动之景象。

冰嬉，就是现在所说的滑冰运动，是清代对冰上运动的称谓。“清代冰上运动，源于满族习俗”②。

窦光鼐的《日下旧闻考·宫室·西苑一》：“冬月则陈冰嬉，习劳行赏，以简武事而修国俗云。”潘荣陛的《帝京岁时纪胜》：清代时，“金海（现之北海）冰上作蹴鞠之戏。每队数十人，各有统领，分位而立，以革作毬，掷于空中，俟其将堕，群起而争之，以得者为胜。或此队之人将得，则彼队之人蹴之令远。欢腾驰逐，以便捷勇敢为能，将士用以习武”。可见，冰嬉活动在满族入关后已经初具规模。

冰嬉作为大清国俗之一，其原因不仅在于它在生产、生活中有着重要的地位，还在于它在军事上有着不可替代的作用，它之所以能够长盛不衰，主要是由于满族特殊的生存环境以及帝王的重视与提倡，建立组织机构与规章制度，融娱乐与技艺于一体等诸多因素促成的。

4．贡貂

贡貂是清政府因俗制宜，针对东北边疆民族实施的一种政治制度和行政管理制度。清代流人方拱乾在《何陋居集·贡夷曲》写道：

① 方拱乾：《何陋居集》庚子年之《河冰行》，（引）《东北流人文库·何陋居集》第136页，黑龙江大学出版社2010年版。

② 罗竹凤主编：《汉语大辞典·冰嬉》，上海辞书出版社1986年版。

（一）

云边一骑夜关开，为报奚儿踏月来。下令八旗齐上马，将军郊外手传杯。

（二）

虬须碧眼产何方？鹿箭鱼弓胜蹶张。种族只知尊火器，至今重译混枪羌。

（三）

迢迢白浪绝黄沙，新搭茅蓬认作家。逐客已悲身万里，来人犹说是中华。

（四）

颁来顶带出辕门，一样句胪学谢恩。郑重皇仁周下体，归家应笑妇无裈。①

这几首诗真实地记录下各族贡貂的壮观场面。

清代的贡貂活动早在清太祖努尔哈赤时期就已经出现，经过康雍乾时期的不断完善，逐步制度化，并延续至光绪时期。这种制度为东北地区带来了经济效益，促进地区经济的繁荣，为东北各民族带来了交流的契机，有利于民族团结，便于东北地区与中央政府的联系，强化了地方的归属感。

三、流人与东北民风的嬗变

民俗是一种社会文化，具有民族性、地域性、传承性和变异性。社会生产的发展以及外来文化的渗入，都会使民俗发生重大变化。有清一代，大量汉族流人及其家属被流放到关外，同当地

---

① 方拱乾：《何陋居集》辛丑年之《贡夷曲》，（引）《东北流人文库·何陋居集》第269页，黑龙江大学出版社2010年版。

满族等土著居民杂居相处，他们带来的中原汉族风俗对当地民风民俗产生了重要影响，一种新兴的满汉民俗文化因而形成。

1．流人对生活习俗的影响

生活习俗的内容非常庞杂，尤以饮食、服装和居住习俗最有代表性。俗语说，民以食为天。食物作为人类生存的第一条件，在社会生活中扮演着重要的角色，饮食习俗则取决于人们的生产方式和地域环境。由于满族以采集和渔猎为主的生产方式，致使他们的饮食结构以肉食为主，谷物占有很小的比重，蔬菜则以采集的山野菜为主。满族喜欢吃猪肉，《宁古塔纪略》记载："将猪肉、头、足、肝、肠收拾极净，大肠以血灌满，一锅煮熟，自用小刀片食。"谷物中他们食黄米，喝"米儿酒"，喜欢用黄米面做成各类黏米食品。

但在汉族流人的影响下，满族人的饮食习俗在潜移默化中发生着改变。流人张缙彦出关时带去了大量蔬菜种子，他不仅自己种植还教他人种植，结果出现流人"近日迁入，比屋而居，黍稷菽麦以及瓜蓏蔬菜，皆以中土之法治之，其获且倍"的现象①。康熙年间流人"李召林学种，各种皆有"②，李在当地以"善种瓜"著称。流人在东北地区辟圃种菜，改变了满族人以采集山野菜为主要菜食来源的历史。从此，土著居民广为种菜，不仅自己食用还去集市贸易。正如《黑龙江外纪》所载："满洲宴客，旧尚手把肉或全羊，近日沾染汉习，亦盛设肴馔，然其款式不及内地，味亦迥别，庖人之艺不精也。"

在居住习俗方面，当时东北土著人民"无庐舍，掘地为屋以居，地极寒"③，生活简陋，几乎没有像样的固定居所。汉人杨越到宁古塔时，见"其人不常厥居"，就教他们"砍木为屋，覆以其

---

① 张缙彦：《域外集》之《宁古物产论》第453页，（引）《东北流人文库·雪堂集（外八种）》黑龙江大学出版社2011年版。

② 杨宾：《柳边纪略》卷三，民国《辽海丛书》本。

③ 董含：《三冈识略》卷一，辽宁教育出版社2000年版。

皮，且炕牖之”①，不久，此地就已出现“木寨群山拱，千家草屋同”② 的景象了。流人们传授建筑技术，并亲身投入筑城建房的劳作中，使以“穹庐为室”的布特哈人也“渐能作室，穹庐之多，不似旧时，风气一变”③，伴随房屋的出现火炕也应运而生了。可见在流人的影响下，东北的生活习俗发生了很大变化，当地满族等土著居民的生活条件也得到了改善。

2．流人对信仰习俗的影响

宗教信仰是人们的思想意识对客观存在的反映，要受到社会生产力发展的制约和影响。东北满族等少数民族最初以采集和渔猎为生，生产力水平低下，与此相适应他们信仰萨满教，相信万物有灵，遇事则祈求神灵保佑。杨宾说“满人病，轻服药而重跳神”④。随着流人进入东北，中原汉族的宗教信仰也在此传播开来。其中，一些流人对佛教的传播发挥了重要作用，如著名流人释函可，顺治初年因文字狱被流放盛京。顺治五年（1648），函可谪居沈阳城南慈恩寺后，便在该寺院讲解佛经，后又在普济、广慈、大宁、永安、慈航、接引、向阳等寺院，凡七作道场，为僧徒讲解《首楞严经》、《圆觉修多罗了义经》等佛教经典。函可在当地及整个东北佛教界声名远播，被奉为开宗鼻祖。此外，流人还在东北广建寺庙。嘉庆间，齐齐哈尔城内外有 17 所佛道寺庙。除佛教和道教之外，中原汉族的民间信仰也传入东北，东北人民的宗教信仰开始多元化，庙宇开始增多，如黑龙江齐齐哈尔“城中有城隍庙、土地祠、观音庵；城外有先农坛、关帝庙、万寿寺、三官庙、龙王庙、大悲庙、药王庙、鬼王庙、昭忠祠、普恩寺、

---

① 《宁安县志》卷四，黑龙江人民出版社 1989 年版。

② 张贲：《宁公台杂诗二十二首》，（引）李兴盛：《中国流人史》（下）第 1862 页，黑龙江人民出版社 2013 年版。

③ 西清：《黑龙江外记》卷六，《浙江西村舍汇刊》本。

④ 杨宾：《柳边纪略》卷四，民国《辽海丛书》本。

河神庙、镇江阁”①，这些庙宇已和内地相近。东北人民信仰的多元化和供奉的综合化是清代东北宗教发展的一个显著特点。

3．流人对社会风气的影响

东北民风淳朴，乐善好施，待人真诚，“食用之物，索于所有之家，无勿与……若有而匿不与人，或与而不尽，则人皆鄙之”②。初到东北的方拱乾也对此地的民风给予了高度赞美，他说在这里“百里往还不裹粮，牛马不携粟草，随所投，如旧主人焉。主人随所供，不责报，亦无德色”③。顺治十八年（1661）到达东北的张缙彦说：“宁古去京师，不过数千里，山海关以外，风土异也，阴沟关以外，风土又异也。”④

但随着流人的到来，东北的民风开始发生了变化。康熙初年时由于“迁徙众多，聚五方之人杂处之，而土风亦稍寝坏”⑤。到康熙末叶，由于“走山者以万计”，“而居者非云贵流人，则山东西贾客，类皆巧于利计，于是乎非裹粮不可行矣”⑥。从“不用裹粮”到“非裹粮不可”，一方面说明往来东北的商人增多，使当地人具有了商品意识，另一方面更说明民风发生了变化。

清代流人群体是东北这片土地的拓荒者，也是东北风俗移易的倡导者，他们的到来给东北带来了全方位的变化，是东北社会变迁中的先导力量。无论是他们带来的积极影响还是消极影响，都是社会发展进程中的必然结果，是清统治者无力改变的，也是不以人的意志为转移的。

---

① 杨宾：《柳边纪略》卷三，民国《辽海丛书》本。

② 杨宾：《柳边纪略》卷三，民国《辽海丛书》本。

③ 方拱乾：《绝域纪略》之风俗，《说铃》本。

④ 张缙彦：《域外集》《宁古塔风俗论》，（引）《东北流人文库·雪堂集（外八种）》第451页，黑龙江大学出版社2011年版。

⑤ 张缙彦：《域外集》《宁古塔风俗论》，（引）《东北流人文库·雪堂集（外八种）》第451页，黑龙江大学出版社2011年版。

⑥ 杨宾：《柳边纪略》卷三，民国《辽海丛书》本。

第四章 流人文化资源的保护与利用

文化遗产是人类在社会历史实践中创造的具有文化价值的财富遗存，它包括物质财富和精神财富。具体来说，文化遗产，是帮助人们了解过去那些人类自己已经消失了的信息的见证物，它凝聚着创造者的活动信息，这些信息正是我们今天从事研究、保护和利用的意义所在。

流人文化是指“流人这一社会群体所特有的文明现象的总和。也就是指历代流人在与自然、社会相互作用的各种关系中所创造与传播的一切知识的总和”，“是以汉民族中原文化为主体的多民族文化的综合体”①。流人文化丰富的文化遗产，集中表现在流人文献资源和流人流放地历史遗址资源方面。作为历史上流人主要流放地的东北、西北、西南、东南地区，与流人、流人文化有着不解之缘，可以说，流人文化是边疆地域特色文化的重要组成部分。因此，如何认识流人文化，取其精华，去其糟粕，使之与当代社会相适应、与现代文明相协调，保持民族性，体现时代性，怎样保护利用好珍贵的边疆历史文化资源，这都是我们新时期社会建设，特别是边疆文化大省建设所面临的重要课题。

从资源的角度对中国现存的流人文化资源进行价值分析，从而充分认识流人文化资源的丰富内涵，是挖掘保护利用流人文化

① 李兴盛：《中国流人史与流人文化论集》第25—27页，黑龙江人民出版社2000年版。

资源的前提。只有认识流人文化遗产的核心价值，了解其主要的社会功能，才能达到有效保护利用之目的。

第一节　流人文化资源的价值分析

流人文化遗产的核心价值体系就是文化。流人文化遗产最本质的属性就是文化资源和知识资源。文化资源是经济学资源概念在经济文化领域中的科学运用，它主要是指文化中一切可以用来为人类社会发展和服务的积极因素。流人文化所以成为资源，根本点在于流人本身所体现出的边疆建设发展意义，以及与此相关的各种文化精神价值。其核心内容主要体现在知识性价值、审美性价值、思想性价值和经济性价值方面。

一、知识性价值

流人文化遗产的知识性价值，突出表现在它的历史文献与流放遗址相互印证的意义方面。长期以来，由于传统史学文字记载的片面性和脆弱性，流人历史一度湮没在时光的尘埃中。而流人文化遗产的存在和不断被发现研究，则为找回失去的历史记忆提供了可能。

文学是现实生活在人类头脑中反映的产物，基于此，流人所创作的大量诗文是流人所处时代现实生活的反映。也就是说，流人诗文反映了其所处时代之社会生活的方方面面，具有很高的历史、思想、艺术价值，为人们提供了大量的知识信息，从而体现了流人文化遗产的知识价值。

人参是东北的特产，杨宾在《柳边纪略》卷三中对其生长描述极为详尽："辽东人参，四月发芽，五月花。花白色如韭花丛，大者若碗，小者若钟。六月结子，若小豆而连环，色正红，久之则黄而扁。初生一桠，四五年两桠，十年后三桠，年久者四桠。每桠五叶，叶若芙蓉，一茎直上。”对东北人参采集的规章制度及历史也有内容丰富的记载。清廷规定：“宗室人参过山海关，皆有定额，额外人参，照例每斤纳税六钱。”还对人参采集严格控制，对人参实行官采，不许民挖，但由于人参获利很大，所以民人违禁偷采者甚多。清初，关内各省的失业农民，大量流入关外，一部分人从事垦荒农耕，另一部分人则为采参。采参又叫“走山”，关于“走山”的盛况，《柳边纪略》卷三指出，康熙之际，每岁“走山者以万计”，“凡走山者，山东西人居多，大率皆偷采者也。每岁三四月间，趋之若鹜，至九十月间乃尽归，其死于饥寒不得归者，盖不知凡几矣。而走山者益多”。此外，有关人参价格及交易也有详细记载，反映了康熙年间制参工艺的进步。《柳边纪略》关于人参记载的丰富内容，不仅使人们了解清代东北人参采集制的发展历史及其对东北社会经济发展的影响，也从侧面反映出东北的采参业已形成为一种人参文化。

吴棖臣的《宁古塔纪略》，有大量满名词汇的记载，例如关于称呼的词：“称年高者，曰‘马发’，朋友曰‘姑促’，父曰‘阿马’，母曰‘曷娘’……男人曰‘哈哈’，女人曰‘赫赫’”；关于饮食的词：“吃饭曰‘不打者夫’，吃肉曰‘烟立者夫’，吃酒曰‘奴勒恶米’”；关于日常用语：“读书曰‘必贴黑呼辣米’。射箭曰‘喀不他米’……金曰‘爱星’，银曰‘蒙吾’，钱曰‘济哈’。小曰‘阿即格’，大曰‘昂邦’”；关于数字的词：“一曰‘曷赤’，二曰‘朱’，三曰‘衣郎’，四曰‘对音’，五曰‘孙查’，六曰‘侫我’，七曰‘那打’，八曰‘甲工’，九曰‘乌永’，十曰‘壮’”等。这些承载着满族文化丰富内涵、与清史相关的满名汉字音译词汇，不仅记录着吴棖臣在流放地与满族百姓共同生活的真实历史，也为今天学习研究满语提供宝贵的语言知识资源。

流人方拱乾之《何陋居集》诗作基本写于宁古塔，堪称黑龙江现存第一部诗集。他在诗中不仅首次记述了渤海国上京龙泉府遗址、明代奴儿干都司永宁寺碑、清初黑龙江军民抗击沙俄历史遗迹与历史事件，还有许多关于自然现象内容的描述，如咏月食、阴晴、树挂等，这些都为研究黑龙江科技史提供了许多珍贵的素材。

作为社会生活反映的流人诗文内容丰富，从不同侧面反映了边疆人民社会生活的发展过程，流人诗文是民间的史书，是正史的必要补充，弥补了边疆古代社会许多方面缺乏历史文献记载的缺憾。他们的历史知识价值是无可替代的。在某种意义上来说，流人诗文就是边疆地域文化的“大百科”。

二、审美性价值

文学是通过艺术形象，即通过具体、感性，并能激起人们美感的人生图画来反映社会生活，来感染读者，从而激发读者的喜怒哀乐，这就是文学的美学作用。也就是说，它有审美价值。基于此，流人诗文的审美价值也就不言而喻。

当前社会经济高速增长而文化建设相对滞后，物质上富有而精神层面苍白是一个比较普遍的现象。文化遗产中蕴含着关于历史、文学、哲学、宗教等方面的丰富信息，可以成为丰富人民群众生活、提高大众知识水平和审美能力的不竭的源泉。人们外出旅游，所观赏的名山大川、历史文化名城、各个地方的传统演艺等，大多和文化遗产有关。如今，文化旅游已经超过生态旅游而成为旅游的时尚术语。因此，对流人文化遗产进行合理的开发利用，就能使它们成为提高群众文化水平和审美能力的生动教材。

清代东北流放文人是一个特殊的群体。作为流人，他们死里逃生，饱受凌辱与迫害；作为诗人，他们结社赋诗，感慨抒怀，把流放生活之苦与边塞风光之奇一一付诸笔墨。苦难的流放生活使流人磨砺了意志开阔了视野，他们在流放地不废吟咏，结社作诗，将自己惊险艰难的遭遇、苍凉哀怨的感情、奇特新鲜的见闻，都形之于笔墨，托之于诗歌，创作了大量内容丰富的作品。正如钱威在《宁古塔山水记》序中所道：“古今之所慨于遇不遇者，岂独人事然哉！山水之在域中者，图以载之，经以著之，而且瘗玉镂碑以志其盛，飞觞赋咏以道其奇，何其幸也。其在域外者，荒江空谷，莫之或知，又何悲也。”① 他所谓的“遇”，指遇到“有文章而又有德业器量”之人为之吟咏宣扬。域中山水，正因遇到这种名人，编撰图书以记载，瘗玉立碑以宣扬，吟诗作赋以表彰，于是得以传世，可谓是幸运的。

宁古塔流人诗歌的主要内容之一是描绘异域风光。如吴兆骞的《长白山》“长白雄东北，嵯峨俯塞州。迥临沧海曙，独峙大荒秋。白雪横千嶂，青天泻二流。登封如可作，应待翠华游”②，描绘了长白山的壮丽巍峨。又如其《西山阁晚眺》“落日凭栏四望开，江流如带抱山回。云林晴色秋横野，雪岭寒光晚照台”③。方孝标《小阿稽》中的“千盘欹雾窄，二岭挟天高”④ 和《雨水冰》描写“著树如花疑早霜，边寒亭午色苍茫”⑤ 的雾凇奇观。诗人用饱蘸情感的笔墨描绘出了一幅幅东北地域山水画，这些诗句之精美，也无一不得江山之助。流人在这片土地上安顿下来后，漫长的放逐生涯，让他们对这片爱恨交织的土地逐渐产生了感情，也由对边荒的畏惧和悲叹转变为接受和赞美。体现在诗歌上，则

---

① 张缙彦：《宁古塔山水记》，(引)《东北流人文库·雪堂集（外八种）》第 407 页，黑龙江大学出版社 2011 年版。

② 吴兆骞：《秋笳集》卷七，(引)《东北流人文库·秋笳集》第 205 页，黑龙江大学出版社 2011 年版。

③ 吴兆骞：《秋笳集》卷三，(引)《东北流人文库·秋笳集》第 106 页，黑龙江大学出版社 2011 年版。

④ 方孝标：《钝斋诗选》卷七，黄山书社 1996 年版。

⑤ 方孝标：《钝斋诗选》卷十三，黄山书社 1996 年版。

由“写流人之幽怨，发万古之悲凉”①，转为对边地生活田园牧歌般的书写，和对边地山川风俗的赞美，这也标志着流人们已从苦难中挣脱出来，开始接受新的生活。这时的流人写下了许多具有浓厚生机与生活气息的诗歌，他们笔下的塞北生活也渐渐由“灰堆菜瓮饱三口，狗马鸡车寒一身”② 转为“冰开三月草初黄，野烧连天接大荒。不信江南春已暮，流莺宛转到垂杨”③，“草阁风帘今早晨，雨声惊醒灌园人。绿翩畦韭滋兰畹，自起承筐饷四邻”④。诗人的感情从愤懑不平到自我解脱，也是经历精神炼狱后，超然自得的表现。

在清朝严厉的文化高压政策下，受到精神重创的流人们只能将自己文学创作的主要内容局限在描摹山水和展示地域风情上，如宁古塔诗人用新奇的手笔描绘了东北地区的壮丽山川。虽然流放诗人的命运是悲剧的，但就文学创作而言却开阔了诗人的写作视野。长白山的云海、松花江的怒涛、阿鸡林的原始森林奇景，雨水冰的魅力，虽与天地齐美，但却无人发现和描绘，只有流人借此时机给予了这山山水水以文学生命。

景观的美是客观存在的，要欣赏它首先要有审美心态的创造，流人边塞诗文不仅是美的点缀，更将成为美的点拨，可以帮助文化旅游者创造一种审美心境，提高审美情趣。所以，充分利用流人文化资源，是提高国民文化素养、培养大众健康审美趣味的绝好手段，与当前到处泛滥的轻视知识性和审美性的快餐文化相比，文化资源中的审美性价值就显得更为重要。

---

① 张缙彦：《宁古塔山水记·域外集》之《其旋草序》，(引)《东北流人文库·雪堂集（外八种)》第442页，黑龙江大学出版社2011年版。

② 刘凤诰：《赠西研斋主政》，(引) 李兴盛《秋笳馀韵（外十八种)》，黑龙江人民出版社2005年版。

③ 张贲：《拟古边庭四时怨》，《白云集》，乾隆不惑堂刊本。

④ 郝浴：《刈韭》，(引) 李兴盛：《中国流人史》(下) 第1766—1767页，黑龙江人民出版社2012年新版。

三、思想性价值

文化状态是人类智慧与才识的表征。流人文化资源的特征充分显示出精神层面的意义，即流人文化精神。由于文化精神是以不可见的形式存在于人们的思想当中、意识之内，所以对流人文化，我们所能体验到的思想价值是从流人群体的历史论述中及对其论著的解读中得到的。

因此，在从事文化资源开发时，应该特别注重精神品质的不断提升和丰富，从而深刻把握文化资源的思想性价值和意义。

流人文化资源的思想性价值最充分的体现，就是流人文化精神。

1. 自强不息的奋斗精神

自强不息，是中华民族精神所在，这种精神在广大流人及流人群体身上得到充分的体现和诠释。流人的自强不息精神，是流人面对恶劣的生存环境和残酷压抑的政治环境而采取的敢于拼搏与奋斗的精神。广大流人流放后，面临两种严峻挑战，一种是来自自然生存极限的挑战，塞外或冰天雪地，或穷山恶水；另一种，是来自社会生活生存极限的挑战，作为刑余之人，广大流人死里逃生，饥寒交迫，被强制迁徙与管制，强制为奴或当差，饱受凌辱、奴役、歧视与迫害，甚至其子孙也永世不得翻身。可以说，流人的人生，充满了血与泪、呻吟与哀号。然而，为了生存下去，广大流人大多是不向命运低头，敢与悲惨的生活抗争。

晋宋之交的谢灵运，工诗文，能书画，然怀才不遇，青云失路，于是挂名永嘉。为了摆脱自己的政治烦恼，纵情游赏，所到会稽、永嘉等处，都以诗为画，尽绘山川之灵雅，《初去郡》写秋色“野旷沙岸净，天高秋月明”，《岁暮》写冬景“明月照积雪，朔风劲且哀”，这些自然清新的佳句给人以美的享受。谢灵运成为中国山水旅游诗的开创者。

唐代柳宗元因参加“永贞革新”被贬永州、柳州，长达十四年，流离坎坷，直至病死穷荒，就在这样的凄清世界里，写出了著名的《永州八记》，“漱涤万物，牢笼百态”，堪称中国山水文学之瑰宝。柳宗元为中国第一位大量创作山水游记散文的巨匠。

刘禹锡一生数次被贬，在巴山楚水二十三年被贬的时间里，没有自甘沉沦，而是以积极乐观、豪迈的精神进行创作，创造了贬谪诗歌豪壮劲健的崭新风貌，打破了贬谪文学沉湎于幽怨、孤愤的套数，开辟了贬谪诗歌写作的新途径。

北宋苏轼的一生，大起大落，落差令常人难以想象，十几年的贬谪生活是他生命中的主题，在由汴京、杭州、密州、徐州、湖州、黄州、颍州、定州、惠州至儋州等地的一再播迁中，经受了无数的磨难。然而，虽宦海沉浮，却游览天下。在这漫长的人生之旅中，他以“无愧于中”、“无责于外”的襟怀，达到“圆融极致”、“无所不适”的人生境界。他行山步水、吟诗作文，佳篇纷至。他两咏赤壁，写遍海南，发人所之未发，成了旅游诗文大家，引领北宋旅游文学一代风骚。

清代流人吴兆骞被流放宁古塔，谪居宁古塔二十三年，壮丽的边塞风光、穷苦的流放生活、奇异的边疆民族、烽烟涌动的抗俄斗争，使其视野更加开阔，生活更加充实，也赋予其创作以更新的素材。与同时代诗人所不同的是吴兆骞不仅赞美边塞的风光，记述边疆各族人民独特的风习、生活，还真实地记述了抗俄斗争的情况，他所留下的与抗俄斗争有关的诗篇有数十首。

在东北诗坛上还有诸如方拱乾、方孝标、张贲、戴梓、戴亨、方登峄、方式济、方观承、陈梦雷等人。他们的诗歌特点是对下层人民生活以及东北社会生活的方方面面观察比较透彻、反映比较充分。其中张贲的《宁古塔杂诗二十二首》，以诗的形式比较全面地记述了宁古塔地区的民族、风习、山水、古迹、狩猎以及抗俄斗争等内容，开此后同类纪事诗之先河。

此外，在艰苦的流放逆境中撰写《易传》的程颐、以桦皮代纸写成《桦叶四书》的洪皓等人，也都是这种精神的典型代表。

文人遭贬，无异于灭顶之灾。大多数流人，在巨大的生活落差中经受住生命和心灵的磨难，在面对绝望时用性格中的坚忍同苦难进行了曲折的抗争。中国传统思想文化锤炼了流人哀而不怨、百折不挠、自强不息的精神，使他们从容地走出忧伤，将人生的苦难稀释、淡化。由此而表现出的便是，他们在戍地不废吟咏，教书授学，勤于写著，诗酒唱和，寄情于文学著述。他们用乐观的心态、积极向上的精神和为国家边疆开发做出的特殊贡献，书写了最为震撼人心的自强不息的历史篇章。

2．筚路蓝缕的创业精神

具有这种精神的流人是很多的，如自己意识到在“黄州惠州儋州”已建立“平生功业”的苏轼、在流放的逆境中创建阳明学派的王守仁等可称典型。下面我们以东北流人为例来说明这一问题。

清朝发配到东北的流人很多，据统计在整个清朝268年期间，有150万人以上，其中有案可查的文人名士有数百人之多。这些劫后余生的流人，来到了举目无亲的荒凉塞外，处境极为艰辛。但是为了生存，他们之中的很多人，不仅没有意志消沉，丧失信心，反而在困厄忧患的磨砺中，艰苦奋斗，有所作为，体现了感人的艰苦创业精神与强烈的建功立业愿望。

流人中有的是白手起家，重新创业，在白山黑水的大片土地上，世代辛苦耕耘。

流人杨越到宁古塔后，新开店铺从事商业交易，改变了当地人以物易物的局面；张缙彦因带来许多中原的农耕技术和蔬菜粮食种子，而被人誉为“五谷神”。流人中许多人是工匠出身，充分利用自身的技术，制作许多生活用品。如流人懂制酒技术，宁古塔出现许多烧锅，人们由饮米儿酒，改饮汤子酒（白酒）；教当地人制蜡烛，不再使用糠灯；教当地人制陶瓷，解决日用器皿多为木制的局面；教当地人熬制蜂蜜，利用山间玫瑰制成玫瑰糖；利用山间的葡萄、梨等野果制成果酒，还有制盐、熟制皮革，以及打制铁制农具、兵器，甚至利用流人中的木匠手艺，改进建造房屋的技术，使当地人不再“无庐舍，掘地为屋以居”。

流人中有的筚路蓝缕，以启山林。有的采矿开荒，重建家园。有的苦读不辍，治学不息，写了大量诗文或著述。杨宾初到宁古塔时，曾有“绝域无文献，苍茫发浩歌”的叹息。而流人到来之后，充分发挥其擅长文墨的特点，对宁古塔地域的风土人情进行实地调查，写出许多诗歌文章，详细记录了这里的山川物产、民风民俗、地理历史等，有许多专著传世。如被称为黑龙江第一部山水记与地名学专著的《宁古塔山水记》，被称为黑龙江最早的一部诗集的《何陋居集》等。还有吴兆骞的《秋笳集》，其子吴桭臣的《宁古塔纪略》，杨宾的《柳边纪略》，以及方拱乾的《绝域纪略》（又称《宁古塔志》）。这些著述记录了三百多年前真实的宁古塔，是我们研究当时历史的宝贵财富。

在成千上万的流人中，不仅有官吏、士绅、名人，更多的是连名字也没有留下的普通人。他们在冰天雪地的白山黑水间，与当地百姓生活在一起，推动当地经济、文化乃至风俗的发展和进化，促进了民族间的融合和社会的发展，增进了民族的团结，维护了中华大家庭的统一，流人开发边疆的历史功绩名垂青史。流人在逆境中开拓、创业的精神，是留给后人的宝贵精神财富。

3．关心国事、反抗侵略的爱国精神

流人以天下为先、以国家民族利益为重的爱国主义精神，在某些流放文人的言行及其著述之中就有反映。这些流人有的在流放前关心国家大事，能够为民请命，敢于抨击朝廷弊政或犯颜直谏，流放后，尽管遭遇至惨，但不改初衷，不计个人安危，仍然念念不忘百姓的苦难、国家的前途与民族的命运，如屈原、杜甫都是典型。此外还有很多。

唐代著名边塞诗人王昌龄，其边塞之作，表现了驰骋沙场、建立功业的英雄壮志，抒发了慷慨从戎、抗敌御侮的爱国思想，还描写了西北边疆奇异壮丽的景色。王昌龄的边塞诗充分体现了他的爱国主义和英雄主义精神。最具代表的是《出塞》的“秦时明月汉时关，万里长征人未还。但使龙城飞将在，不教胡马度阴山”。全诗的主调，是在最末一句表现出来的爱国豪情，给人以大气磅礴之感。诗人不仅写出了反思历史时对勇于献身边关者的同情和民族自豪感，还隐含着对现实中将非其人的讽刺。《出塞》被誉为唐人七绝的压卷之作。

范仲淹多次因进谏被贬谪，朋友力劝范仲淹要少说话，少管闲事，自已逍遥就行。范以“宁鸣而死，不默而生”之句表达自己的志向，彰显了古代士大夫为民请命的凛然大节。其“先天下之忧而忧，后天下之乐而乐”的光辉思想，更是中国知识分子富于民族忧患意识、历史使命感与自我牺牲精神的宝贵品格的典型概括，以其情思之高尚，语言之警拔，激励世代的人们。

康熙年间御史陈志纪之流放宁古塔是因弹劾天下督、抚贪婪不法情事之结果，流放后仍然怀着“宣室无由见，虚怀待漏心”，希望被赦，重返朝廷，以得到重用。

清初，沙俄屡屡入侵东北边境，宁古塔濒临前线，东北各族人民与驻军同仇敌忾，投身于保家卫国的战斗中。处在抗俄斗争前线的许多流放文人，也都以笔作投枪，投向敌人。其中首推吴兆骞。他的《秋笳集》中，这类作品不少于二三十首。吴兆骞反映边境将领出征之作，尤为奋发激昂、大气磅礴。如《奉送巴大将军东征逻察》写道①：

乌孙种人侵盗边，临潢通夜惊烽烟。安东都护按剑怒，麾兵直度龙庭前。

牙前大校五当户，吏士星陈列严鼓。军声欲扫昆弥兵，战气遥开野人部。

卷芦叶脆吹长歌，雕鞬弓矢声相摩。万骑晨腾响朱戟，千帐夜移喧紫驼。

驼帐连延亘东极，海气冥蒙际天白。龙江水黑云半昏，马岭雪黄暑犹积。

苍茫大碛旌旗行，属国壶浆夹马迎。料知寇兵鸟兽散，何须转斗摧连营。

这首诗写于康熙三年（1664）五月，逻察（沙俄匪徒）入侵黑龙江下游赫哲、费雅喀人居住地，将军巴海闻警率军出征之时。诗中愤怒地揭露了沙俄的强盗罪行，热情地讴歌了出征将领一往无前的无畏精神及各族人民箪食壶浆以迎王师的情景，还预言了这场正义战争的必胜结局，洋溢着抗敌御辱的爱国主义激情。

吴兆骞的《送人从军》描写了送友从军的场景：

汉法弛刑徒，幽陵挽强客。一朝隶戎行，万里轻沙碛。

身贱功讵论，军孤战偏力。晓度旌旆寒，夜严刁斗急。

刁斗声中起控弦，混同江水动楼船。十年谪戍头今

① 吴兆骞：《秋笳集》卷三，（引）《东北流人文库·秋笳集》第82页，黑龙江大学出版社2011年版。

白，犹着征衣更出边①。

诗中将流人的身世之感与报国之志的矛盾融汇在一起，更把流人对祖国的忠诚热爱、上阵出征的壮阔场面、遣戍流人踊跃从军的氛围烘托而出。另如“白头沙塞客，流涕问东征”、“朔漠自来争战地，欲将书剑一论功”等句，这是多么强烈的爱国精神。

特殊的遭遇使这批流人成为中国文学史上第一批反映抗击沙俄入侵斗争的诗人，以此为题材的作品亦是最早关于沙俄侵边罪行的记录，他们的诗歌充分表达了流人的爱国之心与报国之情，也真实地反映出了全国人民对反击侵略、维护国家统一的支持。此类作品对清代中、后期的诗歌也有着一定的启迪作用。

由于抵抗沙俄，夺取雅克萨之战胜利的需要，流人们直接编入吉林水师营和黑龙江水师营，宁古塔的许多流人被编入当水手，有的还成为火器营中的营丁。他们曾成为著名的两次雅克萨之战的主力军，大败俄军，迫使其投降或撤离。

流人们在国难当头，强敌压境之时，能以国事为重，摆脱个人恩怨，甚至义无反顾地奔赴前线的反抗侵略的言行，正是其爱国精神的表现。

此外，如林则徐在赴戍途中写出“苟利国家生死以，岂因祸福避趋之”的诗句，在将到戍所时，写给已流放在伊犁的战友邓廷桢之诗，有“中原果得销金革，两叟何妨老戍边”之句，都反映出其强烈的关心国事的爱国精神。

历代流人所具有的奋斗精神、创业精神、爱国精神及其所做出的辉煌业绩，是中华民族性格与魅力的集中体现，因此，流人文化资源的思想性价值，也是我们民族保持统一和独立品格的精

---

① 吴兆骞：《秋笳集》卷二，（引）《东北流人文库·秋笳集》第55页，黑龙江大学出版社2011年版。

神源泉。在商品意识空前发达、城市化进程不断加速的时代背景中，我们更需要重视、保护和利用文化遗产，为个体的人提供精神归宿，为群体的人提供使命感，为民族和国家的未来提供精神动力。

四、经济性价值

文化资源的经济价值，一是指其本身的经济价值，二是指遗产所说明的历史上经济发展的意义和它所能带来的经济效益。流人文化遗产本身的经济价值，大小不一，无法估算。所以，我们主要分析流人文化资源与清代东北经济发展的关系和意义，这方面的文化资源主要是文献类和遗址类，将来能够带来的经济效益也就是文化资源直接的利用价值，主要是通过文化事业和文化产业源源不断地为子孙后世创造财富得以显示。

当今，文化遗产越来越受到关注，对文化资源进行开发的文化旅游，在很多地区成为支柱性产业。我们国家魅力无穷的文化遗产也一直是吸引世界各国人民来华游览的主要原因。文化资源的稀缺性及其符号价值，也使其成为文化创意的源头活水，可为文化产业发展提供无尽的动力。

由于历史文化是旅游文化中人文景观的重要组成部分，而流人文化又是边疆各地历史文化的重要组成部分，因此，流人文化的研究，又会增加边疆各地旅游文化中人文景观的历史底蕴，开发旅游新资源，从而促进包括黑龙江流域在内的边疆旅游文化、旅游事业的发展。同时，这种研究，又会促进包括黑龙江流域在内的边疆以地方历史为题材的文学、戏剧、影视、舞蹈、音乐、美术等文化艺术事业的繁荣。此外，历代流人所具有的奋斗精神、创业精神、爱国精神及其所做出的辉煌业绩，也为我们今天对全民进行艰苦奋斗教育与爱国主义教育，提供了某些历史的借鉴。

因此，流人文化资源的开发和利用，对边疆特色经济文化发展有着重要的现实意义和深远的历史意义，其经济价值是无穷的。虽然文化遗产具有非常重要的经济性价值，但是我们也要明确：文化资源的经济价值是其知识、审美、思想价值的衍生物。文化资源更重要的价值在于文化传承和文化功能的发挥。对其经济价值的发掘应在顺应文化资源保护基本规律的基础上进行。

1. 流人文化的物质遗存，造就独具特色的旅游文化资源

例如海林和宁安从后金开始，一直是宁古塔驻防官、总管的驻地，是清初东北政治、经济、文化中心与名城之一。海林市龙头村西有宁古台（又名点将台），方拱乾曾于悬崖西侧放飞野雉，故得名“放雉崖”。泼雪泉（宁安城西）、郑成功之父郑芝龙流放地（宁古塔将军旧城）都是与流人息息相关的历史遗地，如果将这些自然景观与人文景观相结合并加以开发，将会为旅游业提供极具潜力的发展空间。

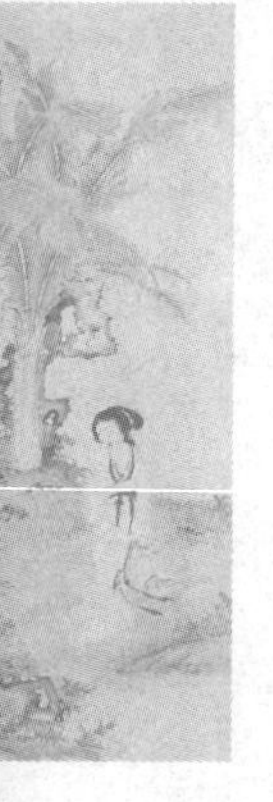

银冈书院是清代谪居铁岭的郝浴创建的。银冈书院位于昔日的铁岭古城内南门之右、今日繁华的银冈小区之中，是一处古朴幽静的清代园林式建筑群。郝浴，清顺治进士，授刑部主事，后改湖广道御史，巡按四川。有气节，不畏权贵。因弹劾吴三桂而流徙奉天（辽宁沈阳市），后迁铁岭。读书讲学于银冈寓所，潜心于义理之学的宣扬。

从银冈书院现存的遗物来看，这是一个典型的北方四合套院，上屋正房三间为文昌宫，现陈列展出关于银冈书院历史沿革的文献资料、历史文物。门前有光绪十六年所刻石碑二通。东侧为《银冈书院捐添经费建修斋房记》，其碑阴为《书院所添书籍》。这是我国罕有的古代石刻图书目录，被载入国家图书馆馆史，实为稀世珍品。西侧为《银冈书院资产碑记》。这些珍贵的资料文物，都是我国宝贵的文化资源，对研究当代的历史及今后的发展有着十分重要的参考价值。银冈书院的另一个价值就是它的旅游价值，作为东北地区唯一保存下来的古代书院，清代著名的五大书院之一，及关东第一书院，它在东北教育史上具有举足轻重的地位。今天它已成为广大旅游者关注的景观。

红豆山房是流人保泰所建，原驻藏大臣保泰在处理廓尔喀入侵西藏事件时获罪，乾隆皇帝追究其责任，发遣保泰到齐齐哈尔充当苦差。保泰抵达齐齐哈尔城后选择的居处就是这栋庵房。流人朱履中《龙江百五钞》中曾提到红豆山房。院中有野草一丛，其实如红豆，银库主事西清命名为“红豆山房”。如果没有红豆山房的存在，那么人们又怎么会知道西清在《黑龙江外纪》的记载的真伪性，正是因为红豆山房的存在，人们才清楚地了解流人当时的处境及生活环境，以弥补正史的不完善性。如果在这些流人行踪与题咏之地及轶事发生之地，辟些景点，立碑刻石，并大加宣扬，使其地成为含有厚重历史底蕴的绝妙景观，那么，其经济价值、文化价值将会最大限度地体现出来。

2. 在当今全球经济一体化的浪潮中，东北流人文化资源的保护具有特别重要的意义

它的永久经济价值在于：一是以独特的魅力吸引世界游人观光，旅游的直接和间接的经济效益是巨大的，还可带动东北其他行业的发展。二是可创造良好的投资软环境，吸引外国和内地的资金到东北投资，加快东北的现代化经济建设，有助于扩大对外交流和对外开放。三是保护好东北的文化遗产，可大大增加东北的知名度和良好的国际形象，可以增加东北的无形资产，提高东北产品的附加值，取得巨大的经济效益。

旅游不仅是拥抱山川，观赏园林，也要在古代游记中出入，在诗文题刻中流连。因为在全世界各民族旅游文化的审美积存中，文学总是占居首位。有人说，中国人文景观的特点是“有景必有诗，无诗不成景；诗乃景之魂，景是诗之体”。此观点很有见地。

当前，就黑龙江的旅游事业来说，已得到蓬勃发展，但主要体现在自然景观方面。至于人文景观，其厚重程度不如其他省份，并与之存有很大的差距。对已经开发的部分，主要是少数民族历史文化。而包括流人文化在内的流寓文化的开发，却远远没有引起应有的重视，特别是流人文化中的山水诗、咏史诗的开发，更是无人问津，这不能不说是黑龙江旅游文化研究开发中的一种遗憾与缺失。可见，加强流人文化研究，并开发其中的山水诗、咏史诗这项文化资源，增加历史底蕴与提高文化品位，已成为发展黑龙江旅游事业的当务之急。

第二节　流人文化资源的功能分析

流人文化本身没有直接的功利性，但不等于说流人文化没有用。流人的文献资源和流放地遗址资源是边疆历史的遗留物，蕴含大量历史文化信息。而任何资源都具有多方面的功能或作用，这些功能或作用就是我们今天和今后对文化资源的利用价值所在。

流人文化的功用最主要的体现，就是史料功能、教育功能、休闲娱乐功能，认识流人文化资源的社会功能，才能把握其利用的价值。

一、史料功能

1. 证史功能

所谓证史功能，就是指流人文化资源能够证实历史文献的记载，或者与历史文献记载可以互相印证的功能。现实中，有些文献的记载尽管无误，但由于是孤证，难以令人信服，这就需要有其他文化资源予以证实或与之互相印证。而流人文化资源就具有这种功能。如《清世祖实录》记载顺治十七年七月丁丑“镇守宁古塔总管巴海等疏报：臣等率兵至萨哈连、松噶里两江合处，侦闻罗刹贼众，在费牙喀部落西界，随……领兵前进，致使犬地方……斩首六十余级，淹死者甚众……捷闻，命所司察叙”。此则记事只是官方记载，尚居孤证。可是当时流放宁古塔的方拱乾于同年九月写有《海上凯歌》四首，实质就是咏这次巴海打败沙俄匪徒于“海上”，“穷边已万里，万里更开边”，并“应知悦圣颜”的大捷之役。前者是官方记载，后者是当地人民歌咏，两者互证，其事益彰。流人文化资源证史之功能于此可见。另如方拱乾之《鬼妾叹》一诗，以诗歌的形式证实官方正史所载的清初满族人殉葬俗犹在的史实。这类事例尚多，兹不赘。依此类推，我们可以利用流人文化资源证实并还原一个客观的边疆发展史。

2. **正史功能**

正史功能就是改正正史记载之谬的功能。人类自从有文字以来，就有了文献记载的历史。我国的历史文献卷帙浩繁，其中的错漏之处定是不少，有的在传抄中出错，有的是经后人整理而出错，还有的是统治者的御用文人为了巩固统治，在编撰史籍时进行大量的有利统治者的删改。这种情况，在边疆历史文献中尤为典型。正如《四库全书总目》编者所说：“白山黑水之间，古来舆记大抵得诸传闻。即近时修志乘者，秉笔之人，亦未必亲至其地。”① 正是因此，边疆历史文献不实乃至错误之处甚多。可是流人之相关著述，由于所载均是其所见及调查研究之产物，讹误自然大为减少。这样，其著述就会起到正史之谬的作用。如杨宾据亲身考察与文献资料相结合而撰写的《柳边纪略》在驳《金史》“混同江亦号黑龙”一说时道：“黑龙江发源塞北，南流而东，混同江（按此时指今之松花江）发源长白山，北流而东，虽入海处合而为一，而其源则相去甚远。《金史·世纪》称混同江亦号黑龙，大误。”举一反三，此类流人文献记载之正史之谬的功能可以

① 《四库全书总目》卷七十，《史部地理类三》，中华书局1956年版。

概见。

3. **补史功能**

这是指流人文化资源具有补史之阙的功能。也就是说，利用文化资源的历史信息，对无文字可考的历史提供实物资料，对有文字记载的历史，补充史籍失载的部分。如对宁古塔遗址的研究，史料虽有对宁古塔的记载，但杨宾的《柳边纪略》"其书网罗巨细，足以订史书之谬，而补版图之阙"①，具有很高的史料价值。它补充了其他史书的不足之处。地处塞外的白山黑水，虽然传闻较多，但相关记载甚少，即便有所记载，著者也未必亲自去过。但杨宾据亲身在东北的经历、考察、见闻等著成《柳边纪略》，通过对宁古塔遗址的考证，得出当时宁古塔更具体的地理位置，以及它周边的环境、地形、风貌等，这样就可以更加清楚地了解清代是如何通过宁古塔对黑龙江进行管辖的历史。该文献史料记载翔实、丰富，大大地超过了同类著作并补充了同类著作之不足。

值得提出的是，方拱乾、吴兆骞、张缙彦三人还曾先后对唐代渤海国上京遗址进行过考察。其中，张缙彦游览"东京"后，所撰的《东京》记述了城内遗址及周边风貌。方拱乾的《宁古塔志》中有关于"东京"的记述。此外，吴桭臣、吴兆骞等人的著述中也对此地有所提及。尤其是杨宾在《柳边纪略》中还记载有当时人发现渤海国国学碑及残缺碑文的情况。这些都为考古学家研究渤海国提供了重要历史资料。

张缙彦的《苍头街移镇记》，记录了中俄关系，揭露了沙俄对我国黑龙江的侵略，还反映了清政府反击沙俄侵略的备战情景。方式济著有《龙沙纪略》，内含方隅、山川、经制、时令、风俗、饮食、贡赋、物产、屋宇九篇。这些著述都提供了许多其他文献所无的信息。又如，郑芝龙降清后，于顺治十四年（1657）被流

---

① 《清史列传》卷七十，《杨宾传》，中华书局，1987年版。

放宁古塔，顺治十八年被族诛于北京，但他何时如何离开宁古塔，史书并无记载，而方拱乾《感时》“铁甲争鸣铁锁声，槛车一夜遍边城。春风泪湿将军树，野月魂销韐靺营”① 却记下了郑成功之父郑芝龙从戍地宁古塔星夜被押回京城赴斩的悲惨经历。以上所述，都体现了流人文献所具有的补史之阙的功能。

二、教育功能

教育是一个国家或民族提高整体素质最普遍的手段，而教育的方式多种多样。现存的流人文化资源，是活动在边疆土地上的流人们的聪明才智和创造才能的结晶，其文化资源的特点凝聚着流人们自强不息、艰苦奋斗、抗击侵略的爱国主义精神。因此，挖掘利用流人文化教育资源，进行爱国主义教育、历史唯物主义教育、苦难挫折教育、文化教育等，是最充实、最有效的教育方式之一。流人文化资源教育不仅是知识层面的教育，还是价值层面的教育，最后落实到行为层面的教育。

1. 流人文化资源既是物质文化，又是精神文化，具有真实性、说服力

流人文化遗产既是物质的，又是精神的，作为历史的见证，真实性强，具有说服力，往往比文字的、书面的说教收效更大。阅读流人们硕果仅存的文史著作，不得不佩服流人们出众的才华，为流放诗人的才情和豪气所震撼；参观银冈书院，为流人郝浴以高深的学识，在家设帐办学，传授理学经典、培养生徒、普及文化的勇气所折服；参观宁古塔，想到流人们在国难当头，强敌压境之时，能以国事为重，摆脱个人恩怨，甚至义无反顾地奔赴前

① 方拱乾:《何陋居集》辛丑年《感时》,(引)《东北流人文库·何陋居集》第 223 页，黑龙江大学出版社 2010 年版。

线，成为著名的两次雅克萨之战的主力军，大败俄军的英勇壮举，不能不为流人们真挚的爱国情怀所感动；想到卜魁的红豆山房和吕氏故居，不能不为流人怀才不遇、流放边疆的苦楚所感慨。因此，流人文化资源无论是在知识教育层面上还是在行为教育层面上，都有着特殊的教育功能。

2．流人文化资源作为教材，具有形象、生动的特点

流人文化资源既具形象性，又具生动性。银冈书院是东北流人聚会的场所，银冈书院“致知格物”的办学宗旨，体现了“实践而体之”的唯物主义思想。它培养了众多的成材学生，成为铁岭文人学者聚集之地和文化中心，对铁岭及辽宁乃至东北地区的文化发展产生重要影响。银冈书院是东北地区唯一保存下来的书院，如今已成为爱国主义教育的基地，是我国东北地区一颗明珠。银冈书院浓厚的学风、严谨的治学态度培育了一代又一代的青年才俊，激励着后世人奋发图强。

流人文化资源又具有鲜明的民族性和地域性，流人的文化资源，反映了各民族形成和发展过程中凝聚起来的思想感情和心理素质、各民族团结平等、多元文化和谐共存、文化的多样性等丰富的内容，因此，挖掘流人文化教育资源，对进行特色地域民族文化教育有深远的意义。

文化遗产还可以为道德建设和民族精神建设提供理论支撑。道德建设和民族精神建设必须依赖于一个民族深层的生存哲学，流人文化资源则是民族生存哲学的具体体现，是民族精神的坚实载体。流人文化的自强不息、艰苦奋斗、忧国忧民特点都在民族精神中打下了深深的烙印。只有充分挖掘流人文化的教育资源，使之成为边疆人民认同的文化标志，才能发挥更大的教育功用。

三、休闲娱乐功能

当历史文化资源真正地进入当代人的休闲生活中的时候，它

们的休闲价值才得以全面实现。保护、传承与合理利用就能够良性循环，还会带来巨大的经济效益和社会效益，成为人们休闲娱乐中的文化多样性需求的精神依托。

随着休闲功能的越来越多，人们思想视野也越来越广，现在许多旅游者已经认识到，旅游不仅是为了游山玩水，探奇寻幽，更是自觉地投入一种综合性的、高品位的文化活动，一种震撼心灵的经济的、社会的、文化的探索、熏陶与共鸣。这种旅游活动的吸引力、兼容性与渗透功能，可以超越国际间政治的、经济的、文化的壁垒，大大有助于现代人缓解思想冲突，维系心理平衡，提高生存质量。

为此，人们或选择他乡异国，希望开阔视野，丰富知识，增长学问，获取新的体验。于是，文化旅游就成了当代旅游活动的主要趋势。诸如宗教旅游、民俗旅游、寻根旅游、修学旅游、考古旅游、书法旅游等性质的旅游团组也应运而生，借旅游进行不同国家（地区）、民族之间的文化交流活动，刷新了旅游的陈旧观念，提高了旅游的文化品位。

旅游不仅是人类生活的复归自然与不断趋异，而且是在古今文化的洗礼下，生命获得的新的充实与强化。山水楼台，都是美的结晶；庙观碑塔，都是文化的倒影。因此，要发展旅游事业，不仅要创造实现旅游的客观条件、环境（诸如宾馆、交通、通信），而且还要转变社会观念，即旅游不是无聊，不是摆阔，不是单纯的游山玩水，而是当代文化生活方式的一部分。要把旅游事业看作与社会主义精神文明建设同步进行的重要内容，即寓教于乐的美育活动。

在我国，以山水为中心的自然资源和以名人胜迹为中心的历史文化资源，对旅游事业的发展从来都起着至关重要的作用，因为自然资源的开发可以开辟为自然景观，历史文化的开发可以升华为人文景观，而自然景观和人文景观又是构成旅游文化内涵的两大要素。因此，历史上为数甚多的描绘湖光山色，辅以风云月露、草木虫鱼的山水诗，及歌咏历史名人、历史事件、历史遗存、缅怀先贤等的咏史诗，也就成为构成旅游文化的一项重要载体与丰富资源。

广大流放文人群体，在戍边的生活中，或登山临水，或凭吊古迹，创造大量的文学作品，其中包括咏山水、咏史之诗，为边疆历史文化留下一笔宝贵遗产。这笔珍贵的文化遗产也是今天旅游文化亟待挖掘利用的珍贵资源。

旅游与文化从来就结下了不解之缘，旅游者靠文化去与自然景观对话，靠文化去与人文景观交流。而旅游中晤对的人文景观，是人类文化直接孕育的产物，是人与物的审美关系的一种物化形式。这当中的美的发掘与破译，要靠多方面的，甚至较深厚的文化修养。因此，开发流人山水诗、咏史诗，挖掘其教育资源，以展现边疆旅游文化历史底蕴与新内涵，用历史人物为主的人文景观带动自然景观，是提高边疆旅游文化品位的重要内容。

第三节　流人文化资源的保护与利用

文化资源的保护与利用是互动的，其中任何一方都无法单独发展。更何况，利用本身也是全方位的，并不只是旅游业的独家享用。

流人文化资源的利用包括社会效益、经济效益，这些都是其价值的体现，正是这种文化性，使流人文化资源在被利用的同时不会使其历史价值被忽略、被割裂，从而最终达到保护与利用的良性互动，实现良性循环。

一、利用流人文化资源提高社会效益

流人文化资源的利用无非是为了追求两个目的，即社会效益

和经济效益。社会效益相对经济效益而言，但二者不能割裂开来，应相辅相成。互相促进，良性互动，是文化资源利用的理想之路。文化资源的社会效益就是利用其多重价值来为社会进步服务，而社会进步是多方面的、综合性的，包括文化遗产教育、全民素质的提高等。实现社会效益的方式是依据边疆流人文化的特点和利用现状，制定相应法规和规划；利用遗产提高全民的综合素质，提高边疆在全国和世界的知名度和形象，加强流人文化的研究工作。

利用文化资源保护过程中不断完善的法规和规划，将文化资源的保护与利用纳入法制化、科学化的轨道，也将促进整个社会的法制化、科学化进程。人的素质的提高是遗产有效保护与合理利用的基础保证，遗产的保护与利用就是要走出封闭，面向公众，增强全民文化遗产保护意识。所以，流人文化和旅游文化产业的进步，也是整个社会的进步。

利用文化资源保护的整体性，带来文化资源外围环境（包括人文、自然环境）的一体化保护，使之与保护区内的环境协调，从而带来周边生态环境的改善。

利用文化遗产的传承性，在保证文化遗产原真性与可持续发展的同时，在遗产地附近（保护区外）设计建造与遗产密切相关的、和谐的、经过科学论证的延伸项目，以满足教育、旅游、参与性的需求，这也可以为后代留下新的财富，实现遗产的发展。

利用文化资源科学的多学科综合性的特点，带动依科学办事的社会风气。可成立由各方面相关专家组成的专家委员会，遇到保护与利用中出现的问题，由专家委员会组织论证或听证会商讨解决办法，报主管部门审批。并派出某方面的权威专家去遗产地独立监督，定期提出相关报告，进一步完善决策。同时应建立一个长期监测、评价的可操作性的指标体系，以确保遗产保护与利用的动态管理。

从上述分析可以看出，流人物质文化遗产的保护和利用是分不开的，而合理利用是对保护的一种促进。在有效保护的前提下，合理利用文化遗产将会带来有益于社会进步的社会效益。

二、利用流人文化资源提高经济效益

文化产业是引导文化走进市场的唯一正确途径，是带动传统文化发展的重要手段，也是传统文化可持续发展的唯一手段。流人文化资源的保护与利用同样具有这种作用。

1. 利用流人文化资源促进旅游文化产业的开发

在市场经济条件下，流人文化资源的经济价值的最好体现就是旅游，因为只有观赏性利用才能在理论上和实践中做到不损毁遗产资源，利用流人文化遗产获取巨大经济效益的最好方式就是遗产地的旅游开发。旅游业一直被称为“无烟工业”，是当今世界发展最快、最具前景的新兴产业之一，具有无限的发展前景。因此，如何推动旅游文化产业的发展，这是流人学应用的一项重要内容。

随着高科技进一步发展，随着物质生活的富裕，人们对精神生活和情感生活的要求越来越强，越来越迫切，而文化产业的特点是多种学科的交汇和融合，是科技、情感、物质文明和精神文明的交汇与融合。

2. 整理、出版流人文献、流人著述，促进出版业发展

整理出版流人文献，是对流人文化遗产最好的保护。李兴盛先生从事的一系列流人文献古籍整理、出版著作工作，为流人文化资源的保护利用做出了突出的贡献。以《东北流人文库》为代表的流人文献古籍整理著作具有永久性的价值，是可以持续利用的。在出版的发行上，要多渠道流通，大力宣传和扩大发行的范围，以增加社会效益和经济效益。走文化产业道路，要以开放的心态，把流人文化的地域民族民间出版文化产业做精、做大，从而实现置真正的保护于完美的利用之中。

3．流人诗作的改编利用，促进影视文化产业的发展

首先，按写作风格进行改编。流人诗歌的写作风格各不相同，但基本上都可分为两个大的类型，那就是流放之前的激情澎湃与被流放后的郁闷苦楚。我们不妨将各个诗人的作品进行分类重新整理，相同风格的不同诗人的作品整理到一起，然后再横向比较它们的写作内容、写作手法、写作背景，以及所抒发的情感。这样，便可以为专门研究此方面的人提供方便，减少了收集归纳整理的环节。

其次，可以改编为影视作品。影视是当今社会最吸引人的文化表现形式之一，很多事件、人物、故事通过影视手段宣传可使其家喻户晓。因此，可以投资拍摄一些描述塞外流人生活的影视剧，通过影视作品，让大家深入了解流人的生活、业绩和作品。

三、关于流人文化资源保护与利用的思考

流人的文化遗产对于创造者来说，承载着屈辱、艰辛和苦难，对于保护和传承的今人和后人来讲，主要是发挥其文化功能，即通过其历史文化价值得到充分体现而发挥新的社会功用。今天，它除了能承担唤起人们的历史认同的文化功能外，还被视为一种文化资源和文化资产。

1．提高流人文化遗产保护的认识

对流人文化遗产保护的认识是保护的前提。文化遗产具有历史的借鉴性，文化遗产是一个地域的记忆，承载着一个地域社会历史发展的全面信息。流人文化遗产，是流人历史的生动记录，因此，保护地域特色文化资源是一件功在当代、泽及后世的大事。流人文化资源还具有精神推动力，自强不息、开拓

进取、爱国主义精神，反映流人文化的内涵，也承载着边疆人民继往开来的精神动力。正确认识文化遗产保护的重要意义，才能唤起民众的保护意识，进而采取积极的保护行动。应当强调的是，保护流人文化资源，是对历史的负责，保护流人文化遗产，不是保护落后。面对新时代，要树立新观念，对流人文化资源的挖掘保护与利用，主要从文化的精神价值层面去开发，这应成为人们的共识。

2．加强流人文化遗产保护工作的宣传教育

社会关注与学校教育相结合，是最好的保护方法之一。把流人文化资源保护宣传工作和自强不息教育、爱国教育、苦难挫折教育的素质教育结合起来，使其文化原本的启示作用和教化功能具有社会意义和现实意义。利用地域民族文化历史教学，使学生树立文化遗产保护意识，注重文化遗产知识的学习与传播，激发学习历史文化的兴趣，进而有意识地挖掘、保护文化。坚持地域民族文化教育，会使更多的人带着对流人学、流人文化完整的认识，自觉走进研究、保护流人文化遗产的行列之中。

3．实现各方流人文化研究力量的整合，科学保护文化遗产

流人文化资源丰富、厚重，要真正实施保护利用，不是少数人，也不是某一单位或研究机构之事，流人文化保存、发掘研究，是一项综合工程。要建立以政府为主导，以学者为主脑的研究体系，整合各方研究力量，培养研究人才。保护流人文化遗产，除了体制性支持和政策性引导外，还要发挥高校及专门研究机构的科研优势，构建高校与社会研究力量、民间研究力量相结合，保护研究与开发利用相结合的科学研究规划体系，使流人文化遗产保护与研究工作稳步、持久进行，道路越走越宽。

丰富的流人历史文化资源，有着令人无法估量的多重价值。其价值的存在，就是我们保护的意义所在；其价值的体现，正是我们今天合理挖掘和利用的依托。保护与利用是流人文化资源永存的关键，以保护引导利用，以利用促进保护，二者是相辅相成的，损则俱损，赢则双赢。相信，流人文化资源在保护与利用的护航下，流人学的脚步一定会越走越快。

编后语：探求史学研究发展的新途径

在史学的基础研究前提下，加强史学的应用研究，是当今史学发展的趋势。如何将学术研究与应用研究有机结合，探求史学发展的新途径，李兴盛先生做了非常有益的探索和可贵的尝试。

一、学术研究与应用研究兼备的可贵尝试

李兴盛先生的《黑龙江流寓文化与旅游文化丛书》230余万字，具有很高的学术价值与应用价值。主要体现在创新与开拓方面。

首先，它为流人史、流人文化乃至流人学的创建奠定了坚实的理论基础，即它是构成这种新体系、新学科框架的开创之作。迄今为止，流人史与流人文化方面的论著基本上都是“史”的阐述，至于一些理论问题，诸如什么是流人与流人史，流人之历史作用，流人之分期，流刑之演变，流人文化之界定、实质、性质、特点等，从无专书问津。丛书之《中国流人史与流人文化论集》的出版结束了这种局面。该书可称是第一部较全面、系统、深入地论述这些理论问题的开创之作。

其次，本丛书又是系统、全面、深入研究黑龙江历代各种客籍人士的开创之作。黑龙江开发史实质上是土著民族与客籍人士的共同开发史，因此，土著与客籍民族人士的业绩与历史作用，均应在研究之列。可是近年来的研究更侧重于土著民族（即少数民族）及其民族文化，对客籍人士及客籍文化的研究则明显不足，尽管有的也涉及这一问题，但却支离破碎，不成体系，并不是全方位、多层次、系统化的研究，研究的广度、深度，投入的人力、物力，与少数民族研究是无法相比的。其实两者应兼收并重，以收互补互惠、相得益彰之效。李兴盛先生全力以赴地投入到对客籍人士的研究之中。大量黑龙江客籍人士的事迹（轶事）、业绩、著述及历史作用，成为本丛书研究与阐述之对象，这不仅在黑龙江文史研究中前所未有，即使在全国文史研究中也是罕见的。这一特点在丛书之《黑龙江流寓人士传记资料辑录》一书中体现尤为明显。考黑龙江历史人物合传之作，从无全书著录客籍人士之先例，唯一的一部这类著述《黑水先民传》全部著录者均为土著民族人士。为了弥补这种缺憾及填补这项空白，李兴盛先生将20余年来伴随他关于流人史、流人文化研究所搜寻到的黑龙江客籍人士各种体裁的传记文章编为此书。这部也可命名为《黑水客籍先民传》之作，填补了黑龙江历史文化研究的一项空白，其开拓创新之意义，不言而喻。

再次，本丛书的应用价值。旅游文化的内涵与外延固然很多，但最主要者是自然景观与人文景观。从某种意义上讲，旅游文化是自然景观与人文景观相结合的产物。人文景观实质上是一个地区的历史文化，而历史文化又是由该地土著民族文化与客籍民族文化共同组成的（在黑龙江就是少数民族文化与流寓文化），因此，搞好一个地区的旅游事业，必须要在历史文化上大做文章，即应加强历史文化中土著民族文化与客籍民族文化的并重研究与共同开发，以增加历史底蕴与提高文化品位。近年来，黑龙江省的旅游事业蓬勃发展，但主要体现在自然景观及人文景观中少数民族文化（如渤海文化、金源文化与少数民族风俗）方面，对客籍流寓文化的研究与应用并未得到应有的重视，李兴盛先生独辟蹊径的研究正适应了这种形势的需要。这样，流寓文化转化为旅游文化后，通过旅游文化与旅游经济的密切联系，立即显示出其应用价值，从而成为直接服务于生产实践与社会经济的应用研究。本丛书介绍了许多人文景观，这些景观，除少数已开发（如龙沙公园）外，多数是尚待开发（如海粟亭、白石崖、吕氏祠堂、郑芝龙遗迹碑），或虽已开发但需充实内涵（如东京故都）。这些尚待开发与尚待充实的景观的历史文化内涵，就是流寓文化。如民族英雄郑成功之父郑芝龙，早年流寓日本，娶日女，生成功，后为海盗（实为海上走私商人），并被明朝招安。这期间他曾派部下开发过台湾。降清后，又因事同家属流放宁古塔（今黑龙江海林）。如果在海林为有功于台湾开发的郑芝龙立碑，并将郑成功与当时诗人所咏之有关诗歌以及此次事件历史背景文字勒石，即可成为吸引港台及日本学者之人文景观。这种景观不仅有旅游价值，又有政治意义。此外，本丛书又建议在宁安、海林为在黑龙江文化史上做出过开创性贡献之流寓文人方拱乾（第一部诗集作者）、张缙彦（第一部散文集与山水记作者）、吴兆骞（第一部书信集作者、第一位抗俄爱国诗人）建立三贤纪念馆；在宁古塔建立具有浓郁地方色彩的大型碑林（勒石诗文全部为流寓地文人在该地所写）；保护与开发光绪年间所建的哈尔滨关道衙门遗存，并主张在全省建立三处旅游文化带，在牡丹江地区建立“宁古八景”等。另如丛书之《黑龙江历代流寓人士山水胜迹诗选》可称是黑龙江第一部历代旅游诗选，所选之诗都突出了我省旅游文化的历史底蕴与文化品位；而《马忠骏及哈尔滨遁园》、《诗人吴兆骞系列》明显也是这种应用研究之作。

李兴盛先生的学术研究与应用研究兼备之可贵尝试，将史学基础研究与应用研究结合起来，在区域经济、文化的历史发展方面做出相应的探求，为地方建设提供有益的借鉴。

二、具有人文精神的史学写作是未来史学的方向

中国学术的根本精神就是人文精神，中国传统人文精神主要是高扬人的道德精神和道德情怀。史学研究应该对人文素质高度关注和重视。《黑龙江流寓文化与旅游文化丛书》不仅具有公认的学术价值、社会价值，同时还具有很高的人文精神价值。主要体现在提高个人思想情操水平、文化素养和社会精神文明程度方面。

首先，在李兴盛先生关于流人文化研究著述中，在其几十年千辛万苦搜集的大量珍贵零散史料里，沉淀着流人困不辱志、困中求生，艰苦奋斗、开拓进取的精神和忧国忧民的爱国情怀，这些能让人们从历史知识中获得成为有益于国家和社会者的做人道理，有助于我们今天正确思想道德观的形成和提高。历代流人的奋斗精神、创业精神、爱国精神为我们今天全民进行艰苦奋斗教育、逆境育人教育、弘扬正气教育提供了宝贵的历史借鉴。同时，李兴盛先生文史兼具、文采纷呈的流人文化著述，极具文学欣赏和研究价值，对极大地开阔人们的视野，丰富和完善人们的史学知识体系，提升自己的史学底蕴和文化内涵都是大有裨益的。

其次，史学提倡的淡泊名利、诚实信用的精神对整个人类社会的精神风尚有极大的影响。虽然史学具有重要的社会价值、学术价值、人文精神价值，但在现实中我们看到的是史学没有受到社会的高度重视，史学专业作为当今最冷的专业之一而面临着窘境。尽管专业本身的“冷”和“热”，是由社会对各类人才的需要量决定的，但也有史学自身发展的问题。如今浮躁的学风是学术研究中存在的头等重要的问题。学风不正将导致学术难以繁荣和发展，理论难以创新，甚至窒息学术。我认为，要解决学风的“浮躁”，首先要提高为学者的思想道德修养。思想道德情操提高了，为学者就会增强使命感、社会责任感，就有了正确的史学研

究方向和动力。我们从李兴盛先生流人史流人文化论著里所反复论证的“人才原自苦中生”、“天下才子半流人”的历史事实中，看到历史上的流人才子们淡泊名利、甘坐冷板凳、困境中有所作为的思想道德修养，我们更从李兴盛先生穷年累月博览群书，广搜众采，几十年磨一剑，创作出有价值史学著作的清苦而艰辛的治学历程里，感受到一个真正史学家所具有的不急功近利、不羡慕荣华、孜孜不倦、勤于著述的高尚史学情怀。历史上流人处境悲凉，创业艰难而业绩辉煌，为我们提供了宝贵的治史经验；今人李兴盛先生渊博深厚的文史功底及非同凡手的治学水平，硕果累累的史学成就，更成为今天史学工作者特别是青年史学工作者治学的榜样！

在当今市场经济时代，任何一门学科都要适应社会的发展，摆在史学界面前的是：在市场经济条件下找到史学定位，把史学从学术研究领域推向市场，使史学的研究与市场经济相结合，加强史学的应用研究。李兴盛先生在其坚实的史学研究基础条件下，开始史学的应用研究，勇于先行并付诸实践。他曾经向省长及省市城市规划办、省旅游局、省文管局等有关部门发出《学术研究应该转化成为经济效益与社会效益服务的思考》①、《关于流寓文化研究与旅游资源开发的思考》②、《关于哈尔滨关道衙门遗存亟需保护与开发的建议》③、《太阳岛整治应加厚历史底蕴》④、《开

---

① 李兴盛：《流人史流人文化与旅游文化》第388—394页，黑龙江人民出版社2008年版。

② 李兴盛：《流人史流人文化与旅游文化》第395—405页，黑龙江人民出版社2008年版。

③ 李兴盛：《流人史流人文化与旅游文化》第362—364页，黑龙江人民出版社2008年版。

④ 李兴盛：《流人史流人文化与旅游文化》第360—361页，黑龙江人民出版社2008年版。

展流寓文化与流人文化研究以促进我省旅游文化、旅游事业的发展》① 等诸多建议，字里行间，无不体现一个史学家立足社会，竭尽史责的强烈社会责任感。李兴盛先生建议的利用好现有的历史人文旅游资源，打造一批具有深邃历史文化底蕴的人文景观，利用当地的历史人物或历史人文景观为依托，用史学打造历史文化浓厚的特色文化品牌，对当地特色产品或其他产品进行文化包装，推出系列文化品牌等美好愿景实现之日，就是黑龙江旅游经济文化发展腾飞之时。

总之，学术研究成果要尽快转化，通过转化推动地方经济文化的发展，这是李兴盛先生的愿望，也是更多史学工作者努力工作的动力与希望。

---

① 李兴盛:《流人史流人文化与旅游文化》第 355—359 页，黑龙江人民出版社 2008 年版。

主要参考文献

一、古籍历史类

《尚书》，中华书局 2009 年版。
《国语》，上海古籍出版社 1978 年版。
徐文靖：《竹书纪年统笺》，光绪三年浙江书局刊本。
杜预：《春秋左传集解》，上海人民出版社 1977 年版。
桓宽：《盐铁论》，《四库全书》本。
司马迁：《史记》，中华书局 1982 年版。
班固 ：《汉书》，中华书局 1962 年版。
范晔：《后汉书》，中华书局 1998 年版。
陈寿：《三国志》，中华书局 1982 年版。
杭世骏：《三国志补注》，商务印书馆 1937 年版。
房玄龄等：《晋书》，中华书局 1982 年版。
魏收：《魏书》，中华书局 1974 年版。
魏徵等：《隋书》，中华书局 1987 年版。
李延寿：《南史》，中华书局 1975 年版。
李延寿：《北史》，中华书局 1982 年版。
长孙无忌：《唐律疏议》，中华书局 1983 年版。
薛允升：《唐明律合编》，中国书店出版社，2010 年版。
刘昫：《旧唐书》，中华书局 1975 年版。
欧阳修等：《新唐书》，中华书局 1975 年版。

薛居正：《旧五代史》，中华书局1976年版。

欧阳修：《新五代史》，中华书局1974年版。

脱脱等：《宋史》，中华书局1977年版。

窦仪：《宋刑统》，中华书局1984年版。

黄庭坚：《宜州家乘》，《丛书集成初编》本。

许亢宗：《宣和乙巳奉使金国行程录》，崔文印《靖康稗史笺证》本，中华书局1988年版。

徐梦莘：《三朝北盟汇编》，上海古籍出版社2008年版。

蔡絛：《北狩行录》，黑龙江大学出版社2011年《东北流人文库》本。

脱脱等：《辽史》，中华书局1974年版。

脱脱等：《金史》，中华书局1975年版。

宋濂等：《元史》，中华书局1976年版。

《明实录》，台湾“中央研究院”史语所1962年影印本。

李贽：《续藏书》，中华书局1974年版。

张廷玉等：《明史》，中华书局1974年版。

计六奇：《明季南略》，光绪十三年上海刊本。

《大清律例》，《四库全书》本。

《清圣祖实录》，中华书局1985年版。

《康熙起居注》，中华书局1959年版。

《清世宗实录》，中华书局1985年版。

蒋良骐：《东华录》，中华书局1980年版。

高士奇：《扈从东巡日录》，文史出版社1986年版。

《大清会典事例》，清光绪二十五年石印本。

《清高宗实录》，中华书局1986年版。

《清仁宗实录》，中华书局1985年版。

《清续文献通考》，民国商务印书馆《十通》本。

《清宣宗实录》，中华书局1986年版。

《清史列传》，中华书局1987年版。

赵尔巽等：《清史稿》中华书局1977年版。

马其昶：《桐城耆旧传》，台湾《近代中国史料丛书》本。

《清代文字狱档》，故宫博物院文献馆，1936年刊。

台湾“中央研究院”历史语言研究所：《明清史料》，中华书局1987年版。

李兴盛：《清实录黑龙江史料摘抄》，黑龙江省社科院1983年内部印行。

黑龙江省社科院历史所：《清代黑龙江历史档案选编》，黑龙江人民出版社1980年版。

二、古籍地理类

毕恭：《辽东志》，《辽海丛书》本。

《盛京通志》，乾隆元年修。

《奉天通志》，民国修。

董国祥：《铁岭县志》，民国《辽海丛书》本。

《沈阳县志》，民国修。

王一元：《辽左见闻录》，清抄本。

王寂：《辽东行部志》，黑龙江人民出版社1984年本。

景方昶：《东北舆地释略》，上海书店出版社1994年版。

《吉林通志》，光绪修。

郭楞熙：《吉林汇征》，民国初年铅印本。

萨英额：《吉林外纪》，《浙西村舍汇刊》本。

《黑龙江志稿》，民国修。

《宁安县志》，民国修。

魏毓兰：《龙城旧闻》，民国初年铅印本。

张缙彦：《宁古塔山水记》，黑龙江大学出版社2011年《东北流人文库》本。

方式济：《龙沙纪略》，乾隆年间《述本堂诗集》家刻本。
徐宗亮：《黑龙江述略》，光绪《观自得斋丛书》本。
方观承：《卜魁风土记》，《小方壶斋舆地丛钞》本。
英和：《卜魁纪略》，《小方壶斋舆地丛钞》本。
方拱乾：《绝域纪略》，《说铃》本。
吴桭臣：《宁古塔纪略》，《知服斋丛书》本。
洪皓：《松漠纪闻》，民国《豫章丛书》本。
杨宾：《柳边纪略》，民国《辽海丛书》本。
西清：《黑龙江外记》，《浙西村舍汇刊》本。
谢济世：《西北域记》，《丛书集成初编》本。
《兰州府志》，道光修。
《新疆图志》，民国修。
洪亮吉：《伊犁日记》，《小方壶斋舆地丛钞》本。
《贵州通志》，民国修。
陈鼎：《黔游记》，《丛书集成初编》本。
张澍：《续黔书》，光绪二十三年贵阳书局刻本。
周广：《广东考古辑要》，光绪十九年刻本。
《琼州府志》，道光修。
《崖州志》，光绪修。
《儋州志》，民国修。
《潮州府志》，乾隆修。
《惠州府志》，光绪修。
《云南通志》，道光修。
《昆明县志》，光绪修。
谢肇淛：《滇略》，《四库全书》本。
《闽侯县志》，民国修。

三、古籍文学类

郭庆藩：《庄子集解》，中华书局2006年版。

李白：《李太白全集》，中华书局 1977 年版。

浦起龙：《读杜心解》，中华书局 1961 年版。

刘禹锡：《刘宾客集》，《四库全书》本。

柳宗元：《柳河东集注》，《四库全书》本。

李德裕：《会昌一品集》，《四库全书》本。

李璟、李煜：《南唐二主词校订》，人民文学出版社 1957 年版。

范仲淹：《范文正集》，《四库全书》本。

苏轼：《东坡全集》，《四库全书》本。

黄庭坚：《山谷集》，《四库全书》本。

洪皓：《鄱阳集》，《四库全书》本。

杨慎：《升庵全集》，《万有文库》本。1929 年至 1937 年商务印书馆排印、影印本。

王守仁：《王文成公全集》，《四部丛刊》本。

方孝标：《钝斋诗选》，清抄本。

郝浴：《中山郝中丞全集》，康熙刻本。

丁澎：《扶荔堂诗文集选》，康熙五十五年刻本。

张贲：《白云集》，乾隆不惑堂刊本。

杨宾：《晞发堂诗文集》，清抄本。

杨宾：《大瓢先生杂文残稿》，《吴中文献小丛书》本。

谢济世：《梅庄遗集》，光绪三十四年刊本。

全祖望：《鲒埼亭集》，《四部丛刊初编》本。

纪昀：《乌鲁木齐杂诗》，《丛书集成初编》本。

蒋业晋：《立厓诗钞》，《清代诗文集汇编》本。

刘凤诰：《存悔斋集》，《续修四库全书》本。

林则徐：《云左山房诗词钞》，光绪十二年林氏刻本。

英和：《卜魁集》，道光刻本。

张光藻：《北戍草》，光绪二十三年刻本。

裴景福：《睫闇诗抄》，光绪末年刊本。

方拱乾：《何陋居集·甦庵集》，黑龙江大学出版社 2010 年版。

吴兆骞等：《秋笳集·归来草堂尺牍·耕烟草堂诗钞》，黑龙江大学出版社 2010 年版。

陈之遴等：《浮云集·拙政园诗馀·拙政园诗集》，黑龙江大学出版社 2010 年版。

释函可等：《千山诗集·不二歌集》，黑龙江大学出版社 2011 年版。

傅作楫等：《雪堂集（外八种）》，黑龙江大学出版社 2011 年版。

朱熹：《楚辞集注》，《四库全书》本。

彭定求等：《全唐诗》，中华书局 1979 年版。

唐圭璋：《全宋词》，中华书局 1956 年版。

陈述：《全辽文》，中华书局 1982 年版。

沐昂：《沧海遗珠》，《四库全书》本。

陈子龙等：《皇明经世文编》，台联国风出版社 1968 年版。

方登峄等：《述本堂诗集》，乾隆间方氏家刻本。

方于谷：《桐城方氏诗辑》，嘉庆刊本。

潘江：《龙眠风雅》，康熙间刻本。

刘斧：《青锁高议》，上海古籍出版社 1983 年版。

陶宗仪：《辍耕录》，中华书局 1985 年版。

沈德符：《万历野获编》，中华书局 1959 年版。

董含：《三冈识略》，辽宁教育出版社 2000 年版。

纪昀：《阅微草堂笔记》，上海古籍出版社 1980 年版。

姚元之：《竹叶亭杂记》，中华书局 1982 年版。

昭梿：《啸亭杂录》，中华书局 1980 年版。

陈康祺：《郎潜纪闻》，中华书局 1990 年版。

徐珂：《清稗类钞》，中华书局 1984 年版。

余懋杞：《杨安城传》，转引自《荟蕞编》。

计有功：《唐诗纪事》，中华书局 1965 年版。

厉鹗:《宋诗纪事》,乾隆十一年厉氏樊榭山房刊本。
陈衍:《辽诗纪事》,民国二十五年商务铅印本。
陈衍:《金诗纪事》,民国二十五年商务铅印本。
陈衍:《元诗纪事》,民国二十五年商务铅印本。
陈田:《明诗纪事》,光绪二十五年陈氏刻本。
钱仲联:《清诗纪事》,江苏古籍出版社 1989 年版。
程珽:《龙沙剑传奇》,嘉庆初抄本。

四、近人、今人著述类(以出版时间为序)

梁启超:《中国近三百年学术史》,中华书局 1936 年版。
曾问吾:《中国经营西域史》,商务印书馆 1936 年版。
周君达:《徽钦北徙录》,国民书店 1941 年版。
谢国桢:《清初流人开发东北史》,上海开明书店 1948 年版。
郭沫若:《李白与杜甫》,人民文学出版社 1971 年版。
来新夏:《结网录》,南开大学出版社 1984 年版。
朱玉书:《海外奇踪》,湖南人民出版社 1985 年版。
孟森:《心史丛刊》,岳麓书社 1986 年版。
李兴盛:《边塞诗人吴兆骞》,黑龙江人民出版社 1986 年版。
罗继祖:《墐户录》黑龙江人民出版社 1988 年版。
张玉兴:《清代东北流人诗选注》,辽沈书社 1988 年版。
陈昌武:《柳宗元评传》,南京大学出版社 1988 年版。
王文才:《杨慎学谱》,上海古籍出版社 1988 年版。
戴义开:《柳宗元·柳州》,广西教育出版社 1989 年版。
李兴盛:《东北流人史》,黑龙江人民出版社 1990 年版。
郭成康、林铁钧:《清朝文字狱》,群众出版社 1990 年版。
韩林元:《历代名人谪琼诗选注》,河南大学出版社 1990 年版。
李兴盛、许子荣:《黑龙江历代诗词选》,黑龙江人民出版社

1991 年版。

张晋藩：《清律研究》，法律出版社 1992 年版。

朱玉书：《苏东坡在海南岛》，广东人民出版社 1993 年版。

黎兴汤：《李德裕在崖州》，南海出版公司 1993 年版。

周轩：《清宫流放人物》，紫禁城出版社 1993 年版。

周轩：《清代新疆流放名人》，新疆人民出版社 1994 年版。

胡星桥、邓又天：《读例存疑点注》，中国公安大学出版社 1994 年版。

李兴盛：《中国流人史》，黑龙江人民出版社 1995 年版。

李兴盛：《中国流人史与流人文化论集》，黑龙江人民出版社 2000 年版。

李兴盛：《流寓文化中黑龙江山水名胜与轶闻遗事》，黑龙江人民出版社 2000 年版。

周义敢等：《秦观集编年校注》，人民文学出版社 2001 年版。

傅璇琮：《李德裕年谱》，河北教育出版社，2001 年版。

李兴盛：《黑龙江历代流寓人士山水胜迹诗选》，黑龙江人民出版社 2002 年版。

张玉兴：《明清史探索》，辽海出版社 2004 年版。

孙昌武等：《柳宗元研究文集》，广西人民出版社，2005 年。

刘长明：《林则徐在新疆》，新疆大学出版社，2006 年

李国荣：《清朝十大科场案》，人民出版社 2007 年版。

李兴盛：《黑龙江历代旅游诗选与客籍名人》，黑龙江人民出版社 2008 年版。

李兴盛：《塞月边风录》，黑龙江人民出版社 2008 年版。

李兴盛：《诗人吴兆骞系列（传、年谱、资料汇编各一册）》，黑龙江人民出版社 2008 年版。

李兴盛：《流人史流人文化与旅游文化》，黑龙江人民出版社 2008 年版。

李兴盛:《增订东北流人史》,黑龙江人民出版社2008年版。

李兴盛:《大荒集》,黑龙江教育出版社2009年版。

李兴盛:《流人学的脚步》,黑龙江教育出版社2009年版。

李兴盛:《中国流人史》,黑龙江人民出版社2012年新版。

邓之诚:《清诗纪事初编》,上海古籍出版社2012年版。

王云红:《清代流放制度研究》,人民出版社2013年版。

五、论文类(以发表时间为序)

冼玉清:《苏轼居儋之发生》,《岭南学报》1911年7期。

范希曾:《屈子生卒年月及流地考》,《国学丛刊》1923年。

百川:《清末军流徒刑执行方法之变迁及吾人应有之认识》《法学丛刊》1925年。

(日)有高岩:《清代满洲流人考》,《三宅博士古稀祝贺论文集》1929年。

任维焜:《边塞诗人吴汉槎评传》,《新晨报》副刊1930年3月19—24日。

陈寅恪:《李德裕贬死年月及归葬传说辨证》,《国立中央研究院历史语言研究所集刊》1935年12月。

陈垣:《记吕晚村子孙》,《文献特刊》1935年10月。

陈垣:《记徐松遣戍事》,《国学季刊》1936年9月。

(日)园田龟一:《宋徽宗皇帝的满洲配流》,《满族图书馆刊》1937年。

曹经沅:《在龙场驿丞任内的王阳明》,《越风》1937年1月。

陶元珍:《林则徐的治水和对于开发新疆的努力》,《国论》1939年1期。

树侯:《关于屈原放逐》,《山西大学校刊》1946年7期。

孙作云:《屈原在楚怀王时被放逐的年代》,《光明日报》1953年10月3日。

（日）清水茂等：《柳宗元生活体验及其山水记》，《文史哲》1957 年 4 期。

（日）川久保悌郎：《清代配流边疆的罪徒》，弘前大学《人文社会》1958 年 15 号。

孙作云：《屈原的放逐问题》，《开封师院学报》1961 年 11 期。

（日）川久保悌郎：《清代满洲的边疆社会》，弘前大学《人文社会》1962 年 27 号。

郭沫若：《李德裕在海南岛上》，《光明日报》1962 年 3 月 16 日。

禾子：《李德裕谪崖州》，《文汇报》1962 年 6 月 30 日。

若思：《杨炎的贬所》，《文史》第二辑 1963 年。

顾峰：《杨慎对西南民族史研究的贡献》，《中国民族》1964 年 4 期。

（台湾）钟涯萍：《吴兆骞丰才薄命》，《畅流》1966 年 12 月。

（台湾）杨合义：《清代东三省开发的先驱者——流人》，《东洋史研究》1973 年第 32 卷第 3 号。

（台湾）孙克宽：《寒笳远戍慨文人——吴汉槎与其诗》，《东方杂志》1974 年 2 期。

（台湾）杨合义：《清代活跃于东北的汉族商人》，台湾《食货月刊》1975 年。

（台湾）朴人：《吴汉槎塞外家书》，《自由谈》1975 年 12 期。

潘啸龙：《关于屈原放逐问题的商榷》，《安徽师大学报》1980 年 3 期。

李兴盛：《清初流人及其对黑龙江地区开发的贡献》，《学习与探索》，1980 年 5 期。

刘思义：《在放逐中潜心治学》，《历史知识》1980 年 1 期。

宋德金：《吴兆骞和他的边塞诗》，《社会科学辑刊》1980 年 6 期。

马千希：《洪亮吉的〈天山歌〉》，《新疆日报》1980 年 3 月 23 日。

李兴盛：《万里冰霜绝塞行——杨越、杨宾父子传略》，《学习与探索》1981年6期。

傅朗云：《抗俄爱国诗人吴兆骞》，《光明日报》1981年6月15日。

傅朗云：《吴兆骞的一生》，《牡丹江师院学报》1981年4期。

高言弘：《刚正不阿的谢济世》，《学术论坛》1981年2期。

戴义开：《柳宗元在柳州修孔庙是件大事》，《学术论坛》1982年6期。

董玉瑛：《杨安城事略》，《史学集刊》1982年4期。

昭民：《宋之问"赐死"钦州考》，《学术月刊》1982年6期。

王全兴：《洪皓与〈松漠纪闻〉》，《黑龙江文物丛刊》1982年1期。

益甫：《李德裕贬崖州》，《岭南文史》1983年2期。

戴义开：《柳宗元柳州事迹考》，《中国哲学史研究》1983年3期。

李云逸：《沈佺期"配流岭表"考辨》，《学术月刊》1983年4期。

李兴盛：《清代流寓者有关渤海国"东京城"的诗文资料辑录》，《学习与探索》1983年3期。

丘良任：《卢见曾及其〈出塞图〉》，《故宫博物院院刊》1983年2期。

李兴盛：《一代奇才千秋恨》，《学习与探索》1984年4期。

陈曼平：《论吴兆骞的流徙及创作》，《齐齐哈尔师范学院学报》1984年4期。

陈胜粦：《林则徐履勘南疆垦地的实录》，《中山大学学报》1984年1期。

殷晴：《林则徐与新疆》，《新疆社会科学》1984年1期。

张元勋：《关于屈原放逐的辨正》，《齐鲁学刊》1984年6期。

张玉兴：《关于陈梦雷第二次被流放的问题》，《清史研究通讯》1984年2期。

麻守中：《清初洞城方氏两次遣戍东北考》，《史学集刊》1984

年4期。

梁志忠:《清初发往黑龙江的遣犯》,《黑龙江文物丛刊》1984年2期。

王岫石:《试沦清初流人对东北开发的贡献》,《史学简报》1984年9期。

薛虹:《函可和冰天诗社》,《史学集刊》1984年1期。

李兴盛:《张坦公及其〈宁古塔山水记〉、〈域外集〉》,《求是学刊》1984年5期。

贾敬颜:《张缙彦和他的〈宁古塔山水记〉》,《学习与探索》1984年5期。

张玉兴:《巴海、萨布素与东北流人文士》,《黑河学刊》1984年1期。

常青:《林则徐对提高新疆历史地位的作用》,《新疆社会科学》1985年2期。

卢业时:《李德裕在海南贬地考》,《海南大学学报》1985年1期。

赵俪生:《西北学的拓荒者之一——徐松》,《西北史地》1985年1期。

李兴盛:《清代东北被遣戍的起义农民》,《学习与探索》,1985年5期。

梁志忠:《清前期发遣吉林地区的流人》,《史学集刊》1985年4期。

杨旸:《明代流人在东北》,《历史研究》1985年4期。

方思远:《韩愈在潮州事略辨析》,《华南师大学报》1986年4期。

齐清顺:《清代新疆遣员研究》,《新疆社会科学研究》1986年1期。

张玉兴:《孙赤崖与赤崖和尚考》,《东北地方史研究》1987年4期。

杨旸:《明代南方少数民族谪寓辽东》,《中央民族学院学报》

1987年3期。

齐清顺:《清代遣员在新疆的贡献》,《喀什师范学院学报》1987年4期。

陈进忠:《林则徐对新疆建设和边防的贡献》,《四川大学学报》1988年1期。

张海声:《林则徐在西北》,《西北师大学报》1988年10期。

王希隆:《清前期新疆的安插户》,《西北史地》1988年1期。

齐清顺:《清代新疆遣犯研究》,《中国史研究》1988年2期。

李兴盛:《〈南山集〉文字狱案及桐城方氏向东北的遣戍》,《北方文物》1988年2期。

(台湾)廖中庸:《清朝官民发遣新疆之研究》,台湾东海大学历史所硕士论文,1988年。

黎兴汤:《多港峒黎村与李德裕贬所研究》,《民族研究》1989年3期。

周轩:《载澜在新疆》,《紫禁城》1989年2期。

周轩:《纪晓岚在新疆》,《紫禁城》1989年4期。

张铁纲:《清代流放制度初探》,《历史档案》1989年3期。

叶志如:《从罪奴遣犯在新疆的管束形式看清代的刑法制度》,《新疆大学学报》1989年4期。

何凤桐:《张光徒边丛考》,《贵州师范大学学报》1990年4期。

李兴盛:《冷雾寒烟冰雪地艰难创业话流人——〈东北流人史〉自序》,黑河学刊1990年4期。

黄保万:《论林则徐的〈衙斋杂录〉与筹边思想》,《林则徐在新疆》1990年。

赵鸣岐:《吴兆骞和他的边塞诗〈秋笳集〉》,《史学集刊》1990年4期。

高亢:《爱国诗人吴兆骞》,《承德师专学报》1991年4期。

吴元丰：《清代乾隆年间伊犁遣屯》，《西域研究》1991 年 3 期。

张铁纲：《漫评清代的流放制度》，《晋阳学刊》1992 年 1 期。

叶志如：《清代罪奴的发遣形式及其出路》，《故宫博物院院刊》1992 年 1 期。

马新：《论中国历史上的流放》，《山东社会科学》1992 年 1 期。

李兴盛：《流人及其对东北开发的作用》，《学术交流》1992 年 3 期。

古永继：《明代云南的谪流之人》，《思想战线》1992 年 1 期。

李兴盛：《清初诗人方拱乾及其诗作》，《北方论丛》1992 年 2 期。

（台湾）吴佳玲：《清代乾嘉时期遣犯发配新疆之研究》，台湾政治大学民研所硕士论文，1992 年。

（台湾）温德顺：《清代乾嘉时期关内汉人流移东北之研究》，台湾政治大学民研所硕士论文，1993 年。

周轩：《清代新疆流放人物述略》，《西域研究》1993 年 1 期。

周轩：《清代西域史地学家祁韵士》，《紫禁城》1993 年 4 期。

刘瑞明：《〈乌鲁木齐杂诗〉诗意和评注辨析》，《西域研究》1993 年 1 期。

周轩：《裴景福流放新疆案》，《紫禁城》1994 年 2 期。

李兴盛：《艰难创业话流人》，《黑龙江社会科学》，1994 年 4 期。

朱孝文：《且将浊酒浇胸臆，莫为悲笳废啸歌——读吴兆骞〈悲笳集〉》，《彭城大学学报》1994 年 1—2 期。

马中文：《张荫桓流放新疆前后事迹考述》，《新疆大学学报》1996 年 4 期。

李兴盛：《流人文化及我国近世流人在思想文化领域内的贡献》香港珠海书院《亚洲研究》1997 年 23 期。

黄桂：《韩愈与潮州若干史实辨析》，《汕头大学学报》1999 年 3 期。

李春才：《韩愈与潮州生产力》，《韩山师范学院学报》1999 年

3期。

徐亦亭：《柳宗元开拓了岭南西部民族教育》，《民族教育研究》1999年1期。

唐澍：《白居易被贬的真正原因及思想矛盾》，《西安教育学院学报》1999年1期。

李兴盛：《本世纪流人史、流人文化研究综述及展望》，《中国史研究动态》1999年5期。

黄超云：《才华盖世坎坷一生——清诗人吴兆骞评传》，《漳州职业大学学报》2000年1期。

吴福环：《林则徐与中国边疆》，《西域研究》2000年2期。

孟颖：《清初的东北流人及对东北文化发展的贡献》，《北华大学学报》2000年3期。

李兴盛：《关于流寓文化研究与旅游资源开发的思考》，《学习与探索》2000年4期。

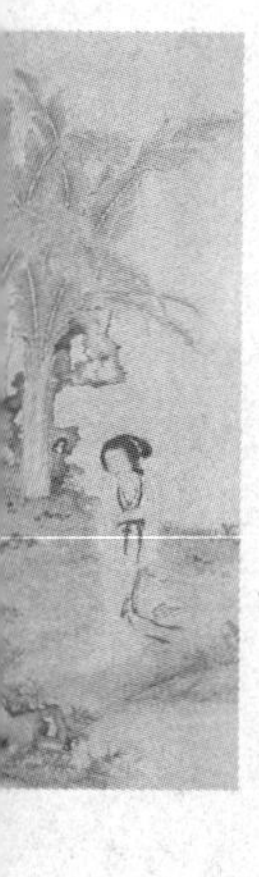

陈发扬：《林则徐处理少数民族事务的启示》，《兰台世界》2002年3期。

张永江：《试论清代的流人社会》，《中国社会科学院研究生院学报》2002年6期。

黄松筠：《论清代东北封禁与流人文化》，《中国边疆史地研究》2002年4期。

周建忠：《屈原放逐问题证辩》，《高等学校文科学术文摘》2003年1期。

周轩：《清代新疆流人与民族关系》，《新疆大学学报》2003年4期。

王劲：《龚自珍、林则徐开发西北的思想》，《兰州大学学报》2003年5期。

张林：《论清初流人及对东北经济、文化的历史贡献》，《吉林师范大学学报》，2003年5期。

周新国：《林则徐与新疆史地研究》，《中国边疆史地研究》2004年1期。

李淑清：《吕留良后裔在北疆的活动及贡献》，《浙江社会科学》2004年6期。

刘月萍：《论咏参诗所体现的文化内涵》，《人参研究》2005年4期。

周轩：《关于林则徐在新疆思想和实践的评价》，《新疆大学学报》2006年6期。

李兴盛：《黑龙江流域文明与流人文化》，《学习与探索》2006年2期。

（台湾）王学玲：《是地即成土：清初流放东北文士之“绝域”纪游》，《汉学研究》第24卷第2期，2006年。

（台湾）王学玲：《一个流放地的考察——论清初东北宁古塔的史地建构》，《文与哲》第11期，2007年。

（日）户崎哲彦：《惊恐的喻象——从韩愈、柳宗元笔下的岭南山水看其贬谪心态》，《东方丛刊》2007年4期。

李兴盛：《地方文献在流人史与流人文化研究中的应用》，国家图书馆于2007年10月举办之“第二届地方文献国际学术研讨会”大会发言稿。

黄德烈：《宁古塔流人诗社成因及影响》，《文史知识》2007年7期。

张茵茵：《唐代流刑制度研究》，《河北师范大学学报》2008年4月。

王云红：《清代流放刑罚概说》，《刑法论丛》2008年2期。

金悦：《清代东北地区的“流人”》，《满族研究》2008年4期。

廖晓晴：《清代辽宁流人与流人文化述论》，《辽宁大学学报》2008年6期。

（台湾）严志雄：《忠义、流放、诗歌——函可禅师新探》，严志雄等点校《千山诗集导论》，台湾“中央研究院”文哲所印，2008年。

李金荣：《黄庭坚谪居戎州行迹生活考述》，《宜宾学院学报》2009年2期。

何宗美：《“吴兆骞现象”及其经典意义——兼论清初东北流人文学的历史内涵》，《求是学刊》2009年5期。

郑彦春：《流人文化对黑龙江文化的影响》，《理论观察》2009年4期。

章旋：《试论清代东北流人对宁古塔的文化贡献》，西南农业大学学报（社科版）2009年7卷6期。

（台湾）曹淑娟：《从寓山到宁古塔——祁班孙的空间体认与遗民心事》，载王瑷玲编《空间与文化场域：空间移动之文化诠释》，台北汉学研究中心，2009年。

（台湾）严志雄：《流放、帝国与他者——方拱乾、方孝标父子诗中的高丽》，《中国文哲研究通讯》2010年6月第20卷第2期。

景刚：《欧阳修与滁州》，《滁州学院学报》2010年1期。

杜勍妹：《论苏轼被贬时期的功绩》，《语文学刊》2010年6期。

杨银权：《试论清代遣犯和流人群体对新疆开发的贡献》，《青海民族大学学报》2010年4期。

潘建华：《东北流人在戍地的经济活动》，《吉林日报》2010年9月9日。

刘丽：《唐代贬官与海南文化》，《咸阳师范学院学报》2010年5期。

廖晓晴：《试析清代东北流人文化的内涵》，《满族研究》2010年3期。

郝素娟：《试论清代流人与东北社会变迁》，《吉林师范大学学报》（人文社会科学版），2011年5期。

郝素娟：《清代东北流人生存状态探析》，《北方文物》2011年

4期。

贾小壮：《略论清代东北文化流人的社会生活》，《东北史地》2011年4期。

马丽：《清代东北流人方志版本简述》，《历史档案》2011年3期。

李兴盛：《清代黑龙江地域文化中的流人诗词》，《北方文学》2011年5期。

李兴盛：《大荒风雪写边声——明清二代东北流人文学创作概述》，台湾“中央研究院”文哲所于2011年12月举办之“行旅、离乱、贬谪与明清文学国际学术研讨会”发言稿。

张玉兴：《荒原奇葩——清初盛京流人文学述略》，载张玉兴《明清之际的探索》，社会科学文献出版社，2012年。

王凤玲：《柳宗元被贬永州期间书信探析》，《南京师范大学文学院学报》2012年3期。

薄晓霞：《浅析中国古代流放制度》，《山东大学学报》2012年3月。

李德新：《清代东北流人问题研究评析》，《东北师大学报》（哲学社会科学版）2013年5期。

附录

李兴盛与流人学的研究

来新夏

世有“显学”与“晦学”之分，“显学”为当世所重，群趋若鹜，如清之乾嘉考据学，今之红学、敦煌学等等，于是资料盈箧，成果丰硕，人才辈出，为举世所瞩目。“晦学”则不然，虽其学重要，然资料发掘艰难，前人成作较少，一时难见其功，学人多视为畏途，潜研者寥寥，若为世所遗忘者，今之流人学类此。

流人源出于流刑，多为蒙冤受屈，备受迫害与刑罚者。流人颇多具有文化素养，甚至学问淹博者也为数不少，世所谓“天下才子流人多”即指此而言。其人虽投诸四裔，犹不弃边远，播种文化，开发蒙昧，厥功至伟，是流人与流人文化问题固不得不有所研讨，而世之投身斯者，固屈指可数也。

我之接触流人问题，始得益于安阳谢国桢（刚主）先生。我家与谢氏有通家之谊，少时曾借书于谢氏，得读刚主先生所著《清初东北流人考》，为前此未读之书。见其对清初发戍东北之流人所作专门性研究，既钦其治学视野之广阔，复感其研究有裨于清初开国史的探求。后此则未见有关流人新作。上世纪五十年代以来，历次政治运动中辄有因种种新账老账一齐算而遭贬谪者，西部荒漠及北大荒等地均有其人，虽下放、锻炼名目各异，而其实与流人差近。投鼠忌器，颇为流人问题之研究增忌讳。七十年代初，我曾下放农村四年，耕余无聊，又谨言慎行，寡交游，遂就所携图籍中之流人著述，时加研读，随手札记心得，积久乃成《读流人书》一文（见附录）。此举一则纾烦遣愁，借他人杯酒，浇自己块垒；再则见流人虽困处厄塞，而犹能寄托诗文，传播文化，颇受激励。深惟似此群体而淹塞不彰，研究者又甚鲜而深致感慨。八十年代初，海宇廓清，学术文化顿显新颜，有幸获识西北周轩、东北李兴盛二君，皆以流人问题研究自任，撰述探讨，卓有成就。其穷年累月从事“晦学”研究之精神，尤令人钦佩。

我识李君兴盛较晚，初仅书信往来，继又得读其惠我大作。我虽曾粗涉流人之学，而视李君所著之精深，则瞠乎其后矣！1989年，先后读其所著《边塞诗人吴兆骞》及《东北流人史》，见其“筚路蓝缕，以启山林”的精神及从个案研究走向通史研究的历程，窃喜流人学研究之得人！惟惜其尚局限于东北一隅，深冀其由一隅而扩及全面。孰意不及五年，而百余万言之《中国流人史》又问世，李君用功之勤，投入之深，求之当世，实不多见。我曾为此书做过鉴评说：《中国流人史》“是对流人问题进行全方位、多层次、各区域的完整论述，开创了流人史研究的新体系。我通读《中国流人史》的最深感受是，他不把知识分子流人的遭遇作为个案，而是加以群体的系统记述，使之成为记述中国知识分子坎坷经历，不幸命运，悲惨处境而仍能百折不挠，利国利民，奋发向上的感人史诗”。1998年冬，兴盛复以所主编之《何陋居集(外二十一种)》一书见惠，此书以清方拱乾之《何陋居集》为总名而含有宋、清、民国之流人文献共二十二种，为流人史之研究提供基本史料，厥功至伟。次年，兴盛不辞千里，亲临寒舍，一倾积愫，交流沟通，听其言，观其行，固恂恂然一君子也。我读书未遍，关于流人史的研究，除周、李二君的著述外，其他专著、论文所见尚鲜，此流人学之所以为“晦学”也。究其缘由，愚意以为治此学者必须具备三条件：

其一，研究者必须久居边远戍地，对流人生活背景，岁月煎

熬，有亲临其地的切身感受，有一种为不幸者存史的激情冲动，乃以真挚的感情去探讨、研究，从而论述中国知识分子的忧患史，这是最重要的精神支柱。

其二，研究者必须具备发现挖掘史源、搜检考校史料和公允评论人物的学识底蕴与熟练技能。惟其如此，方能于人于事，持之有故，言之成理。方能由此及彼，由表及里，由个案至群体，由古代及近世，撰成诸种有关著述，使流人学之研究不数十年而蔚为大观。这是最重要的物质基础。

其三，研究者必须澹泊自甘，硁硁自守，不急功好利，不艳羡荣华。以悲天悯人之心，阐幽发微；不偏不倚，还人物以本来。终其生而无怨无悔。这是最重要的史德。

三者言易而行难，周、李二君得天独厚，幸逢其会，一羁居西陲，一谋食黑水，耳听故老逸闻，目见流人遗迹，抚今思昔，思潮汹涌，笔端激情，油然而生。二君皆好学深思之士，穷年累月，孜孜不倦，广搜博采，勤于著述，颇见称誉于学术界，而李君兴盛所著连年问世，凡个案研究，文献记录，史事纵论，皆所涉及，涵盖可谓深广。2000 年，兴盛更将其流人文化研究延伸至流寓文化与旅游文化领域，主持《黑龙江流寓文化与旅游文化丛书》编写工作，其第一种《黑龙江山水名胜与轶闻遗事》一书，即出版问世，赋流人学以实践意义，研究对象由流人扩展至客寓人士，视野愈益开阔。2001 年，复出示其另一种《中国流人史与流人文化概论》。兴盛倾历年之积存，更于《中国流人史》之基础上，总结升华，成此论集。捧读之余，欣悦不已。

兴盛之辑《中国流人史与流人文化概论》，虽为辑录其于流人问题研究中之理论观点，实则寓构筑流人学框架之深意。书分上下编，上编阐述有关流人与流人文化之理论问题，诸如流人的分类、流人史的分期，流人文化的界定与特性、流人历史作用的评价等等；下编为文选，辑与撰者及其著作有关之资料，可备了解兴盛治学历程与所获成就之参考。从此，兴盛之于流人学之研究，有史、有论、有专门著述、有文献汇编，足称完成架构专学之规模。

流人学的建立是兴盛的一个梦，他自谦目前是“残编寻旧梦”，我看他已在日益走近“全编圆美梦”的佳境。他自勉是“攀登今未已，风雨正兼程”，我则以耄耋之年真诚地期待流人学不久将在社会科学的学科分类表上堂堂正正地占有一席之地。流人学之跫然足音，殆已日近一日。兴盛其勉旃！

2008 年 3 月修改稿

（作者系我国著名学者、南开大学教授）

学海扬帆，独辟蹊径，宏著圆美梦

——李兴盛先生的学术贡献

李尚英

今年是著名流人史专家、黑龙江省文史馆研究员李兴盛先生从事流人史流人文化研究 30 年。黑龙江省文史馆在李兴盛先生 30 年流人史流人文化研究的基础上，举办“全国流人文化学术研讨会”，这不仅是李兴盛先生个人的荣誉，也是黑龙江省文史馆的荣誉，更是史学界的荣誉。笔者不揣谫陋，略撰一文，以志敬贺。

当前，学界中冠以“××学”的招牌日渐增多，实际上真正能称之为“学”的并不多。为什么？我认为，一门学问之能称为“学”，必须有一个科学而又系统的理论、体系、文献。李兴盛先生在清贫与书海之中，甘与青灯冷月和板凳纸笔为友，历经 30 年的紧张与忙碌兼备、枯燥与乐趣并存的岁月，先后完成了总计千万言的《东北流人史》、《中国流人史》、《中国流人史与流人文化论集》、《流人史流人文化与旅游文化》、《黑龙江山水名胜与轶闻遗事》、《黑龙江历代旅游诗选与客籍名人》、《塞月边风录》等三十余部皇皇大著，在此基础上，建立了一个科学而又系统的流人学的理论、体系、文献，从而圆了李先生 30 年“残编寻旧梦”，即建立流人学这一专学。

一、李兴盛先生流人学的理论

李先生的流人学的理论，主要体现在他的《中国流人史与流人文化概论》（收入《中国流人史与流人文化论集》）中，新版

《流人史流人文化与旅游文化》又作了一些修订。具体内容如下：

第一，对流人、流人史、流人文化、中国流人在历史上的贡献和作用等问题，运用历史唯物主义从理论上作了新的探索和诠释。

什么是流人？历史上传统的看法是“有罪见流徙者也”。这就是说，流人是指因犯罪而被统治阶级流放之人。此种看法，应该说抓住了问题的部分关键，但不全面。李兴盛先生指出，流人中有大量的人员并非犯罪者，有许多是和平居民和无辜百姓。所以，他给流人下的定义是：“流人，就是指作为阶级专政的对象及统治阶级掠夺财富或实边戍边需要的产物，而被强制迁徙到边远之地予以管制服役或戍边实边的一种客籍之民。”这就是说，第一，从政治上说，流人由于触犯了统治秩序（即“犯罪”），而成为统治阶级阶级专政的对象。第二，从经济上说，流人成为统治阶级掠夺财富的工具；流人成为统治阶级开发边疆的劳动力。第三，从地域关系而言，流人是“一种客籍之民”。新版《流人史流人文化与旅游文化》修订为“流人就是由于以惩罚、实边戍边或掳掠财富为指导思想的统治者认为有罪而被强制驱逐或迁徙边远之地，采取一定的管制措施的一种客籍居民”。这个定义相对于前一个而言，又进了一步，既指明了历代统治者制造流人的目的、借口、方式，又指明了流人由土著变为客籍的身份变化。我认为，这里的“以惩罚、实边戍边或掳掠财富为指导思想”一语，的确是抓住了问题的本质。即就“惩罚”而言，我们知道，清代许多民间宗教徒并没有“不轨”言行，但却遭到了流放。什么原因呢？实在是，“一人连十，十人连百，百人连千，千凑成万，即白莲教也”。也就是说，以下层群众为主组成的民间秘密宗教，即使没有推翻封建统治的政治目的，只要聚众，就有可能发生危及封建统治的活动，而这，正是封建统治阶级所绝对不能容许的。所以，李先生说得对：“流人就是被流放贬逐之人，即流放者。它既指流人整体而言，又指个体（一人）或部分而言。”“中国流人就是指历代在我国疆域上或我国藩属国领土上被我国政权所流放贬逐的各种类型的流人而言。”

什么是流人史？以往流人无史。20世纪40年代前，尽管有些著作涉及流人问题，但多支离破碎，不成体系，有些著作人主观上甚至没有把研究对象看作流人，而是从人物传记的角度进行研究和论述。1948年，著名历史学家谢国桢先生发表了《清初流人开发东北史》一文，论述了清代流放制度、清初及中叶以后流徙概况，以及流人保卫边疆、促进边疆文化与产业开发的历史作用。该文虽从体例上言，只可称作一部初具规模的东北流人专题史，但确实对流人史的研究起了肇其端的作用。谢老以后的一些学者，又多从刑法史、移民史、文化史、边疆开发史、民族关系史及人物传记的角度论述流人，而未对“流人史”作一个较为全面的论述。李先生则在《中国流人史与流人文化论集》中，对中国历史上的流人现象作了全方位、多角度、深层次、系统化的分析后，对“流人史”作了理论上的概括：“流人史是研究流人这一社会群体产生、发展及其历史作用的学科。”而中国流人史则是“阐述与研究历代中国流人的概况、悲惨处境、反抗斗争及其历史作用与贡献的学科，也就是研究中国流人的历史与社会影响的学科”。不仅如此，他还就中国流人的类型、流刑的演变阐释了流放制度由产生、发展到废止的实际情况，进而提出了中国流人史的分期，即第一期为先秦时代（约公元前21世纪至前221年），这是流放制度由无到酝酿的时期；第二期为秦至两晋十六国时代（前221年至公元420年），这是流放制度由首先出现与初步形成向正式确立与完全形成过渡时期；第三期为南北朝至明朝时代（420至1644年），为流放制度由正式确立、完全形成向更加完备的顶峰发展的过渡时期；第四期为有清一代（1618至1911年），是流放制度由发展顶峰趋向废止时期。以上这些结论，也许有待进一步推

敲和商榷，但李先生的开拓之功则是可以肯定的。

什么是流人文化？与流人、流人史一直在学界受到冷遇一样，流人文化也从未受到学者的重视，甚至在1997年之前连这一概念都未出现过。1997年，李兴盛先生在香港珠海大学召开的一次学术会议上，首次提出了“流人文化”这一新的名称、概念与命题，并作了初步的理论探讨。此后，他又再接再厉，深入钻研，在流人文化的研究上终于取得了令人瞩目的成果。李先生认为，流人文化就是“流人这一社会群体在与自然、社会相互作用中所创造与传播的一切知识的总和，是以中原文化为主体的多民族文化的综合体”。根据这一定义，他又指出，流人文化的实质就是：“以汉民族中原文化为主体的多民族文化的综合体”，具体而言，是以汉民族为主的中原文化“与流人队伍中其他民族以及流放地区的各种民族文化相碰撞、交流、融合之后的新质文化”。基于此，流人文化就具有中原农业文化与边区游牧文化的双重特点。流人文化充分体现了流人的艰苦奋斗精神、开拓进取精神和民族忧患意识。我认为，李先生的流人文化研究，不仅在中国文化的研究领域，而且在世界文化的研究领域上，均有填补空白的作用，有助于推动文化界对流人文化研究的深入发展。

李兴盛先生在阐释和论述了流人、流人史和流人文化几个重要问题之后，对中国流人在历史上的贡献和作用，以及怎样看待流人的犯罪等问题，进行了认真、全面的分析，从而提出了自己的独到见解。

在《中国流人史与流人文化论集》一书中，李先生按照宋代与宋代以前、辽金元三代、明代、清代四个时期，分别论述了中国流人的贡献与历史作用。他指出，在宋代和宋代以前，流人的贡献和作用主要体现在：军事上，保卫边疆的作用日益明显；经济上，促进了边疆土地的开发和商业贸易；文化上，传播了以中原文化为主体的流人文化，促进了边远地区文化教育的发展。在辽金元三代，广大流人的艰辛劳动，促进了辽、金、元三个统治时期各地经济的发展和城镇的开发，以及各地的文化交流和边区文化教育事业的发展。在明代，流人在社会经济方面，主要促进了农业的发展；在文化方面，促进了文学、学术与教育的发展；在军事方面，起到了抗击倭寇入侵、保卫边疆安全的作用。在清代，流人在经济上促进了农业、手工业和矿冶业、商业贸易、城镇、交通的发展和人口的增加；在军事上抵抗沙俄等列强的侵略、平定叛乱和保卫边疆；在文化上，流人在教育、书籍的传播、著书立说、文人结社、艺术、医药学、哲学和社会风俗等方面，都起了促进的作用；在民族关系上，流人的活动极大地促进了民族的融合、友谊与团结。李先生的上述论析，是实事求是的，令人信服的。

在谈及怎样看待流人犯罪的问题，李先生针对“流人既然有许多犯罪者，而罪犯又有什么值得研究与肯定的?”的疑问，表明了自己的“基本态度”：“由各种‘罪犯’构成的流人，其中无罪者基本是政治犯的多数与刑事犯的少数，有罪者基本是刑事犯的多数与政治犯的少数”。“而由各种战犯构成的流人，由于手无寸铁的和平居民占绝大多数，因此无罪者远比有罪者为多”。又鉴于在反抗统治阶级的各种战争中“产生的流人多于各种‘罪犯’型流人，因此，我国流人中的多数应是无罪者，少数是有罪者”。李先生还强调说：“流人中真正犯罪者，既然处于相对的少数，而他们又具有开发边疆、传播以中原文化为主体的流人文化等贡献与作用，因此我们不仅应该研究，而且也应该给予适当的肯定。”以上这些意见和结论，实践了李先生自己所说的话：对于流人犯罪问题，“既要作辩证的阶级的分析，而具体问题又要作具体分析”，“还要看到事物的主要矛盾及矛盾的主要方面，即流人功过是非中的主流方面”。我认为，李兴盛先生研究这个问题的原则和结论，都是符合马克思主义辩证唯物主义基本原理的，因而也是可以站住脚的。

第二，将流人史与流人文化扩展为流寓史和流寓文化，并进行了理论探讨。

李兴盛先生在研究流人文化期间，从学界朋友口中了解到，作为一种客籍居民的客家人及其客家文化，对大陆东南沿海、港台以及东南亚各国的发展作出过很大贡献，因此这方面的研究深受学术界和社会的重视。这一新信息拓宽了他的眼界，促使他“意识到如何进一步拓宽自己的流人史与流人文化的研究领域以适应地方经济发展的需要，成为当务之急”。于是，他转向了流寓史和流寓文化的研究。

“流寓”含有寄居异乡之意，因此，“流寓者”就是寄居异乡的客籍人士。李先生把“流寓者”分为流民、流人和移民三种类型。新版《流人史流人文化与旅游文化》又修订为“流寓者”就是“寄居异乡的客籍人士的总称”，他们通过一定的社会关系，“结合成了共同活动的共同体，因此它又是一种社会群体”。流寓者分为“流民、流人、移民和其他四大类”，这里的“其他”包括因经商、仕宦、公出、探亲、访友、旅游等稍事停留或长期居住之人，还包括侨人、侨民与客家人。反映了李先生在学术研究中不断进取的宝贵精神。

什么是流寓史？一般而言，“流寓”应是寄居在异乡之意，流寓者就是寄居在异乡的客籍人士，是一种社会群体。因此，李先生认为，流寓史是“研究和阐述一个地区流寓者产生、发展的历史及历史作用的学科”，是“历史学中属于专史类的一个组成部分”。这就是说，流寓史研究的对象与内涵，应以流寓者及其有关的问题，诸如流寓的原因、种类，历代流寓者的概况，统治阶级的移民政策及措施，尤其是流寓者所起的历史作用等为研究载体。

什么是流寓文化？李先生指出，流寓文化是流寓者这一社会群体“在与自然、社会相互作用的各种关系中，所创造与传播的一切知识体系的总和”。这就是说，流寓文化的主体，应该是流寓者这一社会群体；流寓文化产生的条件，应是流寓者与自然、社会发生相互作用；流寓文化的内容，应包括社会物质文化与精神文化在内的一切知识体系的总和。李先生还向我们揭示说，由于流寓文化的实质是以中原文化为主体的多民族文化的综合体，而中原文化又总是相对先进于同一时期的少数民族文化，因此开展流寓史与流寓文化的研究，必然会促进边疆历史和文化的发展。但我们还应看到问题的另一面，那就是中原文化也并非是单一的汉文化，而是在奴隶社会、封建社会几千年的发展中不断吸收各少数民族文化营养的基础上成长起来的，所以，加强流寓史和流寓文化的研究，还有利于促进整个社会历史和文化的发展，有利于促进全社会物质文明和精神文明的建设。这样，李先生的研究成果，在其中功不可没。

第三，将流人文化、流寓文化与旅游文化相结合，增加旅游文化，尤其是边疆旅游文化的历史底蕴与新内涵，这必将有利于通过开发旅游新产品，促进旅游事业的发展，并带动边疆经济的繁荣。

李先生在研究流人文化和流寓文化过程中认识到：边疆历史文化名人出身于流人和流寓者，远远地超过了出身于少数民族者，以及边疆旅游文化的历史底蕴厚重程度相对落后于内地各省，因此，流人文化与流寓文化的研究，一旦与旅游文化相结合，就会大大地开发旅游资源，促进旅游事业的发展。这种认识是颇具慧眼的。（详见下文）

二、李兴盛先生的流人学的体系

我认为，李先生的流人学的体系，由流人学的通史体系和流人学的文化体系所组成。先谈李先生流人学的通史体系。

如所周知，作为因犯罪或其他原因而被流徙贬逐的流人，是一个人数众多的、特殊的社会群体。他们在中国历史上，虽然起过不可磨灭的作用，但少为学界重视。长期以来，流人可谓无学、无史，自然也谈不上流人学的体系了。

20世纪70年代，李先生在谢老的启迪、鼓励和支持下，为了弘扬与传承谢老所开创的流人史这一新学科，同时为了表达自己对流人、流民的开创、奋斗和爱国三种精神的敬仰之情，30年来坚持不懈地致力于流人史与流人文化的研究，并对我国历代流人现象与流人群体做了全方位、多层次、系统化的深入研究与完整论述，分别于1990年、1995年撰写出版了《东北流人史》和《中国流人史》两书，分别构成了中国东北流人通史和全国流人通史的完整体系，这在国内外都是首创。

《东北流人史》一书上限始于有文献可征的西汉时代（但也追述了舜时流放共工等人的事迹传说），下限止于清末，即宣统三年（1911年），前后通贯二千年之久。该书分为三编，将整个东北流人史按其发展脉络划分成西汉、三国、晋、南北朝、隋唐、辽、金、元、明、清等历史时期或阶段，然后在每个时期或阶段中，首先阐述与流人有关的全国及当时的东北历史背景，其次论述该时期或阶段流人史的概况，并介绍一些重要案例与流人，最后又阐述了东北流人的处境、斗争及其历史作用。全书还附有东北流人大事记和各种简表。

《东北流人史》在《结束语》中盛赞东北历代流人所具有的奋斗精神、创业精神和爱国精神，并指出："来自全国各地以汉族为主体的数百万东北流人与广大流民，以及当地各族人民，披荆斩棘，战天斗地，经过上千年的辛勤劳动与惨淡经营，才渐渐把荒凉闭塞的东北，变成繁华昌盛之地。"作者还指出：东北历代流人"对促进东北社会经济、文化教育的开发，民族的融合，以及祖国边疆的保卫，都起到了很大的积极作用"。

《东北流人史》的出版，标志着李兴盛先生在谢老研究的基础上，开创了一个新体系，即流人史研究的新体系的形成。

如果说，《东北流人史》只是一个中国流人的地域通史的话，那么，《中国流人史》就是中国流人的全国性的通史，也是李先生所开创的流人史研究新体系的一个重要发展，即由中国流人的地域通史向中国流人的全国性的通史发展。

《中国流人史》一书正如著名历史学家来新夏先生所说，“是对流人问题进行全方位、多层次、各区域的完整论述，开创了流人史研究的新体系。”

《中国流人史》一书上限始于公元前22世纪末的夏代，止于清宣统三年（1911年），前后贯通三千多年。全书分为五编，体例基本仿照《东北流人史》，即将整个中国流人史划分为先秦时代、秦至两晋十六国时代、南北朝至明代、清代四个时期，其中有的时期又分成若干阶段。鉴于自秦统一中国后，逐渐形成西北、西南、东南和东北四大流放区域，隋唐以后又出现海岛流人，本书的论述是以这四大流放区为主，辅以海岛流人。也就是说，本书在具体叙述时，都在每个时期或阶段中，先阐述当时的历史背景，其次论述该时期或阶段流人史概况，重要案例与流人，最后则综述各时期中国流人的悲惨处境、反抗斗争与历史作用。书后附有流人大事记、历代重要流人著述简表。

与《东北流人史》相同，作者在《中国流人史》一书中同样盛赞了中国历代流人所具有的奋斗精神、创业精神和爱国精神，并指出：中国广大流人在各种“艰苦逆境与悲惨命运中，为祖国边疆的开发与保卫，为中原文明的传播，民族的融合与团结，作出了巨大的贡献”。

再谈李先生流人学的文化体系。

我认为，李先生流人学的文化体系是由流人文化、流寓文化和旅游文化组成的，三者的关系是相互结合，构成一个密不可分的、有机的整体。

流人文化、流寓文化前已述及，这里着重谈谈旅游文化。

如所周知，20世纪八九十年代，旅游业已成为全球最大的产业，中国的旅游业也有了长足的进步，并已跻身于世界旅游大国之列。它对中国地区经济的平衡发展、人民生活质量和素质的提高，是有目共睹的。但是，要发展旅游业，首先就要研究旅游文化，就需要将旅游文化同流人文化、流寓文化相结合。

旅游文化是由旅游业在其发展过程中而形成的一种文化。旅游，顾名思义，即旅行游历、游览之意。什么是旅游文化？李先生指出，旅游文化是“旅行游览者以及旅游工作服务者这种社会群体所创造的一切知识（物质的与精神的）体系的总和”。具体而言，旅游文化就是“以自然景观与人文景观，尤其人文景观为内涵的一种文化现象”。自然景观体现一个地区的自然风光、山川景物、生态环境，人文景观则指历史人物、历史事件、历史遗物等历史文化而言，历史的人、事、物三者中，又以历史人物，尤其是历史名人为主。历史名人的功业政绩、行踪遗迹、轶闻遗事、题咏遗物等，都能令湖光溢彩、山色生辉而名传久远。也可以说，人文景观底蕴，尤其是历史名人涉足的厚重，完全能使自然景观呈现出不同的异彩。所以李先生在引用唐代著名文学家刘禹锡的名句“山不在高，有仙则名；水不在深，有龙则灵”后引申说：“山水不在高深，地域不在秀美，有名人则传。”他还举例说，湖南的岳阳楼就是以宋代著名政治家、文学家范仲淹及其《岳阳楼记》而名传天下，江西南昌滕王阁也是因唐代著名诗人王勃及其《滕王阁序》而流传久远的。这就是说，以历史人物为主的丰富的人文景观必会使自然景观大放异彩，从而推动旅游业的向前发展。

黑龙江省自古以来，不单是显现出大荒风雪、野兽出没的一面，更重要的是到处呈现出壮美的自然景观。例如，清康熙初年流放至宁古塔的张缙彦就说，宁古塔山水壮美秀丽，“其佳处宜无让匡庐雁荡”，不次于江西的庐山、浙江的雁荡山等名胜。可见，黑龙江省有着丰富的旅游文化资源，对建立和发展该省旅游文化极有裨益。

正是基于上述认识，李先生花费了极大的心血，主编或撰著了《黑龙江流寓文化与旅游文化丛书》、《黑水丛书》等书。在《流寓文化中黑龙江山水名胜与轶闻遗事》一书中，他以清代黑龙江著名流人学者为主线，尽量全面而又多方地收集他们的遗著，对杨越、杨宾、吴兆骞、方拱乾、张缙彦、程煐、杨锡恒等重点人物的活动进行了深入细致的研究，对他们流传于世的重要著作《述本堂诗集》、《柳边纪略》、《宁古塔山水记》、《域外集》、《龙沙剑传奇》，黑龙江的“七子诗会”，以及反映黑龙江风俗及山川景观的“灯会”、“嫩江异石”等，都在人文景观与自然景观相结合的基础上，进行了认真的研究和阐晰，给人以许多有益的知识和启迪。这里略举几个例子：

1．对闻名遐迩的永宁寺碑的考证与解析。明朝建立之初，在黑龙江下游奴尔干地区的特林建有一座永宁寺，寺旁竖立两座记事的石碑，这就是著名的永宁寺碑和重建永宁寺碑。咸丰十年（1860年）沙俄政府强行割占我国黑龙江以北、乌苏里江以东一百多万平方公里土地，随后又夺去奴尔干地区。永宁寺碑和重建永宁寺碑在这场浩劫中也未能幸免于难，被沙俄政府移放于海参崴博物馆，力图掩盖和抹杀奴尔干地区自古以来就是我国神圣领土这一铁的事实。但就永宁寺碑和重建永宁寺碑本身而言，这两块石碑碑文，历来各家著录多有异同，李先生在仔细地研究两块石碑碑文的基础上，又作了详细的考证，得出结论说：“自两座永宁寺碑竖立后，在对它的著录与宣扬方面，张缙彦、张贲是有贡献的”，“但就现存文献来看，方拱乾是最早的著录者则无疑义”。李先生还在他的著述中写了《邢枢与永宁寺碑》、《吟咏不辍的方拱乾》、《寄情黑龙江山水的张缙彦》等文，为邢枢、张缙彦、方拱乾等客籍名人作传，介绍他们的真实的历史。

2．对哈尔滨冰灯的研究。最近几十年来，哈尔滨每年都要举办一届冰灯展，届时，数以万计来自全国各地和海外的人前往观看，情景极为壮观。李先生的《冰灯史话》一文，对哈尔滨地区冰灯的来源、制作与观赏情况作了较为详细的介绍，有利于人们了解冰灯的历史文化底蕴。

3．对松花江和太阳岛的介绍。哈尔滨不仅是中国的一座名城，同时也名扬海外。它有许多引人入胜的自然景观，流经市内的松花江和江北的太阳岛即为其中重要的两个景观。李先生的《太阳岛上太阳红》一文，对民国以来著名学者、诗人孟森、张朝墉等人咏松花江和太阳岛之作及轶事，对哈尔滨当时的欧化之风作了较为详细的介绍和分析。这为人们通过松花江和太阳岛了解哈尔滨乃至整个黑龙江省的历史文化底蕴打开了一扇窗户。

如此等等，恕不一一列举。

李兴盛先生出于对黑龙江省引人入胜的、壮美的自然景观的热爱，更主要的是出于他一贯的将自然景观需要与作为旅游业灵魂的历史文化，尤其是历史名人等人文景观相结合的思想，从1978年起，不为重重困难所压倒，广泛收集资料，多次奔走于全国许多图书馆，查阅了大量历史文献。经过30年的惨淡经营，集腋成裘，积少成多，在所收集、挖掘的有关诗文资料可以成书的情况下，先后编纂与出版了《黑龙江历代诗词选》、《黑龙江历代流寓人士山水胜迹诗选》二书，最近又主编出版了《黑龙江历代旅游诗选与客籍名人》、《塞月边风录》等书。

《黑龙江历代旅游诗选与客籍名人》一书分为三编：第一编为“旅游诗歌选注”，对包括张贲、吴兆骞、纳兰性德、英廉等清代名人在内的自唐代渤海国至民国年间92位诗人的诗作238首做了注释；第二编为“旅游诗文选录”，收录了吴兆骞、方观承、英和等67位名人的诗文395首；第三编为“客籍名人传略”，是作者为宋代徽、钦二帝，方拱乾、吴兆骞等流人和客籍名人做的28篇传记，突出地彰显了历史名人，尤其是流人和客籍名人对于黑龙江旅游文化所作的贡献。李先生在《自序》中谈及编辑本书的目的时说：黑龙江自然景观十分优美，或大荒风雪，塞月冰天；或奇山秀水，茂草丰林；或平原辽阔，沃土凝香；或珍禽翱翔，异兽出没。风光之秀异，山川之壮丽，令人悠然神往。但是“这种壮美的自然景观，还需要与作为旅游业灵魂的历史文化，尤其是历史名人等人文景观的‘联姻’，以收珠联璧合、相得益彰之效。基于此，编选注释一部黑龙江历代旅游诗歌专著，就成了我的宿愿”。本书作为黑龙江历代旅游诗歌选注之作，是前所未有的开创之作，具有重大的理论与现实意义。李先生为发展黑龙江省的旅游文化和旅游业真可谓不遗余力，费尽心血。

《塞月边风录》一书分为五编，第一编为“山水名胜”，第二编为“物产风俗”，第三编为“轶闻遗事”，第四编为“其他文选”，第五编为“雪鸿诗草”。前三编介绍了包括黑龙江省在内东北地区名胜古迹、物产风俗、历史名人的轶闻遗事，第四编是作者对一些历史文献的解析并附有作者的自传《在治学的漫长征途上大步前进》，第五编为作者40年来所作旧体诗（附联语）之选集，并阐明了自己学诗的历程。李先生在本书的《自序》中说“塞月边风录”既是作为边塞的黑龙江的自然风光的形象反映，又是由此引申出的边塞物产、风俗，乃至历史人物、事件、遗存等历史文化的忠实记录。正如作者所说：“《塞月边风录》的编辑与出版，既是我30年科研工作的总结，科研历程的写照，也是我弘扬黑龙江历史文化的记录。”李先生在自传中充满感情地叙说了自己数十年来漫长的治学之路，及其所取得的成绩。他在文章最后说：“在治学的过程中，没有平坦的捷径。治学之路是漫长也是坎坷不平而又迂回曲折的，只有勇于攀登与探索的人，才可以达到光辉的顶峰。”这既是作者治学的成功之道，也是对当前某些学风不正的有力鞭挞。

由上所述，李兴盛先生的中国流人、流人史、流寓人士、流寓史与旅游文化的一系列著作，为流人文化、流寓文化的研究与旅游文化相结合开了先河，这对推动黑龙江，乃至全国的旅游文化的研究及旅游业的发展，均有积极的促进与推动作用。

三、李兴盛先生的流人学文献

李兴盛先生为创建流人学而撰著的30余部书，用尽了自己的全部心血与智力，其间之甘苦只有他自己最为清楚。30年间，李先生可以说没有一个休息日，穷年累月，孜孜不倦，广收博采，不仅走访了国内无数的专家学者，而且还跑遍了国内各大图书馆，收集了数不清的流人后裔族谱和流人文集、诗集。仅为写作《东北流人史》，“查阅之书，不下千种”。可见，李兴盛先生的流人学文献是异常丰富的。我们从《东北流人史》和《中国流人史》可窥一斑：

李兴盛先生的流人学文献大体上可分为五类：1．历史类，既有名闻中外的二十四史及明清《实录》，也有历代官私著述。2．地理类，主要是各地方（省、县）志。3．政治法律类，如清代的《通考》、《律例》等。4．文学类，主要包括历代的总集、别集，以及诗、词、曲集，历代的笔记，历代诗话、词话、文话及其他。5．近人、今人著述类，包括梁启超、章太炎、孟森、谢国桢、郭沫若等著名学者的著作。具体而言，可参考《东北流人史》和《中国流人史》以及李先生其他的有关著述中所附的书目。

这里应强调一点的是，李先生非常重视利用传说、诗词证史。正如著名清史专家张玉兴先生所说：李先生在自己的著作中“尤其善于引用诗词妙语，甚至传说、轶事，以渲染意境，深化观点”。例如，他用上古舜流放共工等人的传说，说明共工等人是历史上最早的流人。有些学者认为传说不可靠，这是不对的。依据马克思主义存在决定意识的原理，加之上古没有文字记录，因此，在很大程度上传说就是历史。这应该是毫无疑问的。李先生在自己的著作中还很善于大量征引诗文，据张玉兴先生统计，《中国流人史》一书“仅引用诗文即不下七八百处”，充分反映李兴盛先生的高超的科研艺术，值得我们认真学习和效仿。

（作者系中国社会科学院研究生院教授）

李兴盛学案（节录）

萧文立

作者按：《李兴盛学案》系萧文立先生为首届全国流人文化学术研讨会所提交的论文。该文近十万字，分“开篇缘起”、“学域第一”、“学绩第二”、“学德第三”、“学品第四”、“学术第五”、“学囿第六”、“赞曰诗云”、“参考文献”八篇，全面论述了李兴盛先生治学理念、方法、成就与不足等。其中第六部分“学囿”，重点评述李先生治学之所短，其中还草拟了《中国流人学概论》之框架结构，这一部分论述，于本书之撰写颇多启发及借鉴之处，特摘录于此，并说明如上。

学囿第六

甲　来日未央

以一人之力，开宗立派，创获百端如此，足以自雄。且黾勉治学，累三十年不辍，知来日成就未央，定如私祝。然学无止境，孔子尚老学不厌，何论我辈；且尺短寸长，限于精力智力学力才力及境遇等内外诸因，不足局限，在所难免。因窃《春秋》责备贤者之义，略析治学所缺所短，权作刍荛。若有冒渎，想蒙鉴谅。

之一 百尺竿头

学术研究

流人研究，史多学少。偏重通史、文化及现实应用，《东北流人史》、《中国流人史》朝代纵贯，实类流人小传集合成史；《塞月边风录》诸文集、《黑龙江历代旅游诗选与客籍名人》多应用研究。专题研究理论探讨相形见绌。虽有《中国流人史与流人文化概论》，然尚不足。若能驾轻就熟，再贾余勇，补充扩展，提炼升华，为《中国流人学概论》，臻于完善，斯功德圆满，百世不祧矣。

窃更不揣浅陋，草拟《中国流人学概论》之框架，作引玉之砖，既供参考，更希海内外贤达硕学群相论定。倘能为流人学研究有所裨益乎，则与有荣也。

《中国流人学概论》

（一）绪论

流人学：围绕流人现象，学理与历史结合，为多学科之研究分析

流人史：历史分期及各期特征

流人文化

流人研究概况：领域、方法、成果及其利用，缺陷与不足，著作要目、学人简介

流人学研究方法

纵横结合：通贯与断代，历史与专题

史论结合：史实与学理，叙述与评析

学科结合：除史学、文学外，尚应采取政治学、法学（刑法学）、经济学、地理学、气象学、风俗学、心理学、宗教学、民族学、生理学、传播学、语言学各学科角度方法

定性定型定量个案结合

古今结合：理论与实践结合，学以致用

（二）总论

流刑考

原因、范围、类型

流人考

概况、时空分布（空间有二：流放前，流放地）、身份分布、流人规律与特点。流人主要类型及相关处置

流地考

分布及地理特征

（三）分论

制度研究

政治背景、制度规定

流地研究

流放路线及行程

流放地（分布、自然与人文特征、何朝以何地为多，为何变动，不同流放地之同异）

流人研究

流人之概述（人数、特征、产生原因、种类）

流人之生活

流人物质生活（自然环境、人文环境，处境）

流人社会生活（流人交游、流人与土著）

流人精神生活

文学生活（文学艺术。群体特征、创作概况，特征：题材扩展与情感深化、艺术表现，传播方式，历史影响）

学术生活

情感生活（精神心态情怀，流放前后变化）

思想生活（人生思考、哲学思考）

流人之抗争

流人之功过

重要流人事略

再者，清人集部，数量庞大，读者偏少，价值不彰，等同废物。若能将过眼之集，各为序录一篇，记其版本，尤详其史料价值，则嘉惠学者，不在浅显，史学研究空疏无用之弊端，或将因之改观。先生其有意乎？

应用研究

如可整合资源，开辟吴兆骞之旅、流人之旅之类专题旅游路线，设立流人博物馆、黑龙江文献文物馆。

之二　齐心协力

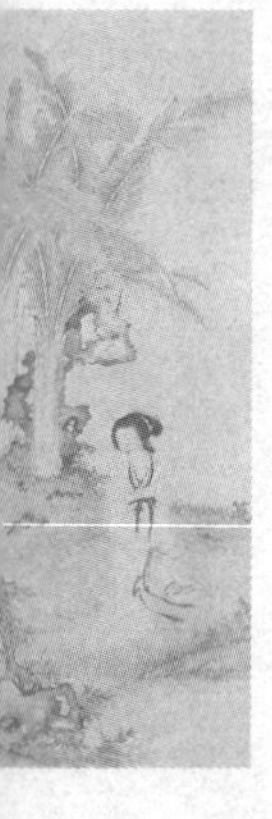

学术界有志同仁共同努力者：

断代分区分类流人史

其他边疆流人史研究

当代流人史如北大荒流人研究

流人个案研究

流人学各种专题研究，多学科研究流人问题

世界流人史与中外流人史比较研究

综合基础史料研究

中国流人大辞典（人名录，索引）、流人史辞典

中国流人著述概论、辞典、总目、提要

中国流人年表

中国流寓文化研究

黑龙江文史研究

黑龙江文史辞典（人地景事）

黑龙江文献概论、辞典、总目、提要

黑龙江旅游大辞典

黑龙江流寓文化辞典

黑龙江流寓文化研究

(作者系大连电视台主任编辑)

执著写就的辉煌

——李兴盛学术成就研讨会感言

张玉兴

作者按：

本文系张玉兴先生2008年在首届全国流人文化学术研讨会上的发言稿。编纂大会论文集时，由于编者在匆忙中仅收录了张先生另一份论文，致此文失收。但鉴于此文是评述李兴盛先生流人问题研究之治学精神、理念与成就之作，对于流人学新体系之创建颇具积极意义，故附录于此。

很高兴应邀参加由中央文史馆和黑龙江省人民政府共同举办的流人文化学术研讨会。流人文化研究，是文化研究领域重要分支，意义非凡。改革开放以来，流人文化研究，特别是清代流人文化的研究，已达到了新的高度，取得了巨大的成就，现在点将阅兵，检验阶段性的成果，总结经验教训，必将推动此研究之深入开展，繁荣学术事业，此乃英明务实之举，谨表衷心拥护和感谢。众所周知，推动全国流人文化研究向纵深发展并取得辉煌成就，而集大成者，乃国家级突出贡献专家、黑龙江省社会科学院研究员李兴盛先生，兴盛先生就是流人文化研究最杰出的代表。所以，此际流人文化研讨会，实质上就是李兴盛学术成就研讨会。这是对兴盛先生不懈的努力取得辉煌成就的崇高褒奖，这是兴盛先生治学水到渠成、实至名归的殊荣。有功于社会者，社会不会忘记。今天，我们总结兴盛先生的学术成就，探讨其治学道路、治学精神与治学理念，无疑是十分有意义的事情。这次学术研讨会不仅是兴盛先生的光荣，也是黑龙江省的光荣、全国学术界的光荣！谨于此，我热烈祝贺兴盛先生在流人文化研究中所取得的杰出成就，热烈祝贺李兴盛学术成就研讨会的隆重召开。

我们感谢兴盛先生对流人史、流人文化研究的非凡贡献。兴盛先生，是流人史、流人文化研究的翘楚。他继往开来，在前人研究的基础上，从清代流人研究入手，由诸多个案之史事考证，细致深入，全面系统，开拓扩展，而及中国流人文化的全方位之研究，从而使流人史之研究达到前所未有之高度。正是由于他的带动，他丰富多彩的杰出成就，引起了人们极大兴趣、极大的关注，而兴起了一股流人史研究热。尤为可贵者，他独创体系，以高屋建瓴之势，别开生面地提出了创建流人史、流人文化乃至流人学研究新史学体系之设想。以使流人史与流人文化之研究系统化、理论化，将其提到新的高度，达到新的境界，可谓独运匠心，独领风骚。他当之无愧地成为当代流人史、流人文化研究领域的领军人物。

我非常钦佩兴盛先生献身学术事业，孜孜不倦的治学精神。李先生对流人史之研究并不算久，然目标一经选定，便执著专一，殚精竭诚，全身心投入，将流人之研究，做深、做细、做大。他不仅穷搜典籍，寻访一切有线索之图书所在，更深入流人流放地及其故里，进行实地考察和走访相关人士，不放过任何一个有价值的细节。而终获常人难以企及的最为丰硕的成就。有关流人史特别是清代流人史之课题，他全部涉猎，无一放过，绝非泛泛而及，浅尝辄止；而是逐一深入，逐一探讨，穷其究竟。将许许多多被历史尘封，隐晦不彰者，皆厘清真面，弄得一清二楚。如吴兆骞、方拱乾、张缙彦等研究，不论史料之搜集、史事之考订、疑难之辨析，极为详尽，令人叹为观止！而《秋笳馀韵》、《半生自记》、《何陋居集》，乃至《宁古塔山水记》等文献之发现及整理出版，更是付出了常人难以想象之辛劳，凝聚了他的心血。这是前所未有的成就。兴盛先生更自觉走出书斋，走向社会，将学术研究与现实紧密结合，推动地域文化、旅游文化的发展，而赢得了人们的认可与尊敬，成为学者的楷模。

我更为兴盛先生的高风亮节而无比钦敬。兴盛先生是我一见如故的诤友、挚友。我们萍水相逢。是相同的研究，让我们彼此关注。最初，我在报刊上读到他的文章，很钦佩他的见解、他的功力，当然也微有异同。我们首次相见是 1987 年夏，于辽阳共同出席的金毓黼百年诞辰纪念会上。我提交会议的论文，竟是与兴盛先生驳难之作。刚一报到就得知兴盛先生亦来与会，便准备趋前问候。然而他竟先我而行，主动找到我的房间，热情寒暄，不仅对我毫无芥蒂，且予以肯定，其态度十分谦逊、诚恳。我们敞开了心扉，甚为融洽，恨相见之晚。有容乃大，我深感兴盛先生是具有海洋一样的胸襟，天空一般的雅量，人品学品俱可师法，具有高尚人格的纯粹学者，是足可结交的坦诚之人。辽阳会后，我们频频以书信、电话，交流思想，切磋学问，二十多年来迄未间断，友谊日深，感情弥笃，终成莫逆之交。我以有这样的朋友而自豪。今天，我对知交挚友取得如此成就，荣膺社会如此推重，感到无比欣慰，我与有荣焉。

最后，我认为以中央文史馆和省政府的名义，以高层次、高规格地针对一个学术问题，对一位学者之学术成就召开盛会，展开研讨，十分罕见，十分难得。兴盛先生，乃一介书生，焚膏继晷，兀兀穷年，从事枯燥的研究，虽层层累积，而达化境，终成学问大家。然默默无闻，“养在深闺人未识”，非行家里手，莫知其究竟也。而中央文史馆，特别是黑龙江省政府，竟能在本地发现、看准这位真才、实才，大力表彰之，令人慨叹！这是领导部门把尊重知识、尊重人才、重视与支持科学研究事业的方针，落到实处的感人范例。真是墙里开花，春色满园，香飘四溢，福满乾坤！这与一些地方的领导，目无本地，热衷于请远来和尚念经

(而远僧念经之后，本园依旧是红落墙外，了无秀色)，适成鲜明对照。黑龙江省领导识才爱才的气魄、卓识与盛举，令人感佩，必将产生深远影响。谨于此向中央文史馆、黑龙江省政府表示无限敬意！

2008年5月

(作者系辽宁社会科学院历史所研究员)

李兴盛先生流人研究成就管窥

赵杏根

李兴盛先生在流人研究方面所取得的举世瞩目的成就，具有明显的开创性。在李先生之前，国内只有谢国桢先生在这方面做过一些研究。套用钱仲联先生论金天羽诗歌成就的诗句“人境陈胜王，公其赤帝子”来论李先生在流人研究方面的成就，那就是：“刚主陈胜王，公其赤帝子”。在诗界革命方面，黄遵宪开了个头，而真正取得突出成就的，则是金天羽；在流人研究方面，谢国桢先生开了个头，而取得突出成就的，则是李先生。作为李先生的学界晚辈，作为史学的门外汉，对李先生在流人研究方面的成就，我只能就我所见，发表一些心得，请李先生和各位专家指正。

一

我先谈李先生选择这一研究领域给我的启示。在某一方面的研究告一段落后，如何确定自己以后若干年的研究领域，每个学者都会遇到这样的问题，许多学者曾经为这样的问题所困扰。原因有两个。一是这个问题实在太重要了，对此后研究成就的大小有无，起着很大的作用。二是研究领域实在很难确定。我国文艺创作和学术研究中，常常发生“跟风”的现象，大家都往热门的研究领域涌去，有些人还曾经因为“抢滩”的问题发生过论争。《孟子·尽心上》中说：“待文王而后兴者，凡民也。若夫豪杰之士，虽无文王犹兴。”本来对某一领域没有什么研究，看到该领域成为显学之后，争先恐后地凑上去，就学术方面来说，这些人只是“凡民”，很难在该领域取得第一流的成就。李先生则不凑当时研究得红红火火的某些领域，选择了没有人注意的“冷门”流人研究作为自己的研究领域，并且取得了如此大的成就，完全能称得上“无文犹兴”的“豪杰之士”。

那么，李先生为什么会选择这个研究领域的呢？探讨这个问题，我们可以得到如何选择研究领域方面的启发。窃以为，大致有这样几个方面的原因。一是在这个方面，研究成果还很少，研究的人还极少，在处女地上耕作容易获得丰收的道理，同样适用于学术研究。清代乾嘉年间，经史之学，何等辉煌！可是，就史部而言，辽、金、元代史和与之相关的蒙古史的研究，还是比较薄弱的。尽管赵翼的《廿二史札记》中，也包括《元史》的部分，钱大昕的《廿二史考异》中，蒙古世系还是个重点，但是，杭世骏的《诸史然疑》、洪颐煊的《诸史考异》、王鸣盛的《十七史商榷》，都不包括《辽史》、《金史》和《元史》在内。尽管从传统的学术分类来说，地理也是属于史部的，也有一些研究著作，例如清初人写的《读史方舆纪要》，乾嘉间洪亮吉写的《十六国疆域志》等，但是，总的说来，地理研究还是比较薄弱的。晚清沈曾植在这些相对薄弱的领域下功夫，研究辽、金、元代史和与之相关的蒙古史的研究，研究边疆地理，取得了很大成就。李先生的选择，则又为我们作出了一个成功的榜样。

必须找研究价值尽可能大的领域作研究。这与开矿是同样的道理，谁都希望找到一个储藏量大的矿藏开采。在研究之前，要知道该领域的研究价值，确实是需要眼光的，这取决于学者本人的识见、经验和掌握的相关资料。事实证明，李先生在这方面，确实是超越常人的。

再就是研究的条件问题，也不能不考虑的。李先生所在的东北，在封建社会里，特别是在清代，是流人最为集中的地域之一，这是研究这一领域一个非常有利的条件。我常对我的学生说，要学会充分利用不必与别人相争的资源来实现自己的发展。李先生的成功，又给了我一个绝好的例证。

除了以上我臆测诸项外，李先生选择这一研究领域，还有没有更加深层次的原因呢？我想还是有的。李先生在他的研究著作里，一再强调流人对文化、经济、民族交流等所作出的巨大贡献，但是，他们的事迹，却历来是被忽视的。李先生在其《中国流人史》的前言中说："研究帝王将相、社会名流的文献数不胜数，可谓俯首即拾，而撰写《流人史》却是一项难度很大的工作，难度大的原因主要在于流人文献的极端缺乏。……绝大多数流人，尤其是出身于普通劳动人民的流人史料，却是为数甚少，且又极为分散，记载又多点滴、零碎，很少有较长、较完整的记载。同时，这为数有限的史料，有关流人的记载，又仅详于流人流放前的事迹，而于其流放后的行实，不是语焉不详，就是根本不载，而且以根本不载者为多。……基于此，绝大多数塞外流人的事迹，甚至其生命，都湮没在塞外的冰天雪地、蔓草荒烟之间。"李先生这段话的本意，是说研究这一领域时查找资料之难，但是，我们也可以从中窥见其历史观：历史的创造者，不仅仅是那些帝王将相、社会名流，而是还有普通劳动人民，包括那些被历代主流和非主流的历史学家和其他学者文人所忽视的流人，因此，他们同样值得我们研究。一个对象的研究价值，很大程度上取决于该对象对社会的作用，而非取决于其人的社会地位、名气、身份等。名家名流的历史功绩，固然应该大书特书，但是，那些对历史作过贡献、具思想文化有价值的人，即使他们是被流放在极为艰苦环境中的奴隶和囚犯，我们也是不能忽视他们的。我一向持有强烈的非英雄史观，也许正是如此，李先生对这一领域的研究，很容易引起我强烈的共鸣。窃以为，李先生在流人研究领域的成就，实在是非英雄史观的又一大胜利。

二

窃以为，李先生的流人研究，已经形成了自己的体系。这个体系之中，有不同的层次，在每个层次上，李先生都作出了卓越的贡献。

首先，最为基础的，是文献的层次。文献是作研究最为基础的工作。现在社会提倡学术创新，我认为，新材料的发掘和利用，不仅是获得创新成果的一条途径，而且，发掘出这些新材料，本身也是成果，还可能也是创新性成果。20世纪学术界取得辉煌成就的两大新领域，甲骨文研究和敦煌研究，都是基于新材料的发现这样的基础之上的。现在，对我们这些普通的读书人来说，发现甲骨钟鼎、帛书竹简之类，明显是不可能的，飞越重洋到海外发掘新的材料，这样的机会也不多。怎么办呢？李先生给我们树立了榜样：充分发掘现存的图书资料。在我们这样的信息时代，还有许多非常珍贵的图书资料，沉睡在图书馆中，有的说不定还面临种种危险！正因为如此，李先生那样注重发掘和利用珍贵文献资料，更加值得我们学习。李先生《流人史流人文化与旅游文化》中《黑龙江第一部诗集搜寻记》云："人们对于地下出土的文物往往很重视，可是对于成书三百三十余年前的海内外孤本这部地方文献，却没有给予应有的重视，我很感遗憾！"其实，类似的情况，肯定还有不少。很难找到新材料的我们，最为可行的方法是像李先生那样，先把图书馆里此类冷门材料发掘一番，说不定也能像李先生那样有重要的发现。

如上所云，李先生研究这一领域，查找文献资料的难度是很大的。通过李先生这些著作的参考文献目录，我们可以知道，李先生为了研究这一领域，所看文献资料面之广、量之大，这些文献资料，使李先生的研究，具有了雄厚的文献基础。同时，李先生的发掘和使用，也激活了这些沉睡几百年的文献，使研究相关领域的学者，也知道了这些文献并加以利用，这样，这些文献就可能得到充分的利用。这也是李先生学术贡献的一部分。

更加值得我们注意的是，李先生不仅发掘和在自己的论著中运用了这些资料，而且，他还将有关文献整理出来，加以传播。这些工作本身，也是李先生流人研究成果的一个部分，组成流人研究的基础部分。这些文献，既有普及性的，也有供研究之用的。例如，方拱乾《何陋居集》、张缙彦《域外集》、程煐《龙沙剑传奇》等，还有李先生所编《黑龙江历代旅游诗选》、《黑龙江历代流寓人士山水胜迹诗选》中的许多诗词，也都是李先生艰辛地发掘、收集才得以免于以稀有古籍甚至孤本古籍继续沉睡在图书馆而广为流传于世的。清代诗人袁枚说过，收集诗人的作品使之流布，其功德“如收败骨”。顾嗣立编《元诗选》，夜里梦见许多人前来拜谢。流人们在饱受摧残后，身处蔓草荒烟之中，寂寞痛苦，凄凉悲怆，连自由都被剥夺了，只有他们的文字，才是他们真正的自我。如果他们在这样悲惨的情况下所作文字都没有了，这是何等的残酷！如果经历了许多磨难保留下来的文字被湮灭了，那对他们而言，就更加残酷，对社会而言，也是无法弥补的损失。李先生把这些文献发掘出来，整理后流布，实现了这些文献的价值，也为这一领域的研究，提供了资料，可以促进这一领域甚至相关领域的研究和开发。这不论于那些诗文的作者还是于今天社会，这都是功德无量的事情。

第二个层次是流人个案研究。李先生的这些著作中，个案研究很多，例如，《黑龙江历代旅游诗选与客籍名人》一书中的第三编《客籍名人传略》，就都是此类个案研究的成果。李先生流人研究中的个案研究，以其《吴兆骞研究系列》最为突出，包括《江南才子塞北名人吴兆骞传》、《江南才子塞北名人吴兆骞年谱》、《江南才子塞北名人吴兆骞资料汇编》等三部沉甸甸的著作。细细翻阅，就可以知道，这些著作，确实分量沉甸甸的。这套书最大的特色，是资料齐全、丰富，识断令人信服。吴兆骞的家世、亲友、交游，都考证得明明白白。大家知道，清初文史方面的资料极多，极为复杂，不同、甚至矛盾的记载很多，将资料收集齐全，固然不易，考证分辨，除了资料功夫外，没有足够的识别、判断能力，也无法完成。李先生是研究历史出身，历史学家的渊博、严谨和犀利的目光，使他将吴兆骞研究这个大而且难的课题，做得如此出色。可以这样说，后人要从书籍中找到超越《吴兆骞研究系列》的有关吴兆骞研究的材料，难度是极大的。后人如果研究吴兆骞，这套系列著作，是无论如何也不能忽视的。李先生的《吴兆骞研究系列》，既是黑龙江文化研究的一串硕果，也是吴文化研究的一串硕果。其中有关清初苏州地区名人和他们之间相互关系的记载，对我们全面了解当时苏州的政治、文化、社会风貌，都有很大的帮助。如果有一天，黑龙江和苏州合拍以吴兆骞经历为题材的电视剧，历史资料早已齐全而又丰富，有关史实早已考证清楚，这就是《吴兆骞研究系列》!

第三个层次是群体流人研究。有些流人由于是同案，或者在同一个流放地，关系密切，这就要把他们作为一个整体来研究，才能比较全面。在李先生的流人研究中，属于群体研究的，都非常细致、全面、准确，既有的史书体例，则兼有合传、附传和纪事本末体之长处。李先生的这些群体研究，如《田珏党案中的流人李之翰等》、《南山集文字狱案及桐城方氏向东北的遣戍》、《三藩之乱与陈梦雷、李棠之遣戍》等。

第四个层次是“流人史”的研究。李先生的著作中，有《中国流人史》和《增订东北流人史》两种专著属于此类研究。在此前的史书中，没有“流人”一类的。李先生的“流人史”的研究，确实是开创了史家前所未有的新体系。此二书创造性地融会古代史书独传、合传、志、表等方式，翔实、全面而又详略分明地叙述流人历史，并作出公允的评价。书末分别附录《中国流人大事记》和《东北流人大事记》，则相当于编年体的流人史，此为经，前正文为纬，二者结合，使读者能对流人史有立体的印象。二部史书中对各个时期流人的概况和基本特点的论述，都有高屋建瓴之佳。

第五个层次为理论研究。有了前面五个层次作为基础，理论的创获，也就顺理成章、水到渠成了。李先生流人研究中的理论部分，除了体现在流人史等著作中的之外，比较集中地体现在他的《流人史流人文化与旅游文化》一书中的前面三章和第七章《馀论》中，科学地解决了学术研究中的许多重要理论问题，例如流寓者及其分类、流寓文化、中国流人的分类、中国流人史的性质、流人文化的界定、流人文化的实质、流人文化的性质、流人文化的特点、研究流人文化的意义、战俘究竟是不是流人等等。李先生提出这些理论的基础，就是他的流人研究成就中的前面五个层次，可谓雄厚扎实，所以，这些理论，是经得起考验的。反过来，这些理论，对指导今后学术界的流人研究，其指导意义是非常明显的。

以上我粗略地描绘了李先生流人研究成就的结构，也就是从基础到上层的五层构造。

此外，李先生流人研究成就的一大特点，是不得不说的，这就是：文心史笔，融化为一。清代史学名家，多为诗文名家，清初、清中叶固然举不胜举，就是晚清，沈曾植、王国维、罗振玉等，也都是如此。此后，学科分类渐细，文、史兼治者遂少，然陈寅恪仍以“以诗证史”著名，成就斐然，其自为旧体诗歌，也足以入名家之列。窃以为，在陈寅恪之后唯一擅长“以诗证史”之史学名家，不能不推李先生。与陈寅恪相比，李先生在史学研究中运用诗歌等文学作品，面远为广，量远为大，且不仅是“以诗证史”，也“以史证诗”，也就是“诗史互证”。他的两部流人史中，引用、分析流人诗词作品甚多。此外，他还有《黑龙江历代旅游诗选》等。翻开他写的任何一部流人研究著作，总少不了流人诗歌等作品的阐述。这些阐述，都能得其实，用以证史，得心应手。总之，李先生的流人研究中，“诗史互证”的色彩，比陈寅恪历史研究中更为浓重，更为突出。这大概有两个方面的原因，其一，宋代以后的流人中，多能诗词者。诗词短小，内容可以比较晦涩，与文章和著作相比，容易流传，因此，在与流人有关的资料中，诗词的比重还是可观的，也是不可忽视的。其二，像陈寅恪先生一样，李先生自己的古典诗歌修养很深，且擅长写作旧体诗词。其《塞月边风录》中第五编《雪鸿诗草》，乃其自作旧体诗词，虽然仅仅 100 多首，但其中佳作，触目皆是，在当代人所作旧体诗词中，也是极为少见的。

三

以下说李先生流人研究成就的意义。

首先，李先生的流人研究，对学术界研究相关领域，具有很大的促进作用。他关于流人研究的理论，对此后的相关研究，有重要的指导意义，被他发掘使用而激活的大量文献资料，会在以后的相关研究中得到充分的使用，从而产生相应的成果。他著作中涉及而尚未展开的部分，也为后人研究开启了广阔的空间。至于他对东北流人全面、细致、翔实而又深刻的研究，则为其他地方性流人史研究树立了榜样。

其次，他在流人研究中所发掘、注重的人性光芒，会在社会中发生积极的作用。在极端困苦、险恶的环境中，流人之间的相濡以沫，家人骨肉之间的深情，亲友之间的情谊，显得更加珍贵和闪亮。这是李先生在流人研究中所着意突出的内容之一。除了在他两部流人史中记载的之外，还有《缪士毅等与黑龙江流人有关之人》等文章，集中体现这些内容。这些，在人们感叹冷漠太多的社会，至少能使读其著作的人，或多或少地得到陶冶，让社会多些温暖，少些冷漠。

再次，我国知识分子的传统价值观，在独特的语境中得到了充分的显示，这也具有补充社会在某些方面的缺失的意义。流人中的士人们在那样的环境中，仍然坚持传统文化中的精神品格和价值观。他们中的绝大多数，用儒家思想的标准来衡量，都应该是合格的。《论语·里仁》中，孔子说："君子无终食之间违仁，造次必於是，颠沛必於是。"《孟子·尽心上》云："故士穷不失义，达不离道。穷不失义，故士得己焉；达不离道，故民不失望焉。古之人，得志，泽加于民；不得志，修身见于世。穷则独善其身，达则兼善天下。"孟子又说："人之有德慧术知者，恒存乎疢疾。独孤臣孽子，其操心也危，其虑患也深，故达。"流放中的士人们仍然不屈不挠地实践着先贤的名言，追求实现自身的社会价值，努力为社会作贡献。流放地文化、经济的发展，其中有他们的重要作用。这些，李先生在他的研究中，是一贯刻意突出的，至于其《中国流人史》第五编第三章《中国流人的贡献与历史作用》、其《增订东北流人史》中第三编第三章《东北流人的贡献与历史作用》这两章中，则尤为集中，李先生以浓墨重彩，突出了这些内容。流人中的士人们对精神境界的追求，也值得社会提倡。流人们在那样的环境中，吟咏不辍，勤于读书和著述。《中国流人史》附录《中国历代重要流人著述简表》和《增订东北流人史》附录《东北历代流人著述简表》中所列，虽然这些著作并非都是他们在流放地所作，但是，其中不少肯定是在流放地所作的。在整个社会普遍以追求物质生活为目标的年代，赞颂对精神境界的追求，有补偏救弊之用。

再次，李先生的研究成就，对发展有关地区旅游等相关产业，有重要的促进作用。"学"与"术"二者，既有区别，也有联系，因此，常常被联系在一起。《汉书·霍光传》有“不学无术”的说法，民国初年还有章太炎有学无术、袁世凯不学有术、某某人不学无术等的说法。缺“学”或缺“术”，对社会或者个人而言，都是遗憾。重学轻术、重术轻学，都是片面的。人们提倡“学以致用”，但“学”无“术”无以致用，当然，“术”无“学”则虽行不远。由“学”生“术”，“术”根于“学”，方能致用且致远。李先生的流人研究，是属于“学”的范围，但是，李先生能因“学”生“术”，以其学问为发展当地文化、经济服务。其四大册一套的《流人名人文化与旅游文化》丛书，就是有这样的特点。根据这些著作中所考证的资料，东北可以开发不少旅游景点或者相关的旅游产品，包括许多土产和特产和文化产品。其中《流人史流人文化与旅游文化》一书中李先生因流人文化而作的大量关于利用流人文化发展旅游业的论述和向政府所提的许多建议，则更是因“学”生“术”的典型，这些，对地方文化、经济的发展，有直接的作用。在这个方面，李先生的研究，也为我们树立了榜样。当今社会，到处在说文化，除了旅游文化之外，还有企业文化、电视文化、社区文化甚至茶文化、酒文化、鱼文化、汽车文化、装饰文化之类，五花八门，可谓空前繁荣，不过，我认为，其中绝大部分充其量也是“鲢鱼文化”。为什么？从这些文化的制作者、传播者到接受者甚至研究者，大家兴高采烈地沉浸在如此繁荣的文化中，殊不知，都像鲢鱼处于水的表层一样，处于文化的表层而不自知。别的不说，一个著名电视台的一个著名的谈话节目，嘉宾常常喜欢引用一些古语或者古典诗词，同时出现在荧屏上的字幕，只能把这些内容略去，为什么？主其事者根本就不明白这些对文化工作者来说是文化常识的古语或者古典诗词！那个电视台如此，其他也就可知了。在“鲢鱼文化”繁荣的环境下，李先生的因“学”生“术”，可以引导这些表层文化中的人物，向文化的深层发展。

结　语

李先生在流人研究方面的成就，对我们选择研究领域有很大的启发；其成就已经形成了一个完整的流人研究体系，可以分五大层次，且有文史交融的总体特色；这些成就对社会有多方面的重要意义。

若干年前，社会上有这样的说法：无农不稳，无工不富，无商不活。冰心老人知道了，说："无士则如何?"作为一个读书人，随着社会的变迁，我越来越觉得冰心所言分量之沉重。我也想承担起作为"士"的社会责任，但是，很多时候，不免迷惘。李先生则以其在流人研究方面的开创性的成就，发挥了作为"士"的社会作用，确实是我辈后学的榜样。

(作者系苏州大学文学院教授、博导)

新学新史新流派

——评李兴盛著《中国流人史》

田忠侠

流刑，作为国家统治与阶级斗争的手段之一；流人，作为法律惩治对象，古今中外皆有之。

至于流刑之得失，流人之历史作用，却一向缺乏研究与总结。因而，也就向来无学，无史。

往者，只有零篇散帙，断简残编，不足为学，不足称史。关于中国流人之学，流人之通史，乃权舆于今日。其自黑龙江省社会科学院历史研究所李兴盛研究员所著《中国流人史》肇其端也。开史学领域之新体系，创史学史上之新流派，为史学领域开辟新境地，为史苑又添新葩，诚为一大快事，可喜可贺。

以往之史学领域，虽有纪传体史书若《二十四史》之纪传，各记一朝一代之人物（其中，唯《史记》一书乃涉秦汉以上事）；虽有编年体史书若《春秋》、若《资治通鉴》，亦仅书某年月日某人某事也。即使偶涉流人载记，片言只字，语焉不详。关于流人之史，既无上下五千年贯而通之者，亦无历朝历代流人载记之横向比较，以见其得失短长。各自孤立，绝少系联，不得通而观之也，故曰无专史。至于流刑之是非，流放之当否，以及流人之于边疆开发史、边疆文化史、边疆民族关系史、移民史、谪戍安边守土保家卫国史、流人悲惨境遇及其逆境成才规律，向无深入研究与理论之阐述，几成禁区，无人问津，无人涉笔，故曰亦无流人之学。而今，皆以李君兴盛之《中国流人史》的问世，得而并有之。则其学术价值历史意义之深远，现实意义之重大，于此得窥一斑。

关于“流人”一语，最早见于《庄子》杂篇，其《徐无鬼》篇有云：“子不闻夫越之流人乎？去国数日，见其所知而喜；去国旬月，见所尝见于国中者喜。及期年也，见似人者而喜矣！不亦去人兹久、思人滋深乎！”唐·陆德明《经典译文》注云：“流人，有罪见流徙者也。”看来，文中所述流人定是政治场中失利人物，因为他所离开的地方是国都，且所结识之人甚多，亦感离群索居，置身边荒，于寒烟冷雾之中，衰草斜阳之际，塞月孤魂，边风客泪，倍增凄凉寂寞之感。则流人精神之苦乃甚于肉体之折磨，由此亦可见其端倪也。至于所谓“有罪”云云，则须区以别之而论：触犯朝廷法律者固有之，违逆“圣上”之意而降罪者有之，因党派争斗失利即被视为“有罪”者不乏其人，才高见忌而横遭谗毁者亦有之，皆不必实有其“罪”也。一旦“指为”有罪，谪贬流徙，投蛮置荒，身披“罪囚”之名，行同奴隶狗马之实，则其命运可知。至于“流放”一词，见于典籍虽晚，而流放之举见于传说之中则甚古。《尚书·舜典》所谓“流宥五刑”已云：“流共工于幽州，放驩兜于崇山，窜三苗于三危，殛鲧于羽山。”依文献记载而确实可稽者，中国早期奴隶社会夏代末世之暴君姒桀，当系历史文献明确记载之第一个罪有应得之“流人”。其后，历代史书（涵正史、别史、杂史、笔记、碑传等）关于流人载记之多，几乎史不绝书。

所谓“流人”，大体可分两类：一曰政治犯，一曰刑事犯。

所谓政治犯，又可大别为虚、实二种：其一为实有其罪。即从维护国家民族利益、团结安定角度出发，对于叛国投敌、出卖民族利益，或反叛朝廷者，当然被视为有罪，重者极刑，甚至族灭，轻者亦遭流放。另一种则未必实有其罪。或以耿耿忠心之言行而触怒“圣上”、权贵，或以忠贞爱国之心付诸言行而不为“圣上”所察，或以才高见忌而被谗见毁，或以政治见解之分歧而遭贬，或以统治集团内部争斗而失利者，亦往往被指为有“罪”，重者诛戮，轻者流放、谪戍。而此辈流人之中自多才人，诸如：楚之屈原，唐之李白、刘禹锡、韩愈、柳宗元、李德裕，宋之苏轼、黄庭坚，明之杨慎、王守仁，清之纪昀、林则徐、邓廷桢，皆为彰明较著者。其中，自不乏第一流之诗人、作家、学者、科学家、艺术家、民族英雄、政治领袖、改革家。然，无论何等杰出伟大之人，一旦天威震怒而遭贬，沦落蛮荒，行同奴隶、罪囚，泪洒苍天，血沃塞土，白骨荒野，他乡孤魂，其境遇之悲惨，实不堪言状。肉体折磨之外，精神、人格之摧残，或令人目不忍视，耳不忍闻。因此，或将人才摧折，令其一蹶不振，才华志气消磨，沉沦殆尽。每当此际，读书感会，往往废书兴叹，瞋目扼腕，怒发冲危冠，猛气振长缨。感慨系之者矣！其有远见卓识、坚韧不拔、不甘沦落者。他们往往身处绝境，人在天涯，穷山恶水，大漠连天，荆榛遍野，于蛮烟瘴雨、惊沙蔽日之中，置身豺虎成群、蛇虺遍地之危况；然而，仍是心存家国，“处江湖之远，则忧其君”（宋·范仲淹《岳阳楼记》）。甚至“长太息以掩涕兮，哀民生之多艰”，“岂余身之惮殃兮，恐皇舆之败绩”（屈原《离骚》）。然而，对于真理之追求，对于江山社稷的深沉之爱，“虽九死其尤未悔”（《离骚》）。一腔热血，满腹经纶，无限忠贞，发而为诗文，著而为学术，苏轼、杨慎平生大量诗文、著述，皆得之流放、充军的艰难困苦之境。令人望风怀想，高风亮节，博大精深。其人其书，必将辉耀于千秋学术与文化的史册上，沾溉后人。正所谓：“天将降大任于是人也，必先苦其心志，劳其筋骨，饿其体肤，空乏其身，行弗乱其所为。所以动心忍性，增益其所不能。”（《孟子·告子下》）一次次地验证了“贫贱忧戚，庸玉汝于成”（宋·张载《张横渠集·卷一·西铭》）的人生哲理。书中凡此之类的描述与评议往往给人以无限的启发与联想。艰难困苦也是一笔宝贵的财富。它催人奋进，给人以勇气，给人以力量，使人于逆境以成才。

而刑事犯，每多作奸犯科之徒，或以无知无识、无礼无德而至犯罪，或以贪欲无度、奢求分外以至犯罪，或以情志亢奋失控以至犯罪。但无论出于何种缘故，古今中外，任何国家、时代，任何政治制度，种种刑事犯罪都往往危害国家、民族、社会。因而，多为历代统治者绳之以法，惩其罪恶以儆效尤。一些刑事犯罪者，一旦落入法网，或自暴自弃，不能自拔；或于服刑过程中，良心发现而生忏悔之意，并以其行动赎罪，或为国家、民族守土立功；或弃旧图新，洗心革面，成为国家、民族、时代有用之人。其于历代流人之中，间或亦有此辈。该书于此辈流人亦往往多所记述与评议。即不以往日之恶以蔽今日之善也。

因此，鉴于种种流人现象及其史迹，也就具有研究价值，具有借鉴意义，值得立传，值得写史，值得创立新的学科与新流派。那么，李君兴盛发微索隐，钩深稽远，表彰杰出流人逆境成才，传播中原高度发达之文化、艺术、科学、技术，开发边疆，保境安民之不朽功业；贬斥一些乱臣贼子、误国奸雄之流放的罪有应得。既弘扬中华民族浩然千古之正气，亦惩前此宵小罪臣而毖后于万世之效尤者。则李兴盛著《中国流人史》之历史意义、学术价值、现实参考作用，殆不可胜数矣。

关于流人史迹之研究，以往非无其人，非无其作；然而，或从某一学术角度出发，作单一性研究，如从刑法史、移民史、边疆开发史、边疆文化史、民族关系史、文学史、科技史，乃至史传人物角度立论，零散支离，不成体系；或从某一时代断片，或从某一方隅、某一流人个体角度研究，如著名史学家谢国桢教授尝著《清初流人开发东北史》，李兴盛前著《边塞诗人吴兆骞》、《东北流人史》等等，迄无通体全面研究之作。

而今，李兴盛著《中国流人史》，乃从政治制度史的角度，居高临下，纵览全局，作全方位、多角度之综合研究，囊括以往单纯片面研究之刑法史、移民史、民族关系史、边疆开发史、边疆文化史、文学史、科技史中涉及流人史迹之全部内容，兼及流人的逆境成才规律、流人于社会破坏之消极作用，历史教训等方面之借鉴意义加以探讨。其书体大思精，规模宏廓，凡百一十万言，分五编、三十二章、二七节，并附以历代流人手迹、画像，文图并茂。记述流人史迹，评议涉及三千余人。历时之久，上自有夏，迄于晚清，达三千六百年之久；流人踪迹所至，几乎遍于华夏广袤土地东西万里之广。凡属历代流人踪迹所及，无不发掘、考索，于其业绩可表者，无不载入，乃成皇皇巨著《中国流人史》一书。于中国历代史籍四大体裁：纪传体断代史、编年体通史、记事本末体断代史、典志体通史之外，另辟蹊径，别树一帜，建流人之学，开中国历代流人之专史，创史学领域之流人新学派。李君兴盛，可谓独领风骚者矣。

《中国流人史》一书，取材宏富。于《二十四史》、明清两代历朝实录之外，旁及杂史、别史、方志舆地之书、笔记、文人别集、诗文总集、诗话、词话乃至类书，凡有关于流人载记，悉数网罗，捃摭、考辨、择要、评议，征引典籍700余种，广参资料达千种之多。关于历代流人史料之引证，考据亦复精审，出言有据，无征不信，求实求是，不作空论。至于流人史迹之评议，则必褒其可褒，贬其可贬，就事析理，语不虚发，言无妄断。是则是，非则非，不以一眚掩大德，不以一善障其恶。论断公允，评议赅恰。令人首肯，令人叹服。通观全书，结构严谨，章法细密，体例精纯，终始如一。较之当前某些著作，不以事实为准绳，徒以个人好恶妄下雌黄，标新立异，炫奇骇俗；而察其体例，则畸轻畸重，龃龉踳驳，造句烦冗，生搬西洋语法而套用之，几乎难以卒读者，比比皆是。二者相较真可说泾渭分明了。尤可贵者，该书既玄既博，亦文亦史，为传、为学、为史，而无生僻艰涩之感。语无奇险，言非妄造，清词丽句，琅琅可诵，实为近年学林难得之佳作也。

牧童短笛，天籁无邪；田园诗草，疏淡而恬适，皆以悦众人之耳目。但在今日庸庸之声盈耳，俗不可耐之文满目，当此之际，人们何等期望庄严、正大、和谐、悦耳、高雅、美妙的黄钟大吕以振聋发聩！“撞黄钟，歌大吕，开阊阖，与天语”（唐·张说《大唐祀禅颂》）。诚可挽狂澜于既倒，亦“将上以摅高文之宿愤，光祖宗之玄灵；下以安固后嗣，恢拓境宇，振大汉之天声。”（《文选·卷五六·班固〈封燕然山铭〉》）钧天广乐，挟海水天风以俱来，净洗文坛、史坛、学坛、艺坛之流俗颓风，无使瓦釜雷鸣独独震天介响。则李君兴盛著《中国流人史》出，或可敦风俗、回人心、趋而之善，则其社会价值，亦不限于史学领域。推而广之，或将及于社会风气，学术道德，价值取向，文风雅俗，书林品位，乃至出世入世，做人标准……难以尽述。

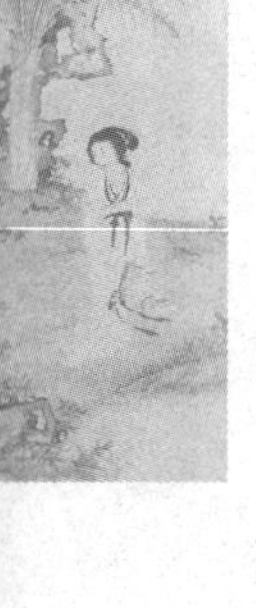

考其研究之法，上承汉宋两司马之博观约取、严密整饬之通史宗风，复取一代史学大师陈寅恪诗文证史之法，王国维地下史料考证与文献记载相参证之“二重证据法”；于史料之取舍运用亦不盲从，而是疑古辨伪，承传顾颉刚等杰出史家所代表的集疑古思想之大成的古史辨派的某些研究方法，综合运用，妙熔一炉，染翰操觚，纂为鸿篇巨制，都为百余万言之学术专著。由此，于我中华文明古国之博大学术领域，乃建流人之学，乃创中国流人通史之作。拓而展之，既可将流人史粗分为五种类型：流人通史、流人断代史、流人专题史、流人地域史、流人个体史传；又可派生出：流人逆境成才史、流人戍边保家卫国史、流人传播中原文化史、流人方言传播史（如黑龙江沿岸之云南方言岛，以昆明为中心的北方官话区）等等子目之作，则此书面世之于学科创建、学术领域拓展之功，亦可谓大矣。近闻，由李兴盛任主编的《中国流人史暨流人文化丛书》工程，已有七项选题即将启动。参与其事的专家、学者，将对流人史、流人文化作更深入、更精微、更全面的探赜索隐，抽绎为理论之概括，将有一批流人史、流人文化专著面世。读者将翘足引领以待，先睹为快。

关于历代流刑之得失，流人境遇之悲惨，历代王朝对持不同政见人才之摧残，流人之历史贡献，感喟良深。对于屈原、范缜、李白、韩愈、柳宗元、刘禹锡、李德裕、苏轼、黄庭坚、杨慎、王守仁、纪昀、林则徐、邓廷桢等诗人、作家、学者、民族英雄之遭贬流放，寄予深情厚谊，嗟叹浩歌而不已；对于口蜜腹剑、笑里藏刀之奸相李义府，有文无行之典型奸相丁渭，乱政误国的奸相贾似道之流的谪贬流放，则极尽揶揄、冷嘲与鞭挞之能事，以舒愤懑而申我中华浩然千古之正气。每读此等文句，往往情不自已，击节应赏，啧啧其声也。几不亚于宋人苏舜钦当年以《汉书》下酒，连称快哉之状。唐宗有言："以铜为鉴，可正衣冠；以古为鉴，可知兴替；以人为鉴，可明得失。"（《新唐书·太宗本纪》）从资鉴角度出发，无论摄职从政，还是庶民百姓，抑或文化、科技工作者，都会从中获取深刻的教益。

民族英雄文天祥《正气歌》曰："天地有正气，杂然赋流形……于人曰浩然……时穷节乃见，一一垂丹青。"《中国流人史》面世之后，随即在学术界（不限于史学）引起广泛而热烈的反响，直如一石激起千层浪，纷纷发表评论。仅就笔者闭目塞听之闻见，已有十七八篇之多。而一些著名文史专家钱仲联、来新夏、李学勤、罗继祖诸先生皆誉之甚高，慰勉有嘉。日本史学家神田信夫教授、美籍华裔古文献学家谢正光教授分别致函著者，赞誉备至。在在证明了它的高度学术价值。

至于"流人"之界定，书中或有宽泛之嫌。如将乱离中之流民，亦视为流人等等表述，容或可商。然而，筚路蓝缕，以启山林，草创之功不可没，深信其于进一步研究中定可实现自我完善。

读其书即可想见其为人。孜孜矻矻，几十年如一日，口不绝吟，手不停披，钩玄提要，朝于斯，夕于斯，韦编何止三绝！恰如史学大家范文澜教授尝言："板凳愿坐十年冷，文章不写一句空!”于商品大潮澎湃声中，独能稳坐萧斋，淡泊宁静，手挥五弦，目送归鸿，沉潜坟典，我行我素，兴盛李兄，愿得引为同志，甘做龙江学界两痴人。

1997年5月11日草于医院病榻

附记

久欲撰文评论其书而未果。4月21日住进医院，只得边读边写，作而复辍者屡。每于静脉点滴之际，医脑并用，斟酌字句，五千字短文，乃用功十余日。虽不甚惬意，亦不遑更为润饰，仅得如此而已。附记于兹，聊为他日之纪念也。

（作者系黑龙江省文史馆馆员）

哲人其萎　风范长存

——沉痛悼念来新夏先生

李兴盛

夜幕降临，尘嚣散去，四周一片寂静，我一如既往地伏在案边执笔沉思，突然一阵急促的电话铃声响起。当我拿起话筒，听到杨铭女士告知我来新夏先生下午三时仙逝的消息，不由得惊呆了。这是真的吗？怎么可能呢？记得今年春节（正月初一）上午我照例给先生打电话拜年时，先生还对我说：“你年纪也不小了，已经写出这么多书了，还是量力而行吧！”听了先生吐字清晰、声音洪亮而又充满深情的话语，心中既为先生的健康高寿而欢欣鼓舞，又为先生对后学的关怀备至而感激不已。时至今日，仅仅 59 天，59 天怎么会发生这样不可思议的事情？这是真的么？不可能，决不可能！我正在疑惑彷徨之际，辽宁社科院的好友张玉兴也突然打来电话，证实了这一噩耗。与玉兴通完电话，已是十点多钟，我凭窗望着繁星满天的夜空，才意识到我国学术界一颗巨星真正陨落了。想起 20 余年来先生对我的支持与帮助，以及我国学术界的巨大损失，我不由得悲从中来，潸然泪下，于是一幕幕的往事涌现于脑海之中……

2012 年先生九十华诞时，我曾写有《引领航向，提携后进》一文以致贺，内云：“作为一名良师，有如滋润万物的雨露，使之欣欣向荣，茁壮成长；又如洒满大地的阳光，使之熠熠生辉，灿烂辉煌；还如引领征帆的灯塔，使之安稳远航，驶达彼岸。在我三十余年的治学生涯中，也有这样几位前辈良友，给我以呵护、指点、支持与鞭策。著名学者来新夏先生就是其中的一位。”

三十五六年来，我对我国历代流人作了全方位、多层次、系统化、理论化的深入研究与完整论述，出版了我国第一部区域流人通史《东北流人史》、第一部全国流人通史《中国流人史》、第一部流人理论探讨之作《中国流人史与流人文化论集》，结束了我国流人问题研究从来没有通史之作、没有理论支撑的局面，并开创了我国流人文化研究的新体系。这些成就的取得，固然与谢国桢、罗继祖、钱仲联三位教授息息相关，也与来先生的大力支持密不可分，尤其是近年来我国流人学这种新体系的研究能够提到议事日程上来，更是来先生的大声疾呼、大力支持的结果。

我与来先生的第一次通信始于1993年初。当时曾将拙著《东北流人史》寄奉求教，而先生的回信揭开了我与先生师生友谊的序幕。后来我的友人朱则杰（钱仲联教授所收的第一位博士生）倡议编纂《全清诗》，来先生曾俯允顾问之邀请；黑龙江人民出版社因将拙著《中国流人史》申报国家图书奖而请专家撰写推荐意见时，先生欣然允诺，并在推荐意见书中给予了很高评价。先生的评语，使拙著生辉，也使我激动不已，铭感终身。

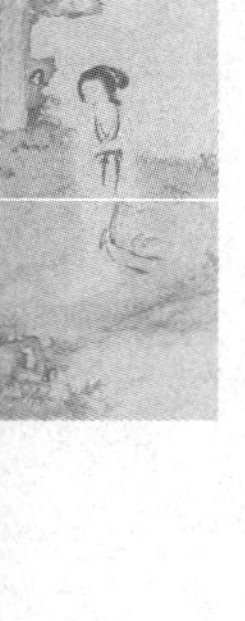

当这次申报未能入选、告知先生时，先生安慰我道："一时一事得失，本无足在意，要在真才实学。鸿篇巨制（指《中国流人史》），允为学林所重，又何挂念于浮名？祈阁下能自纾情怀为望……"

先生爱我之深，溢于言表。每次来信，既有支持、鼓励，又有指点、慰藉，这些对我都是一种呵护，一种鞭策。

1999年4月下旬，为编纂《黑龙江流寓文化与旅游文化丛书》我赴江南再次考察吴兆骞故里等遗迹，归途又专程赴天津拜谒来先生。

与先生信函往来已历六七春秋，这次能够一了夙愿，得瞻风采，实在是喜出望外。先生身材高大，精神矍铄，谈笑风生，平易近人，都给我留下了深刻印象。谈次，先生听我说起正在撰写一部与流人问题相关的理论探讨之作，并想请先生赐序时，很爽快地答应了。次年，我围绕着流人问题的诸多方面作了理论探讨，成稿之后，命名为《中国流人史与流人文化概论》作为上编，收入《中国流人史与流人文化论集》之中（下编为本人之论文选辑），即将成书之际，函告先生。先生于 11 月 17 日复书道：

“嘱为大作撰序一事，既已承诺，定当照办，俟样稿寄到，即尽速撰就（积习不读全稿不撰序），请释念……”

“既已承诺，定当照办”，可见先生言必行行必果之诚信过人；“不读全稿不撰序”，又体现了先生治学严谨认真的大家风范。

书稿寄去不久，即收到先生所赐书序，序言题目为《流人学的脚步》。先生认为我 20 年的流人史、流人文化研究，已构筑了流人学的框架。读过该书，听到了流人学的脚步声。其序谓：

“李君兴盛所著连年问世，凡个案研究，文献记录，史事纵论，皆所涉及，涵盖可谓深广。从此，有史，有论，有著述，有文献，足称专学之规模。流人学之跫然足音，殆已日近一日。兴盛其勉旃！”

2008 年春，我受聘单位黑龙江省文史研究馆拟为我举办一次全国流人文化学术研讨会，事先我通过电话邀请先生莅会，当时已年届八十六岁高龄的先生一闻我的邀请，立刻高兴地说道：“一定参加！”5 月 25 日先生在夫人焦静宜老师的陪同下，刚下飞机行抵宾馆，尚未稍事休息，就被守候的媒体围住进行采访。次日会议开始，来先生以《李兴盛与流人学的研究》为题作了精彩发言，赢得了与会学者的热烈掌声。

二十余年来，我的学术研究一直得到先生的大力提携与支持，这种提携与支持，鞭策着我在荒无人烟、荆棘丛生的苍茫原野上，充满信心，大步向前；鞭策着我在崎岖不平、险象环生的羊肠小道上，攀登一个又一个的险峰。目前，正当流人学的研究在我国学苑中破土而出，茁壮成长时，不料先生却溘然而逝，使我失去了一位良师，我的哀痛是无法言喻的。

现在先生虽然长逝了，可是虽逝犹在。他的著述犹存，他的业绩犹存，他的音容笑貌也犹存，仍然活在我的记忆里。今后我决心沿着先生指引的治学之路走下去，为我国流人学的研究，贡献自己的绵薄之力，以告尉先生在天之灵！

来先生，一路走好！

于2014年3月31日深夜

（原载《黑龙江日报》2014年4月2日）

作者简介

邓天红，女，1960年5月生于哈尔滨市，毕业于东北师范大学历史系，现任哈尔滨师范大学社会与历史学院副教授，硕士生导师。

参加由国务院批准立项、中央文史研究馆牵头编纂的国家级重点课题《中国地域文化通览·黑龙江卷》(中华书局2014年1月版)编纂工作(任编委)及黑龙江省哲学社会科学规划重大委托项目、黑龙江历史文化研究工程项目的古籍整理编纂工作。

发表的论文有《试论清代满族文化发展的特点及历史地位》、《满语文与清史教学》、《论黑龙江满族文化资源的保护挖掘与利用》

等20余篇。

参编著作《黑龙江流寓文化与旅游文化丛书》、《黑水丛书》、《清实录东北流人史料摘抄(外一种)》等20余部。

先后获黑龙江省哲学社会科学、省高校人文社科、省高等教育、省教委、校优秀科研成果奖及教学奖等20余项。